國家圖書館出版品預行編目資料

青少年心理學 / 姜元御,林烘煜,劉志如,何縕琪,許
木柱著.－－初版一刷.－－臺北市: 三民, 2011
　　面；　　公分

　　ISBN 978-957-14-5545-7　　(平裝)
　　1.青少年心理

173.1　　　　　　　　　　　　　　　100014634

© **青少年心理學**

| | |
|---|---|
| 著 作 人 | 姜元御　林烘煜　劉志如 |
| | 何縕琪　許木柱 |
| 責任編輯 | 佘泓智 |
| 美術設計 | 謝岱均 |
| 發 行 人 | 劉振強 |
| 著作財產權人 | 三民書局股份有限公司 |
| 發 行 所 | 三民書局股份有限公司 |
| | 地址　臺北市復興北路386號 |
| | 電話　(02)25006600 |
| | 郵撥帳號　0009998-5 |
| 門 市 部 | (復北店)臺北市復興北路386號 |
| | (重南店)臺北市重慶南路一段61號 |
| 出版日期 | 初版一刷　2011年8月 |
| 編 號 | S 541360 |

行政院新聞局登記證局版臺業字第○二○○號

ISBN　978-957-14-5545-7　　(平裝)

http://www.sanmin.com.tw　三民網路書店

# 青少年心理學

# Adolescent Psychology

姜元御
林烘煜
劉志如　著
何縕琪
許木柱

三民書局

*Psychology*

# ┃ 序文 ┃ *preface*

　　本書由花蓮和宜蘭地區的五位教授合作完成,作者分別在東華大學、慈濟大學和佛光大學講授青少年心理學或心理人類學,並且長時間從事與青少年有關的研究。因此本書的出版實際上也反映出宜花的學者在這個領域的豐碩成果。

　　臺灣坊間出版的青少年心理學教科書,有一部分是翻譯自國外的著作,內容雖然豐富,卻與臺灣或華人社會的狀況比較疏離。臺灣學者的著作雖然引用較多臺灣的研究,但是單一學者研究的廣度也有其限制;此外,臺灣近三十年的工業化發展過程中,青少年的問題有相當快速的變化,例如青少年幫派、暴力、色情、校園霸凌等問題,似乎有年輕化和嚴重化的趨勢。這種趨勢讓人憂心忡忡,因此如何在理論和本土資料間取得平衡的認識,對於青少年問題的瞭解有重要的意義。本書的重要特色即是青少年理論與實徵資料間的均衡搭配,特別是在青少年的身心問題和原住民的社會心理適應方面,在在展現本書作者豐富的研究經驗。

　　本書從發展的角度,廣泛地探討青少年現象的不同面向,主要聚焦於生理與性的發展、認知、自我、性別、道德與生涯規劃等面向的發展與問題。另一部分的重點在探討青少年(包括原住民)的身心適應問題,特別是心理疾患、偏差行為等方面。在探討這些問題時,本書作者不約而同地將重點指向家庭、學校或更廣大社群的影響,顯示青少年問題及其影響因素的多面性。

　　從認識論的角度,1970 年代的社會科學對於「人」的基本屬性,已經從早期的實證論或行為學派的古典理論,轉移到詮釋論或後現代理論,強調「人」雖然某種程度仍然受到生物特性的影響,但在許多面向上都不是機械化及被動的反應者,而是積極主動的行為者。在這樣的前提下,

我們對青少年的瞭解就必須像本書各章所強調的，將青少年的行為視為個人與其家庭、學校及其他社會環境（如傳播媒體）主觀互動的結果。但我們必須提醒的是，這個論點並非走回人類學傳統「文化相對觀」的窠臼，而是採取「終極關懷」的角度，希望多面向地瞭解青少年的問題，期望在整體社會的關注與省思下，我們的孩子能夠擁有正向而健康的學習環境，從而展現出亮麗的人生。

本書計分十二章，第一章〈緒論〉共分為四節，第一節從生理、心理、法律和社會文化等面向，說明青少年的定義；第二節以回溯的角度，檢視從中古、近代到現代，重要的青少年心理學家所提出的觀點，並做深入的探討；第三節簡述青少年心理學的重要性；最後一節則具體扼要地介紹青少年心理學領域內，比較重要且常為研究者所用的研究法與研究設計。

第二章探討青少年的生理發展與性發展，第一、二節先介紹青少年生理發展的特徵，及個體對生理發展變化可能會產生的心理感受與想法。接下來的三節則分別說明青少年性成熟後可能發生的性活動與性行為，以及常面臨的問題，最後再提出如何與青少年談論性方面的議題。由於青少年的身體及性表徵正經歷快速成長與重大的改變，而對這種轉變的預期與感受，常與其認知和情緒發展息息相關，特別是在與同儕比較與相互影響後，其認知、情感與行為傾向很容易受到同儕的影響而改變；但是青少年同儕的性知識與經驗通常並不充足或不正確，因此本章最後將探討如何處理這個比較棘手的問題。

第三章〈青少年的認知發展〉先引述認知心理學大師 Piaget 的觀點，探討青少年從兒童期進入到青少年期之後，認知和思維模式有什麼改變？接著檢視這些改變對青少年行為與生活的影響，同時也透過資訊處理學派和不同的認知層面，如記憶、決策及智力，來瞭解青少年改變的面向與機制。最後，本章也納入 Vygotsky 的社會文化發展理論，探討青少年的認知發展如何受到社會文化等環境因素的影響。

　　第四章〈青少年的自我發展〉說明 Erickson 所提出的青少年自我認同發展觀點，以及人生八大階段與自我認同混淆間的衝突現象。本章將說明以 Marcia 和 Erickson 的認同危機理論為基礎所發展出來的四種自我認同狀態，以及青少年的自我認同與其行為、適應間的顯著相關。另外也會說明青少年的自我概念、自尊與青少年發展間的關係和影響。總言之，本章認為青少年的自我呈現動態的發展，在成長過程中，會受到父母管教方式、兄弟姊妹、家庭型態和學校教育（特別是學業成就）的影響。

　　第五章〈青少年的性別發展〉，第一節先討論性別間的差異，以及青少年性別角色認同的狀況；第二節介紹七個主要的心理學理論，說明影響個體性別發展的可能原因；第三、四節則說明青少年的性別發展可能面臨的問題，以及可能的解決方案。本章探討的主要問題包括：在個性、興趣、能力、甚至領導風格上，性別有差異比較好，或者是沒有差異比較好？「男生就要像男生，女生就要像女生」，這種教養理念是對的嗎？雖然，目前心理學家已經承認男女間，除了生理的差異外，的確還存在著些許心理特質上的差異，然而這些小差異卻對青少年的性別發展與生涯選擇，有著重大的影響。因此性別差異該被強調或者是弱化，一直是爭議不休的問題。本章詳細說明了青少年性別強化的可能原因，並闡述心理學家對性別角色發展分化的對策與建議。

　　第六章〈青少年的道德發展〉首先強調道德並不是單一的面向，而是由道德感、道德認知和道德行為三個面向所組成。本章第一節從各個面向探討在不同的文化環境下，青少年道德行為的差異，從而凸顯道德行為受到文化環境的影響。本章最後一節則從家庭、學校、社會三方面，探討如何增進青少年的道德行為發展。

　　第七章〈青少年與環境的互動〉探討家庭、同儕與學校環境對青少年的影響。在家庭方面，本章討論了父母管教方式、兄弟姊妹、父母離異等變項對青少年的影響；在同儕方面，則討論了同儕壓力對青少年產

生正面與負面行為的影響；而在學校互動方面，則提到學校和班級的環境對青少年的影響，以及對青少年輟學的解決方式。

第八章〈青少年次文化以及各種媒體對青少年的影響〉探討青少年次文化的特性和媒體的影響，特別是電視對青少年的影響，包括暴力、色情以及其他負面的訊息，對青少年的價值觀與消費行為有明顯的影響，而且可能導致對某些事物具有特定的刻板印象與偏見。本章也討論青少年的網路使用狀況和電玩、動漫畫對青少年的影響。

第九章〈青少年的生涯發展與輔導〉分為四節，第一節介紹生涯發展的理論及重要代表人物的觀點，包括發展論、人格類型論、個人建構理論，以及社會認知生涯理論；第二節探討影響青少年生涯發展的因素，分別從認知、認同發展、家庭、學校、同儕、性別、身心障礙等因素加以說明；第三節簡介國內用於青少年生涯評估的主要工具，包括大學入學考試中心興趣量表、學系探索量表、職業興趣組合卡以及生涯信念檢核表；第四節說明大學生的生涯輔導內涵與實施策略，希望大學生瞭解：生涯規劃最重要的是個人生活型態的選擇，並在生涯探索中找到自己的「原頁」。

第十章〈青少年常見的心理疾患〉探討青少年常見的心理課題，包括憂鬱、焦慮、厭食、物質濫用等，本章也深入討論青少年自殺防制及創傷後壓力症侯群的處理與因應方式；同時透過青少年心理疾患的案例說明，希望有助於與青少年工作的相關人士，包括社工師和心理師，對青少年心理適應有更廣泛而深入的瞭解，並對他們的實務工作有所助益。

第十一章〈青少年的偏差行為〉探討臺灣青少年目前較值得注意的偏差行為，包括暴力攻擊及犯罪等行為的嚴重性、成因與因應措施；本章在成因方面的剖析，顯示生理、心理與學習環境（包括家庭、學校與社會環境）的互動影響，是最值得重視的因素。第二節深入探討臺灣近年來常見的校園霸凌行為與暴力行為間的異同。第三、四節探討青少年的中輟和犯罪問題，將討論的主軸放在個人、家庭、學校等面向。

　　第十二章〈原住民青少年社會心理適應〉是本書最特別的一章，本章從心理人類學的相關理論與臺灣的實證研究，探討原住民族的健康、教育和族群關係與社會適應。第一節扼要說明原住民族的社會經濟概況，使讀者瞭解原住民族整體的相對弱勢情境；第二節說明原住民轉化成為青年的通過儀式，同時說明臺灣近三十年來的工業化發展，導致原住民各族傳統的部落組織逐漸式微，連帶地削弱了傳統的社會規範力量；第三至五節分別呈現原住民青少年的健康、教育與社會適應現況，實證研究結果明顯呈現原住民青少年在這三個面向的相對弱勢狀況。特別值得一提的是本章透過泰雅族和阿美族的比較，使讀者瞭解社會組織的差異對族群身心適應的重要影響。本章最後一節提出「終極關懷」的觀點，提醒社會對原住民青少年的問題應給予更多關注，最終希望原住民青少年有正向的發展，成為臺灣值得自傲的社會成就。

姜元御、林烘煜、劉志如、何縕琪、許木柱　謹序

2011 年 9 月

# 青少年心理學

## 序 文

# 第一節　青少年的定義

　　一般說來，發展心理學家將人類的一生概分為嬰兒、兒童、青少年、成年人四個階段，而青少年介於兒童期與成年期之間。有些學者 (Rice, 2001) 更進一步地將青少年期細分為前青少年期 (early adolescence)，約 12 至 14 歲，與後青少年期 (late adolescence)，約 15 至 19 歲。

　　然而青少年的定義從何而來？也許我們可以從青少年的字源來作一個探索。現代所稱的青少年 (adolescent)，其字源來自於拉丁語中的 *adolescentia*，其意義為年輕人，或是充滿青春活力年紀的人。另外一個拉丁字 *adolescere* 意指成長，其過去分詞 *adultus* 表示已經完成；其現在分詞 *adolescens* 則是表示從兒童轉變成為大人的這個階段和過程，也就是青春期的英文字 adolescence 的字源。

▼表 1–1：青少年和青春期的字源及其語意

| 拉丁語 | 英　語 | 對照的中文 | 意　義 |
|---|---|---|---|
| *adolescentia* | adolescent | 青少年 | 指青少年這個族群 |
| *adolescens* | adolescence | 青春期 | 指青春發育的這個時期 |
| *adultus* | adult | 成年人 | 指已經發育完畢的人 |

註：*adultus* 和 *adolescens* 均來自於 *adolescere*（成長，發育）的時態變化。

　　然而，要精確地去定義青少年時期從何開始到何時結束，或者說清楚幾歲到幾歲是青少年時期卻不是一件容易的事情。主要原因是因為人們對青少年的定義，判定的標準往往並非是單一向度，而通常是採取一個多面向 (multi-dimensional) 的標準，例如生理的、心理的，以及法律與社會文化的標準。

## 一、生理的標準

　　通常從兒童進入至青春期時會有一個生長爆發期 (growth spurt)，也

就是在這個時間裡，身高會突然地竄高。通常女孩的生長爆發期大約是在 11 歲，而男孩則大約在 13 歲（見圖 1-1）。

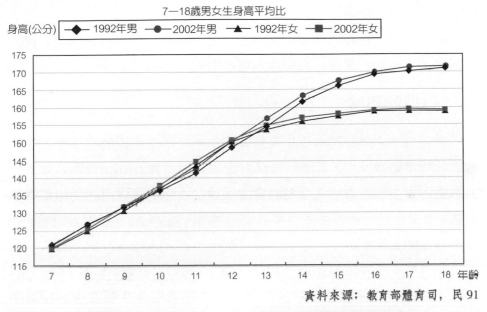

7—18歲男女生身高平均比

資料來源：教育部體育司，民 91

▲ 圖 1-1：臺閩地區中小學校學生身體發育測量結果

在這段生長爆發期內，女生的體重有可能在一年內增加 8、9 公斤，男生甚至可能增加 11、12 公斤 (Tanner, 1970)。通常發展心理學家把這個時間點視作是青春期的起點，而將生理發展至成熟（如身高不再增加，約 17-19 歲，女性稍早）視為青春期的終點。

在這個期間，另一個更突出的表徵是性器官的成熟與副性徵的出現。伴隨著這個成熟的重大事件則是女孩子的初經 (menarche)，與男孩子的初次射精 (spermarche)，兩者皆發生在大約 12、13 歲；然而隨著營養改善等條件的影響，此時間點似乎有漸漸提前的趨勢。舉例而言，在 1840 年的歐洲，女孩子初經的平均年齡為 17 歲，到今日已降到平均約 12、13 歲甚至更早些。另外也有學者發現反覆地曝露在生活事件壓力，如父母離異的情境之下，似乎會提早初經的時程 (Graber, Brooks-Gunn, &

Warren, 1995)。因此，目前現有的證據還很難定論初經提前的主因，究竟單純為營養條件的大幅提升，或是現代人面對的壓力普遍增加，抑或兩者之間的交互作用。

　　然而，有一點我們必須牢記的是，每一個體之間存在著個別差異，亦即有的人也許會早熟，而另些人可能晚熟。

## 二、心理的標準

　　究竟何時才算脫離青少年而進入成年期，不僅生理的標準難界定，心理的標準更難界定。美國一份針對青少年的研究 (Arnett, 1997) 發現，大多數的青少年認為進入成年必需的標準是「能夠建立自己的信仰與價值觀，不受父母的影響去做決策」，以及像是「能夠為自己的行為負責」、「不再依賴」等等。

　　發展心理學界的權威同時也是美國第一個心理學博士 Stanley Hall (1905) 認為，當發展進入青少年期後，心理階段將會面臨一個**狂飆期 (storm and stress)**。在這個階段，青少年的心情不穩定且善變，容易波動也容易產生叛逆與挑戰權威等心態。另外，進入這一個階段之後，同儕的影響力將首度超越父母的影響力。

　　然而，正如生理的發展有其個別差異，心理發展的個別差異可能更大。著名的人類學家 Margaret Mead (1928) 在跨文化的研究中發現並非每一個社會的青少年都會經歷狂飆期。和美國的青少年相比，島國薩摩亞 (Samoa) 上的青少年大多都平和地渡過這段期間，而未出現如美國青少年般的叛逆與狂飆。所以 Mead 認為以狂飆期來界定是否進入青少年期的標準是有疑問的。

　　Mead 的發現後來引起了正反兩論，有的學者 (Freeman, 1983) 認為 Mead 的研究方法有偏差，薩摩亞青少年的壓力與狂飆並不比一般工業國家少，不過也有支持 Mead 的學者 (Holmes, 1987) 認為 Mead 的研究方法和論點是可信的。其他的研究者 (Offer, 1988) 在研究了十個國家的青

少年之後也發現，絕大多數的青少年都過得很快樂，也並未產生所謂的叛逆與避開家庭之類的問題。因此，Stanley Hall 認為進入青少年期之後就會進入一個狂飆期的說法也逐漸受到挑戰。總而言之，從許多近代的研究看起來，許多青少年雖然情緒較易波動起伏，然而這並非意味著大多數的青少年都會產生一個狂飆期或者會製造出較多的問題。因此，要找出一個大多數的心理學家都同意的心理標準，來判定一個人是否邁入青少年期仍舊是有爭議且有困難的。

## 三、法律的標準

從法律的觀點來看，這一個向度的標準更是不一。舉例如下：我國《刑法》第十八條❶規定，未滿 14 歲人之行為，不罰；14 歲以上未滿 18 歲人之行為，得減輕其刑。所以若從我國《刑法》來看，其犯罪標準視 14 歲以下為兒童，14 歲至 18 歲為青少年，18 歲後則視為成人。然而我國《民法》第十二條❷卻規定，滿 20 歲為成年；而在《少年福利法》第二條❸則認定 12 歲至 18 歲為少年。可見《刑法》、《民法》以及《少年福利法》中認定脫離青少年進入成人的時間點並不一樣。另外，我國《勞動基準法》第四十四條❹規定 15 歲以上未滿 16 歲之受雇從事工作者為童工，不得從事繁重及危險性之工作。此外，我國行政院青輔會出版的《青少年政策白皮書》中則將青少年定義為 12 至 24 歲。而我國《公職人員選舉罷免法》則規定，公民必須滿 20 歲才能被視為成年人而具有投票權。從這些法律對青少年定義的歧異之處可以看出，即使在同一個社會中，對於不同事項，如選舉、工作、以及犯罪等的成年標準，也是彼此有差異的。

---

❶　民國 94 年 2 月 2 日修訂。
❷　民國 91 年 6 月 26 日修訂。
❸　民國 91 年 6 月 26 日修訂。
❹　民國 91 年 12 月 25 日修訂。

在美國，本來年滿 21 歲才有投票權，但經過修憲後下修為 18 歲，也因此許多州後來都紛紛下修成年的年紀。至於生活上其他方面對於成年的規定情況也不一樣，好比美國大多州規定要進入一些成年人限定的場所必須年滿 18 歲，然而在阿拉巴馬州、密西西比州、內布拉斯加州、懷俄明州則為 21 歲。又比如在加州，如果要考駕照，則 16 歲就可視為成人；然而要去買酒類飲品時，則必須滿 21 歲才算具備成年身分。

不只是美國與臺灣對於青少年的官方定義常有混淆之處，就算是在聯合國這種國際組織，對青少年的定義也常出現互相重疊與混淆的地方。舉例來說，聯合國曾在 1985 年召開國際青年大會，並將該年稱為首次的國際青年年 (International Youth Year, IYY)，且由聯合國的祕書長 Javier Pérez de Cuéllar 簽署了一項國際青年年的宣言。在這個宣言中，聯合國界定了青年（更精確地說，青少年）的年齡是 15–24 歲，並且在 2000 年的後續會議中，將每年的 8 月 12 日明訂為國際青年節 (International Youth Day)。

但是，聯合國的人權委員會在 1989 年所召開的兒童人權會議，其決議中的第一章第一條又將兒童的年齡定為 18 歲以下。那麼，根據上述的兩個定義，15 歲到 18 歲，到底該算是青年（青少年）還是兒童？由此可知，青少年這個處於兒童與成年人之間的過渡期，即使在最嚴謹的法律標準之下，仍常有許多重疊與模糊之處。

## 四、社會文化的標準

除了法律的重疊與模糊之外，還有社會與文化的不同。舉例而言，之前提到心理標準的研究 (Arnett, 1997) 就發現，青少年多數認為要達到成年人的門檻亦應包括經濟獨立，以及可以自立門戶等條件。但在某些原住民部落中，所謂的成年是能夠自行狩獵或捕魚，其他文明社會的成年標準則可能是完成學業及就業，或者可能認定必須娶妻成家之後才算是成年人。所以怎樣才算完成了這個青少年的過渡期，會隨著每個社會

對成年人所需功能的不同，其各自標準也不同。

　　此外，社會和文化是會隨著時間而變遷的。例如在大部分的已開發國家中，青少年有著追逐高學歷與晚出校門的趨勢，而這些相對比較成熟的學生族群，通常介於 18–25 歲，在生理上比較類似成年人，但在心態上卻更像是未成年的青少年，因而近代西方的青少年心理學家會將此時期的族群稱為始成年期 (emerging adult)，意為將要變成大人但是還未成為大人的階段。由於此階段的個體其心態上和青少年有許多相近之處，因而大部分的青少年心理學家將此一時期的個體心理變化，也納入了青少年心理學的討論範圍之內。因此，不同社會對青少年的角色或功能的認定範圍甚至有可能延伸至 20 歲世代的後半。我們可以試想一下，在臺灣，一般社會大眾對於年齡在 20 幾歲的大學生或是研究生犯錯時，是否也會將其視為一個心態尚未完全成熟的成年人，而對其抱持著較為寬容的態度呢？

　　由以上的敘述中可以得知，界定青少年與成人的界線並非是單一清楚的，不同的文化與不同的國家對於青少年的看法也都不同。也因此就有學者 (Conger & Peterson, 1984) 認為，青少年期的開始雖然是以生理的急速發展為起點，然而最後通過成年禮被社會視為一個完全的成年人，則取決於各個社會的文化。進一步來說，在同一個國家或文化中，不同的時期內對於青少年的觀點也有所不同，下一節我們將從這裡出發，來討論青少年心理學的歷史觀點與沿革。

## 第二節　青少年心理學的歷史觀點與沿革

　　嚴格說來，作為一門科學，青少年心理學的發展只不過是近百年間的事情。這是因為在過去的年代，青少年階段甚至不被一般人認定為人生中一個獨特的階段。在中古時代的歐洲，兒童除了在極小的年紀時被允許依賴父母數年，之後就開始打扮得像個小大人，並開始分擔大人的

工作。在那個年代裡，並沒有什麼少年犯或兒童犯之分，而是犯罪時全部比照成年犯 (Borstelmann, 1983)。在古代的斯巴達，甚至年僅 7 歲的兒童就會被帶到兵營裡接受訓練成為一個能殺人的戰士。

　　然而這並不是說，古時代的人都沒有注意到青少年的獨特性。在古歐洲對青少年心理有專文提及，且較為人所熟知的可以上推至西元前 4 世紀的 Plato。Plato 認為理智的思考能力初次出現在青少年期，而兒童並沒有這種能力。他建議兒童應該要把心力花在音樂和運動方面，而青少年則該把時間和心力花在學習數學與科學。

　　Plato 最著名的學生 Aristotle 也曾經點出青少年心理的一個特質，那就是個人中心主義與自以為是。Aristotle 注意到青少年常常會自以為懂得很多，並會因此而目中無人。此一有趣的特質亦曾被美國的幽默文豪 Mark Twain 以戲謔的口吻提及：

　　當我 14 歲的時候，我覺得我什麼都懂，而我老爸什麼都不懂；但是當我到了 21 歲的時候，我竟赫然發現，在過去的七年當中，竟然我老爸能忽然學到那麼多東西以至於什麼都懂。

　　到了 18 世紀，法國的思想家巨擘 Rousseau 在他的著作《愛彌兒》(*Emile*) 中也呼應了 Plato 的看法。Rousseau 認為，理性的開始也是始自於 12 至 15 歲的青少年，所以這個階段應該教導青少年一些具體的知識如天文地理等自然科學；而 15 歲到 20 歲時，則應該去強調道德與宗教或偏向社會人文方面的教育。然而需要指出的是，Rousseau 雖然是一位偉大的思想家，但是他對青少年的觀點也和 Plato 一樣，大多來自個人的觀察與臆測，而未經科學的驗證，因此絕大多數的心理學家都將之歸類為青少年心理學的一些啟蒙思想而非奉為圭臬。

　　真正將青少年當成一門科學來研究的，應該是前面第一節所提到的 Stanley Hall，他是北美第一位心理學博士。Hall 認為，青少年的情緒波動很大，常易喜易怒且對社會成規常有叛逆反抗之舉。在這裡需要一提的是，由於受到 Darwin 的影響很大，Hall 對於青少年為什麼會產生狂飆

期的解釋是採用生理性而非心理性的。雖然 Hall 不否認環境對於塑造青少年會產生一定程度的影響，不過他卻認為，占有較大影響力的還是先天遺傳的基因。另外值得一提的就是 Hall 也是第一個採用問卷分析等科學方法，然後針對青少年心理學來做研究並加以系統化與理論化的先驅，因此後人也常尊其為近代青少年心理學之父。

另一位重要的近代心理學家則是 Arnold Gesell，他是 Hall 的學生，也是專門研究兒童與青少年的發展。事實上，Gesell 的著作如：《五到十歲的兒童》(*The Child from Five to Ten*) 與《青少年：從十歲到十六歲》(*Youth: The Years from Ten to Sixteen*) 在 1940 與 1950 年代都曾被視為該領域內的聖經。Gesell 一如其師，也是一位信奉基因決定論的學者，因此他認為青少年的一些特質發展與行為趨勢，基本上基因已經都決定好了，既然如此，父母與師長所能著力之處其實不多。此外，Gesell 又進一步推論，既然青少年的發展是由基因決定，那麼即使文化與環境不同，其所能發揮的影響力應該是相當有限，因此青少年各項心理層面的發展在全世界各地應該都是差不多的。當然，Gesell 的論點後來受到了許多其他領域如社會學習、跨文化心理學甚至於心理人類學家等學派的嚴厲挑戰。

針對 Hall 與 Gesell 偏向於基因決定論感到不滿而提出反論的，就是之前曾提及的著名人類學家 Margaret Mead。Mead (1928) 認為，與其說青少年的特質是由先天的基因決定，不如說青少年的特質受到後天環境塑造的影響來得更大。她觀察到薩摩亞這個島上的原住民青少年，能夠以一種很自然的態度去看待周圍的事物，包括自由地觀察性愛、婦女分娩，以及祥和地看待死亡。在這樣的環境下，青少年很清楚地知道成人社會要他們將來扮演什麼角色，也可以在無競爭無壓力的環境下自然成長。在這種情況下，Mead 宣稱，她幾乎沒有看到薩摩亞的青少年有像美國社會中那種充滿狂飆與叛逆的青少年。

到了 1970 年代之後，後起的學者 U. Bronfenbrenner (1979, 1989,

1995) 又進一步地闡述環境的影響力，以及各種不同環境間的互相影響。他認為：每一個人都是同時受到大大小小的生態圈系統（即環境）的影響，小環境可以從影響我們每個人最密切的家庭環境開始，向外延伸為較大的環境如學校等，然後可再向外推展，直至最大的社會歷史、文化、經濟等大環境，而這些小環境系統與大環境系統之間又彼此環環相扣互相影響。例如說，一個原本在家庭小環境中充滿慈愛的父親，也可能在經濟不景氣的大環境影響下，變成酗酒與暴力的家暴加害者；而一個因被虐而充滿恐懼與敵意的青少年，也可能因為在一個充滿愛與溫暖的學校環境中得到新生。

此外，Bronfenbrenner 在近年 (1995) 的著作裡又加進了一個新的環境系統即時間系統 (chronosystem)。這個部分指的是，周遭環境對個人的影響常常也會隨著年代的不同而有所不同。舉例而言，二十年前在臺灣可能大部分的青少年都被鼓勵要考上大學；但在今日強調多元文化的臺灣就很可能變成當能在別的方面如棒球等有傑出的表現，一樣能得到社會的尊重與肯定。又如離婚一事，在上一代可能會被視為家醜，但在今日則可能已成為大部分的人都可以接受並寄予同情之事。

時至今日，大部分的青少年心理學家幾乎都已同意，環境和基因兩者都在青少年的發展中扮演極重要的角色，而絕非單一的基因因素或某一特定環境因素決定了青少年發展的一切。

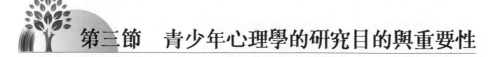

## 第三節　青少年心理學的研究目的與重要性

在心理學界，青少年心理學過去一直是較被忽略的一環。造成此一現象最重要的原因即為先前所提及的，過去青少年期常常被忽略，或只被單純視為是一個從兒童邁向成年的過渡期。不過這一個現象在 1980 年代已經有了很大的改變，這是由於近代心理學家開始挑戰過去心理學家的信仰，即早年的兒童經驗決定日後人一生的發展。近代的心理學家認

為,青少年的生活經驗和兒童期的經驗對於影響日後人生的重要性相等,甚至有可能更重要。也由於此一看法的轉變,因而導致在 80 年代之後,許多心理學家陸續投入有關青少年心理學的各方面研究 (Lerner & Steinberg, 2004)。

　　然而青少年心理學的研究目的是什麼? 青少年心理學的研究又有什麼重要性? 這個看似為二的問題其實都圍繞著一個核心,那就是心理學家為什麼要做這些研究? 簡單來說,幾乎所有的科學領域,學者做研究的近程目標都是為了求得一些此領域內的知識;而長遠的目標則是運用這些經過科學方法驗證後的知識,從各方面如教育、發明、影響社會政策等等來解決問題或改善人們的生活。同樣地,青少年心理學家們做研究的目的也不外乎希望能夠幫助社會、家庭與學校更進一步了解青少年,然後幫助他們解決成長與發展之中所面對到的各種問題。

　　在此值得一提的就是,現在的青少年心理學研究大部分著眼在深入探討某些問題行為,例如青少年犯罪、未成年性行為、逃學或逃家等,或是問題情緒及特質(如憂鬱、攻擊性)上。誠然,這一方面的研究可以幫助我們更深入了解青少年身心各方面的問題並加以協助解決;然而我們應當牢記的是,這些問題行為或是問題情緒只占青少年生活的一小部分,大多數並沒有遭遇到這些問題的青少年更需要的是能夠理解自己的特質、性向、能力,以求在未來能發揮自己的潛力,然後對個人、家庭與社會都做出最大的貢獻。因此在可預見的未來,我們除了針對許多青少年問題做出相對應的研究外,也許更應該投入心力去幫助青少年健康快樂地成長,例如幫助他們理解該如何去養成良好的學習與生活態度、維持良好的同儕關係或是親子關係等等,協助他們完全發揮潛力。正如醫學的研究對人們的貢獻不該只是在人生病的時候如何去對症下藥把病治好,更重要的是去幫助人們了解如何維持一個健康的生活型態,然後使人們能夠保持健康的狀態、過快樂的生活與發揮個人最大的能力。

▲圖 1–2：青少年心理學研究的主要目的是幫助青少年健康快樂地成長。

此外，如前節所述，雖然很多早期的哲學家、思想家以及教育家都曾對青少年心理提出一些見解，然而真正把心理學當成一門科學來研究的歷史也不過短短百年，更遑論特別針對青少年心理學所做的研究。而近代科學研究所得出來的結果，和早期學者的看法與見解最大的不同點就在於：近代的學者採用了嚴謹的科學方法而非僅止於臆測。也正因為「使用科學方法來做研究」這一個動作，使得近代心理學家所提出的論證變得更有說服力。

## 第四節　青少年心理學的研究法與研究設計

常言道：「工欲善其事，必先利其器」。如果想要做好青少年心理學的研究，或者想要具備正確解讀青少年研究所得資料的能力，就必須要先理解一些青少年心理學家常用的研究方法與研究設計。一般說來，青少年心理學作為心理學的一個分支，其研究方法也與心理學頗多相近，雖然方法甚多，但大抵都是針對一些特定問題收集資料，之後對資料做分析得出結果，然後嘗試正確解讀這些分析後的資料，最後根據這些資

料做出一些可行的建議。隨著問題的性質與重要性的不同，學者們對於不同議題所採取的資料採集法與研究設計法也會有所不同。礙於篇幅，本節只選取其中最常用與最重要的幾項加以說明。

## 一、不同的資料取得方式

資料一般取得的方式，大體而言常用的方法有：自我報告法、觀察法、個案研究法、民族誌法等四種。

### ㈠自我報告法 (self-report methods)

望文生義，這一種方法就是由受研究者或受試者針對研究者所感到興趣的議題，做出自己的報告或答覆。舉例而言，如果某研究者想要知道青少年對學習哪一個科目最感到興趣或對哪一個科目最感到痛苦，那麼他就可以透過這種方式，讓青少年自己回答，哪一個科目是他們所最喜歡的或最討厭的。此類方式最常見到的就是使用問卷的形式。

這一種自我報告法的最大優點是研究者可以在很短的時間內收集到大量的資訊。因為同樣的問卷可以複製幾百幾千份，然後施行到大量的受試者或受訪者身上以取得資訊；而且通常複製一份問卷的成本極低，即使大量使用問卷其花費亦相對經濟。所以基於經濟效益與可以大量在短時間內獲取需要的資訊這兩點上，問卷法幾乎可以說是最常見也最受研究者歡迎的研究法之一。

然而凡事有一利必有一弊，在這些便利與經濟的好處之外，問卷法也有它很難避免的天生缺陷。問卷法第一個常遭遇到的困難就是會遇到所謂的社會期許性 (social desirability)，指的是當某些研究者感興趣的議題是較敏感或是較為禁忌的課題時，受訪者或受試者未必會誠實作答，而可能採取回答一種社會比較願意接受的假答案之策略。舉例而言，如果一個研究者想要知道青少年有多少比例曾在過去六個月內有吸食毒品的經驗，那麼很有可能許多曾經吸毒的青少年未必願意真實作答。其他諸如同性戀、婚前性行為或是其他一些犯罪經驗的議題，受訪的有經驗

之青少年都極有可能會偽善地回答說都沒有。所以進行這種議題的研究時，研究者對於得出來的數據資料就要格外留意，是否資料有可能受到社會期許性的影響而得出一個低估數據的可能性。雖然此一問題有研究者提出可用匿名性，或保證受訪者回答資料僅供研究、個人資料絕不外流等方式來降低受訪者的警戒心，而企盼能得到較為誠實的答案，然而這些補救措施真的能完全解除受訪者的警戒心與消除受訪者根據社會期許性作答的傾向嗎？答案恐怕是相當令人存疑的。

　　問卷法還有一種常見的弊病就是所謂的亂答或無效問卷。舉例來說，如果有某份問卷針對青少年的就學經驗（例如和同學相處、和老師相處、對學校軟硬體設備的滿意度、學校的教學品質、學校的讀書風氣等等）提出一些相關的問題，當受訪者通通回答「極不滿意」時，研究者有時會很難判定這到底是該受試者真的對這些項目都極不滿意，還是該受試者其實只對某些項目不滿，但是因為心情差所以乾脆就亂答、通通填上極不滿意。針對這種狀況的補救辦法就是，有時研究者會在問卷中擺入性質相同但題意完全相反的兩個問題。舉例而言，研究者可能在問卷前端放入一個問題如：「我對老師的教學感到非常地不滿意」；而在問卷的後端某處放入另一個問題：「我對老師的教學大體來說感到相當滿意」。如果某個受訪者亂答，題目連看都不看就通通勾選「極為同意」或「極為不同意」，那麼這樣兩個題意完全相反的題目就可以很清楚看出來，該受試者是否一路亂答。

　　另外一個問卷法遭遇到的常見問題就是回收率。一般說來，一個問卷的回收率如果越高，通常這個研究的可信度會比那些回收率較低的研究來得高。造成這個現象的主要原因是，在回收率偏低的問卷研究中，那些極低的回收問卷很有可能是反映了該研究議題中較為極端的意見，而非反映了沉默的大多數之意見。舉例而言，如果某研究想要知道青少年對某 A 牌的零食的好惡感，但是問卷發出後只得到 10% 的回收率，而在這其中有 5% 的人回答非常喜愛、另外 5% 的人則回答非常討厭。若我

們僅根據這 10% 的回收率來作分析，則我們很容易就被誤導出一個結論：「該產品非常有爭議，在青少年的心目中該產品可說是極為兩極化，青少年不是很喜愛它就是很討厭它。」很明顯地，這個結論的謬誤之處在於它忽略掉了未回答問卷之 90% 的受訪者。

這裡要進一步說明的是，回收率反映的其實是所謂**自我選擇偏誤** **(self-selection bias)** 的問題。回收率高的問卷其可信度較高的原因，是因為它的數據較可能反映了一般的受試者；但是回收率低的問卷就有一個風險，即願意花上功夫去填這個問卷並寄回的這部分人，並不能反映一般人，而更可能是這些人有著愛恨兩極較極端的反應，因而促使他們有著較強的動機去完成這個一般人不太願意回覆的問卷。換句話說，事實也許不是青少年對該產品愛恨兩極化，而很可能是只對該產品感到愛恨兩極的人（也就是那少數的 10%）才會動筆填問卷並寄回；大多數青少年的真意可能只是稍喜歡或稍不喜歡，或者感到普通，而正因為他們沒有強烈的好惡感，所以他們才沒有心思去費力回答這樣一個問卷。

所以在解讀一個回收率低的問卷時，要特別小心不要被極端的意見給誤導。至於多低的回收率算低？則端視研究的性質與研究的對象而定，很難有一個放諸四海皆準的標準。通常研究者只能把該研究和同類型的問卷研究來做比對，以此推算自己的問卷研究的回收率是否偏低。

除了上述所提的問卷法，另一種常見到的自我報告法是結構晤談法。在這種方法裡，研究者與受訪者針對想研究的課題進行交流與對答。訪談的進行並非是想聊什麼就聊什麼，而是研究者早就先擬定好要提出的問題，然後針對這些問題提出來和受訪者交流以取得受訪者的答案。

一般說來，結構晤談法的優點在於研究者可以很輕易看出受訪者是否認真回答，因此避免掉了問卷法裡面亂答的這種狀況。然而，結構晤談法仍舊和問卷法一樣會遭遇到社會期許性的問題，有時即使是訓練有素的研究者，也不一定能看出受訪者全部的回答是否都是真心話或是有所保留。另外一個結構晤談法的缺點是它所需要的時間相對於問卷法來

說會耗的較多，這是因為訪談的進行必須要有研究者或其經過訓練的助手來推動，比較沒有辦法像問卷法那樣可以同時針對數十人甚至數百人同時進行。

## ㈡觀察法 (observational methods)

觀察法大致說來可以分成兩種，第一是自然觀察法，第二則是結構式觀察法。

自然觀察法多是在自然情境下進行的觀察，好比我們在高中的社團教室中觀察學生在社團活動中互動的情形。結構式觀察法則多在實驗室中進行，目的在便於導出研究者想要觀察的特定行為，而這種行為通常是在自然觀察法中所不易看到或者不易掌握的。舉例而言，如果我們想要觀察青少年的合作行為，我們可能很難去預期自然的環境下，青少年在什麼時間點會有一個合作行為來讓我們觀察。所以當我們想要觀察的行為是這類行為時，通常研究者的做法就是在實驗室中設計一個需要合作的任務 (task)，然後觀察青少年在面臨一個合作的任務時，到底是會採取命令式的、請求式的，或是協調式的合作方式。

自然觀察法的最大優點是它的**外在效度 (external validity)** 比較高。所謂的外在效度，是指一個研究的結果，是否可推論至一般人生活情境下的程度。

舉例而言，如果我們在自然的情境下（如學校、百貨公司）觀察到某個青少年在遭遇壓力時特別有攻擊性，那麼我們就比較有把握說，這個青少年以後在遇到壓力情境時，是很可能會出現暴力傾向的。在實驗室中採用結構式觀察法所得到的結果，其外在效度通常較低，其理由是實驗室中的情境和真實生活中的情境未必相似；青少年在實驗情境下採用的策略或顯現的行為，未必會在真實生活中如法炮製。好比如果我們要求兩個青少年在實驗室中要完成一個合作的任務，也許在實驗室中兩個人能夠耐住性子互相合作，然而這並不表示他們回到真實生活中遇到一個有難度需要合作的任務時，依然會採用此種策略或行為（也許其中

某一人遇到困難時就直接找父母或是朋友來解決問題，而非如實驗室中耐住性子跟同儕合作來解決困難）。

自然觀察法第一個最常見的缺點就是**觀察者效應 (observer effect)**。這是指在很多情況下，當受試者知道自己被觀察時，他們的行為很可能會因為社會期許等原因，而做出某種程度的修正。

好比青少年在高中社團開會討論事情時，也許他們平時討論都會以邊開玩笑邊吵的方式來進行會議；但如果今天有一個教授級的研究者在旁邊觀察，他們可能就會認真嚴肅許多，而非表達出自然的行為模式。針對這一個問題，通常研究者可以採用單面鏡或是錄影的方式來讓觀察者的影響降至較低，但知道自己的行為被錄影或是被觀察仍舊多多少少會影響人的行為。

也許唯一讓受試者表現絕對正常的方式，就是不讓他知道自己正在被觀察，然而這種做法又涉及到實驗倫理的問題，而斷定某種程度的欺騙或隱瞞是否合乎實驗倫理，常常是一個極富有爭議性的問題。目前美國的心理學界的做法通常是在大學及研究所以上的研究單位中設有一個專職的審核機構 (review board)，通常由多名資深的教授擔任，然後由這樣的單位來判定某個研究設計中所採用不同程度的隱瞞或是欺騙是否合乎實驗倫理的標準。

自然觀察法的第二個缺點是，即使是訓練有素的研究者，也不見得能總是很客觀地記錄自己所觀察到的事情。因為只要是人就會有情感的好惡，同時會產生某種程度的偏見，因此在記錄自己所觀察的事物時，也可能會有所偏差。例如當我們要在某自然觀察的研究中去記錄青少年的攻擊行為時，如果一個研究者對該青少年抱持著比較正面的印象，那麼他就很可能把某些模糊或邊緣的攻擊行為視為沒有發生攻擊行為；反之，如果研究者對該青少年抱持著比較負面的印象時，則一些模糊不明顯的攻擊行為也會被記錄為明顯的攻擊行為。通常要解決這個問題的做法是採用兩個以上的觀察者，然後觀察結束之後再將這些的觀察紀錄拿來做比對以求得事情的真相。

### ㈢個案研究法 (case study methods)

所謂的個案研究法，就是針對某個對象，對他做相當完整的資料收集並加以分析研究。這個收集的資料可能包括他的成長背景，他與家人或是朋友的互動經驗、他個人的生理與健康狀況，以及他身處的文化環境等等。通常個案研究法的採用時機都是針對某些特定的對象，常常是具有其一定的特殊性或對社會大眾有深遠影響者，但並不一定以此為限。

個案研究的好處是，正因為此種研究法所收集的資料較為完整而全面，所以可以深入探討可能影響該個案的各種因素及其互動狀況，因此所得到的研究結果將會是比較清晰且完整的。然而這同時也是它的缺點：正因為影響每個個案的因素都不同，每個個案的成長背景、家庭互動或經濟狀況也不盡然相同，因此在個案甲身上適用的結論不見得能適用在個案乙的身上；在甲和乙身上都適用的結論也不見得能夠推論到一般的社會大眾身上。所以個案研究法所發現的結論，其能推論的地方是相當受到侷限的。

### ㈣民族誌法 (ethnography methods)

所謂的民族誌法，就是研究者深入（常常是自己就長期住在裡面）在某一族群（通常是少數族群）中，然後以第一手的近距離去觀察記錄受試者的生活或其他該研究者想研究的課題。

乍看之下，這種資料的收集方式和自然觀察法非常類似，那麼為什麼要獨立出來做為一種獨特的資料收集法呢？事實上，民族誌法本來是人類學常用的方法，其使用原因在於，在很多特殊的文化或情境下，我們若只是浮光掠影地做很片面的觀察，那麼我們所記錄到的行為，就只是記下很表面的東西，而沒有辦法深入理解其深層的涵義及其文化背景。

舉例而言，如果一個歐美學者在除夕夜到華人社會觀察華人的新年，那麼他所記錄下來的東西很可能只是很豐盛的年夜飯、放鞭炮、發紅包，是全家團聚等等；然而這些活動所隱含的文化底蘊與其意義，卻可能是這個歐美學者所無法體會的。同理，如果我們只是偶爾去原住民的部落，

那麼所看到的事情或是問題就可能只是一些表象，許多深層的癥結或涵義便無法看得透徹。

所以，民族誌法的優點就是在於能夠讓研究者看到一些深層的意義，並且可盡量避免掉一些多數族群對於少數族群的片斷偏見。透過這種方式，我們可以從青少年而非成人的角度去看青少年、用青少年的想法去理解青少年，也因此這種方法已漸被青少年發展心理學家所採用，使得以深入理解青少年的次文化，更有助於我們去理解青少年們的獨特思維。

一如其他的研究法，民族誌法亦有其缺陷存在。其中最明顯的缺陷就是，民族誌法所得出來的結論，常常就僅能限於解釋該研究的對象族群。換言之，利用民族誌法得出的某一少數族群（例如阿美族）的結論，未必能適用於另一少數族群（例如排灣族），更不見得適用於該社會的主流族群（例如漢族）。另一個民族誌法的缺點則來自於研究者：研究者本身的文化背景和價值觀都會影響自己觀察與記錄的一切，所以在做推論時，也常常會產生一種以自己本身文化作為類推的傾向。如前例，一個西方學者在記錄華人新年時，也許會傾向於把新年解讀為：就好像西方人過聖誕節一樣。

## 二、研究設計法

常見到的研究設計法大致可以做以下的兩大分類：

A.若以**操弄變項**的有無區分，可分為相關法、實驗法、準實驗法。

B.若以**研究的時間點和時程**區分，可分為縱貫法、橫斷法、序列法。

### A–1 相關法 (Relational Design)

相關法是指，研究者想要知道兩個或兩個以上的變項之間，是否存在相關的關係。通常研究者會透過計算，求得一個**相關係數** $\gamma$，用來說明這兩個或兩個以上的變項之間的相關程度。

相關係數的範圍會在 $-1$ 至 $1$ 之間，$0 < \gamma \leq 1$ 者稱為正相關；$-1 \leq \gamma < 0$ 者稱之為負相關；若 $\gamma = 0$ 則意味變項之間完全沒有任何相關。同時，

相關係數的絕對值表示兩變項之間的相關強弱程度。一般來說，$|\gamma| = 1$ 表示完全相關、$0.7 \leq |\gamma| < 1$ 為高度相關、$0.4 \leq |\gamma| < 0.7$ 為中度相關、$0.1 \leq |\gamma| < 0.4$ 為低度相關、$|\gamma| < 0.1$ 為微弱相關。要特別注意的是，上述的數值僅作為一種參考，不應將其視為唯一的判斷標準。在大部分的情況下，我們仍應視研究目的來判斷某一相關數值是否值得注意。例如 $\gamma = 0.35$ 通常被視為低度相關；然而當我們的研究目的，是想調查某一個變項與某種重大心理疾病之間的關係時，則 $\gamma = 0.35$ 就值得我們去關切了。

就相關係數的解釋上，我們必須要注意的是，**相關係數本身只表示兩個變項之間的相關程度，而相關的關係並不等於因果關係**。舉例而言，當我們想知道看電視的時數和肥胖之間的關係，如果我們得到一個 $\gamma = 0.35$ 的結果，那麼這個數據告訴我們的就是，喜歡看電視和變肥胖之間有著較低度的正向相關關係，即電視看得越多的人，有較低程度的肥胖傾向；換言之，此研究結果並不是說看電視這件事情會導致肥胖，而是看電視看得多的族群，也許飲食習慣較為不良、運動時間可能較少等其他因素，使得少部分喜歡看電視的族群較為肥胖。

在很多情況下，人們常會誤以為高度相關就暗示著因果關係，其實這是不對的。變項 A 和變項 B 之間的高度相關，並不意味著 A 導致 B、或 B 導致 A，而可能是有其他的因素去影響 A 或 B，因而造成了 A 和 B 之間的相關關係。

舉例來說，如果我們發現都會區的高中，其升學率要高於偏遠的鄉下高中，即都會化的程度（變項 A）和升學率（變項 B）之間存在著高度相關。那麼我們就要非常小心，不要誤以為都會化的程度越高，就必然導致較高的升學率（因果關係的結論）。因為真正造成都會區的高中其升學率較高的原因，很可能是它享有較多的資源，換言之，是「分配到較多的資源」這件事情導致都會區高中的升學率較高；而非「位於都會區」這件事情導致它的升學率較高。也就是說，一個位於臺北市中心但是欠缺各項資源的高中，其升學率很可能還是很低；一個窮鄉僻壤但是

教學軟硬體齊備、師資優良的高中，其升學率還是可以很高。

## A-2 實驗法 (Exterimental Design)

　　正因為相關法只能告訴我們兩個變項之間的相關程度，而不能告訴我們因果關係，因此研究者就發展出了所謂的實驗法來補強這個缺陷。

　　和相關法不同的地方在於，實驗法為了要驗證是否兩個變項之間有因果的關係，所以實驗法的設計會讓實驗者去操控一個變項，即**自變項 (independent variable)**，然後看看自變項的改變，是否會影響另一個我們想研究的變項。這個會隨著自變項變動而跟著變動的變項，則為**依變項 (dependent variable)**。

　　舉例而言，如果研究者想知道青少年看暴力節目是否會影響青少年的攻擊行為，那麼研究者就可以在實驗室中操弄讓青少年看暴力節目的時間，然後觀察其後續的攻擊行為。由於播放暴力節目的時間長短是實驗者可操弄的，所以是自變項，而青少年的後續暴力行為則為依變項。

　　通常在實驗法中，研究者會盡量控制其他的變項，如溫度、溼度、噪音等，以避免不必要的影響。因為只有如此，研究者才能有信心宣稱，研究所得到的因果關係的確是自變項的變化導致依變項的變化，而非受到其他因素的影響。

　　雖然在邏輯上這樣的設計的確合乎科學的嚴謹性，然而，這種嚴謹的態度卻也導致了實驗法最大的缺陷，那就是會產生**生態效度 (ecological validity)** 的問題，也就是究竟一個實驗得出來的結果，是否能夠類推到一般生活中。

　　通常一個實驗室的配置與其實驗情境和一般生活越相似，那麼實驗所得出來的結果就會越和一般生活經驗相符合，也就意味著其生態效度越高。舉例而言，假設前述研究中的結果是得自於下列的情境：「青少年正襟危坐在隔音室內，知道自己正在被一些陌生人觀察與記錄，所以很嚴肅認真地看一部暴力影片。」那麼這一個研究的生態效度就會較低，因為絕大多數的青少年在看暴力節目時並非處於此一情境或是此種心情。

這也使得研究者常常處於一種兩難的情境底下：一方面他們希望能夠保有科學的嚴謹性，能夠確保某一自變項的操弄可以導致另一依變項的改變，同時此依變項的改變就僅僅是受到此一自變項的改變而改變，而非受到其他干擾變項的影響；然而另一方面，這樣極度嚴謹的實驗配置與要求，又使得它得出來的結果降低了可以類推到現實生活的程度。

實驗法另一個問題，就是必須考慮到人權和實驗倫理。換言之，雖然某些議題對人們很重要，但是受限於人權和實驗倫理的因素，使得實驗者並沒有辦法採用標準的實驗設計，即無法操弄自變項去觀察依變項的變化。

舉例而言，如果我們想知道孕婦在懷孕時，其吸毒的程度會如何影響其未來出生胎兒的發育狀況（如出生體重）。若依標準的實驗設計，最理想就是將孕婦分組，然後分別令其吸食微量、少量、中等以及多量的毒品，等她們的嬰兒出生後再去測量這些嬰兒。然而毫無疑問地，這種研究設計嚴重地侵害了人權，所以不可能真的去執行。因此，在面臨這種的確很重要的議題，但又無法採取標準實驗設計的困境時，研究者通常就會退而求其次地採用準實驗法。

## A–3 準實驗法 (quasi-experimental Design)

如前所述，在一些因為受到研究倫理或人權限制的情況下時，研究者就只能採用準實驗法。所謂的準實驗法就是，在自然的情境下（而非在實驗室內受到嚴謹控制的情境下），研究者盡力去收集可以取得的資料，然後針對這些資料做一些整理與分析的工作。

和實驗法最大的不同點就在於，準實驗法沒有辦法像實驗法那樣**隨機分配**樣本，同時也沒有辦法由研究者去任意地**操弄變項**。研究者只能就現有手頭上所得到的資料來加以分析探究，而沒有辦法藉著操弄變項去探知自變項與依變項間的因果關係。

以之前的例子而言，研究者可以針對那些在醫院裡有吸毒經驗的待產孕婦做研究，然後比對看看她們生下的胎兒健康狀況。由於人道因素，

我們不可能強制孕婦分組然後吸食不同劑量的毒品，來測知孕婦吸毒與胎兒健康受損，這兩者間的關係。而且當採用準實驗設計時，其中其他的干擾變項會很多，並不能像實驗法那樣可以嚴謹控制所有的其他變項，然後研究者可以專心研究母親的吸毒狀況如何影響胎兒的發育情形。

這些其他的干擾因素可能包括懷孕期間孕婦的營養攝取狀況、懷孕期間孕婦的經濟狀況、生活壓力、以及親人支持系統等等，都可能會影響到胎兒在母體內的發育狀況。儘管有著這些干擾因素的存在，以至於研究者無法嚴謹的就一個自變項如何去影響另一個依變項之間做出清楚而肯定的因果關係。然而，這些在自然情境下收集來的資料常常依然是非常有幫助的，因為它通常提供了研究者一個清晰的方向或至少是強有力的線索。

好比說，雖然每個吸毒的孕婦其過去經驗和家庭背景都各不相同，其間各自的干擾變項也很多，但是大致說來，若我們發現當毒癮越重、吸毒越久，其胎兒的健康發育狀況越糟糕的話，則我們幾乎是會有相當的信心，這兩者之間的關係的確是值得我們去深究的。

## B–1 縱貫法 (Longitudinal Design)

縱貫法是針對同一群受試者，在相當長的一段時間內，反覆多次地觀察或測驗該群受試者。此期間可以是數個月、數年，有時甚至是十數年以至數十年之久。這種方法在研究青少年心理學的發展部分特別重要，因為此種方法長期追蹤同一群體，所以可以很穩定知道該群體一些發展的趨勢與重要的里程碑。舉例而言，有研究 (Harter, Whitesell, & Kowalski, 1992) 針對青少年的自尊心做追蹤的縱貫研究，結果發現青少年在國小的高年級時，自尊心通常相當高且穩定（因為他們在學校裡是最大的一群）；在他們進入到國中之後（也就是他們忽然變成學校內最小最弱的一群），自尊心開始大幅滑落，然而等到逐漸熟知新環境之後，他們的自尊心又開始緩步回升。

雖然縱貫法極為重要，但亦有其先天限制，首先顯而易見的，就是

耗時與耗錢。一個需要追蹤數年之久的研究，毫無疑問是需要非常大的時間與金錢投入。另外一個潛在的缺陷則不那麼明顯但卻同樣重要，即所謂**受試者的損耗 (attrition)**。本來在任何一個社會科學的研究，都難免會因為種種的原因在研究中損失一些樣本，例如問卷中的拒答或標準測驗中的亂答等等，但是此一損耗的問題在縱貫法的研究中卻特別需要注意，因為在縱貫法的研究裡，常常耗損並非是隨機的，而是受試者有意識地退出的，使得導致結論產生有系統性的誤差 (systematic error)。

舉例而言，假若我們想知道一種課後的英文補助學習法對於青少年學習英文的幫助效果，於是追蹤 200 名國一新生的青少年，然後持續追蹤 3 年直到他們國中畢業，看看這種學習法對他們的英文幫助有多大。假設 3 年研究結束時，當初參與研究的國中生只剩下 100 人繼續參與此研究，結果發現這 100 人中絕大多數的英文程度都有顯著提升。那麼我們是否可以宣稱，這個英文補助學習法對大多數的青少年有幫助嗎？

答案是不能。這是因為雖然損失掉的 100 人當中有少數可能因為搬家或是轉學等原因退出，但其他退出的人很可能都因為一個共同的原因，就是他們感覺此種方法無效。換言之，很可能選擇留下來參與 3 年研究的國中生，大多數都是感覺此方法有效所以才留下來繼續參與研究的。所以本來這一種英文學習法大概就只對一半的國中生有效、另一半無效，研究者若只依據這些留下來繼續完成研究的 100 人來下結論說此英文學習法對大多數人都有效，可能就會過度誇大了其真正的效果。

縱貫研究的另一個缺點也來自於其耗時較久。有時一個長程的縱貫研究，很可能等到結論出來的時候，其外在的環境已經產生了很大的改變，導致這個結論不適用甚至是無意義了。舉例而言，如果有研究者想要了解青少年在他們的兒童期間與其異性的兄弟姐妹之互動關係，如何去影響其日後的異性交友，故追蹤了許多有兄弟姐妹的兒童十數年直至他們長大成年。然而由於社會的變遷，也許在研究者開始研究的那個時空背景，幾乎每個兒童都有兄弟姐妹，然後等到長程研究做完時，社會

已經演變至絕大多數的家庭都已經一胎化。如此一來，這個當初本來很有意義的研究，就有可能因為社會的變遷而喪失了它本來想做出的貢獻與價值了。

## B-2 橫斷法 (cross-sectional design)

所謂橫斷法是指在相同的時間點，去測量不同年齡的人的方法。這種方法相對於前述的縱貫法而言，有其省時與省錢的明顯優點，因為它可以直接比較一個 13 歲的前期青少年與一個 19 歲的後期青少年，而不必等那個 13 歲的青少年成長到 19 歲。然而這種研究設計法的缺陷是，因為受試者是不同年齡與不同族群的人，有時研究者無法判定兩組不同的受試者之間的表現差異，究竟是來自於年齡與發展上的差異，還是來自於其他的因素。

舉例而言，如果我們想要利用標準化的電腦測驗來測定 20 歲的人和 40 歲的人之反應速度（例如看到螢幕上出現蘋果的圖案就立刻利用鍵盤打出 APPLE）。如果結果發現 20 歲的人其反應時間只花了 40 歲的人的一半，那麼我們能夠說 20 歲的人的反應速度或眼手協調要比 40 歲的人快上一倍嗎？

答案是不能的。這是因為此兩族群的反應速度差距，也許不完全來自於他們的生理差異。也許 20 歲的人在生理反應上的速度確實比 40 歲的人來得快，但是造成他們速度差距高達一倍的真正原因，卻可能是由於 40 歲的族群過去使用電腦經驗較少，而 20 歲的族群卻天天使用電腦。

這種不同族群間的不同生活經驗與成長背景的差距，通常被稱之為**族群效應 (cohort effect)**。而此族群效應一定存在，只有程度的差別。一般說來，在社會遭遇重大事件如戰爭或嚴重經濟恐慌時，事件前與事件後誕生或成長的族群會有較大的族群差異。

## B-3 序列法 (sequential design)

有鑑於縱貫法與橫斷法各有其缺陷，心理學家發展出了一種集前述兩種研究法之長的方法，稱之為序列法。它的做法是：先找出幾個不同

的年齡族群（橫斷法的方式），然後針對這些族群持續追蹤一段時間（縱貫法的方式）。

這種設計法的最大優點就在於它容許我們在一個研究中同時比較橫向與縱向的改變與差異，等於是同時在做橫斷與縱貫研究。另外一個好處是藉由這樣的比較，我們可以得到一個比較清楚的圖像：究竟哪些差異來自於年齡的改變、哪些差異可能來自於族群效應，在序列法中都可以看得比較清楚。

然而，序列法雖然綜合了橫斷法與縱貫法的優點，但它也幾乎綜合了前述兩種方式的某些缺點：比橫斷法費時（因仍然要做長程追蹤），且相當費錢（等於是做好幾個而非單一的縱貫研究）。

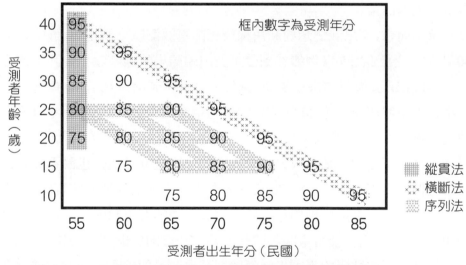

▲圖 1-3：縱貫法、橫斷法、序列法的比較

## 三、研究倫理

所謂研究倫理，就是為了保護參與實驗的受試者，不會受到生理或心理上的傷害。一般在做心理學研究時最需要注意的事項大致如下：

首先要清楚地描述，讓受試者知道研究的過程，然後受試者可以自

願決定參加與否。如果受試者是未成年人或者是不能正常思考者（如弱智者），則必須取得其家長等監護人的同意書。此外，即使受試者決定參加研究，他仍有自由意願可以決定何時退出，即使研究進行至一半。受試者的意願始終是需要被尊重且應被放在完成研究之上來做考量的。

其次，**研究者有義務令研究設計對受試者的風險降到最低**。為了確保這一點能確實執行，一般在大學內都會設置一個專職的審核機構，來審定研究者的實驗設計是否會有造成傷害的風險。如果研究者（包含研究生）所提出的研究設計遭到此單位判定對受試者會造成傷害的風險時，則此研究將不會被允許執行。

第三，**避免隱瞞或是欺騙**。如果真的不得已需要欺瞞受試者時，研究者也有義務在研究結束後盡快告訴受試者實情。此外，當研究的結果發表時，研究者有義務替受試者保密並避免透漏任何可以讓人從研究結果辨認出受試者身分的資訊。

總而言之，這些研究倫理的限制不是為了要使研究變得更難進行，而是為了更保障參加研究受試者的權益。

教育部體育司（民91）。《台閩地區中小學校學生身體發育測量結果》。臺北：教育部體育司。

Arnett, J. J. (1997). Young people's conceptions of the transition to adulthood. *Youth and Society, 29*, 3–23.

Borstelmann, L. J. (1983). Children before psychology: Ideas about children from antiquity to the late 1980s. In P. H. Mussen (Ed.), *Handbook of Child Psychology* (4th ed., Vol. 1). New York: Wiley.

Bronfenbrenner, U. (1979). Contexts of child rearing: Problems and prospects. *American Psychologist, 34*, 844–850.

Bronfenbrenner, U. (1989). Ecological systems theory. In R. Vasta (Ed.), *Annals of Child Development, Vol. 6. Theories of Child Development: Revised Formulations and Current Issues*. Greenwich, CT: JAI Press.

Bronfenbrenner, U. (1995). Developmental ecology through space and time: A future perspective. In P. Moen, G. H. Elder, Jr., & K. Luscher (Eds.), *Examining Lives in Context: Perspectives on the Ecology of Human Development* (pp. 619–647). Washington, DC: American Psychological Association.

Conger, J. J., & Peterson, A. C. (1984). *Adolescence and Youth*. New York: Harper and Row.

Freeman, D. (1983). *Margaret Mead and Samoa*. Cambridge, MA: Harvard University Press.

Gesell, A., & Ames, L. B. (1956). *Youth: The Years from Ten to Sixteen*. New York: Harper & Row.

Gesell, A., & IlG, F. L. (1946). *The Child from Five to Ten*. New York: Harper.

Graber, J. A., Brooks-Gunn, J., & Warren, M. P. (1995). The antecedents of menarcheal age: Heredity, family environment, and stressful life events. *Child Development, 66*, 346–359.

Hall, G. S. (1904). *Adolescence: Its Psychology and Its Relation to Physiology, Anthropology, Sociology, Sex, Crime, Religion, and Education* (2 vols.). New York: Appleton.

Holmes, L. D. (1987). *Quest for the Samoa: The Mead-Freeman Controversy and*

*Beyond.* South Hadley, MA: Bergin and Garvey.

Harter, S., Whitesell, N. R., & Kowalski, P. S. (1992). Individual differences in the effects of educational transitions on young adolescents' perceptions of competence and motivational orientation. *American Educational Research Journal, 29,* 777–807.

Lerner, R. M., & Steinberg, L. (2004). The scientific study of adolescent development: Past, present, and future. In R. Lerner, & L. Steinberg (Eds.), *Handbook of Adolescent Psychology.* New York: Wiley.

Mead, M. (1928). *Coming of Age in Samoa.* New York: Morrow.

Offer, D., Ostrov, E., Howard, K. I., & Atkinson, R. (1988). *The Teenage World: Adolescents' Self-image in Ten Countries.* New York: Plenum.

Rice, F. P. (2001). *Human Development.* New Jersey: Prentice-Hall.

Tanner, J. M. (1970). Physical growth. In P. H. Mussen (Ed.), *Carmichael's Manual of Child Psychology* (3$^{rd}$ ed.). New York: Wiley.

圖片來源：圖 1–2©ShutterStock

青少年的生理發展與性發展

# 第一節 青少年的生理發展特徵

## 一、青春期的出現

青春期是青少年早期的一個特殊用詞，專門用來敘述青少年開始身體劇烈改變、荷爾蒙大量分泌的身體成熟 (physical maturation) 及生育功能成熟 (reproductive maturation) 階段 (Santrock, 2010)。

最近的心理學研究顯示，青少年期間青春期特徵出現的時間點（正常發生、提早發生或遲緩出現），與青少年的心理健康發展息息相關；因此，了解青春期發生的緣由與可能影響因素，就變得很重要。然而青春期是如何發生的呢？什麼因素會影響青春期的早發或者是晚出呢？目前並沒有確切的研究證據，能夠說明青春期發生的影響因素及其因果關聯 (Susman & Dorn, 2009)；然而相關的研究資料顯示，青春期發生的時間點與下列因素有關：

### ㈠出生時的嬰兒體重

出生時體重較輕的女嬰，她們的第一次月經（初經），通常比出生體重正常的女嬰提早 5 到 10 個月；而出生時體重較輕的男嬰，則通常在青少年期時，會有低量的男性荷爾蒙分泌 (Ibanez & Zegher, 2006)。

### ㈡體重、體脂肪及脂肪荷爾蒙

過去雖然有許多研究認為體重及體脂肪與女生的初經發生期有關，但卻一直找不到一致性的結果 (Santrock, 2010)。目前比較明確的研究結果為男生若營養不良，則青春期較可能會延緩出現；而女生若經常從事某一些體育活動，例如體操或游泳，以及像是厭食症者，初經也會延緩出現 (Susman, Dorn, & Schiefelbein, 2003)。而與體脂肪量息息相關的脂肪荷爾蒙 (leptin)，在最近的研究中發現它的分泌量與青春期的出現有同步的關聯，但因果關係則有待進一步的研究 (Kaplowitz, 2008)。

## ㈢遺傳

青春期深受基因的影響，絕大部分的人會在 9 到 16 歲間，開始啟發青春期的脈動，而不會在兒童前期或者成年期後。因此青春期萌發的期間，應該是被基因的預先設定所控制 (Kaminski & Palmert, 2008)。

## ㈣性荷爾蒙

男女生理上的差異，除了基因的主導外，另一個重大的因素，就是荷爾蒙的分泌，因為整體荷爾蒙系統的相互作用，都會影響青春期各種生理的發展。限於篇幅，本章只介紹最為相關的性荷爾蒙：男生主要為雄性激素 (androgen)，又稱男性荷爾蒙，而女生主要為雌性激素 (estrogen)，又稱動情激素。這兩類的性荷爾蒙在男、女生血管中的含量，分別與青少年青春期出現的時機及後續發展，有重大的關聯。例如：男性荷爾蒙之一的睪丸素酮 (testosterone)，與男生的外在生殖器官發展、身高及聲音的改變息息相關 (Campbell & Mbizo, 2006)。

## ㈤社會化與環境因素

從時間向度的環境變動來看，1840 年代在一些已開發國家中，青少女出現初經的平均年齡，大約是 17 歲；經過逐年的世代演變，青少女初經的出現，已由 17 歲呈現直線式下降，1940 年代，平均年齡大約下降到 13 及 14 歲間，而近年來則有趨於平穩的走勢 (Santrock, 2010)。S. Y. Euling 等人 (2008) 認為這種月經提前發生的走勢，是因為在已開發國家的大環境中，健康及營養的條件逐漸改善的緣故；另外，或許與肥胖者增加也有關聯。

從國家間的環境來比較，在已開發國家成長的青少年，通常比未開發國家中之青少年，青春期較為早發 (Graham, 2005)。而且由開發中國家被帶到已開發國家收養的青少年，比他們原本國家的青少年，更可能有青春期早發的現象 (Teilmann et al., 2002)。

由上述現象分析，似乎也可發現健康及營養較佳的已開發國家，與青春期的提早出現，有重要的關聯。

一個特殊的現象是，早發的青春期也與青少年是被收養者、父親不在、處於低社經家庭、家庭中常有衝突，及幼時被虐待有關 (Bogaert, 2005; Ellis & Essex, 2007)。這個現象可能說明青少年如果早期處於高壓力或經常發生衝突的社會環境，也會提早青春期的到來。Tither 與 Ellis (2008) 最近的研究也顯示：當女孩早期暴露在父母功能失調（如父母藥物濫用、犯罪、暴力相向）的家庭中時，這些女孩就傾向有比較早的月經來臨。因此，青少年青春期的早發，除了可能是因為有較為健康與營養的生活環境外，也有可能是因為早期有高壓力或失去被照護的機會。

## 二、生長之大爆發（身體及外表快速改變）

青春期的主要成長特徵，又稱作第二性徵 (secondary sexual characteristics)，是青少年早期的身體急速成長改變，即所謂的生長爆發。主要改變的指標有身高變高、體重遽重；另一個重大的改變，則是性成熟 (sexual maturation)，包含比較明顯可見的性（生殖）器官之改變。

美國的紀錄顯示生長爆發的時間，女生大約開始在 9 歲左右，於 11 歲半時達到高峰，然後成長逐漸趨緩，直到 14 歲左右逐漸停止；而男生則大概開始在 11 歲左右，於 13 歲半時達到高峰，然後也是成長逐漸趨緩，大約 16 歲半時逐漸停止成長 (Santrock, 2010)。

國內青少年身高的發展趨勢，也與美國的資料大略相似（見本書圖 1-1 與其說明）。

如前面所述，青春期發生的起始點，仍然是有很大的個別差異，相對而言，有些人早發，有些人晚熟，而這些個別差異可能會造成個體心理上的影響，我們在下一節中會再加以詳述。

## 三、性的成熟

性的成熟，又稱為生殖器官的成熟，是青少年轉化成為成人而能夠傳宗接代的身體轉變，而第二性徵的出現及逐漸變化，則是性成熟中明

顯可見的身體變化。

大略而言，男生第二性徵的顯現，首先出現的是陰莖的增長及睪丸的變大，然後陰毛的出現、聲音開始變得低沉，再而第一次射精（通常透過夢遺或手淫）發生、陰毛變長及變粗（此時成長爆發達到頂點），最後腋毛長出、聲音變得更為低沉、鬍鬚及臉毛長出 (Santrock, 2010)。

女生的主要變化趨勢，則是胸部開始突出 (breast budding)，然後陰毛與腋毛出現，接著身體成長爆發達到頂點，隨後初經接著出現，而胸部則持續成長。通常胸部的變化，會比陰毛的出現早兩個月 (Susman et al., 2009)。

男女在生理上變化的其他差異是體脂肪的比例、骨骼與肌肉的發展。通常在青少年發展完成後，女生的體脂肪是男生的 2 倍 (Archibald, Graber, & Brooks-Gunn, 2003)；在骨骼及肌肉的強化程度上，男生則比女生有更大的變化 (Rogol, Roemmich, & Aclark, 2002)。

另外，一個重要的性別差異是女生比男生有更多青春期過於早發的情況，此現象被稱為青春期的早熟 (precocious puberty)。亦即有一部分的女孩，會在 8 歲前即開始進入青春期；通常醫生都會建議太早熟的女孩接受治療，因為她們後來常會變得太矮、太早有生育能力，及可能從事一些與其年齡不恰當的行為 (Blakemore, Berenbaum, & Liben, 2009)。

 **第二節　青少年生理心理變化與青春期之早發與晚出**

青少年對身體及外表特別注重，可能與其生理的急速發展及身體的遽變有關聯 (Allen et al., 2008)。在這個階段，他們非常在意同儕團體的意見與看法，認為個人的外表與自己的一言一行，是眾人關注的中心。而對身體及外表的極端注重，是青少年對身體變化最大的認知改變，他們可能會花許多時間及次數在照鏡子、煩惱青春痘，或者擔心身材不夠

纖細。研究者將個體對自己身體正、負的感受程度或滿意程度，稱為身體意象 (body images)。社會心理學家還特地為此編製了一份「身體意象的自尊量表」(The body esteem scale, Franzoi & Shields, 1984)。

## 一、伴隨生理發展的心理特徵

一般而言，男生對其身體的改變會比較感到滿意，而女生反倒是變得越來越不滿意 (Bearman et al., 2006)。然而當有男生自陳外貌對他們非常重要時，這些男生從事冒險性的性行為之可能性就會比較高，但女生著重外表者，則不會有這樣的狀況 (Lefkowitz & Shearer, 2006)。

另外，有些研究發現缺乏父母的支持或對飲食的限制，會與青少年對身材的負向感受及不滿意程度有關 (Bearman et al., 2006)，而且這種負向的身體意象與青少年後續的身體健康狀況有關 (Neumark-Sztainer et al., 2006)。

針對自己的性別或身體狀態，在最不滿意的選項中，青少女主要為：身為女性要生小孩、會發生月經前生理疼痛 (premenstrual syndrome, PMS)、有月經週期、常發生乳癌等項目；青少男不滿意的項目較少，主要為常被找麻煩、被規範、常被過度責備 (Santrock, 2010)。

## 二、青少年生理發展之早發與晚出

雖然基因設定了青春期開始與結束的時期，然而其他各種因素的共同作用，會使有些個體甚早即顯現青春期的特徵（早發），而有些個體則甚晚才出現（晚出）。當其他的同儕大多已經生長成熟，或者其他的同儕大多尚未發展改變時，周遭其他的人可能會對早發或晚出的青少年給予不同的期待與反應，而個體本身心理上，應該也會有特殊的心理感受。

早期長期的追蹤研究顯現，男生青春期早發者，通常有較為正向的自我知覺，而女生則較無如此正向的自我知覺 (Jones, 1965)。

最近累積出來的資料，也大多顯示早發的青少男，相對於青春期較

晚出者，在約 4 年後，這些青少男比較不會有喝酒、抽菸的問題，而且也比較有成就 (Taga, Markey, & Friedman, 2006; Graber, Brooks-Gunn, & Warren, 2006)。

有關於女生青春期的早發及晚出之心理狀況及行為影響的研究結果，則是非常不一致。不過在最近西方的研究中，則有越來越多的研究顯示青春期早發的女孩，有許多不利於成長及發展的現象出現，例如：比較可能會結交較年長的同儕朋友或較有偏差行為的朋友 (Silbereisen et al., 1989; Stattin & Magnusson, 1990)，並且較可能會抽菸、喝酒、感到憂鬱、心理較為偏差、飲食較不正常等狀況；而且可能由於身體外貌的提早成熟，也容易誘發同輩男性的邀約，於是伴隨性經驗的提早發生等後續問題 (Graber, 2008; Graber et al., 2004; Tither & Ellis, 2008; Westling et al., 2008)。

因此，早發的青少女雖然外表上看起來比較成熟，似乎比較能負擔責任，然而她們的認知能力及心智成熟度卻不是如此，使她們陷入了「看起來能，實際上卻不能」的困境，因而使她們不可避免地產生一些問題行為，尤其是與性相關的高危險行為 (Santrock, 2010)。

然而，歐洲方面的研究則認為青少女早發所產生的問題，可能是周遭其他人的對待方式所產生的。例如，有些父母會對早發的青少女有較多的擔心，因而對其生活上的關切與控制比較多，進而提早帶來了衝突；若稍微處理不慎，就可能逼迫早發的青少女出走家庭，而產生上述問題。

在 Jackson 與 Goossens (2006) 所編輯的《青少年發展手冊》(*Handbook of Adolescent Development*) 中，以歐洲人的角度與實徵研究，就舉出了許多與美國研究不同的論點與資料，其中在第三章就說明了歐洲早熟及晚出的青少男，反而有較多行為問題出現 (Duke-Duncan et al., 1985)；而且在天主教學校接受教育的早發青少女，則一點也不像美國的研究結果，完全沒有上述問題行為的顯現 (Alsaker & Flammer, 2006)。

因此青少年青春期的早發與晚出，到底會產生好或不好的影響，似

乎沒有一致的定論，然而對青少年的發展卻有很大的影響。由目前的證據來看，青少年生理成長變化本身，似乎並不是絕對重要；而真正重要的，是身體變化的本人，或者重要的他人，對此變化的感覺與看法。例如：有些青少女會觀看自己，若自己發育太快、過於明顯，有的人就會覺得自己怪異與彆扭，怕別人嘲笑，開始會自卑、駝背，進而影響到心理健康，甚至覺得自己無法在異性面前展現魅力，因此把自己侷限起來，獨踞一個角落。但有的人就會覺得自己發展得比別人快，是超越別人、是一種優越的感受，認為自己的生理發展比別人快是一種驕傲，明顯地增加了自信，認為自己有足夠的魅力可以吸引異性。這種因自我知覺而影響行為與認知的立論，與近代社會認知 (social cognition) 的觀點完全一致（王震武等人，民 97；Franzoi, 2009）。

## 第三節　青少年常呈現的性活動與性行為

　　青少年時期對個體而言，是一個「性」的內省與外求探索階段，由於第二性徵的開始發展與日益成熟，加上如 Freud 所述，這個階段的個體，是會被異性所吸引的階段。因此學習如何與異性交往及性探索，是這個階段重要的發展歷程。

　　在青少年期之前，成人告訴兒童性方面的知識，常常是模模糊糊的。然而進入青少年期後，個體一方面可能獨處與隱私權的要求增加；另一方面同儕相伴的時間與機會增加，使得個體對性的接觸面與廣泛度也忽然擴增。此外，除了父母、兄弟姊妹、親友、學校師長、同儕、雜誌、及廣告外，近來媒體、網路的快速發展，也讓青少年取得性方面的訊息快速擴增 (Hennessy, Bleakley, Fishbein, & Jordan, 2009)。

　　然而，許多研究者的調查發現青少年的性知識來源，常是狹窄或是來自非正式的管道；其性知識的內容，也常常不是來自於父母或專業人士，而是單向、人云亦云且內涵貧乏的。

Bleakley 等人 (2009) 的研究指出，當青少年獲得性資訊的來源是父母或祖父母時，他們比較可能會延緩性行為的發生年齡；而當獲得性資訊的來源是媒體、同儕及同輩親戚，如表兄、表姊時，就比較可能在青少年早期即發生性行為。

既然，個體在青少年期開始對性產生了重大興趣，又願意花許多時間來探索，為什麼許多的父母或老師，卻很難主動地對他們開口 (Zani & Cicognani, 2006)？而且在性議題上，父母採取被動不告知的態度，等於是拱手將性教育的影響權讓給同儕、媒體與網路等極不可靠的來源（黃聖桂，民 90）。為什麼他們獲得對自己較為有利，並能輔助其成長的性相關訊息，是這麼地困難呢 (Guilamo-Ramos et al., 2008)？

Alfred Kinsey 的《金賽性學報告》(*Sexual Behavior in the Human*) 在臺灣翻譯推出時，曾經在社會引起一番震撼，學者也記錄了這段歷史：「讀《金賽性學報告》最大的驚訝是，『性』竟隱藏了那麼多的恐懼、害怕、與驚嚇。最常出現的問題是『我的性正常嗎?』……有人害怕口交是不健康的，有人擔心性交次數太多，有人擔心性交次數太少，有人擔心得不到性高潮是不是有病，有人憂慮自己的性器官形狀不對、顏色不佳或尺寸大小不對。」（余德慧，民 84：169）

即使有關性的許多問題，已經經歷了許許多多的研究與調查，然而有關性的問題解答，仍然未能有完整的答案。因為性問題所牽涉到的層面，不只是客觀而有明確答案的生理部分；更多所需面臨的資訊，是主觀性的心理層面。由於心理層面問題的答案，見仁見智，加上傳統上，「性」是社會規範中禁忌的話題，因此想要獲得正確或標準的答案，是有其難度的。對青少年而言，處在一個大不算大、小不算小的尷尬年齡，要直接接觸或經歷以獲得答案，似乎還難以讓成人放心。但社會中成人對性之曖昧不清的態度、媒體隱隱藏藏又時而暴露的誘惑，對生理、心理、情感正在面臨轉型的青少年，又增加一種對其內心衝突與掙扎的負擔 (Santrock, 2010)。因此，性對大部分青少年而言，除了期待、興奮與

好奇外，也充斥著一大堆的困惑與不安。

　　雖然 Kinsey 博士於 1930 年代在美國學術殿堂中首開創舉，系統性地展開性行為的調查與分析，然而後續的許多研究，陸續地質疑 Kinsey 當初調查結果的可靠性 (Master, Johnson, & Kolodny, 1992)。

　　質疑中，最常出現的問題是其調查結果的可信度。Kinsey 的調查方法，是心理學研究中常用的自我報告法，而自我報告最大的問題在於：⑴個人常常會在報告中，隱瞞或誇大事實，尤其是敏感性的議題；⑵個人有許多行為或態度是內隱的，是連自己都不知道、或是不願承認的，因此也無法陳述報告出來 (Franzoi, 2006)。而性行為問題正好是非常私密及敏感性問題，利用傳統紙筆問卷或訪談的調查方法，進行此類資料的收集，最後得到的研究結果，往往是經過受訪者有意或無意識隱瞞甚至誇大過後的故事 (Dariotis et al., 2009; Tourangeau & Smith, 1996)。

　　後續學者陸續設計了新的方法，想了解受訪者為什麼會給予偏差的答案？為什麼不同人、不同的時間、不同的場合、不同方式的調查中，個人自我陳述的內容會有不一致的結果？

　　性學調查研究中，造成結果誤差的原因有很多，其中最主要的問題之一，就是性概念的定義不容易統一。例如：什麼叫做性高潮（或多重性高潮）？什麼叫做同性戀？什麼叫做性行為？這都是一些非常主觀的感受概念，在早期研究者尚未有共識前，以不同的概念及定義形式來發表研究結果，研究者間當然不容易獲得相同的結論。

　　再者，就是受訪者因社會期許性而產生的問題。由於受訪者在表達意見時，可能會依照社會現行規範的要求，而不是依據自己實際的想法來回答問題，因而造成與真實自我有所不同的測量誤差。此種誤差會使得研究者誤會、扭曲研究變數，使得研究結果受到質疑，甚至造成研究結果背離事實。

　　雖然心理學家已經努力地尋求各種方法來處理上述的問題 (Eagly & Chaiken, 1993; Tourangeau & Smith, 1996)，並且會盡量考量社會期望因

素，以適當地調整報告的結果，但仍有許多性調查報告是研究者推論的結果；再加上並不是每個人都願意接受這類調查因而產生抽樣誤差，因此性態度與性行為方面的調查結果，其可靠性和準確度常是研究者及閱讀者需要費心注意的問題。

青少年於青春期對性行為開始有了親自體驗的興趣，然而什麼是合宜的性表達方式卻很難有正確答案。在少數比較開放的社會中，有的文化習俗會鼓勵青少年如何自慰，甚至由有經驗的婦女教導青少年如何延宕射精的時間 (Santrock, 2002)；在大多數比較限制性的社會中，社會規範則大多希望青少年能慢慢來，不要有過快或過多的性嘗試。

在青少年階段，同儕團體常常聚集在一起，同時也是青少年是否投入性活動最重要的影響因素 (Whitaker & Miller, 2002)。而且同性質的團體一起行動，**團體極化 (group polarization)** 的現象就容易產生。例如：青少年聽到同伴已經進壘得分了，自己卻毫無進展，就會感到同儕壓力而想要有所進展，因而更激發其他同伴更進一步。

就如 Freud 所描述的，青少年一方面希望能遵照社會規範來表現自己（超我的規範），讓成人知道他們已經長大；然而另一方面他們又希望能夠突破傳統，打破他們所認為不合理、不公平的規定，加上初臨第二性徵所可能引發的生理衝動（本我的滿足）。這時學會如何協調超我與本我❶衝突，對青少年而言，是一個重要的社會化歷程。

在這個時期青少年的性活動，相對於成人，比較是嘗試性的、內在的，包括如性衝動與性幻想、手淫、約會與戀愛、性行為等。

## 一、性衝動與性幻想

青少年的性徵逐漸明顯化，其荷爾蒙的發展也產生劇烈的改變，套用 Freud 的術語，其**性驅力 (sexual drive)** 也會增高。以男生來說，其陰莖勃起的狀況變得明顯而且容易被自己或他人所察覺，在內在感受與環

---

❶ 關於超我、本我的概念，詳見本書第 10 章第三節說明。

境的相互刺激下，其勃起的頻率也隨之增加。男生夢遺的出現，或者是春夢的遭遇，都可能讓他們產生心理上的改變。在外表及生理上，女生除了體型開始轉變，乳房變大、月經也開始來臨。另外，青少年（尤其是男生），很容易受到圖片、電影或其他色情媒體而激發起性衝動或慾望，這些跡象，都暗示著青少年自己在性方面的生理準備已經逐漸成熟。然而尚無親身經驗的他們，要如何去管理或表現他們的性衝動以導引其性驅力呢？

羅曼蒂克或性愛的幻想 (romantic/erotic fantasizing) 可能是青少年這個階段最常見的性活動。限於沒有親身經驗、或者社會規範的不允許，心理上的幻想是一個發洩的好管道。這方面的研究指出，剛開始青少年所幻想的內容通常是模糊不清、沒有具體的對象或情節，漸漸地，可能對這個問題的關注與想要了解的程度加大，透過觀察與學習，他們幻想的內容也就越來越具體化、越來越明確，而且變得劇情化 (Simon & Gagnon, 1987)。通常青少女所產生的性幻想大多是羅曼蒂克式的，內容以關係與情感的發展為主，如受到白馬王子的追求。而青少男的幻想則以性愛的發展與進行為主。

羅曼蒂克戀情或性愛的幻想可以帶給青少年性驅力的滿足，另外也有其他幾個重要的功能：(1)使青少年獲得性張力發洩的管道；(2)使青少年更了解自己內在真正的需求，並體認到需求成真的可能性及其需要的步驟；(3)讓青少年在心理上揣摩、學習如何與親密對象進行性的活動。因為性幻想是心理上的活動，所以可以一再地重複與轉變，不必擔心犯錯或唐突，因此也可以使自己的想像不斷地修正，達到同理對方心境的地步 (Katchadourian, 1990)。

## 二、手淫 (masturbation)

手淫通常是青少年第一個親身體驗及最頻繁的自慰性活動 (Gates & Sonnenstein, 2000)，是個人以手或其他的器具自我刺激性器官，以獲得性

滿足的行為，是自慰 (self-stimulation) 或稱自瀆的一種型態。

因為性相關的幻想與手淫的行為都是屬於非常私密的舉動，對於青少年更是如此，所以不易獲得可信與確真的資料 (Seiffge-Krenke, 1998)。少數僅有的資料顯示 1980 年期間，在英國有 75% 的男性與 33% 的女性在 17 歲前，曾有手淫的經驗，而且年紀越大，手淫經歷者就越多 (Moore & Rosenthal, 1993)。

在臺灣較為近期的調查統計，發現平均有近一半的青少年，有過手淫的過去史；以 15 歲的高中生而言，有手淫經驗的男性就占有 75–80%，女性則低於 20%（譚健民，民 92）。國民健康局（民 98）也曾針對高雄市高中、高職的三年級學生，進行自慰知識與態度調查研究，發現有手淫經驗的男性占有 95.3%、女性僅占 30.3%。另外研究也發現，不管是男性或女性，大多的青少年都會因為手淫而感到內疚或羞愧，女性更是不願意談及她們手淫的經歷或內容 (Moore & Rosenthal, 1993)。

雖然目前社會大眾對手淫有比較清楚地了解，知道適度的手淫可以讓青少年在性需求上獲得滿足與舒緩，使青少年熟悉自己的性器官，以知道自己的性敏感部位與引發自己性興奮的方法，有利於未來的性活動，因此認為手淫是大多數人可以接受的行為 (Hyde & DeLamater, 2008; Newman & Newman, 1986)。然而為什麼手淫仍然會造成青少年，尤其是青少女的不安與焦慮？

雖然手淫逐漸被接受，但性議題在社會規範中，仍然是禁忌的話題，尤其父母通常不願意與子女談論性方面的議題，而且對兒童年紀甚小時自我撫摸性器官，會予以嚴厲的禁止；再者，手淫本身也是一個非常私密的行為，個體（尤其是女孩）不希望他人知道自己有這方面的習慣或需求 (Diamond, 2004)；另外，青少年才正在學習如何控制自己，讓自己不要因為過度手淫或沉迷於性自娛，而耽誤其他正常生活的運作；這對青少年而言，是一個驅避的衝突，也是青少年學習自我管理的好開始。然而，可能這個學習成長的衝突歷程，無法與人分享及討論，因而帶來他們的不安與焦慮。

## 三、約會與戀愛

青少年進入青春期，自然會對異性產生好奇，在此發展階段也會特別在意自己的外貌、裝扮，並期待自己能給異性留下良好的印象，倘若有異性樂意與自己發展友誼關係，對青少年來說，更是一種肯定；而由於有了異性朋友，會讓自己覺得受到肯定，而能在同儕間炫耀，這種同儕間競爭、比較的心理，更強化了青少年想與異性朋友交往的慾望（修慧蘭，民 86）。

約會是青少年學習與異性交往的一個開始。白瑞聰（民 78）的研究指出「體會愛的感受」、「選擇結婚對象的機會」、「增加對異性的了解」及「獲得快樂」為約會的主要目的。此時男女雙方都會努力將自己最好的一面呈現出來，希望能給對方良好的印象。因此，藉由長時間的交往，逐漸相互了解而產生穩定的情誼，進而促進彼此了解及個人成長（林蕙瑛，民 84）。

雖然現今社會是一個男女兩性互動平凡的社會，國內青少年與異性約會交往，已成為相當普遍的社交活動（高松景，民 91）。過去「父母之命，媒妁之言」的傳統婚配方式已很少見，取而代之的是經由交往、約會、戀愛、結婚的過程。然而國內青少年在就讀大學以前所發生的情侶約會，卻大多是不被父母及師長鼓勵的，因此這個時期的約會，也大多是瞞著家人，偷偷地進行，不像美國青少年的正式約會，有其約定俗成的固定社會腳本 (social script)。例如：第一次約會時，男孩必須到女孩家中接送女孩，並獲得女方家長的首肯及要求。

其實在西方，約會也不過是 1920 年代才興起的現象 (Santrock, 2010)。早期男、女正式約會的目的，在於尋找終生的伴侶或結婚的對象；而現代青少年的約會，則主要在學習如何與異性交往。在 1930 年代，美國大多數青少年約在 16 歲時約會；在 1990 年代，則在 13 歲即開始約會。通常約會的起始，除了自己的好奇外，許多青少年約會只是因為同儕壓

力的驅使，為了讓同儕知道自己是有魅力、有能力能夠吸引異性罷了 (Seiffge-Krenke, 1998)。

若青少年能夠依照社會腳本來進行約會，則約會的過程可以產生不少的功能 (Paul & White, 1990)，例如：⑴是青少年歡樂的一個來源；⑵能使個人獲得聲望，並提高在同儕團體中的地位；⑶學習了解異性，並學習如何與異性交往；⑷讓青少年了解真誠、愛、與相互關懷的內涵；⑸提供青少年性的探索與性試驗 (sexual experiment)；⑹提供青少年與異性建立深入友誼的機會；⑺促進青少年自我認同的發展；⑻使個人了解示愛的方式，並由其過程中選擇伴侶。

因為國內父母親大多不贊成青少年在升上大學前，約會或談戀愛，因此青少年（尤其是女孩）常在父母不知情的情況下，私下約會或談情說愛，這種祕密進行或不被允許的羅密歐與茱麗葉式戀情，反倒讓青少年因為父母的反對而身感自由受限，產生心理抗拒 (psychological reactance) 的效應 (Brehm, 1966)，最後反而看不清戀愛的本質。有些學者鼓勵父母讓青少年帶異性朋友回家，在父母的諮詢下，正式地約會及談戀愛，或許比較能夠避免掉一些因祕密約會而產生的麻煩，例如約會強暴、分手時的情緒調節等。

約會與戀愛除了有上述功能外，晏涵文（民 87）更進一步地認為：約會的最大功能不是了解異性，而是在和異性交往的過程中了解自己。

## 四、性行為

性行為指的是人或動物因性別而顯現的不同行為，此行為所指的是兩性間的求偶、性交以至種族繁衍等行為（張春興，民 95）。McCabe 與 Collins (1984) 則說明性行為是與性有關的各種行為，有其特定的連續性發展模式，從擁抱、愛撫、性交，由淺入深。因此，性行為的發生是個體發展的正常歷程，而青少年期由於內分泌的變化及生理的成熟，對性的好奇與親密需求的增強，加上想要成為成人的模樣（像成人一樣地有

能力），因此對性行為發生的興趣，逐漸地增加 (Zani & Cicognani, 2006)。近年來，媒體傳播的暢行，社會中充斥著許多誘惑，如色情書刊、色情網站、色情光碟等，更助長了青少年性行為發生的機率。

　　根據 Durex 保險套公司，針對全球 41 個國家透過網路的調查研究指出，全球平均初次性行為年齡是 17.7 歲，男性 17.8 歲、女性 17.5 歲，臺灣平均年齡則為 18.5 歲。重要的是，初次性行為年齡有越來越年輕化的趨勢，年輕世代發生初次性交的年齡比上一代早：當時 45 歲以上者，發生第一次性行為的平均年齡為 18.2 歲；而當時 21–24 歲的平均年齡為 17.5 歲，16–20 歲的平均年齡為 16.5 歲 (Durex, 2004)。根據行政院衛生署國民健康局最近調查發現，國內青少年平均第一次性行為的年齡約為 16.1 歲，亦符合上述的趨勢；同時，國內青少年有性經驗比例者，仍然是男多於女（中央社，民 96）。

　　而在青少年期發生性行為的比率，也有逐年升高的趨勢。在西方的調查研究中，青少年階段發生性行為的百分比，在 1925 年男生約 25%，女生約 10%；1970 年代，男、女各約 38%；到了 1980 年初，達到男生約 60%，女生約 55% 的高峰 (McKenna, 1997)。到了最近，則有小降的結果，男生約 55%，女生約 50% (Mosher, Chandra, & Jones, 2005)。

　　根據美國疾病管制中心 (Centers for Disease Control and Prevention) 最近的普查，發現美國學生在 9 年級時（臺灣國三），約有 39% 的男生及 29% 的女生，曾經發生過性行為；到達 12 年級時（臺灣高三），約有 64% 的男生及 62% 的女生，曾有過性行為經驗 (MMWR, 2006)。

　　相較於美國 1970 年代就已進行青少年性行為的調查研究，臺灣直到 1984 年行政院衛生署國民健康局才陸續針對 15 歲以上之青少年進行全國之調查研究，並指出民國 72–84 年間，青少年男、女之性行為也像美國有逐漸增加的趨勢；而在 84–89 年間，男、女青少年性行為增加比例有趨緩的走勢（張明正、林惠生、陳哲喜，民 85；林惠生，民 91）。此外，雖然調查中男性青少年性行為的比例高於女性，但青少女發生性行

為的比例爬升甚快，已逐漸與青少男拉近的趨勢（晏涵文、劉潔心、鄭其嘉，民 98）。

　　然而如前所述，青少年真正發生性行為的人數百分比，會隨著抽樣的對象、施測的方法、情境及所問的問題內容，而有所不同。其中爭議最大的，就是什麼叫做性行為？例如，最近的調查報告顯示，青少年自陳從事口交 (oral sex) 的接受度及實際行為比率逐年提高 (Halpern-Felsher, 2008)，並且有高過於性交 (sexual intercourse) 的趨勢。Santrock (2010) 猜測這是因為青少年認為口交會比較安全、不會傳染性病（這其實是錯誤的想法），而且口交不會懷孕，所以不算是真正的性行為 (Pitts & Rahman, 2001)。雖然性行為的實際人數百分比，可能仍因為許多的因素，影響了其統計的正確性；然而青少年進行性行為逐年提升的比率，似乎是研究者的共識。

　　至於什麼樣的人，比較可能會在青少年階段（或青少年早期）即進行性行為？又什麼樣的青少年，會是性活躍 (sexual active) 的個體呢？

　　在青少年早期即發生性行為的個體，大多有早熟的傾向、來自於低收入家庭、父母不親近、父親離家、學校學業有問題、已經有問題行為（如喝酒或藥物濫用）、結交了性活躍的朋友等現象 (Bingham & Crockett, 1996; Miller, Benson, & Galbraith, 2001; Ellis et al., 2003)。因此，早期即發生性行為者，長大後也就容易發展成性活躍者。Kaplan 等人 (2001) 的研究指出，與成人最大的不同是，青少年期即性活躍的人，有很大的比率是不避孕或不做較安全的保護措施，尤其是越早有性行為經驗者，其不進行避孕或性病預防的保護措施的比率越高（劉雲富，民 96）。

　　另外，也有研究資料顯示，青少年看了越多性內容的電視節目，就越早有性的實際經驗 (Brown & Straburger, 2007)，而且越可能陷入未計畫性懷孕的危機 (Chandra et al., 2008)。而在網路上大量點閱性暴露內容的青少年，也傾向於會有多重性伴侶、從事性活動時飲酒及用藥、進行肛交等社會習俗中比較不允許的性行為 (Braun-Courville & Rojas, 2009)。

再者，上述資料均顯示女性的第一次性經驗會比男性晚，不過有一些國家（如瑞典）的研究資料卻顯現他們國內的青少女，通常比青少男在更小的年齡時，即發生了第一次的性行為 (Zani & Cicognani, 2006)。

# 第四節　青少年性發展中常面對的問題

青少年階段，到底適不適合談戀愛？適不適合發生性行為？適不適合同居？適不適合懷孕生產？這些問題，可能都沒有標準答案，需要以其所處的社會標準或規範來決定。即使整體社會有多數的共識，在某些社會中，仍然有些家庭、宗教或族群對青少年的性行為有不同的規範。例如天主教的信徒，基本上在性行為的選擇上，是比較謹慎的，他們明確地希望並要求青少年不要發生婚前性行為、不可墮胎等。

由於青少年期的心理與認知發展未成熟，因此若在這個時期發生性行為，常會衍生許多後續問題。例如，一個初嘗禁果的青少年，首先要面對的是要不要使用避孕措施（保險套或避孕藥），這個決定也關係到青少女是否會懷孕；此外，甚至需要決定是否要墮胎或生育等問題。

與美國相較，臺灣對青少年的性禁忌與規範比較嚴苛，多數的父母可能因為升學競爭的考量，希望子女不要太早與異性交往，以免影響功課。至於青少年發生性行為、懷孕與生產，更是父母擔心的事項。青少年期這一階段中，在性心理上，可能會面臨什麼樣的問題呢？他們本身及其家長或相關的照顧者，又如何來因應可能產生的問題？這是本節所要討論的主要議題。

## 一、青少年階段是否應該發生性行為的抉擇

如果大多數的高中生，都未曾發生過性行為，而你是少數的異類者，你會公開你的行為嗎？你對你特殊行為的感受又是如何呢？這種感受會不會有性別差異？反過來說，如果你所就讀的高中，大多數的人都已經

有過性經驗，而你卻完全沒有這方面的經驗，你的感受又會是如何呢？

上述問題，正是美國在 1970 年代性革命前、後的對比寫照。正如前述，青少年階段最重視同儕的意見與態度，甚至其性活動及性行為也常受同儕的影響 (Santrock, 2010)。因此美國在性革命之前，當高中生發生性行為，大多會被同儕另眼看待，或被視為異類，尤其是女生，更常被視為不知檢點、生活淫亂。但是在性革命之後，未曾有性經驗的高中生，卻反而可能被同儕視為不知交際、缺乏人際關係，或沒人要的怪人。

另外，根據筆者近年來的觀察，發現我們的社會對不同性別，分別在性別與性的社會期待上，有不同的**雙重標準 (double standard)** 存在。亦即在性別角色的雙重標準上，對男性有較高的期待；而在性道德雙重標準上，對女性有較高的期待。

舉例而言，就性別角色的雙重標準上——要求男孩子不可以娘娘腔、男孩子不可以輕易掉眼淚、男孩子穿花衣或女裝易被嘲笑、男性必須要有養家活口的能力等；而對女性的陽剛性格或較為強勢的作風，卻已經有比以往較為接受的狀況。

而在性別道德要求上，顯現對女性比較嚴格的要求，許多的性禁忌大多是針對女性而言的，例如：女孩子不可以主動說要做愛、處女情結仍然存在、女生開放是淫蕩，而男生卻是花花公子、魅力十足；尤其在婚姻之後，男人納妾嫖妓的現象仍然被接受，但是妻子紅杏出牆的狀況，卻大多遭受譴責。

因此，社會約定俗成所形成的規範，並不代表對社會中的每個人都公平或適用。所以，青少年性行為是否該或不該發生的問題，並沒有標準答案，卻與其所處的社會環境氣氛與規範，有很大的相關。

在國內對大學生的調查（林烘煜，民 93）當中，發現許多大學生在面對男、女朋友間，是否要發生性行為的抉擇時，常常會出現的思考與擔心有：

## ㈠男生部分

「假如我不與她有進一步的關係，她（或同儕）會不會認為我不像男人？」「如果我進了一步與她發生關係，她會不會認為我只是對她的身體有興趣？」「她答應了，就可以知道她是信任我的。」

## ㈡女生部分

「如果不答應他，他會不會認為我不喜歡他？如果我答應他，他會不會認為我太隨便？」「我真的很喜歡他，但是我如何能讓他知道我是拒絕這件事，而不是他個人。」「其實，我才不在乎要不要發生性行為，我拒絕的原因，只是要考驗他是否尊重我的選擇。」

在上述的資料中，可以發現即使已經進入了青少年後期的大學生，女性在發生性行為的考量，仍然存在著男主動、女被動的溝通關係。再者，不論男生或女生，不少人在面臨抉擇時，也多存在著矛盾與衝突。

## 二、青少年懷孕

根據美國非營利研究組織 Child Trends，進行 14 年的美國青少女產子調查研究，顯示在 2005 年每千名 15–19 歲的青少女，平均產下 40.4 個嬰兒的出生率，相較於 1991 年產下 61.8 個嬰兒的比率，已降低了 21.4%（教育部，民 96）。而在國內，行政院內政部及臺灣省婦幼衛生研究在 1986 年至 1996 年針對 15–19 歲之青少女產子調查研究顯示，在此十年間臺灣青少女曾有生育經驗的比例，占所有同年齡層少女人數的 15–17‰，高居亞洲國家之冠（牛憶先，民 89）。此外，針對內政部 1951–2010 年一般育齡婦女及 15–19 歲青少女生育率之分析比較表（見表 2–1）可以發現，雖然臺灣整體來說，所有各年齡層女性之生育率呈現下降的傾向（內政部戶政司，民 99），但是近年來從媒體報導中，聽聞青少女懷孕的現象反而有增加的趨勢——這些媒體的資料來源為何，則無從追究。雖然青少女懷孕或墮胎，與其後續的發展至為相關（見後續說明），但國內至今卻仍未有客觀的指標，來說明青少女「懷孕」或「墮胎」的發生率及盛行率。

▼表 2-1: 育齡婦女生育率

| 年別 | 年齡別生育率（單位: ‰） | | | | | | |
|---|---|---|---|---|---|---|---|
| | 15-19 歲 | 20-24 歲 | 25-29 歲 | 30-34 歲 | 35-39 歲 | 40-44 歲 | 45-49 歲 |
| 1951 | 68 | 267 | 350 | 311 | 226 | 132 | 34 |
| 1961 | 45 | 248 | 342 | 245 | 156 | 71 | 10 |
| 1971 | 36 | 224 | 277 | 134 | 51 | 16 | 3 |
| 1981 | 31 | 176 | 197 | 69 | 14 | 3 | 1 |
| 1991 | 17 | 92 | 149 | 68 | 16 | 2 | 0 |
| 2001 | 13 | 62 | 106 | 75 | 21 | 3 | 0 |
| 2006 | 7 | 41 | 78 | 71 | 23 | 3 | 0 |
| 2010 | 4 | 23 | 55 | 65 | 28 | 4 | 0 |

資料來源: 內政部戶政司, 民 99

在非洲許多國家, 許多的青少女很早就結婚生子了, 然而在西方與我們的社會中, 卻有越來越多的人們, 延後結婚與生產的年齡 (Popenoe & Whitehead, 2006)。由於青少年大多沒有經濟自主或獨立的能力, 所以其照顧者也大都不願意看到青少年在此階段懷孕生產, 畢竟養育小孩所需要的時間、精力與金錢, 都是不可小覷。

青少女懷孕會產生什麼問題呢? 首先是社會接受度的問題。就如前述, 國內成人目前對青少年的性行為, 大多持保留的態度, 而青少年卻因性行為不知道要做保護措施進而懷孕, 其擔心受成人譴責的心理, 可能因而產生欺騙、隱瞞、延後受醫療照顧, 與未能接受他人祝福等情況, 這都會影響青少年及胎兒未來之生理、心理與人際關係的發展。

其次, 青少年本身心理尚未成熟、經濟尚未獨立, 仍須他人照顧, 在「小孩有了小孩」的情況下, 其所生產的嬰兒, 常常體重不足, 容易有早產及其他生理疾病的發生 (傅瓊瑤、陸振翩、吳欣玫、王銘賢、陳淑貞, 民 88), 更需要其他人來幫忙 (Malamitsi-Puchner & Boutskou, 2006)。對心智尚在發展或仍於求學階段的青少年而言, 非常不利, 對胎兒的教養品質也非常堪慮 (Oxford et al., 2006), 不管親人認不認同, 都會

造成他們的負擔。

　　另外，根據美國的資料，青少女懷孕者中，約有 1/3 的人選擇墮胎收場 (Dragoman & Davis, 2008)，也有 15% 發生流產。本來如果能在安全醫療的照顧下，墮胎後產生的後遺症可能較小；然而在社會接受度不高，及青少女墮胎必須成人同意的情況下，青少女延後就醫或私下尋求密醫的可能性就大增，因此產生的危險性及後遺症就跟著增高 (Alan Guttmacher Institute, 2003)。此外，墮胎的抉擇，也可能會影響青少年對生命的看法、歸因的方式與情感的發展。雖然美國部分的研究顯示，青少女墮胎，並不會影響她們的自尊及心理健康，但社會傳統道德的思考、宗教對生命的認定，尤其是在臺灣尚有部分以詐財為目的的神棍，以嬰靈會報復的罪惡感來宣傳，對決定墮胎的青少女及其父母而言，都可能形成壓力。

　　再者，青少女的懷孕，大多數都是未曾計畫、非預期的。因此胎兒被對待的態度，或產後被養育、被照顧的方式，都可能與依計畫而生產的小孩，有很大的差異，也因此對未計畫而被青少女產下的小孩而言，是不太公平的。

　　最近美國長期的追蹤研究也顯示，青少女生下的女兒，有很高的比率也會成為少女媽媽，因而造成了世代間的循環 (intergenerational cycle, Meade, Kershaw, & Ickovics, 2008)。事實上有些研究認為，生產的年齡並不是主要的關鍵問題，而是青少女懷孕的狀況，大多與家庭貧窮、學業出現問題、行為出現偏差，及藥物濫用等因素有關聯，因而生了小孩後又無力扶養，使得他們的小孩同樣地掉入貧窮的困境，使下一代又掉入了惡性的生活環境循環中 (Santrock, 2010)。

## 三、青少年性病的發生

　　青少年性行為對避孕的疏忽，也容易連帶發生性病的傳染。雖然各年齡層的個體，都有可能經由性接觸而感染性病 (Nevid & Gotfried,

1995)，但由於青少年剛進入性活躍的時期，且大部分青少年對性行為的避孕及安全防護知識不足，或對其措施的疏忽，因此許多性病如：淋病、梅毒、披衣菌感染及愛滋病等，就會經由性接觸而傳染。其中梅毒與愛滋病均列名為死亡之十大感染病中。而且如果感染到目前尚未能醫復的愛滋病 (acquired immune deficiency syndrome, AIDS, Strong et al., 2008)，又稱後天免疫缺乏症候群，其對生命的威脅性更是嚴重。雖然其他的性病並不會立即地威脅到青少年的生命，然而當青少年罹患性病時，常常一方面因知識不足，另一方面又因社會規範的緣故，忌諱成人知曉，因而可能延後就醫，就容易使性病的治療更為困難，並且增加傳染的機率。

在國內，根據臺灣行政院衛生署疾病管制局 2009 年 12 月的最新疫情統計資料顯示，自西元 1984 年至 2009 年 12 月底，臺灣地區遭受感染愛滋病毒 (human immunodeticiency virus, HIV) 人數已高達 18,378 人，而且每年新增感染人數也明顯地逐年上升，直至 2006 年才有下降的趨勢。另外聯合國愛滋病規劃署 (UNAIDS, 2007) 及美國疾病控制與預防中心 (2009) 的資料分析，年輕的族群，尤其是藥物濫用者（透過共用針筒及注射器）、低收入家庭者，及多重性伴侶者，是近來 HIV 高感染的危險群。雖然衛生署 (2007) 的資料顯示，20–29 歲的族群是目前國內 HIV 感染率最高的一群（占 38%），但如果考慮 HIV 感染的潛伏期及延宕的檢查時間，這群人應該是在更早的時候（即可能在青少年期），已經感染了 HIV。

在國內實際對部隊義務役士兵的調查資料發現，軍中成員的年齡越大，其願意戴保險套進行性行為的意願就越高；而其中年紀較輕、教育程度較低，及第一次性經驗較早而且性伴侶數較多者，則比較可能是 HIV 感染的危險群（李思賢、趙運植，民 92；劉雲富，民 96）。

上述成員會成為 HIV 感染高危險群的原因，可能是他們發生第一次性行為的時間早、性伴侶數目較多，而且進行偶發性性行為（如一夜情、網交、交易的性交等）的意圖與實際行為也較高，而個體願意戴保險套

進行性行為的意願與實際行為卻越低。再者，這些人可能因為學歷低，沒有機會進入安全性教育實施較多的高中或大學，因此產生愛滋病預防教育介入斷層的現象。以上研究顯示國內在青少年期發生性行為，尤其是第一次性行為越早者，其感染性病的可能性就越高。

# 第五節　如何與青少年談性

回顧美國高中與大學的性心理輔導或諮商相關的教科書，可以發現過去與近來書中內容最大的差異，在於過去的內容，大多是社會規範的教導與說明，主要的目標在於教導青少年或青年們，如何正確地表達性需求、如何按部就班地表達自己的情愛、如何與異性或性伴侶溝通，以符合社會所規定的劇本。通常這些教科書說明最多的就是明確指出什麼要做、什麼不要做 (do and don't)。一個可笑的例子，就是早期發現愛滋病在同性戀者有較高的比率時，居然有教科書要求青少年不要輕易變成同性戀者。

近來的性心理相關教科書逐漸將性行為的表現或態度，視為個人的選擇，主要著重在性行為的表現中，如果不會對自己、社會，及對該行為相關之他人，產生不利或者傷害的行為，性行為的表達應該是自由、個人化的，並且受其他人尊重的 (McCammon, Knox, & Schacht, 2007)。

然而，什麼樣的性行為會（或不會）傷害社會及其他人，這是一個頗為爭議及值得爭辯的議題。過去被認為自甘墮落或傷風敗俗的行為，如手淫、寡婦再婚，經過時間與環境的變遷，卻也變成廣為社會接受的行為了。而近來教科書的目標，則希望能夠客觀地呈現各種資料，分析各種性行為選擇的優點與缺失，再讓行為的行動者自己主動作決定，並願意去承擔行動後的責任 (Allgeier & Allgeier, 2000; McCammon, Knox, & Schacht, 2007)。

然而一些研究者也擔心，青少年不論在經濟上或心理上均尚未完全

獨立,他們是否能夠理性地做決定,並且有足夠的能力去承擔責任?如果不是,他們就不能充分地去擁有這個自由選擇權。事實上,青少年正好也是面臨由「他律」轉為「自律」的時期,依照心理學家 Vygotsky 的論點,他們在性行為方面的探索,最好能讓有經驗的關心者或經過學術訓練的研究者,中肯地告訴他們客觀的經驗及調查結果,使得他們更有能力來作判斷與選擇,而盡量不要主觀地直接告訴他們什麼是對的、什麼是錯的;什麼是可以做的、什麼是不可以做的。

青少年時期逐漸會面臨到的性行為抉擇有:

## 1. 發生性行為的選擇

性與愛的呈現是判斷親密關係的重要指標,通常在我們社會親密關係中,性與愛會被期待一起出現。一般社會傾向認為性與愛必須結合,有了愛之後,性才有意義,性才能得到滿足。然而有些不願受社會規範所限制的人,傾向認為性與愛可以完全分離,其追求的親密關係只是一種性的滿足。目前研究顯示相對於女性,男性比較著重性的追求,有可能為性而愛;而女性比較注重愛,甚至有為愛而性的現象。故男女親密關係溝通上,容易在這一部分出現誤解 (Hyde & DeLamater, 2008)。

## 2. 性活動進展

由牽手、接吻、腰部以上的刺激,再進展到性器官的接觸;或者速戰速決(如一夜情,或偶發性性行為)。

## 3. 性的進行方式

主動或被動、固定或隨興。

## 4. 與性伴侶的溝通

完全坦白、部分保留,或者不用溝通。

## 5. 性伴侶的選擇

希望從一而終、一次一個,或者同時有多位性伴侶。

## 6. 性行為的時機

隨興(氣氛對了就好)、計畫性,或者完全由對方決定。

## 7. 避孕的選擇

避孕方式的決定、由誰主動提起、偶然避孕或每次均實施。

## 8. 性訊息的搜尋

隨機地接觸或者是有系統地尋求「專業」資訊？性訊息雖然豐富，但大部分是誤導的。例如 Russ Kick (2006) 認為市面上（如歌曲、流行書）所流傳的性訊息，大多是錯的，因此編輯一本專書《你所知道的性都是錯的》(*Everything You Know About Sex is Wrong*)。

由上述所列的各種可能抉擇，可以知道其實青少年所面臨的每一個決定，都可能代表著其行為背後的性態度與性價值，也因而可能會影響其後續的生命與生活品質。秉持這樣的觀點，在本章的最後部分，將重點地說明如何幫助青少年了解選擇的重要性，與選擇時應該注意的事項。這個原則，是一種工具，也是一種方法，不只是適用於性行為方面的選擇，也適用於人生中各種抉擇的思考與判定。這種原則的學習，對於近來社會變遷快速，其規範也容易隨之變動的社會環境，特別適用。因此，在面臨選擇時，最好能夠考慮下面幾個原則或思考方針：

1. 選擇或不選擇都是一種選擇，特別注意不選擇也是一種選擇。
2. 一般而言，選擇主要分為主動的選擇與被動的選擇。主動的選擇是一種創造機會的選擇，否則只有被決定；當個人在主動選擇時，一種自由意志的感覺會隨之而生。
3. 當個人被動地選擇行動時，常會怨天尤人；而當決定是自己主動的選擇時，自己才會願意去承擔責任，也因此比較容易有勝任感。
4. 面臨選擇時，會有衝突的感覺，但如果這個選擇是自己經過深思熟慮後才下的決定，這樣的歷程反而會讓自己更強烈地感受到自由感及自我意識感，也因此知道自己要為自己的行為負擔責任。
5. 個人抉擇可能深受社會規範及文化風俗的影響：雖然個人的選擇表面上是一種自我的決定歷程，但其實這種選擇可能是個人過去被教養過程中，其社會價值體系及規範的表現。

6. 各種不同的選擇各有它的優缺點：因為個人在評判各個選擇的優點或缺點時，通常會受到個人及社會的價值觀與文化風俗的影響，故對個人而言，只有好或壞的選擇，而沒有對或錯的選擇。

7. 有些選擇是可以重新來過的，但是有些選擇在生理上或心理上所產生的影響是絕對性的，或是難以取消或重新來過的。例如懷孕、墮胎、結婚、性病、處女或處男的感受。

8. 選擇的歷程與結果，可以由正面來看待，也可以由負面來解釋。例如：傳統上女性被動地接受男性的求愛，女性本身不用花心思去煩惱雙方的關係要如何發展、下一個步驟要如何進行，然而也因此在心理上充滿了不穩定、不安全的感覺。

9. 選擇的能力是可以學習的，越是能夠歷練抉擇的歷程，對未來的選擇就越能有經驗，及知道如何去考慮問題。

在面臨性行為及人際關係的選擇時，最重要考慮的原則是：了解與尊重自己的選擇，並尊重對方與他人的選擇。其中考量因素與內容為：

1. 釐清自己和對方行為背後的態度與可能的價值觀，包含道德良心的考量、社會文化與法律的規範，及行為後果的衡量。

2. 了解自己和對方行為的動機與情緒。

3. 確認並追尋可以選擇的方向與途徑。

4. 收集各種選擇的相關訊息，然後分析各項選擇的優、缺點，包含對自己、對對方、對親人及對社會的短期與長期效應。

5. 做決定使獲益得到最大、危害達到最小。例如：在性行為是否要發生的考慮過程中，可以問自己下列問題：

⑴內心是否感到罪惡或是很坦然？

⑵事後可能會感到後悔或是更有自信？

⑶這個選擇是自己要的，還是被逼迫的？

⑷這個選擇是否摻雜了一些其他目的？（如情感或利益的交換，或是為了顯示魅力、愛或報復）

　　有些學者擔心對青少年實施全面的性教育，可能會促發一些沒有性需求或沒有性意識的年輕無知青少年，提早了對性的好奇及探索 (Santrock, 2010)。而且性教育的實施（如保險套的使用），更可能隱涵地告訴青少年，進行性活動是可以的，因為大人正在教他們如何做。

　　這個擔心到底是對或不對，仍有許多學者在爭辯之中。然而大部分的心理學研究者，多認為提早對青少年進行性教育對他們的性發展及心理健康是有幫助的（晏涵文，民 78; Allgeier & Allgeier, 2000; McCammon, Knox, & Schacht, 2007）。Santrock (2010) 舉出瑞典性教育的例子：瑞典在小孩非常早期（大約 7 歲）時，即對他們實施全面性的性教育；雖然瑞典的青少年在早期即頗為性活躍，然而他們青少年懷孕的比率，卻是全世界最低的。

# 參考文獻

王震武、林文瑛、林烘煜、張郁雯、陳學志（民 97）。《心理學》。臺北：學富文化。

中央社（民 96）。〈台灣青少年性經驗年齡早　高中生平均 16.1 歲〉。檢自 http://tinyurl.com/2s5dwx。

內政部戶政司（民 99）。〈戶籍人口歷年統計表〉。檢自 http://sowf.moi.gov.tw/stat/year/list.htm。

牛憶先（民 89）。《影響未成年懷孕母親生育後復學之家庭、經濟與社會規範因素》。未出版之碩士論文，國立成功大學行為醫學研究所。

台灣社區心理學資訊網（民 95）。〈台灣 1966 至 2005 年懷孕少女趨勢分析〉。檢自 http://compsy.idv.tw/TaiwanACT/index.htm。

臺灣行政院衛生署疾病管制局（民 98）。〈73-98 年底 HIV 感染人數月份別統計〉。檢自 http://www.cdc.gov.tw/ct.asp?xItem=11234&CtNode=1095&mp=220。

白瑞聰（民 78）。《大學生約會行為之調查研究》。未出版之碩士論文，國立臺灣師範大學衛生教育研究所。

余佳倩（民 90）。《性別刻板印象的覺察與鬆動之研究——以大一女性學生為例》。國立東華大學教育研究所碩士論文。

余德慧（民 84）。《情話芭語》。臺北：張老師。

呂秀春（民 97）。您關心到小孩的發育嗎？談性早熟。《馬偕院訊》，294，1-3。

呂桂雲（民 72）。〈台北市大專女校學生對婚前行為的態度及經驗之調查與探討〉。《實踐學報》，14，1-27。

李思賢、趙運植（民 92）。〈台灣地區某單位軍人愛滋相關知識與高危險性行為之探討〉。《台灣性學學刊》，9，63-75。

林烘煜（民 93）。〈性心理學課程訪談〉。未出版手稿。

林芸芸（民 68）。〈北市國中三年級學生性知識態度行為調查研究〉。《教育資料文摘》，3，59-80。

林惠生（民 91）。《台灣地區高中、高職及五專在校學生之性知識、性態度及危害健康行為與網路之使用》。行政院衛生署國民健康局人口與健康調查研究中心，臺灣性教育協會第五屆第二次年度大會暨學術研討會專題演講內容。

林蕙瑛（民 84）。《約會與戀愛》。性教育。臺北：性林。

修慧蘭（民 86）。〈青少年異性交往問題之輔導〉。《教育實習輔導季刊》，3(2)，65-68。

晏涵文（民 78）。〈台灣地區「性教育」研究之回顧〉。《性別角色與社會發展學術

研討會論文集》，74–91。

晏涵文（民 87）。〈現代青少年的感情生活與性教育〉。《教育資料文摘》, 425, 50–72。

晏涵文、劉潔心、鄭其嘉（民 98）。〈台北市五專五年級學生近三十年約會與性行為變化趨勢研究〉。《中華輔導與諮商學報》, 25, 251–274。

高松景（民 91）〈北市學生兩性觀〉。《台北教育通訊》, 98, 2–3。

國民健康局青少年網站——幸福 e 學園（民 98 年 3 月 27 日）。〈自慰行不行? 談青少年對自慰的健康態度〉。檢自 http://www.young.gov.tw/commmand_forum_main_txt.asp?BKey=92。

張明正、林惠生、陳哲喜（民 85）。〈台灣地區青少年之性行為: 懷孕與人工流產研究〉。《家庭計畫通訊》, 143, 1–15。

張春興（民 95）。《張氏心理學辭典》。臺北: 東華。

教育部電子報（民 96 年 7 月 26 日）。〈美國青少女產子比率持續下降〉。檢自 http://140.111.34.116/e9617_epaper/windows.aspx?windows_sn=34。

黃聖桂（民 90）。〈對青少年子女親子管教的文獻回顧: 性別敏感的觀點〉。《中華心理衛生學刊》, 14(1), 89–111。

劉雲富（民 96）。《偶發性性行為與安全性行為之結構方程模式驗證——以義務役士兵為例》。未出版之碩士論文，佛光大學心理學研究所。

衛生署新聞發布（民 96 年 12 月）。衛生署疾病管制局／新聞與活動／預防愛滋蔓延減害計畫讓毒癮者重獲重生。

傅瓊瑤、陸振翩、吳欣玫、王銘賢、陳淑貞（民 88）。〈青少女懷孕發生低出生體重與早產的危險性探討〉。《中華衛誌》, 18, 228–234。

譚健民（民 92 年 4 月 25 日）。〈也談青少年朋友的性行為——「手淫」〉。檢自 http://hospital.kingnet.com.tw/essay/essay.html?pid=4885&category =%E6%80%A7%E6%84%9B%E5%A4%A9%E5%A0%82。

Alan Guttmacher Institute (2003). *An Overview of Abortion in the United State*. New York: Author.

Allen, K. L., Byrne, S. M., McClean, N. J., & Davis, E. A. (2008). Overconcern with weight and shape is not the same as body dissatisfaction: Evidence from a prospective study of preadolescent boys and girls. *Body Image, 5,* 261–270.

Allgeier, E. R., & Allgeier, A. R. (2000). *Sexual Interactions* (5th ed.). Lexington, MA: D. C. Heath & Company.

Alsaker, F. D., & Flammer, A. (2006). Pubertal maturation. In S. Jackson, & L.

Goossens (Eds.), *Handbook of Adolescent Development*. Hove, UK: Psychology Press.

Archibald, A. B., Graber, J. A., & Brooks-Gunn, J. (2003). Pubertal processes and physiological growth in adolescence. In G. R. Adams, & M. Berzonsky (Eds.), *Blackwell Handbook of Adolescence* (pp. 24–47). Maladen, MA: Blackwell.

Bearman, S. K., Presnall, K., Martinez, E., & Stice, E. (2006). The skinny on body dissatisfaction: A longitudinal study of adolescent girls and boys. *Journal of Youth and Adolescence, 35,* 217–229.

Bingham, C. R., & Crockett, L. J. (1996). Longitudinal adjustment patterns of boys and girls experiencing early, middle, and later sexual intercourse. *Development Psychology, 32,* 647–658.

Blakemore, J. E. O., Berenbaum, S. A., & Liben, L. S. (2009). *Gender Development*. Philadelphia, PA: Taylor & Francis.

Bleakley, A., Hennessy, M., Fishbein, M., & Jordan, A. (2009). How sources of sexual information relate to adolescent's beliefs about sex. *American Journal of Health Behavior, 33,* 37–48.

Bogaert, A. F. (2005). Age at puberty and father absence in a national probability sample. *Journal of Adolescence, 28,* 541–546.

Braun-Courville, D. K., & Rojas, M. (2009). Exposure to sexually explicit web sites and adolescent sexual attitudes and behaviors. *Journal of Adolescent Health, 45,* 156–162.

Brehm, J. W. (1996). *A Theory of Psychological Reactance*. New York: Academic Press.

Brehm, S. S. (1988). Passionate love. In R. J. Sternberg, & M. L. Barnes (Eds.), *The Psychology of Love* (pp. 232–263). New Haven, CT: Yale University Press.

Brown, J. D., & Strasburger, V. C. (2007). From Calvin Klein to Paris Hilton and My Space: Adolescents, sex, and the media. *Adolescent Medicine: State of the Art Reviews, 18,* 484–507.

Campbell, B., & Mbizo, M. (2006). Reproductive maturation, somatic growth, and testosterone among Zimbabwe boys. *Annals of Human Biology, 33,* 17–25.

Centers for Disease Control and Prevention (2009b). *Sexually Transmitted Diseases*. Atlanta: Author.

Chandra, A., Martino, S. C., Collins, R. L., Elliott, M. N., Berry, S. H., Kanouse, D. E., & Miu, A. (2008). Does watching sex on television predict teen pregnancy? Findings from a national longitudinal study of youth. *Pediatrics, 122,* 1047–1054.

Dariotis, J. K., Pleck, J. H., Sonenstein, F. L., Astone, N. M., & Sifakis, F. (2009). What are the consequences of relying upon self-reports of sexually transmitted diseases? Lessons learned about recanting in a longitudinal study. *Journal of Adolescent Health, 45,* 172–187.

Diamond, L. M., & Lucas, S. (2004). Sexual-minority and heterosexual youth's peer friendships: Experiences, expectations, and implications for well-being. *Journal of Research on Adolescence, 14*, 313–340.

Dragoman, M., & Davis, A. (2008). Abortion care for adolescents. *Clinical Obstetrics and Gynecology, 51,* 189–281.

Duke-Duncan, P., Ritter, P. L., Dornbusch, S. M., Gross, R. T., & Carlsmith, J. M. (1985). The effects of pubertal timing on body image, school behavior, and deviance. *Journal of Youth and Adolescence, 14*, 227–235.

Durex (2004). *Global survey into sexual attitudes and behaviour, 2004.*

Eagly, A. H., & Chaiken, S. (1993). *The Psychology Attitudes*, Wadsworth Publishing, N. Y.

Ellis, B. J., & Essex, M. J. (2007). Family environments, adrenarche, and sexual maturation: A longitudinal test of a life history model. *Child Development, 78,* 1799–1817.

Ellis, B. J., Bates, J. E., Dodge, K. A., Fergusson, D. M., Horwood, L. J., Pettit, G. S., & Woodward, L. (2003). Does father absence place daughters at special risk for early sexual activity and teenage pregnancy? *Child Development, 74*, 801–821.

Euling, S. Y., Selevan, S. G., Pescovitz, O. H., & Skakkebaek, N. E. (2008b). Role of environment factors in the timing of puberty. *Pediatrics, 121* (Suppl. 3), S. 167–171.

Franzoi, S. L. (2009). *Social Psychology* (5th ed.). New York, NY: The McGraw-Hill.

Franzoi, S. L., & Shields, S. A. (1984). The body esteem scale: Multidimensional structure and sex differences in a college population. *Journal of Personality Assessment, 48*, 173–178.

Gates, G. J., & Sonnenstein, F. L. (2000). Heterosexual genital activity among adolescent males: 1988 and 1995. *Family Planning Perspectives, 32,* 295–297, 304.

Graber, J. A. (2008). Pubertal and neuroendocrine development and risk for depressive disorders. In N. B. Allen, & L. Sheeber (Eds.), *Adolescent Emotional Development and the Emergence of Depressive Disorders.* New York: Cambridge University.

Graber, J. A., Brooks-Gunn, J., & Warren, M. P. (2006). Pubertal effects on adjustment in girls: Moving from demonstrating effects to identifying pathways. *Journal of Youth and Adolescence, 35,* 391–401.

Graber, J. A., Seeley, J. R., Brooks-Gunn, J., & Lewinsohn, P. M. (2004). Is pubertal timing associated with psychopathology in young adulthood? *Journal of the American Academy of Child and Adolescent Psychiatry, 43,* 718–726.

Graham, S. (2005, February 16). Commentary in *USA Today,* p. 2D.

Guilamo-Ramos, V., Jaccard, J., Dittus, P., & Collins, S. (2008). Parent-adolescent communication about sexual intercourse: An analysis of maternal reluctance to communicate. *Health Psychology, 27,* 760–769.

Halpern-Felsher, B. (2008). Oral sexual behavior: Harm reduction or gateway behavior? *Journal of Adolescent Health, 43,* 207–208.

Hennessy, M., Bleakley, A., Fishbein, M., & Jordan, A. (2009). Estimating the longitudinal association between adolescent sexual behavior and exposure to sexual media content. *Journal of Sexual Research, 46, 586–596.*

Hyde, J. S., & DeLamater, J. D. (2008). *Human Sexuality* (10th ed.). New York: McGraw-Hill.

Ibanez, L., & de Zegher, F. (2006). Puberty after prenatal growth restraint. *Hormone Research, 65,* 112–115.

Jackson, S., & Goossens, L. (Eds.) (2006). *Handbook of Adolescent Development.* Hove, UK: Psychology Press.

Jones, M. C. (1965). Psychological correlates of somatic development. *Child Development, 36,* 899–911.

Kaminski, B. A., & Palmert, M. R. (2008). Genetic control of pubertal timing. *Current Opinion in Pediatrics, 20,* 458–464.

Kaplan, D. W., Feinstein, R. A., Fisher, M. M., Klein, J. D., Olmedo, L. F., Rome, E. S., & Yancy, S. (2001). Condom use by adolescents. *Pediatrics, 107,* 1463–1469.

Kaplowitz, P. B. (2008). Link between body fat and timing of puberty. *Pediatrics, 121,* S. 208–217.

Katchadourian, H. (1990). Sexuality. In S. S. Feldman, & G. R. Elliott (Eds.), *At the Threshold: The Developing Adolescent* (pp. 330–351). Cambridge, MA: Harvard University Press.

Kick, R. (2006). *Everything You Know about Sex Is Wrong: The Disinformation Guide to the Extremes of Human Sexuality* (Ed.). New York, NY: The Disinformation Company Ltd..

Malamitsi-Puchner, A., & Boutsikou, T. (2006). Adolescent pregnancy and perinatal outcome. *Pediatric Endocrinology Review, 3,* 170–171.

Masters, W. H., Johnson, V. E., & Kolodny, R. C. (1992). *Human Sexuality.* New York: Harper Collins.

McCabe, M. P., & Collins, J. K. (1984). Measurement of depth of desired and experienced sexual involvement at different stages of dating. *Journal of Sex Research, 27,* 377–390.

McCammon, S., Knox, D., & Schacht, C. (2007). *Choices in Sexuality* (3rd ed.).

McKenna, M. A. J. (1997, May 2). U.S., Georgia gets welcome news on teenagers and sex. *Atlanta Constitution,* D1.

Meade, C. S., Kershaw, T. S., & Ickovics, J. R. (2008). The intergenerational cycle of teenage motherhood: An ecological approach. *Health Psychology, 27,* 419–429.

Miller, B. C., Benson, B., & Galbraith, K. A. (2001). Family relationships and adolescent pregnancy risk: A research synthesis. *Developmental Review, 21,* 1–38.

MMWR (2006, June 9). *Youth Risk Behavior Surveillancd—United States, 2005* (Vol. 255). Atlanta: Centers for Disease Control and Prevention.

Moore, S. M., & Rosenthal, D. A. (1993). *Sexuality in Adolescence.* London: Routledge.

Mosher, W. D., Chandra, A., & Jones, J. (2005). *Sexual Behavior and Selected Health Measures: Men and Women 15—44 Years of Age, United States, 2002.* Hyattsville, MD: National Center for Health Statistics.

Neumark-Sztainer, D., Paxton, S. J., Hannan, P. J., Haines, J., & Story, M. (2006). Does body satisfaction matter? Five-year longitudinal associations between body satisfactions between body satisfaction and health behaviors in adolescent females and males. *Journal of Adolescent Health, 39,* 244–251.

Newman, P. R., & Newman, B. M. (1986). *Adolescent Development.* Columbus, OH: Charles.

Nevid, J. S., & Gotfried, F (1995). *Choices: Sex in the Age of STDs.* Boston: Allyn and Bacon.

Oxford, M. L., Gilchrist, L. D., Gillmore, M. R., & Lohr, M. J. (2006). Predicting variation in the life course of adolescent mothers as they enter adulthood. *Journal of Adolescent Health, 39,* 20–36.

Paul, E. L., & White, K. M. (1990). The development of intimate relationships in late adolescence. *Adolescence, 25,* 375–400.

Pitts, M., & Rahman, Q. (2001). Which behaviors constitute "having sex" among university students in UK? *Archives of Sexual Behavior, 30,* 169–176.

Popenoe, D., & Whitehead, B. (2006). *The State of Our Unions 2006,* New Brunswick, NJ: The National Marriage Project, Rutgers University.

Rogol, A. D., Roemmich, J. N., & Aclark, P. A. (2002). Growth at puberty. *Journal of Adolescent Health, 31,* 192–200.

Santrock, J. W. (2002). *A Topical Approach to Life-span Development.* New York: McGraw-Hill.

Santrock, J. W. (2010). *Adolescence* (13th ed.). Boston, MA: McGraw-Hill.

Seiffge-Krenke, I. (1998). *Adolescents' Health: A Developmental Perspective.* Mahwah, NJ: Lawrence Erlbaum Associates, Inc.

Silbereisen, R. K., Petersen, A. C., Albrecht, H. T., & Kracke, B. (1989). Maturational timing and the development of problem behavior: Longitudinal studies in adolescence. *Journal of Early Adolescence, 9,* 247–268.

Simon, W., & Gagnon, J. H. (1987). A sexual scripts approach. In J. H. Greer, & W. T. O'Donohue (Eds.), *Theories of Human Sexuality* (pp. 363–383). New York: Plenum.

Stattin, H., & Magnusson, D. (1990). *Pubertal Maturation in Female Development.* Hillsdale, NJ: Lawrence Erlbaum Association, Inc.

Strong, B., Yarber, W., Sayad, B., & DeVault, C. (2008). *Human Sexuality* (8th ed.). New York: McGraw-Hill.

Susman, E. J., & Dorn, L. D. (2009). Puberty: Its role in development. In R. M. Lerner, & L. Steinberg (Eds.), *Handbook of Adolescent Psychology* (3rd ed.). New York: Wiley.

Susman, E. J., Dorn, L. D., & Schiefelbein, V. L. (2003). Puberty, sexuality, and health. In R. M. Lerner, M. A. Easterbrooks, & J. Mistry (Eds.), *Comprehensive Handbook of Psychology: Development Psychology* (Vol. 6). New York: Wiley.

Taga, K. A., Markey, C. N., & Friedman, H. S. (2006). A longitudinal investigation of associations between boy's pubertal timing and adult behavioral health and well-being. *Journal of Youth and Adolescence, 35,* 380–390.

Teilmann, G., Juul, A., Skakkebaek, N. E., & Toppari, J. (2002). Putative effects of endocrine disrupters on pubertal development in the human. *Best Practices in Research and Clinical Endocrinology and Metabolism, 16,* 105–121.

Tither, J. M., & Ellis, B. J. (2008). Impact of fathers on daughters' age at menarche: A genetically and environmentally controlled study. *Developmental Psychology, 44,* 1409–1420.

Tourangeau, R., and Smith, T. W. (1996). Asking sensitive questions: The impact of data collection mode, question format, and question context. *Public Opinion Quarterly 60,* 275–304.

UNAIDS (2007). 2007 AIDS epidemic update. Retrieved December 30, 2009, from http://www.unaids.org/en/KnowledgeCentre/HIVData/EpiUpdate/EpiUpdArchive/2007default.asp

Westling, E., Andrews, J. A., Hampson, S. E., & Peterson, M. (2008). Pubertal timing and substance use: The effects of gender, parental monitoring, and deviant peers. *Journal Adolescent Health, 42,* 555–563.

Whitaker, D. J., & Miller, K. S. (2002). Parent-adolescent discussion about sex and condoms: Input of peer influences on sexual risk behavior. *Journal of Adolescent Research, 15,* 251–272.

Zani, B., & Cicognani, E. (2006). Sexuality and intimate relationships in adolescence. In S. Jackson, & L. Goossens (Eds.), *Handbook of Adolescent Development*. Hove, UK: Psychology Press.

Chapter

3

青少年的認知發展

在上一章討論過青少年的生理發展與性發展之後，接下來將針對青少年的認知發展加以探討。本章的內容首先會引述認知心理學大師 Piaget 的觀點，探討當青少年從兒童期進入到青少年期之後，他們的認知和思維模式有什麼樣的改變？並檢視這些改變將對青少年的行為與生活造成哪些影響。另外，我們也將檢視資訊處理理論 (information-processing theories) 從不同的角度如記憶、決策，以及智力等等方面來解釋青少年的改變。最後，我們也將納入社會文化特別是 Vygotsky 的社會文化發展理論，來探討青少年的認知發展如何受到外在環境背景的影響。

## 第一節　從 Piaget 的認知理論來看青少年的認知發展

認知心理學家 Piaget 把一個人從新生直至成年人的認知發展大致分為四期：感覺運動期、前運思期、具體運思期、形式運思期。

## 一、感覺運動期 (sensorimotor stage)

根據 Piaget 的說法，人類認知發展的第一個時期稱作感覺運動期，其時間大約是新生兒出生後直到 2 歲左右。此時期名稱的由來，是因為這個時期的嬰兒認識與建構這個世界的方法，主要就是透過自己的感覺（如視覺、觸覺等等）與肢體運動（如爬過、滾過某些地方）的經驗累積形成。在這個時期的末期（接近 2 歲）時，嬰兒開始逐漸具備**心象 (mental representation)** 與**物體恆存 (object permanence)** 的概念。

物體恆存的概念指的是：當嬰兒注視某物如玩具時，即使我們將布幕等障礙物放置在嬰兒與該注視物之間，企圖阻斷嬰兒的視線，但嬰兒仍舊知道該物體是留在原處的，因為這些嬰兒有做出想去布幕後搜尋玩具的動作。然而，若此遮斷視線的動作發生在較早之前（如只有 4–6 個月大）時，嬰兒的反應則通常是茫然、彷彿該物體完全消失了一般。Piaget

認為，嬰兒要完全發展出物體恆存的概念，大約需要到達 18 個月左右。

## 二、前運思期 (preoperational stage)

第二個時期稱為前運思期，大約從 2 歲到 7 歲左右。這個時期的特徵是幼兒開始會使用符號，如文字、語言等來表達自己的意念，而且兒童去認知這個世界的途徑也已經超越了單純透過感覺和肢體運動，進一步地會開始在腦中使用思考的方式。但因其思考邏輯仍常限於片面化與自我中心，同時亦常為事情的表象所騙，所以仍未具有完整的思考邏輯。

### ㈠思維的片面化 (centration)

這裡是指幼兒在注意某物時，常常只注意該物的片面特質，而忽略掉一個物體有著多面的向度。例如把水從扁平的瓶中轉倒入一個細長的瓶中，前運思期的兒童常會判斷細長的水瓶裝的水變得比較多。這是因為他們通常只注意到細長水瓶的水位上升，而未注意到瓶子的寬度縮小，其實水的總量並未改變。

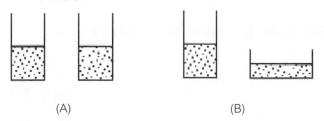

(A)                              (B)

▲圖 3-1： 此時期兒童⒜認為水位相等；⒝認為細長杯子水分多：只注意到細長水瓶的水位上升，而未注意到瓶子的寬度放大。

### ㈡自我中心 (egocentrism)

並非如一般人以為的自私或是只考慮自己的利益，而是指兒童的思維**只從自己的觀點出發，較無法從他人的觀點來思考事情**。舉例而言，我們常可見到幼稚園的小朋友高興地舉著自己的畫作給媽媽看，然而他們卻常常把圖畫紙中有畫的一面對著自己，卻把圖畫的背面，即空白紙對著媽媽。也就是說，他們只顧著自己可以看到圖畫的內容，卻忽略了媽媽從對面的角度來看，是只能看到一張白紙的。

### ㈢事情的表象 (appearance as reality)

指在前運思期的兒童，常常會根據自己親眼所見的事物外貌來做判斷，即使這個判斷常常脫離了現實，仍然會深信不疑。例如，如果把一杯白色的牛奶瓶放在兒童的眼前，同時讓他看到我們把一層紅色玻璃紙包裹在牛奶瓶的外面，此時兒童常常會判斷：牛奶變成紅色了。又例如，即使這些幼童熟知的人如兄姐等，若在他們的眼前戴上怪物的面具，則這些小朋友就會以為兄姐變成怪物了而被嚇得大哭。

## 三、具體運思期 (concrete operational stage)

具體運思期大約是從 7 歲到 11 歲左右。兒童到了此一階段之後，可以使用合乎邏輯的方法來推斷事物而不會如前期的兒童被事物的外貌所矇騙。不過，雖然這個時期的兒童已經可以開始做一些假設性的思考，但仍必須以一些具體的實物來作起點。舉例而言，7 歲到 11 歲的兒童很難在腦海中計算 $2X+4Y$，而必須以雞兔同籠的形式來做此類的思考。

## 四、形式運思期 (formal operational stage)

Piaget 認知發展理論的最後一個時期是形式運思期，通常是 11 歲之後以至成人。這個時期青少年的思維不再受限於必須以實際的物體為起點，而可以用各種抽象的形式來做各種假設性的思考，同時思維方式也更加合理化與邏輯化，而可以更加不受限制地去想像各種假設情況下的理想狀況等等也讓他們面對這個世界時，會比起兒童期有著更多的理解與看法。

大抵而言，青少年進入形式運思期之後，其思維方式會有以下比較明顯的改變：

### ㈠可以做完整的假設與推論 (hypothetical deductive reasoning)

當面臨一個不確定的問題時，兒童常會採用嘗試錯誤的方式去「碰」或「猜」出答案，而青少年則會像科學家一樣設定出幾種可能性的假設，

然後一一去驗證，看看哪個假設才是正確的。

以 Piaget 最有名的鐘擺研究為例，我們找來形式運思期的青少年和具體運思期的兒童，然後在他們面前設置了一個鐘擺的裝置。這個鐘擺旁邊有著數個不同重量與不同大小的擺錘，以及數條長短不一的錘線。此時詢問青少年與兒童，到底是什麼因素會去影響鐘擺左右擺盪的速度？

結果可以發現，進入形式運思期的青少年可以設想出幾種可能：也許是擺錘的重量、錘線的長度，又或者是擺錘一開始落下時的起始高度等，會去影響鐘擺的速度。當產生這些假設之後，青少年就會開始一一地去實驗他的假設：他會把其他的條件保持恆定，然後只操弄其中一個變項，如擺錘的重量，最後求出正解。

仍在具體運思期的兒童就沒有辦法去做這樣有系統的測試。他們常常會同時混淆好幾個變項，例如把較長條的擺線和較輕的擺錘混在一起，以至於無法正確推論出究竟是哪一個變項真正會去影響鐘擺的速度。所以，青少年的思維較兒童期一個飛越性的進步，就在於會採用一種類似科學家的縝密邏輯方式來思考，而不像兒童如碰運氣般地湊巧碰出正解。

## (二)可以做虛擬的命題思考 (propositional reasoning)

進入形式運思期之後，青少年不再受限於要有具體的實物才能推理與思考，他們可以在腦海中去想像各種的可能性，並且針對這些抽象的概念作邏輯思考。

有一個早期的研究 (Osherson & Markman, 1975) 可以說明此一現象。研究者找來兒童與青少年當受試者，同時把一個籌碼藏在手中，然後問下列的問題：「我手中的籌碼是綠色的，或者並非是綠色的?」以及「我手中的籌碼是綠色的，而且並非是綠色的?」

結果發現，當具體運思期的兒童沒有辦法看見研究者手中的籌碼時，他們大多傾向回答：「我不知道，因為我沒看到你手中籌碼的顏色」。很明顯地，具體運思期的兒童其思維受限於實物的經驗，如果沒看到就無法判斷。然而，進入形式運思期的青少年則可以簡單地得出結論：第一

個問句肯定是正確的，而第二個問句則絕對是錯誤的。不論青少年是否能看到籌碼的顏色都不影響他們判斷的正確性。由此可知，進入形式運思期的青少年的確可以超脫具體實物的限制，在腦海中作抽象的思考。

亦有學者 (Rice, 2001) 認為，在形式運思期裡，這種跳脫實物限制的抽象思考能力，同時亦賦予青少年一種所謂內省與自我剖析 (introspection) 的能力。這個能力是指，青少年可以跳脫自己的立場，而能夠暫時以一種第三人稱的觀點來檢視自己的想法。由於青少年的思維模式有了這樣的飛躍進步，使得青少年不僅想得更多也更周延，因此對其行為及人格上都有著深遠的影響。幾種常見的影響如下：

㈠理想主義 (idealism)

由於青少年可以從多方面作有系統的假設與推論。因此他們常常就會將現實生活中的情況與腦海中設想的情況來做對比。舉例而言，青少年會在腦海中想像：「如果每個人都遵守交通規則，那麼交通肯定會比現實生活順暢得多，這樣豈不是就不需要那麼多交通警察了嗎?」或著也可能會想像：「如果每個公務員都奉公守法，不就可以省下很多監察風紀機關的人力與經費了嗎?」正因為青少年可以在腦海中去做這種虛擬的推論，而這種推論對於青少年而言又似乎是那麼完美而有吸引力；然而現實生活的狀況總不是如此完美，因而青少年對於現實生活也就常充滿怨懟。這就是我們常覺得青少年相對而言是比較憤世嫉俗的原因；同時一般成年人也常會覺得，青少年的思維是比較具有理想主義而有些脫離現實的。(Elkind, 1994)。

透過反覆的比較理想天堂與現實世界的差異之後，青少年逐漸會開始理解，其實每個人都有長處與短處，而世界上的事情也並非全然都是善惡分明的兩極化：在對與錯之間，仍舊存在很多灰色的無奈地帶。一般說來，青少年這種理想主義會隨著進入職場工作後而逐漸減弱。青少年心理學家 (Labouvie-Vief, 1986) 認為這是因為青少年在工作中會逐漸體認到現實世界中的種種限制，而會開始逐漸改變自己的思維好適應這個工作環境。

## ㈡心口不一 (discrepancy)

父母們常會發現：青少年常常說得很漂亮，但是行為卻無法跟上。這主要是由於青少年的理想主義常常超出了青少年實際或是願意的行動能力。根據 Elkind (1978) 的看法，青少年常常會有一種錯覺，認為如果自己可以構思與理解到較高的道德與理想層次時，他們就已經達成自己的目標了。然而這樣的態度卻常困擾成年人，因為成年的父母與師長清楚地知道，再好的想法光是憑空想像是不可能實現的，一定需要親身去執行。因此青少年常常會讓他們周圍的成年人感覺他們只是光說不練。

一個常見的例子就如，青少年有時會參加類似「愛惜地球」的演唱會活動，活動的用意本來是為了愛護環境清潔；但常可見活動結束後，青少年留下滿地的垃圾。又例如許多青少年在每次考試之後，都會追悔地在日記中寫著：「下次我一定會及早努力用功，不會拖到最後。」寫得非常情真意切，但寫完後就心滿意足地再度跑去玩耍，結果到了下次考試依然是同樣結果。

## ㈢個人中心主義 (egocentrism)

由於進入形式運思期之後，青少年開始可以跳脫出來檢視自我，但這也常常使得青少年更加在意自己。他們很容易會變得很在意自己的想法、感受、形象等等。有些學者 (Peterson & Roscoe, 1991) 甚至發現，青少年常常會認為好像周圍的人也是很在意他們的內在感受與外貌等等，儘管事實上並非如此。這種過度在意自己以至於到達幻想的地步，彷彿別人都在看自己演出的現象，有時也被稱之為幻想的觀眾 (imaginary audience)。

例如研究者 (Goossens, Seiffge-Krenke, & Marcoen, 1992) 就發現，許多青少年不管是在學校的餐廳裡，或是在回家的公車上，彷彿都覺得自己是眾人目光的焦點。這種有趣的特質就說明了，為什麼青少年有時候如果臉上長了一顆小痘痘，或是衣服上有些小的番茄醬漬就會覺得「好丟臉」而不願意出門的原因。

伴隨著這種個人中心主義的是,由於青少年可以從多角度來做設想,使得他們不但很在意自己在別人心目中的形象,同時也會很在意他人的想法。因此青少年要比起兒童時期,更會將心比心地從別人的角度來思考問題 (Lapsley & Murphy, 1985)。事實上這種思維模式對於青少年的同儕關係是有助益的。許多研究 (Selman & Adalbjarnardottir, 2000; Selman & Schultz, 1999) 就發現,如果青少年能夠從別人的角度來思考問題,那麼他們就比較容易理解別人的需求,也比較易於和周圍的人溝通,因此就會造成他們較好的同儕關係,於是在同儕團體中的地位也會相對較高。

### ㈣個人謬思 (personal fable)

這是個人中心主義的另一種形式,由 Elkind (1967) 提出。指的是青少年常常會有一種謬思,認為自己是如此地特殊、獨特,因此自己所經歷過的許多經驗都是獨一無二的,而且別人永遠也無法體會。

舉例而言,一個初戀的青少年也許會感覺這種喜悅是別人所無法體會的;而一個失戀把自己關在房間內的青少年,則可能會對來叫他吃飯的母親大吼:「我的心情有多痛苦妳知道嗎?妳永遠都無法體會我心碎的感覺!」等等。因此,青少年的感受有時相當矛盾,一方面常會感覺自己是眾人目光的焦點;但另一方面又常覺得自己極為孤獨,欠缺周圍眾人的理解。此外,由於青少年為了要讓自己好過些,他們常常會變得比較尖銳與言語刻薄;有學者 (Elkind, 1975) 認為這是一種青少年的防衛機制,為的是不讓自己脆弱的內心世界與自尊被外界看穿。

### ㈤不受傷害的錯覺 (illusion of invulnerability)

這是指青少年常常會有一種錯覺,認為倒楣的事情都只會發生在別人的頭上,而自己應該不可能這麼倒楣。因此,青少年常常在從事性行為的時候並未有所保護,因為他們總覺得懷孕或是性病,只可能發生在別人的頭上,並不會落在自己身上。又如同青少年在飆車的時候,通常也會認為車禍只會發生在別人身上,自己不可能這麼倒楣。有研究 (Greene et al., 2000) 就發現,當青少年有著比較高的個人謬思與個人中心

時，有較高比例會去從事一些危險的行為，例如藥物濫用以及更多的違法事情。另一個研究 (Arnett, 1990) 也發現，那些個人中心主義較強的青少女，比較容易去從事沒有安全措施的性行為，而且比起那些個人中心主義較弱的同儕，更加有一種虛幻的信心即自己應該不會懷孕。

## ㈥喜歡講理由與爭辯 (argumentativeness)

由於青少年的思維比起兒童，能夠更不受限於具體的實物而可以自由自在去想像各種可能的情境，因而許多青少年在面對父母親的要求時，會變得喜歡提出自己的理由來爭辯或是反駁 (Elkind, 1994)。許多青少年的父母親都會赫然發現，以前那個言聽計從的乖兒子、乖女兒不見了，取而代之的是一個永遠有用不完的理由、一天到晚替自己辯護的青少年。

然而，這種對父母的命令或要求開始需要一個合理理由的態度，對青少年而言未必是件壞事情。有研究 (Alessandri & Wozniak, 1987) 就發現，只要親子關係大致仍保持在良好的狀態下，這種「需要合理解釋」的爭辯態度，其實是有助於青少年更清楚了解父母的想法與價值觀。而且透過這樣的爭執之後，許多青少年事實上能更加理解到父母有其為難之處，而且父母的許多價值觀其實亦有其可取之處，所以喜歡爭辯的青少年到最後有許多也會接受父母的很多想法與價值觀 (Alessandri & Wozniak, 1987)。亦有學者 (Moshman, 1999) 發現，當青少年透過和父母以及同儕反覆地說理與爭辯之後，他們的理解能力也會得到正面的幫助。

▼表 3–1：Piaget 認知發展的四階段

| 階　段 | 年　齡 | 特　徵 |
|---|---|---|
| 感覺運動期<br>(sensorimotor stage) | 0–2 歲 | 嬰兒開始逐漸會產生<br>◆ 心象 (mental representation)<br>◆ 物體恆存 (object permanence) |
| 前運思期<br>(preoperational stage) | 2–7 歲 | ◆ 思維的片面化 (centration)<br>◆ 自我中心 (egocentrism)：自己的角度<br>◆ 事情的表象 (appearance as reality) |
| 具體運思期<br>(concrete operational stage) | 7–11 歲 | 使用合乎邏輯的方法來推斷事物，也開始嘗試做一些假設性的思考，但仍必須以一些具體的實物來作起點 |
| 形式運思期<br>(formal operational stage) | 11 歲～ | 解決問題已可以設定可能性的假設，進而驗證假設；也可做虛擬式的命題思考 (propositional reasoning)<br>◆ 理想主義 (idealism)<br>◆ 心口不一 (discrepancy)<br>◆ 個人中心主義 (egocentrism)：從別人的角度<br>◆ 個人謬思 (personal fable)<br>◆ 不受傷害的錯覺<br>　(illusion of invulnerability)<br>◆ 喜歡講理由與爭辯<br>　(argumentativeness) |

## 第二節　從資訊處理理論來看青少年的認知發展

　　雖然在上一節中 Piaget 的理論很清楚地說明了青少年認知發展的特徵，以及對青少年行為的影響，然而許多心理學家 (Case, 1998; Halford, 1993) 認為 Piaget 的理論有其不足之處。基本上這些心理學家同意 Piaget 的認知架構與發展階段，但他們認為，有必要去針對影響青少年認知發展的許多細項，如認知資源、認知策略、注意力、批判性思考，以及背景知識等等加以研究分析，才能夠更讓我們清楚知道青少年的認知發展

在各方面有著怎樣的改變。

# 一、認知資源 (cognitive resource)

　　資訊處理學派的學者最先感到興趣的，是青少年的認知資源是否有比兒童時期來得更豐富。而資訊處理學派的學者 (Frye, 2004) 在界定與探討所謂的認知資源時，通常都是去探討青少年的認知處理速度，以及青少年的認知處理容量。

## ㈠認知處理速度

　　在關於青少年的認知處理速度方面，基本上的趨勢是青少年的處理速度要比兒童來得更快。例如有研究 (Kail, 2004) 發現在處理簡單訊息的反應速度上，例如看到燈號就立刻的按下按鈕，青少年的反應速度比兒童時期要來得更為迅速。一個 8 歲的兒童做這樣的反應大概需要 1/3 秒；而 12 歲的青少年初期，這樣的反應時間則縮短到了 1/4 秒左右。而且這個迅速的反應速度在青少年身上是相當穩定的，基本上和日後成年人的反應速度沒有什麼大的差別。

　　而在另一個研究 (Hale, 1990) 裡也發現到類似的結果：一個 10 歲大的兒童在處理簡單的反應動作如字母配對（看到螢幕上出現什麼字母，就在鍵盤上按下相對應的字母）時，其所花的時間大約是年輕成年人的 1.8 倍；然而一個 15 歲的青少年在處理這種訊息的反應時間，基本上就已經可和成年人匹敵。

## ㈡認知處理容量 (cognitive processing capacity)

　　在大部分的情況下，所謂認知處理容量通常意味著短期記憶容量 (short-tern memory)，但並非意味僅以此為限。

　　短期記憶，是心理學家對人類記憶形式的一種假設，指的是人們在未經努力練習複誦時，僅憑印象能夠暫時記得的記憶。通常這個記憶僅能維持數秒至數十秒，若沒有進一步的練習就會忘記。最常見的例子就像別人的電話號碼。另外，通常這個短期的容量會隨著個人的成長而逐

漸成長。嬰幼兒時可能只能記得 2～3 個字元或是數目，但到了成年時大約可以有 7 (± 2)，也就是約 5～9 位數的記憶能量。有研究顯示，青少年的短期記憶容量，已經和成年人相去不遠。

另外，青少年在處理容量上，通常也較兒童時期來得更佳。這意味著青少年比起兒童，可以同時記憶更多的東西，以及同步處理更多的訊息。有研究 (Dempster, 1981) 在比較兒童與青少年的**記憶寬度 (memory span)** 時就發現，7–8 歲的兒童大概能記得 5 到 6 位數的數字或字母，而 12 歲的青少年則可大約記得 7 位數的數字和字母——這大約也是成年人的短期記憶限制。這意味著，進入青少年後，他們的短期記憶能力也和處理訊息的反應時間一樣，已經達到可以和成人匹敵的地步。而其他的研究者 (Swanson, 1999) 也發現，不論短期記憶的內容為無特殊意義的數字或是有意義的文句，青少年短期記憶的表現都明顯比年紀較小的兒童來得好。

> **名詞解釋**
>
> 記憶寬度 (memory span)：指在短期內能夠一口氣記住的數字或是字母的數量。通常在 2–3 歲時只能記得 2–3 位數，到了 6 歲左右就可記住 4–5 位數。成年人的記憶寬度大約可以記得 7 位數。

總結上述所敘，由於青少年比起兒童不論在資訊處理的速度以及短期記憶的資訊處理的能量上，都要較兒童時期來得進步，因而就導致了青少年的在認知領域上的表現要比兒童時期來得優秀得多 (Bjorklund, 2005; Demetriou et al., 2002)。

此外，亦有研究者 (Siegler & Alibali, 2005) 指出，青少年比起兒童，不只是短期記憶的能力增進，他們在長期記憶的表現也比兒童時期好，這據信是和青少年的學習與認知策略都比兒童時期更佳有關。

所謂的長期記憶，基本上就是短期記憶在經過個人的複誦或是練習過後，被認為長久存在人腦海中的記憶。長期記憶有兩個特點：

### 1. 理論上長期記憶的容量是無限的

不像短期記憶只能記得大約 7 個數目或字元，長期記憶理論上可以

記得無限多的內容。當然，能夠記住和日後能否順利提取這些記憶是兩回事。

### 2.理論上這些記憶會維持一輩子，不會消失

前提是在正常的情況下，不包含腦傷或腦病變。日後有時會想不起來的原因，並非是這些記憶的痕跡逐漸淡化消失，而是提取這些記憶的線索混淆了，或者是欠缺了正確提取的線索。某記憶好比是一本圖書館內的書，這本書一旦放進去就一直在館內，但是有時搜尋的圖書資料卡遺失了或是錯置在別的架上時就會找不到，但是書本本身卻從未消失。

## 二、認知策略 (cognitive stratgies)

青少年的認知表現會比兒童時期來得好的另一個原因，就是他們比較會採取較佳的策略 (strategies)。許多研究者 (Schneider & Pressley, 1997) 都發現，當面臨一些任務或作業時，青少年會去思考到底該用何種策略會比較適當應付眼前任務。此外在執行這個任務或作這個作業時，青少年事後還會去評估此種策略是否允當。

舉例而言，青少年要記憶學校的教材時，他們可能會視這個科目是何種性質的科目，然後決定到底是要編成生字卡來幫忙記憶英文單字呢? 還是要整理成比較表來幫助記憶各個朝代不同的官制呢? 此外例如在準備考試時，青少年也會較有計畫排定一個念書表，交錯準備不同的科目，避免頭腦一直在處理同一類的科目等等。

研究 (Schneider & Pressley, 1997) 也發現，青少年比較會用螢光筆等輔助工具來標出自己不熟的部分特別強化。而這類型認知策略的運用就被證實 (Thomas et al., 1993) 的確有助於青少年的長期記憶表現。

另外，針對增進記憶的策略使用上，研究者 (Bjorklund & Douglas, 1997) 也發現不論是使用策略的數量多寡（使用不只一種幫助記憶的策略），或是使用策略的有效性上，青少年記憶策略的運用都要比兒童來得強得多。

舉例而言，有研究者 (Guttentag, Ornstein, & Siemans, 1987) 就發現，當我們要求青少年與兒童去背同一串名詞，例如香蕉、橘子、西瓜等等，5-8 歲的兒童通常會採取一次背一個的方式去記憶這個字串（先專心記憶香蕉，背熟了香蕉之後再去記憶下一個橘子）；然而 12 歲之後的青少年則會採取一次背三個以上的方式來記憶（香蕉、橘子、西瓜），這意味著當每次在複誦時，青少年都可以溫習到數倍的字量，因此其長期記憶的表現也就比兒童要來得好。此外，研究者 (Hasselhorn, 1992) 也發現，當被要求記憶多個名詞如香蕉、貓、狗、葡萄、老鼠、西瓜、大象、橘子時，青少年會將這些記憶的材料組織 (organization) 為一類是動物、另一類是水果的方式；但 7-8 歲的兒童則較不會運用這種組織的方法來重新整理記憶的素材。

綜合上述，青少年的認知策略不但會隨著年齡增長而運用得更加純熟 (Siegler, 1996)，同時其運用的策略的複雜度也會隨著年齡的增長而增加 (Coyle & Bjorklund, 1997)，例如青少年會更頻繁地使用較為複雜的記憶策略如心象與**精緻化 (elaboration)** 等策略。此外也有研究 (Lange & Pierce, 1992; Moely et al., 1992) 顯示，青少年的認知與記憶的策略有很多都是從學校裡學習得來的，因此學校老師在幫助學生掌握認知與記憶的技巧上，就扮演了相當重要的角色。

> **名 詞解釋**
>
> 精緻化 (elaboration)：指的是記憶者利用各種方式，將要記憶的內容和許多與其相關的資訊連接，或是設法把自己過去已經知道的舊資訊和欲記憶的新資訊產生聯接關係，而使得此內容變得更具有意義與容易記憶。例如要去記憶某地是交通樞紐時，如果能夠放進更多的相關資訊如：當地的特產、人文、經濟概況，而使得對於該地之所以成為交通樞紐的原因更清楚時，對於該地是交通樞紐的這個印象就會記憶更加深刻。

## 三、注意力 (attention)

注意力是指一個人能夠透過自己下意識的努力把關注的焦點鎖定在某件特定的事物之上。這通常包括兩部分：一個是**選擇性注意 (selective**

**attention)**，另一個則是**注意力移轉 (attention shift)**。

所謂選擇性注意是指當同時出現數樣訊息刺激時，個人可以專注在對他有意義的事情，而忽略掉其他不相關的**雜音 (noise)**。舉例而言，一個學生在課堂上同時聽到的聲音也許有很多，例如老師的講課聲、電風扇轉動的聲音、樹上的鳥叫聲、校外的車子經過的喇叭聲、同學原子筆掉落地面的聲音等等。選擇性注意較好的人可以忽略或是過濾掉較不相關的雜音，而專注在課堂老師的講授上。

一般來說，青少年的選擇性注意要比兒童來得強。這也是兒童比較容易分心的原因。

注意力的轉移則是指個人能夠依照自己的意志將自己的注意力從一處移轉至另一處。而這樣的能力也是青少年要比兒童來得好。

在一個很有趣的研究 (Manis, Keating, & Morrison, 1980) 中，研究者同時呈現兩組物件（例如其中一組是動物、另一組為水果），然後分別讓 8 歲的兒童、12 歲的青少年，以及 20 歲的大學生觀看。當研究者要求他們專注其中一組物件而忽略另一組物件時（例如只要去記得水果而忽略動物），12 歲的青少年表現遠較 8 歲的兒童表現好，他可以順利地做到將注意力放在水果上，而不被同時呈現的另一組物件（動物）分心。8 歲的兒童則表現較差，雖然已經要求必須專注在其中一組物件上，但兒童仍舊會不由自主地被同時出現的另一組物件所吸引而分心，因而導致對該記的東西反而記不清楚。另外，雖然 12 歲的青少年表現比 20 歲的大學生稍差一點點，但差距已經不大。

我們可以清楚地看到，青少年的認知發展不但使得青少年有著較多的認知資源與較佳的認知策略，同時也讓青少年有著比兒童更佳的掌控自己注意力的能力。

## 四、批判性思考 (critical thinking)

研究者 (Keating, 1990) 發現，青少年認知發展中另一項重要的發展

是，他們逐漸發展出批判性思考，其指的是能夠作客觀的、有系統的，根據實徵證據而非受自己偏見影響的思考與推論方式。

一般來說，這個批判性思考會隨著年齡的增長而漸增。不過有一個針對小學五年級、國二以及高二的學生所做的研究 (Klaczynski & Narasimham, 1998) 顯示，雖然整體來講，青少年出現批判性的思考模式會逐漸隨年齡增長而增加，然而即使是在高二的這些青少年，批判性思考也大約只出現 43%。換言之，批判性思考是一個漸進的進程，而青少年期只是一個過渡期，超過一大半的青少年思考方式，依然很容易受到個人偏見與情緒的影響。

如果批判性思考在青少年期間還未盡成熟的話，我們該怎樣去促進青少年發展出較好的批判性思考呢？有研究 (Gong, 2005) 顯示，如果我們提供比較具有爭議性的議題，例如墮胎是否該合法化？同性戀婚姻是否該被容許？比較能夠吸引青少年從不同的角度去深入探討。正如前一節所提及的，青少年的一個行為特徵即好於爭辯，這種爭議性的話題能夠使青少年仔細去評估及思考客觀的證據。如同青少年和父母親適度的爭辯其實有益於親子間增進彼此理解，青少年在這種爭議性的議題上多投入時，也有助於發展較為客觀的批判性思考的習慣 (Van Gelder, 2005)。

最後值得一提的是，並不是每個師長都樂於鼓勵青少年做這種批判性的思考。國外就有研究 (Winn, 2004) 發現，有許多老師認為這樣的批判性爭論似乎不是太禮貌，因而採取比較排斥的態度；在講究尊師重道的東方學校裡，老師的權威通常更是不可挑戰與質疑的。這樣凡事填鴨、謹遵老師教誨，而不鼓勵學生勇於提出自己批判性意見的教學方式，其帶來的直接後果就是青少年更加喪失了批判性思考的能力 (Wolf, 1981)。

## 五、背景知識 (background knowledqe)

除了上述這些因素之外，青少年在認知表現上要比兒童時期來得強

的另一個主要原因，就是因為他們有著較多的背景知識，有時也被稱為知識基礎 (knowledge base) 或相關知識 (content knowledge)。其基本概念是，當一個人在某個領域中懂得比較多的時候，那麼他在此領域的學習速度也會比較強，對相關新訊息的掌握也較迅速與有深度。

舉例而言，同樣是去看一場棒球賽，具有較多棒球背景知識的人和對棒球是門外漢的人去看，兩者的感受會完全不同。前者因具有較多的相關知識，因此可能從比賽選手的臨場反應或是教練的調度上學到一些新的概念；而後者就很有可能只是去湊個熱鬧，看完後什麼都沒有學到。而這個相關知識也會影響他們對這場球賽的記憶和認知表現。

例如棒球背景知識較強者，可以在投手每失一分時很快估算出投手的防禦率，而且球賽結束後也較能清楚記得球賽的勝負關鍵。其原因就在於，球賽間所進行的活動，對於較具有相關背景知識的人而言，較能夠和他之前的背景知識產生有意義的連結，並且會拿來作有組織的歸類、比較、評價等動作。這種對特定領域所知較多的現象，有時也被心理學家稱之為專家 (expert)。研究 (National Research Council, 1999) 也發現，專家和門外漢在處理資訊和知識時是不一樣的；比起門外漢，專家會去過濾並掌握較重要的資訊以及概念，因此在面對那個領域的訊息時，專家所能掌握的資訊常常是遠超過新手的。

例如，國外有一個研究 (Schneider, Korkel, & Weinert, 1989)，比較了小學三年級、小學五年級、國一的青少年對足球的了解，然後將這些學童分為很了解足球和不太了解足球的兩組。接下來研究者講述一個有關足球的故事，之後評估這些學童對於剛剛講述過的足球故事的記憶。結果發現，那些對於足球很了解的學童，對於足球故事的情節記憶非常清楚，遠遠超過了那些對足球一知半解者。

而當研究者把這些學生根據「精通足球與否」以及「智力高低」這兩個變項分組後作交叉比對，結果發現，智力低但是精通足球者，其對足球故事中的情節記憶表現，遠比那些智力高但是不太懂足球者，要來

得高很多。換言之，在影響這些青少年以及兒童是否能夠清楚記得足球故事中發生哪些情節的這件事情上，對足球背景知識的了解，其重要性要遠超過智力的高低。其他的學者 (Chi, 1978) 也發現，只要學生對於某一個特定領域懂得較多，例如下棋，當測驗他們在那個領域的記憶表現時，他們都會表現較好。

　　青少年由於比其之前的兒童期而言，普遍會有著比較多的生活經驗與相關的背景知識，而這較為豐富的背景知識又可以回過頭來，使青少年在提取相關的記憶訊息以及處理相關的認知資訊時，更為輕鬆省力，同時也可以幫助他們記得更多的知識 (Schneider & Bjorklund, 1998)，也因此青少年的認知表現要比兒童期來得好。換言之，知識的本身即可視為是一種認知的潛在力量，如果個人對某一特定領域的相關知識愈多，那麼當他接觸到該領域的其他新資料時，也就愈容易將其統整融合至現有的知識架構內 (Bjorklund, 1987; Kee, 1994)。

　　經觀察發現，社會環境與文化，對於青少年在成長過程中，其會接觸學習到的背景知識，占有決定性的因素。在一個很風靡棒球的社會中，例如臺灣或是古巴，很多青少年也許從小就知道很多棒球規則與明星，然而他們可能對足球的世界就所知有限。又好比對一個在沙漠中長大的部落青少年而言，清楚地知道水源地在哪的知識，就比分辨名牌包上的商標重要得多。

　　許多學者 (Kurtz, 1990; Mistry, 1997) 也認為，青少年所處的環境和文化，不但決定與鼓勵青少年該學什麼，同時也讓不同環境的青少年採取不同的認知與學習策略。

　　例如在比較現代的國家中，其教育體系通常較為強調紙筆或電腦等的標準化測驗（如聯考、學測、托福考等等）；而這樣的測驗方式，也會直接影響學生的學習方式。例如此一體系下的學生會較常利用重點摘要、筆記等等方式來幫助記憶，藉此來爭取成績（考試領導教學）；同時，因為擁有較多這種紙筆測驗經驗，以及較多這種測驗所衍生出來的考試準

備方式，會使得這些較進步國家的青少年，在面對紙筆測驗或是電腦化測驗時，其表現會優於那些較落後地區的青少年。

我們要特別留意的是，這種表現差距並不是說較進步國家的青少年表現較好或是較聰明，只是反映了他們更適應這種測驗方式而已。這種城鄉差距，在臺灣每年的學測成績的顯現上，也是經常可見的。

然而，如果要去比較哪些青少年較能記住別人口述中的故事時，研究 (Dube, 1982) 就發現，在非洲的青少年就表現得要比美國的青少年來得好。這是因為在美國這類國家，青少年的認知與學習的途徑多半來自印刷物或是網路，而在非洲等較不發達的國家，口頭傳述資訊卻是一個相當重要的學習管道。另外當比較哪些青少年較能記住大自然中的物件時，也有研究 (Kearins, 1981) 發現，在澳洲沒有接受學校教育的原住民學童的記憶表現，要比那些上學的白人同儕們表現更佳。這也是因為對澳洲的原住民社會而言，去記得大自然中哪裡有水源或是食物，是遠比學校教育更為重要的內容，因此他們的青少年與兒童，也就會優先學習這些相關知識了。

根據這樣的觀點，青少年的認知發展並非獨立發生在個人身上，它同時會受到青少年所處的社會與文化而定。而認知發展必然受到其成長的社會文化與環境影響的概念，就是 Vygotsky 的理論核心，我們將在下一節繼續討論。

## 第三節　從 Vygotsky 的社會文化理論來看青少年的認知發展

Vygotsky 是前蘇聯的心理學家，他的理論和 Piaget 或是資訊處理學派最大的差異點在於：對 Piaget 而言，認知發展是個體主動去探索外在世界，透過這樣的探索與內在認知基模 (schema) 的互動，個人的認知發展逐漸得到完備；而資訊處理學派則較側重於一些個人的認知機制

(cognitive mechanisms) 對於認知發展的影響。這兩個學派基本上都比較強調個人的部分。然而 Vygotsky 卻點出了此兩學派的不足之處——在大部分的情況之下，人都活在社會與文化之中，所以人的認知發展並非是自己一個人安靜前行的。

Vygotsky 的觀點簡單來說，指不論我們學什麼事情，在大部分的情況下，個人的學習與認知發展的過程，都是透過一個新手與老手的互動而來。新手從老手那裡學到一些基本的線索與提示，而老手會根據新手的表現與需要，給予其適當的示範、幫助以及回饋，然後新手再透過接受老手的協助做出適當的學習與修正，最後逐漸掌握那一個領域的知識或是技巧。這樣的一個學習過程，也有心理學家 (Rogoff, 2003) 稱作**認知的學徒制 (cognitive apprenticeship)**。簡言之，Vygotsky 的理論核心所在，就在於認為認知的發展，是不能脫離社會和文化的影響而獨立存在的 (John-Steiner & Mahn, 2003)。

而由於 Vygotsky 相當英年早逝（死時只有 37 歲），因此他生前並未來得及將他的理論做更完整的詮釋，然而他的**認知發展是透過社會文化來建構**的概念，卻對後世的認知心理學界影響深遠。例如受到 Vygotsky 的影響，現在已有許多認知心理學家 (Resnick, Levine, & Behrend, 1991) 開始認為認知是一種社會分享的認知活動 (socially shared cognition)。以下我們就來討論 Vygotsky 的理論中幾個比較重要的概念。

## 一、近側發展區 (zone of proximal development, ZPD)

ZPD 的概念可能是 Vygotsky 最為人所熟知的概念。所謂的近側發展區（或譯可能發展區），就是指在某一特定的領域中，一個新手憑藉自己可做到的程度，相較於有老手在旁邊指導所能達到的程度，此兩程度間的差異。換句話說，這個近側發展區就是新手在老手指導下的可能進步空間 (Vygotsky, 1978; Wertsch & Tulviste, 1992)。Vygotsky 認為，絕大部分的認知發展都是發生在社會情境下，新手透過與老手的互動中慢慢

學習而來。沒有什麼人可以一開始在某個領域就非常厲害，幾乎都是透過向老手揣摩請教等互動之後，才能慢慢修正並往前進步。

所以從 Vygotsky 的觀點來看，一個人目前的認知表現，是反映了他現在的認知發展程度；而一個人的近側發展區，則反映了在有適當條件配合下（如有較為資深或是經驗豐富的人之協助下）所能達到的極限，也就是他將來的發展潛能 (Vygotsky, 1978)。

Vygotsky 之所以提出這樣一個概念，是因為他察覺到，我們現行的許多認知（或是智力等）測驗與評量，基本上都是在測量學生現在的認知發展程度，即這個學生現在會什麼；而沒有去測量這個學生在獲得適當的幫助下，他可能的認知學習發展所能達到的地步（亦即潛力，也就是 ZPD 的概念）。在 Vygotsky 的想法裡，測量學生未來的認知學習潛力，至少是和測量學生目前懂了什麼、會了什麼一樣重要，甚至更為重要。

這樣的觀點也給了後世的認知心理學家許多啟發。其中一個主要的貢獻就是啟發了認知心理學家 (Grigorenko & Sternberg, 1998; Sternberg & Grigorenko, 2002) 開始採用所謂的動態測驗 (dynamic testing) 來評估一個人的智力。所謂動態測驗是指心理學家透過讓學童去學習全新的素材，而我們可以從他們學習的內容多寡，以及他們所需要從老手那裡求助的頻率，來判定他們的認知與學習潛力的好壞。

舉例而言，假設在同樣的時限裡去學習同樣新的材料，如果一個青少年學的內容能比另一個青少年來得多，那麼很可能前者的認知與學習潛力就要高於後者。另一方面，同樣是學習一個新的素材情況下，如果一個青少年被老手簡單講幾個要領就可以領悟大部分內容，而另一個青少年則需要老手反覆的提醒與暗示，則很可能後者的認知學習潛力是不如前者的。

有別於傳統智力或認知測驗去測驗個人目前的心智認知狀態，動態測驗測的是個人動態學習狀況的方法。這個概念說起來簡單，但編製起來仍舊有很多的難點待克服，且其測驗的信度與效度也有賴時間的證明。

然而，以目前的資料 (Day et al., 1997) 來看，這種動態測驗的確能夠提供給我們一些有別於傳統的認知或智力測驗所提供的不一樣訊息。如果將這種動態測驗所提供的資訊，配合上傳統靜態的智力或認知測驗所提供的資訊，就能使我們更清楚知道青少年認知發展的狀況。

## 二、鷹架協助 (scaffolding)

鷹架協助是 Vygotsky 提出的另一個重要的概念。它的意思是指，當一個新手從他目前的程度，朝向他的發展極限邁進的過程中，周圍的老手給予他的提示、協助、建議等等的回饋。換言之，這些老手給新手的協助，就像是蓋房子的鷹架一樣，讓新手更加容易且有基礎規則可循地去建構自己的認知發展 (Vygotsky, 1978)。

有經驗的老手如前輩或是老師在教導新手時都會知道，一開始當新手什麼都不會的時候，也許必須親自示範給他看；隨著新手在該領域慢慢累積經驗與知識之後，這個老手就會適度減少對新手的協助，以讓他有更多獨立練習與學習的機會。簡言之，這個鷹架協助就是給予新手的協助，但此協助以滿足新手的需要為限，而不會變成都是老手在幫新手執行。研究 (Plumbert & Nichols-Whitehead, 1996) 也顯示，老手採用這種鷹架協助的方式，的確有助於提升青少年的學習功效。

以時下青少年喜歡玩的線上遊戲為例：如果一個從沒玩過線上遊戲的青少年初次接觸一個新的線上遊戲時，可能會覺得眼花撩亂，不知道該從何下手。然而如果身旁有一個有經驗的老手能夠帶他，則此青少年

**名 詞解釋**

①信度 (reliability)：指一個研究或是測驗結果穩定一致的程度。一般來說，好的測驗其信度都很高，受試者在短期內即使多次受測，其分數也相去不遠。例如托福考試就是一個信度很高的測驗（當然，短期內特別用功的情況不計在內）。

②效度 (validity)：是指一個測驗或是問卷，是否能夠有效測出我們想要測驗的內容。如果效度高，表示這個測驗較為有用。如果效度低，那麼這個測驗基本上就意義不大，因為它根本測不出我們想要測驗的東西。

將會學得比較快也比較順利。例如說，這個老手可能會先示範，基本的操作方式有哪些，然後可能會告訴這個新手，進入這個遊戲時先別管太多，只要先專心維持自己的生命值不要歸零即可；當這個老手觀察到新手已經逐漸掌握到遊戲的訣竅時，老手即會放由新手讓他自己去玩，除非極度危急時，不然老手都會讓這個新手自己去處理遊戲中的挑戰。

這種先示範、提供基本訊息、給予必要的基本協助、逐漸放手、讓新手自己去逐漸掌握與學習的過程，就是一個鷹架協助的典型例子。而研究 (Murphy & Messer, 2000) 也顯示，採用

▲圖 3-2：新手透過與老手的互動學習，提供學習成效。

鷹架協助的流程，的確要比讓新手自己去摸索，會來的有效率得多。

總括而言，Vygotsky 的理論核心就是強調社會建構 (social construct) 的過程 (Rogoff, 1998)。社會建構的理論認為，認知的發展和知識的獲得，不是單純由一個人去獨力探索建構(如 Piaget 的理論所述)，而是發生在一個社會背景 (social context) 之下，由個人和社會環境中較有經歷或知識較豐富的老手在互動 (interaction & collaboration) 中所建構完成 (Hogan & Tudge, 1999; Tudge, 2004)。在這樣的前提下，由於每個文化所重視的技巧與知識未盡相同，所以青少年的認知發展就未必如 Piaget 所說的有著一致性 (universality)，而相反地會依每個社會文化的特性而有該社會的獨特性。

因此，游牧民族的青少年會比較精於利用先民的智慧去發現水草所在，而都會中的青少年則相對較會運用電腦與網路去學習。透過這種學習使用適合自己文化的工具，然後去學習對自己文化較為重要的技能或知識，就有助於青少年在他們自己所處的社會環境中成功 (Hyson, Copple, & Jones, 2006)。

　　所以從 Vygotsky 的觀點，學校教育僅僅是提供青少年認知成長的一環，而非全部。他所處的環境中較為資深的前輩、懂得較多的同儕，都可能幫助青少年認知發展來提供鷹架般的協助 (Keating, 1990)。不論在哪一個社會，青少年是否能夠掌握好這些在該文化中較重要的資訊或是技能，則端視這個社會或外在環境，是否提供了足夠的老師以及經驗較豐富的同儕，來提供青少年必要的互動與協助。

　　當然，如同每個理論都有自己的優點與缺點，Vygotsky 的理論也有著一些問題與缺陷存在。舉例而言，Vygotsky 認為，透過資深者的示範或是提供鷹架般的協助，可以幫助青少年較快地學會某些技能。但是，這樣的協助卻也有可能讓部分青少年變得懶惰——某些明明是自己就可以做好、學會的事情，卻要成年人先替自己做了一部分之後，才肯繼續往下做。

　　除此之外，由於 Vygotsky 的理論比較強調社會文化對青少年發展的影響，是屬於一種比較宏觀的理論，所以在細部地描述青少年到幾歲（或是到某階段）應該發展出什麼樣的心智能力時，Vygotsky 就遠不如 Piaget 的理論完整 (Gauvain, 2008)。

 參考文獻

Alessandri, S. M., & Wozniak, R. H. (1987). The child's awareness of parental beliefs concerning the child: A developmental study. *Child Development, 58,* 316–323.

Arnett, J. J. (1990). Contraceptive use, sensation seeking, and adolescent egocentrism. *Journal of Youth and Adolescence, 19,* 171–180.

Bjorklund, D. F. (1987). How age changes in knowledge base contribute to the development of children's memory: An interpretive review. *Developmental Review, 7,* 93–130.

Bjorklund, D. F. (2005). *Children's thinking* (4th ed.). Belmont, CA: Wadsworth.

Bjorklund, D. F., & Douglas, R. N. (1997). The development of memory strategies. In N. Cowan (Ed.), *The Development of Memory in Childhood*. London: London University College Press.

Case, R. (1998). The development of central conceptual structures. In D. Kuhn, & R. Siegler (Eds.), *Handbook of Child Psychology*, Vol. 2. *Cognition, Perception, and Language* (5th ed., pp. 745–800). New York: Wiley.

Chi, M. H. T. (1978). Knowledge structures and memory development. In R. S. Siegler (Ed.), *Children's Thinking: What Develops?* 73–96. Hillsdale, NJ: Erlbaum.

Coyle, T. R., & Bjorklund, D. F. (1997). Age differences in, and consequences of, multiple-and variable strategy use on a multitrial task. *Developmental Psychology, 33,* 372–380.

Day, J. D., Engelhardt, S. E., Maxwell, S. E., & Bolig, E. E. (1997). Comparison of static and dynamic assessment procedures and their relation to independent performance. *Journal of Educational Psychology, 89,* 358–368.

Demetriou, A., Christou, C., Spanoudis, G., & Platsidou, M. (2002). The development of mental processing: Efficiency, working memory, and thinking. *Monographs of the Society for Research in Child Development*, Serial No. 268, Vol. 67, No. 1.

Dempster, F. N. (1981). Memory span: Sources of individual and developmental differences. *Psychological Bulletin, 89,* 63–100.

Dube, E. F. (1982). Literacy, cultural familiarity, and "intelligence" as determinants of a story recall. In U. Neisser (Ed.), *Memory Observed: Remembering in Natural Contexts*. San Francisco: W. H. Freeman.

Elkind, D. (1967). Egocentrism in adolescence. *Child Development, 38,* 1025–1034.

Elkind, D. (1975). Recent research on cognitive development in adolescence. In S. E. Dragastin, & G. H. Elderm, Jr. (Eds.), *Adolescence in the Lifecycle.* New York: Wiley.

Elkind, D. (1978). Understanding the young adolescent. *Adolescence, 13,* 127–134.

Elkind, D. (1994). *A Sympathetic Understanding of the child: Birth to sixteen* (3rd ed.). Boston: Allyn and Bacon.

Frye, D. (2004). Unpublished review of Santrock, J. W., *Child Development* (11th ed.). New York: McGraw-Hill.

Gauvain, M. (2008). Vygotsky's sociocultural theory. In M. M. Haith & J. B. Benson (Eds.), *Encyclopedia of Infant and Early Childhood Development.* Oxford, UK: Elsevier.

Gong, R. (2005). The essence of critical thinking. *Journal of Developmental Education, 28,* 40–42.

Goossens, L., Seiffge-Krenke, I., & Marcoen, A. (1992). The many faces of adolescent egocentrism: Two European replications. *Journal of Adolescent Research, 7,* 43–58.

Greene, K., Krcmar, M., Walters, L. H., Rubin, D. L., Hale, J., & Hale, L. (2000). Targeting adolescent risk-taking behaviors: The contributions of egocentrism and sensation-seeking. *Journal of Adolescence, 23,* 439–461.

Grigorenko, E. L., & Sternberg, R. J. (1998). Dynamic testing. *Psychological Bulletin, 124,* 75–111.

Guttentag, R. E., Ornstein, P. A., & Siemans, L. (1987). Children's spontaneous rehearsal: Transitions in strategy acquisition. *Cognitive Development, 2,* 307–326.

Hale, S. (1990). A global developmental trend in cognitive processing speed. *Child Development, 61,* 653–663.

Hallford, G. S. (1993). *Children's understanding: The Development of Mental Models.* Hillsdale, NJ: Erlbaum.

Hasselhorn, M. (1992). Task dependency and the role of category typicality and metamemory in the development of an organizational strategy. *Child Development, 63,* 202–214.

Hogan, D. M., & Tudge, J. (1999). Implications of Vygotsky's theory for peer learning.

In A. M. O'Donnell, & A. King (Eds.), *Cognitive Perspective on Peer Learning*. Mahwah, NJ: Erlbaum.

Hyson, M. C., Copple, C., & Jones, J. (2006). Early childhood development and education. In Damon, & R. Lerner (Eds.), *Handbook of Child Psychology* (6th ed.). New York: Wiley.

John-Steiner, V., & Mahn, H. (2003). Sociocultural contexts for teaching and learning. In I. B. Weiner (Ed.), *Handbook of Psychology* (Vol. 7). New York: Wiley.

Kail, R. (2004). Cognitive development includes global and domain-specific processes. *Merrill-Palmer Quarterly, 50,* 445–455.

Kearins, J. M. (1981). Visual-spatial memory in Australian aboriginal children of desert regions. *Cognitive Psychology, 13,* 434–460.

Keating, D. P. (1990). Adolescent thinking. In S. S. Feldman, & G. R. Elliott (Eds.), *At the Threshold: The Developing Adolescent*. Cambridge, MA: Harvard University Press.

Kee, D. W. (1994). Developmental differences in associative memory: Strategy use, mental effort, and knowledge-access interactions. In H. W. Reese (Ed.). *Advances in Child Development and Behavior* (Vol. 25). New York: Academic Press.

Klaczynski, P. A., & Narasimham, G. (1998). Development of scientific reasoning biases: Cognitive versus ego-protective explanations. *Developmental Psychology, 34,* 175–187.

Kurtz, B. E. (1990). Cultural influences on children's cognitive and meta-cognitive development. In W. Schneider, & F. E. Weinert (Eds.). *Interactions among Aptitude, Strategies, and Knowledge in Cognitive Performance*. Hillsdale, NJ: Erlbaum.

Labouvie-Vief, G. (1986). *Modes of Knowing and Life-span Cognition*. Paper presented at the meeting of the American Psychological Association, Washington, DC.

Lange, G., & Pierce, S. H. (1992). Memory-strategy learning and maintenance in preschool children. *Developmental Psychology, 28,* 453–462.

Lapsley, D. K., & Murphy, M. N. (1985). Another look at the theoretical assumptions of adolescent egocentrism. *Developmental Review, 5,* 201–217.

Manis, F. R., Keating, D. P., & Morrison, F. J. (1980). Developmental differences in the allocation of processing capacity. *Journal of Experimental Child Psychology, 29,* 156–169.

Mistry, K. (1997). The development of remembering in cultural context. In N. Cowan (Ed.), *The development of Memory in Childhood* (pp. 343–368). London University College Press.

Moely, B. E., Hart, S. S., Leal, L., Santulli, K. A., Rao, N., Johnson, T., & Hamilton, L. B. (1992). The teacher's role in facilitating memory and study strategy development in the elementary school classroom. *Child Development, 63,* 653–672.

Moshman, D. (1999). *Adolescent Psychological Development: Rationality, Morality, and Identity.* Mahwah, NJ: Erlbaum.

Murphy, N., & Messer, D. (2000). Differential benefits from scaffolding and children working alone. *Educational Psychology, 20,* 17–31.

National research Council (1999). *How people learn.* Washington, DC: National Academic Press.

Osherson, D. N., & Markman, E. M. (1975). Language and the ability to evaluate contradictions and tautologies. *Cognition, 2,* 213–226.

Peterson, K. L., & Roscoe, B. (1991). Imaginary audience behavior in older adolescent female. *Adolescence, 26,* 195–200.

Plumbert, J. M., & Nichols-Whitehead, P. (1996). Parental scaffolding of young children's spatial communication. *Developmental Psychology, 32,* 523–532.

Resnick, L. A., Levine, R., & Behrend, A. (1991). *Perspective on Socially Shared Cognition.* Washington, DC: American Psychological Association.

Rice, F. P. (2001). *Human Development.* New Jersey: Prentice-Hall.

Rogoff, B., & Waddell, K. J. (1982). Memory of information organized in a scene by children from two cultures. *Child Development, 53,* 1224–1228.

Rogoff, B. (1998). Cognition as a collaborative process. In W. Damon (Ed.), *Handbook of child psychology* (5th ed., Vol. 2). New York: Wiley.

Rogoff, B. (2003). *The Cultural Nature of Human Development.* New York: Oxford University Press.

Schneider, W., Korkel, J., & Weinert, F. E. (1989). Domain-specific knowledge and memory performance: A comparison of high- and low-aptitude children. *Journal of Educational Psychology, 81,* 306–312.

Schneider, W., & Pressley, M. (1997). *Memory Development between 2 and 20* (2nd ed.).

Mahwah, NJ: Erlbaum.

Schneider, W., & Bjorklund, D. F. (1998). Memory. In W. Damon (Ed.), *Handbook of Child Psychology, Volume 2*. New York: Wiley.

Selman, R. L., & Adalbjarnardottir, S. (2000). Developmental method to analyze the personal meaning adolescents make of risk and relationships: The case of "drinking". *Applied Developmental Science, 4*, 47–65.

Selman, R. L., & Schultz, L. H. (1999). *The GSID Approach to Developmental Evaluation of Conflict Resolution and Violence Prevention Programs*. Paper presented at the meeting of the American Psychological Association, Boston.

Siegler, R. S. (1996). *Emerging Minds: The Process of Change in Children's Thinking*. New York: Oxford University Press.

Siegler, R. S., & Alibali, M. W. (2005). *Children's Thinking* (4th ed.). Upper Saddle River, NJ: Prentice-Hall.

Sternberg, R. J., & Grigorenko, E. L. (2002). *Dynamic Testing: The Nature and Measurement of Learning Potential*. New York: Cambridge University Press.

Swanson, H. L. (1999). What develops in working memory? A life-span perspective. *Developmental Psychology, 35*, 986–1000.

Thomas, J. W., Bol, L., Warkentin, R. W., Wilson, M., Strage, A., & Rohwer, W. D. (1993). Interrelationships among students' study activities, self-concept of academic ability, and achievement as a function of characteristics of high-school biology courses. *Applied Cognitive Psychology, 7*, 499–532.

Tudge, J. (2004). Practice and discourse as the interaction of individual and social in human development. In A. N. Perret-Clermont, L. Resnick, C. Pontecorvo, & B. Burge (Eds.), *Joining Society: Social Interactions and Learning in Adolescence and Youth*. New York: Cambridge University Press.

Van Gelder, T. (2005). Teaching critical thinking. *College Teaching, 53*, 41–46.

Vygotsky, L. (1978). *Mind in Society*. Cambridge, Mass: Harvard University Press.

Wertsch, J. V., & Tulviste, P. (1992). L. S. Vygotsky and contemporary developmental psychology. *Developmental Psychology, 28*, 548–557.

Winn, I. J. (2004). The high cost of uncritical teaching. *Phi Delta Kappan, 85*, 496–497.

Wolf, F. M. (1981). On why adolescent formal operators may not be critical thinkers. *Adolescence, 16*, 345–348.

圖片來源：圖 3–2©ShutterStock

## Chapter 4

青少年的自我發展

## 紙上女兒

# 一個華人在美國的自我認同發展故事

馬敏儀是一位在 5 歲後即跟隨父母移民到美國丹佛的香港人。她在 1999 年出版了一本回憶錄《紙上女兒》(*Paper Daughter*)，敘述自己自移民到美國之後的親身經歷和心情故事。

馬敏儀的父母為了家庭生計，不得不轉往海外異鄉、投靠住在美國的小姑家。但在融入這個外地文化的過程裡，由於身為中國人的民族性和自尊心，他們打從心裡就瞧不起美國人；處在文化衝突的他們因為不會講美語而感到相當自卑，於是在這種自尊與自卑的矛盾下，馬敏儀的父母為了能夠在這個地方立足，便將馬敏儀送進當地的學校就讀，希望她在打好語言的基礎之後能代自己向美國人溝通、幫忙餐館的事業——然而更重要的是，在學習語言的同時仍舊要保有中國傳統的女性氣質。

對馬敏儀影響甚大的母親自從來到美國後，對內由於遵循著中國傳統以來「以夫為尊」的觀念，對外又因為語言不通再加上寄人籬下，小姑往往是代表的發言人，因此丈夫、小姑及其家人向來比她都要來得有權力和地位。也因而唯一得以肯定自己還有存在價值的，就只有身邊的女兒馬敏儀。馬敏儀從小就承受著母親許多似是而非的標準——除了稱美國人做「鬼子」的批評外，還因為貧困的家境，使得母親幾乎不給她換衣服穿，認為太常換衣服只會穿壞更多衣服，卻不知道這樣的結果反而讓馬敏儀得每天忍受同學對她的嘲笑和排擠。

在母親太過保守的傳統思維裡，總認為子女的身體來自於自己，因此有權力掌控一切，包括食、衣、住、行，甚至是馬敏儀到了青少年年紀時最在意的人際關係。因為自卑而在女兒面前反而更顯強勢的母親，似乎對女兒的長相、身體、言行舉止等方面都要極盡貶抑之能事。

在積年累月嚴格地管教與批評下成長的馬敏儀，彷彿自己一輩子都為了平衡來自母親的壓力與外界的眼光，而不得不生活在謊言的陰影當中。她在《紙上女兒》裡提到，自己的前半生好像除了撒謊就是逃避——在家裡想逃離媽媽的掌控，在學校想逃離同學的訕笑。於是在幾乎找不到自己定位的情況下，她開始逃入讀書的世界，也終於在學術界裡發現自己可能占有的一席之地，而以優異的成績作為肯定自己發展與價值的唯一方式。

(參考資料：趙映雪 (90)，兒童文學學刊，6，196–211。)

## 第一節　青少年自我認同的發展

青少年在成長的歷程中多數會問自己一個很重要的問題：「我是誰?」為了回答這個問題，他們需要經歷探索、辯證、思維等歷程，如上述引用馬敏儀所經歷到的對自己成長的家庭價值觀、同儕評價、社會回饋及對自己能力的檢核等種種考驗。這些探索並不只發生在她身上，而是幾乎所有的青少年在這個時期均可能會需要面對到的任務，也就是 Eric Erikson 指出青少年在這個時期必須渡過所謂的**認同危機 (identity crisis)**。

Eric Erikson 以社會心理論提出人生八大階段的發展任務，說明在全人發展過程中，個人心理如何與生活環境中重要他人、環境脈絡、社會角色與任務等的交互影響，而發展出個人的整體性。在這個過程中人生的每個階段都有其重要的危機要克服，以完成該階段應完成的任務，其中青少年發展的核心任務是培養具一致性的自我認同 (identity)，也是人生發展過程中最重要的任務。

Erikson (1968) 所提的「認同」不是單一的概念，因認同需至少呈現 (1)個體獨特性 (individuality)；(2)一致、延續性 (sameness and continuity)；

⑶整體性 (wholeness and synthesis)；⑷社會共同性 (social solidarity)。亦即在形成認同的過程中一方面意識到個人的認同感 (sense of individual identity) 與個人特質的連續性 (continuity of personal character)；一方面則需結合外在重要他人的價值觀或社會文化的標準，結合成個體所認同與模倣的理想或行為模範。這些內外在的形象、標準、價值觀需在青少年成長過程中，逐漸整合至個體內在，形成一種能協調平衡的自我認同，而達到內在的整合一致性 (inner solidarity)，這整個是持續進行的自我統合歷程 (ego synthesis)。

總結來說，自我認同就是對「我是誰」或是「我的未來該如何」以及「我在某個群體或社群的位置」等這類的問題，形成的一種明確而連貫的意識。因此一位達成自我認同任務的青少年，會明確地表達希望自己未來可以申請到大學的什麼科系，或自己適不適合繼續求學或是適合走的職業路線；自己喜歡的活動是什麼，以及未來希望自己成為什麼樣的人等等。

自我的發展在人的一生中都是存在的，M. Rosenberg (1979) 認為在青少年時期的發展特性，使自我認同的任務在青少年時期顯得特別重要，這些特性包括：

## 1. 認知能力 (cognitive ability)

青少年此階段的認知能力已發展到能進行抽象思考及同時考量多元訊息；不但能回顧自己的過去，並思考自己的未來，同時可以跳出第一人稱的角色從第二人稱或是旁觀者的角色來看自己。

## 2. 生理的快速變化 (biology change)

青少年時期，生理的改變包括第二性徵的快速發展，使青少年需重新審視這個與兒童時期完全不同的身體，形成對自己不同的知覺及認識。

## 3. 社會角色 (social status)

青少年處在一種很特殊的社會地位，開始逐步跳出由被施予者的兒童期，進入給予者的成人早期；在社會、家庭、學校裡扮演著與過去不

同的角色，所有伴隨著小朋友的特質：天真活潑、不必負責任……也隨之消失。因為升學壓力，青少年開始面對一些抉擇：上普通高中或職業學校？選什麼科系？做什麼生涯規劃？面對成為青少年必須完成的工作。

由於發展上的特性，青少年在此時期開始逐步意識到自我的存在，也思索著自我與他人的互動與平衡，這些特性因個體發展的速度及社會環境等因素，而有個別差異，Erikson (1968) 發現在完成認同任務前，生命週期中各階段的發展任務均可能造成自我認同任務發展的危機，而形成可能會有的認同混淆 **(identity confusion)** 現象。

## 一、青少年認同混淆的心理衝突現象

Erikson (1968, 1980) 從臨床個案以及未達到自我認同也未能充分自我追尋的青少年身上，看到了認同混淆的心理衝突現象，其現象包括對時間、自我形象、角色、工作、性別、領導、價值觀等心理衝突。在《認同：青少年與危機》(*Identity: Youth and Crisis*) 及《認同與生命循環》(*Identity and the Life Cycle*) 二書中，Erikson 從觀察青少年個案發生的認同危機，進一步強調認同不只是青少年重要的發展任務，也是延續一生發展的影響。亦即青少年的認同發展任務不但受到童年發展任務是否完成的影響，且將影響未來階段的任務發展。這些青少年認同混淆的內心衝突現象與人生八大階段發展任務的關係如下：

㈠對時間的洞察力 vs. 對時間的混亂感
　(time perspective vs. time diffusion)

Erikson 認為青少年在此時期需發展出對時間的洞察力及領略生命延續的信任感，而嬰兒期第一階段的發展任務是對人的基本信任，是個體發展出對時間前景及自我期待的基礎；若在信任階段有危機的個體，青少年期的自我認同發展時將會因無法基於對歷程變化之規律性的信任、形成協調過去與未來的預估，及了解需要多少時間才能實踐生涯規劃，而產生對時間的混亂感、出現延宕及無目標，逃避面對成長的壓力。

## ⏴二⏵自我確認 vs. 自我意識
### (self-certainty vs. identity consciousness)

此項心理衝突牽涉過去與父母相處經驗所發展出的自信。在自主與自我懷疑發展階段遭受過多批評的青少年，可能對自我有過多的意識或關注，包括過度關注身體的自我形象，或同儕回應，甚至以穿著與同儕相同制服或標新立異等方式，來獲得表面的確認。其需經過一段相當穩定的發展後，對自己的能力產生信心，才能因應現況，形成對自我的確認，使其相信自己有合理的機會可以實現未來目標。

## ⏴三⏵角色試驗 vs. 負向認同
### (role experimentation vs. negative identity)

青少年在自我認同前需有相當的機會嘗試扮演不同的角色，體驗不同的個人特質、舉止方式、觀點或不同型態的人際關係。自我統合亦透過這些角色試驗而形成。在自動或羞愧階段發展時若內心充滿自我約束與羞愧，將缺乏自動自發的精神，無法勇於嘗試新角色而造成角色固著過早的現象，限制自己的可能性。

## ⏴四⏵成就意願 vs. 工作無力
### (anticipation of achievement vs. work paralysis)

青少年處於邁向決定未來可能從事職業的探索及學習階段，在承諾從事任何職業前應有機會探索不同的職業，職業的選擇是自我統合的重要因素。進一步來說，在勤勉與自卑的發展階段中，若未能完成任務的青少年，在此時將會因自卑感所形成的負向自我意象，而阻礙個體付出努力，也阻礙其在學校或工作上投入為了成功而需付出的必要心力。

## ⏴五⏵性別角色分化 vs. 性別混淆
### (sexual identity vs. bisexual diffusion)

在自我認同發展階段中，青少年不斷地想界定作為男性或女性的意義為何，Erikson 相信他們對各種性別有明確的認同感是很重要的，因為這是未來建立異性的親密關係與更堅定統合感的基礎。他進一步強調為

了社會正常運作，男女皆須願意擔任他們所謂的「適當角色」、「性別屬向」；同時也認為青少年期的性別認同衝突會影響未來親密任務的完成。

## ㈥從屬關係 vs. 權威混淆
### (leadership polarization vs. authority diffusion)

青少年需在同伴中學習當領導者和追隨者,也需被別人領導和追隨。Erikson 認為這個特質將會在其成人期有驚人的預見作用,是成為父母或成人的一大步。這時期若對「該聽誰的話」、「追隨誰」未能釐清,將造成對權威的過度抗拒或崇拜,或只能孤獨工作或生活。因此在青少年認同階段需能解決從屬關係的衝突感,否則將對未來生產階段造成影響。

## ㈦確立意識型態 vs. 價值混淆
### (ideological polarization vs. diffusion of ideals)

意識型態的建構引領著個體行為的方向。Erikson 強調個體需要建立被社會認可的價值體系,需要認同一位導師,作為思想體系的投入 (ideological commitment),以免造成對社會價值有所懷疑而使生活失去重心,此項懷疑亦將影響個體未來自我價值感的統合。

▼表 4-1：Erikson 社會心理發展階段與認同危機的關係

| 階段一：嬰兒期 | 信任 vs. 不信任 | | | | | | | |
|---|---|---|---|---|---|---|---|---|
| 階段二：兒童早期 | | 自主 vs. 羞愧懷疑 | | | | | | |
| 階段三：遊戲期 | | | 自動自發 vs. 羞愧感 | | | | | |
| 階段四：學齡期 | | | | 勤勉 vs. 自卑 | | | | |
| 階段五：青少年期 | 時間透視 vs. 時間混淆 | 自我確認 vs. 自我意識 | 角色試驗 vs. 負向認同 | 成就意願 vs. 工作無力 | 自我認同 vs. 角色混淆 | 性別分化 vs. 性別混淆 | 從屬關係 vs. 權威混淆 | 價值確認 vs. 價值混淆 |
| 階段六：成人早期 | | | | | | 親密 vs. 疏離 | | |
| 階段七：成人期 | | | | | | | 生產 vs. 停滯 | |
| 階段八：老人期 | | | | | | | | 統合 vs. 失望 |

資料來源：Erikson, E. H. (1968) 及 Erikson, E. H. (1980)

## 二、自我認同的發展狀態與評估

自 1960 年代 Erikson 提出自我認同的發展開始，許多研究者開始投入驗證這個理論的建構，其中以 James Marcia 對自我認同狀態建立的研究特別具有影響力。Marcia (1980) 認為認同是一種感覺 (sense)、一種態度 (attitude)，也是一種解決 (resolution)；並且認為認同是一種自我內在建構的動力狀態，正如前述人的一生的發展均影響此時期的自我認同發展，因此自我認同並不是從青少年才開始，也不會終止於青少年期，而是一種持續探索、面對、統整的過程。這當中涉及兩種層面：(1)青少年是否願意面對「危機」進行探索、並對探索的結果提出投入的「承諾」；(2)「探索危機」指的是青少年面臨多項有意義的選擇項目如何取捨的「時刻」，亦即是否能對工作、宗教、自我的價值觀、需求的認同混淆危機上，以一種有彈性、開放的態度進行深入的探索。

Marcia 認為自我認同的發展，面臨抉擇危機時的探索是必經的歷程；「承諾」則是個人投注在各項選擇（如職業、宗教、政治）時承諾投入的程度。據此 Marcia 提出四種自我認同狀態：迷失型、早閉型、未定型與定向型。

### ㈠認同迷失型 (Identity diffusion)

未經歷危機時期，故未曾對所欲從事的工作、價值觀或生活方式進行過評估、探索，並分析考量等抉擇過程，亦未對任何職務、宗教、性別角色等個人標準做出承諾。這是最不成熟的認同型態，通常出現在青少年初期，隨時間增長以及周遭的壓力，多數青少年會開始做出承諾或選擇。無法做出承諾的青少年通常是不清楚自己到底要的是什麼，而迷失在眾多的訊息中。

### ㈡認同早閉型 (Identity foreclosure)

未經歷危機時期，但已經對職業及意識型態做出承諾，但這不是自己探索得來的，而是來自父母；這類青少年通常受同性的父或母同化，

以別人期待為目標，不曾真正自己決定，無法分辨何者屬於自己的志向、何者是父母所規劃的。此類青少年崇尚獨斷專權，不容異己，高度從眾且墨守成規，對大學教育相當滿意，試圖從有影響力的他人或家庭情境追求安全感，但他們的安全感是從逃避選擇的壓力或變動而來，當面臨危機狀態時，極易在挫折中退縮或迷失。

## ⑤認同未定型 (Identity moratorium)

是一種尚未準備好做決定或承擔責任的緩衝狀態。Marcia 認為把青少年時期當作緩衝期，可能是一種相當正面的經歷，處在試驗各種可能的選擇目標，以嘗試不同的社會角色，藉此機會來了解自己、發展認同感，對政治、宗教、職業、性別角色與性傾向等做下承諾。根據 Marcia 的說法，未定型是完成定向型必經的歷程，與認同迷失最大的不同是他們雖在危機中覺得焦慮，但仍敢面對探尋的過程而非一味的逃避。

## ㈣認同定向型 (Identity achievement)

定向型的人經過解決認同危機，評估過不同選擇目標，才得以靠自己的力量獲得決定。這類的人對職業、多元的意識型態有更多的自我接納、界定及承諾，本身能力、機會和能力限度都會形成一種和諧，對目標有較實際的概念。他們在對目標許下承諾時，仍會憂慮如何去實踐，但對自我的方向及他人如何看待自己的觀點，則有穩定的一致感。

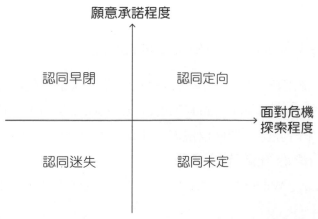

資料來源：改編自 Marcia, J. (1980)

▲圖 4-1：Marcia 的四種認同類型及其與面對危機暨承諾投入的關係

從發展的角度所進行的研究亦證實此四種認同狀態會隨著年齡的成長而有不同的變化，隨著年齡的發展具經歷危機探索的兩種類型隨年齡的增加而增加；而未探索的兩類型則隨著年齡的增加百分比下降（見表4-2）。Macisa 強調自我認同的承諾並非成長的要素，而是願意面對經歷危機探索才是成長的重要元素，亦即面對危機勇於探索將有助自我認同階段的完成 (Meilman,1979)。近年來對於青少年自我認同的研究，則更強調從發展的角度來了解青少年的自我認同發展，因此除了青少年目前所處的自我認同發展狀態外，亦需深入了解青少年是否對自己喜歡、認同的特質或工作能做更進一步的探索，使得在自我各層面的探索與認同上逐漸形成一種內部一致的穩定狀態（陳坤虎、雷庚玲和吳英璋，2005；Kroger, Martinussen, & Marcia, 2010）。

▼表 4-2：Marcia 四類自我認同狀態與年齡百分比率

| 年　齡 | 認同狀態 | | | |
|---|---|---|---|---|
| | 認同迷失型 | 認同早閉型 | 認同未定型 | 認同定向型 |
| 12 | 68.9% | 32.1% | 0.0% | 0.0% |
| 15 | 62.1% | 32.9% | 0.0% | 5.0% |
| 18 | 49.3% | 24.3% | 5.0% | 21.4% |
| 21 | 29.9% | 14.8% | 12.6% | 42.7% |
| 24 | 22.0% | 7.0% | 12.7% | 58.3% |

資料來源：Meilman (1979)

## 三、自我認同發展與青少年適應的關係

Erikson 提出青少年自我認同是與社會環境脈絡互動結果的概念，獲得許多學者的注意 (Lannegrand-Willems & Bosma, 2006)；而後續研究也注意到青少年自我認同發展狀況與青少年成長的環境脈絡間的關係：

### ㈠自我認同與心理健康的關係

Chen、Lay、Wu 和 Yao (2007) 透過「認同重要性」與「認同確定性」

試圖探討「認同落差」是否可預測青少年的心理健康。

「認同確定性」是指個體能否清楚覺察或確知他所認同的目標 (goals)、價值 (values)、信仰 (beliefs) 和能力 (capacities) 的內涵，以及這些內涵彼此間是否協調整合及連貫；而「認同重要性」是對「個人」、「社會」、「形象」三個認同面向需求程度的評估。「認同落差」指的是「認同重要性」與「認同確定性」之標準分數的相減，反映個體本身欲完成或滿足的認同需求，但存在與真實認同確定感之間的落差。

研究中分析「心理健康組」與「心理疾病組」間的群體比較，結果顯示「認同確定性」是身心健康的保護因子、「認同落差」則是身心健康之危險因子，而「認同重要性」在健康個體與適應不良的個體中，則可能分別扮演正面與負面的不同角色，亦即當青少年能越清楚其認同的目標、楷模是什麼時，越能保護其身心健康 (Chen et al., 2007)。陳建文、王滔 (2004) 以 471 位大學生的調查結果，同樣也證實自我認同越高，心理越健康。

㈡對學業成就的影響

學校是青少年生活的重心，青少年每週會在學校度過約 40 個小時的時間，若是加上溫習學校課業及與學校同學校外互動的時間，則其所占的比重更是不可忽視。Lannegrand-Willems 和 Bosma (2006) 認為學校教育在青少年之自我認同發展上，占有相當重要的地位，影響其對自我的觀點及對學習能力的看法，且學校經驗扮演提供青少年認同的資源角色；研究結果亦發現學業表現越佳，青少年越願意承諾投入學校認同。

㈢對適應行為的影響

Erikson 和 Marcia 的自我認同型態也常被用來對青少年進行不同的研究，認為低自我認同發展的個體存在較高的社會衝突；Adams、Munro、Munro、Doherty-Poirer 和 Edwards (2005) 以 Berzonsky (1990) 發展出來的三種自我認同追尋模式：⑴混亂迴避型 (diffuse-avoidance style)；⑵規範型 (normative style)；⑶訊息型 (informational style)，探究 1,450 位青少

年偏差行為和自我認同關係——混亂迴避型類似前述 Marcia 的認同迷失及認同未定型；認同規範型則類似前述的認同早閉型，即過度依賴權威或傳統規範來讓自己依循；而訊息認同型則較類似前述的認同定向型，認同過程中能依據環境的訊息及個人內在目標進行必要的調整。

研究結果發現混亂迴避型認同發展的青少年有較多的犯罪行為，這可能是因為混亂迴避型的青少年未發展出一致的行為規範或準則，導致其在面對犯罪情境時，沒有參考的標準，而產生較多的犯罪行為。

Herbert (1987) 以 Marcia 的四種認知型態作為發展過程以了解認知發展對行為的影響，發現過早成熟或認同混淆易造成個體的防衛性反應或沮喪的情緒，也易造成日後適應的問題甚至嚴重的情緒影響（見圖4-1），因此在青少年自我認同發展階段，宜協助青少年澄清及探索其自我認同的發展危機，以降低對適應的影響。

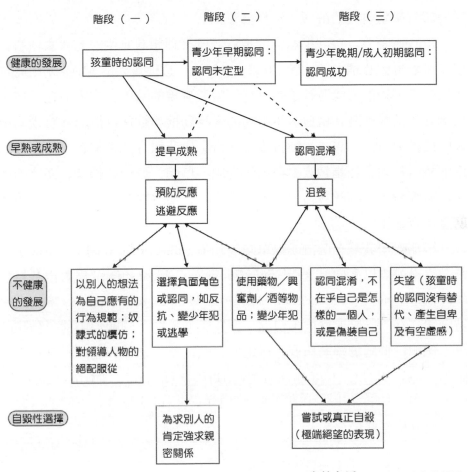

資料來源：Herbert, M. (1987)

▲圖 4-2：自我認同發展的階段圖

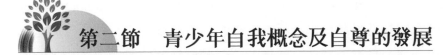

# 第二節　青少年自我概念及自尊的發展

　　在青少年自我發展的階段中，除了完成自我認同的發展任務外，另一個很重要的部分是青少年所發展的自我的內容為何？此源自於人本心理學的理念，認為人會對我們自身形成一個穩定的看法及觀點，此看法及觀點即形成我們的自我 (self)。自我包括兩大內涵，一部分是自我概念；

另一部分是對自我的評價，涉及自尊。

　　Rogers 認為，自我概念中的現實我以及理想我其中一方失去重心，都有可能導致心理上的問題 (Rogers, 1951)；心理學大師 Maslow 則認為一個心理健康的人隨時都能夠保持著自我實現的狀態。當人們在完成了較低層次的需求時，就會產生較高的人性動機和欲望，以自我實現為前進的目標 (Goble, 1970)。對青少年而言，自我概念是整個青少年自我體系的核心，內容泛指個人對自己的容貌、身體、理念、情緒、態度的總和，亦即個人試圖解釋自己、建立基模，以便將對自己的印象、情感與態度組合起來。

　　早期對自我概念的說明以單向度建構 (uni-dimensional construct) 而後才逐漸轉為以多向度建構 (multi-dimensional construct) 來對自我概念的內涵進行評估 (Marsh, 1990; Shavelson, Hunber, & Stanton, 1976)。尤其特別關注在不同特定面向的自我，會反映個體在不同關係中的角色和經驗。例如：個體的學業自我，可能會反映在學生這個角色；而當個體回到家裡，扮演的是一位家庭成員時，出現的自我面向則可能是家庭自我。也就是說，個體在生活中所扮演的各個角色，可能都會有不同的自我面向，反映於這些角色上。

## 一、自我概念與自尊的定義

　　自我概念在各種不同學派的發展下成為一個籠統而多元的心理學名詞，很難對它下一個明確的定義。Shavelson、Hubner 和 Stanton (1976) 提出自我概念應包括的特色以涵括不同觀點的自我概念：

1. 自我概念是有組織、有結構的。個體會依照自己的經驗和了解將這些自我概念分類。自我概念是多面向的建構。不同面向的自我概念代表著特定個體或是一個類別的個體（如不同國家、不同種族等）的不同分類系統。

2. 自我概念是階層性的。最底下的自我概念是一個非常特定的自我

概念，而最上層是廣泛性的自我概念。自我概念用來一般性地推論自己。

3. 自我概念是穩定的，廣泛性自我概念的特色可以被視為一個穩定的概念。當個體的自我概念階層越下降，就會增加隨著情境而生的特定概念，自我概念就會越不穩定。

4. 自我概念是發展性的。一個人的自我概念會隨著他的年齡而有逐步的調整或修正。

5. 自我概念是可評估的。自我概念有描述的（如:「我是開心的」）及可評估的面向（如:「我在數學方面表現不錯」）。個體不只能描述自己，更可以評估自己在不同情境下的自我概念。

6. 自我概念不同於其他建構。自我概念是一組特別的、關於個人的、自我的描述，跟其他的概念間是有區別的。例如描述個人的學業成就，跟一個人對學業上的自我概念之間，是可以做區隔的。

此多階層的自我概念模型，獲得相當多的迴響，及後續相關研究的證實 (Abu-Hilal & Bahri, 2000)。

自尊有時被視為是自我概念、自我接納的有效成分，而這成分對於心理健全發展以及情緒發展也是一個關鍵 (Zervas & Sherman, 1993)。自尊亦常指稱個體對自己的感覺或主觀評價 (Taylor, 1994; Weaver & Matthews, 1993)，在人本學派中被視為是人類的基本需求之一。Maslow 將自尊視為是人類需求階層的第四個階層；Rogers 則視自尊為個體健康發展的重要元素。吳怡欣與張景媛 (2000) 整理了 Pope 等人的研究，認為雖然「自尊」和「自我概念」時常被視為具有相似概念，但仍然有許多學者認為應予以分開定義。

自我概念指的是個人對於自己所具有種種特質的知覺總和,如外表、智力、人格特質、社會地位、學業等；自尊則是個體對於自己所具有的特質的評價、感受和態度，不是指個體所擁有的特質本身。Weaver 和 Matthews (1993) 提到自尊是自我概念的評價部分

此外，自我概念和自尊無法被替代地使用在非西方國家像中國、香港，和臺灣。在這些地區定義的自我概念是「某人對於自己的觀點，而非價值性的評斷」(Watkins & Dhawan, 1989)。

Fitts (1965) 以現象學的觀點，大量收集人們對自我描述的句子，加以組合，將自我概念區分為「內容」(domains) 及「形式」(formats)，在內容部分可獲得六種自我概念包含：生理自我、道德倫理自我、心理自我、家庭自我、社會自我、理想我；在形式方面，包含三種形式：自我認同、自我滿意、自我行動。

林幸台等人 (2004) 引入上述這種多向度的概念，並以國內成人及學生為常模編譯成田納西自我概念量表 (Tennessee Self-Concept Scale, TSCS)，可測得上述六種內容及三種形式的自我概念，可作為協助青少年學生了解自我概念的有效工具（林幸台、張小鳳、陳美光，2004）。簡介其定義如下：

### 1. 生理自我 (physical self)

指青少年對自己身體的觀感，包括身高、體重、健康度、靈活度等等綜合形成對自己生理狀況的概念。

### 2. 道德倫理自我 (moral-ethical self)

對個人的價值觀、行為準則依循程度、道德判斷或品行等的看法。

### 3. 心理自我 (psychological self)

對個人特質、個性、內外向、態度等的觀點。

### 4. 家庭自我 (family self)

青少年在家庭中自覺所扮演的角色、功能、作為一個家庭成員的勝任感等。

### 5. 社會自我 (social self)

意指在社會人際關係中對自己人際行為、與人互動品質、人際互動能力、方式等的整體概念。

### 6. 理想我 (ideal self)

　　是一種對自己未來形象的期許，包括對自己、重要他人期望、自我評估後所形成的一種對自我理想狀態預期。

　　上述各內涵均可以從自我認同、自我滿意、與自我行動三種形式分別測得。例如可了解青少年對自己生理狀態是否滿意、是否有一致的生理形成認同，以及會產生何種與此概念相關的行為。

## 二、影響自我概念及自尊形成的原因

　　Peterson 與 Taylor (1980) 試圖提出多元因素模型（圖4-2），來解釋青少年的自我概念發展架構。他認為青少年自我發展受到生理的影響極大，青少年第二性徵的出現以及青春期開始的早晚被視為是青少年行為的原因；而在社會文化因素的推波助瀾下，將造成青少年易以生理因素作為心理發展的評價標準，例如社會的吸引力的解釋方式、同儕和父母對自己的評價與互動，均進而影響青少年自我的發展。

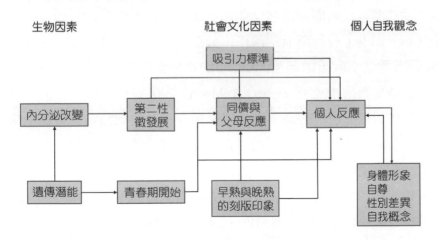

資料來源：Peterson and Taylor (1980)

▲圖 4–3：Peterson 與 Taylor 假設分析結構

　　Peterson 與 Taylor 以生理因素為出發點，納入社會文化中直接的重要他人評語暨間接的社會風氣等因素，說明青少年自我發展的歷程。

## ㈠生理因素

近年來對於青少年生理發展的早熟與晚熟如何影響青少年的自我概念之議題，進行過很多的研究 (Pinto, 2007; Davison, Werder, Trost, Baker, & Birch, 2007; Patton et al., 2007; Leen-Feldner et al., 2006)。研究結果指出，早熟的男孩在自我概念的自尊表現上比起晚熟的男孩好得多。比起其他男孩，早熟的男孩也較受同儕的歡迎，對自己的身體意象有更多正向的看法 (Steinberg & Morris, 2001)。

不過也有研究指出，早熟的男孩出現的犯罪行為類型較多，如酗酒、藥物濫用、菸癮、未成年性行為、逃學翹課等 (Williams & Dunlop, 1999)。推究其原因，較早熟的男孩在人際關係交往上，可能會有較為年長的朋友群，因而有較多的不良行為產生 (Silbereisen, Peterson, Albrecht, & Kracke, 1989)。

早熟經驗對青少女而言，並不如男孩般正向。早熟的女孩有較低的自尊、情緒問題、負面的自我意象和焦慮等，甚至會有飲食性疾患。早熟的女孩，因為生長荷爾蒙的關係，使她們身體第二性徵發育來得比別人早，因此通常有較重的體重，大部分的女孩對此都抱持著負面的看法，也因而造成她們的焦慮 (Steinberg & Morris, 2001)。

晚熟的男孩在發展經驗上類似早熟的女孩，他們通常有著較低的自尊與人際發展上的困擾。晚熟的男孩在身體體型的大小與第二性徵的明顯度，比起其他同儕有著顯著差異，常會讓他們出現負向的自我概念；他們不如早熟的男孩有好的人際吸引力，有時候會因渴望有較好的人際關係或社會地位，而表現出諷刺他人、攻擊等行為企圖引起他人的注意。Güre、Uçanok 和 Sayil (2006) 以 697 位高中生為研究對象，結果也如同上述，早熟的女生與晚熟的男生不論是在自我身體意象、自尊、自我評價等方面都較其他同儕表現得差。

## ㈡家庭因素

### 1.父母關係

Phillips 和 Pittman (2003) 以社會經濟狀態對於自我認同影響的研究發現，家庭經濟狀況不佳的青少年，在其建立自我認同的過程中，會因外在給予的輕蔑態度、刻板印象，以及長期處於高壓力和負面的生活事件，導致早年認同探索的中斷或是形成負向的自我認同感。

父母的教養方式也會影響子女之自我概念的發展。D. Baumrind (1991) 將父母的養育方式依回應 (responsiveness) 與要求 (demandingness) 分成四個類型，分別是民主式、威權式、溺愛型、放牛吃草型。

▼表 4-4：Baumrind 四種教養風格型態

|  | 回應高 | 回應低 |
|---|---|---|
| 要求高 | 民主式 | 威權式 |
| 要求低 | 溺愛型 | 放牛吃草型 |

資料來源：Baumrind, D. (1991).

(1)民主式 (authoritative)

此類型的父母是關愛孩子的父母，他們會花很多時間陪伴小孩；在教養風格上，會訂立明確的規範以及適時監控孩子的行為，對小孩的紀律規範是以支持為目的，所表現出的態度是肯定的，這類型的父母會希望自己的小孩以後在社會上所表現出來的是負責的態度、良好的自我規範、擁有良好的自尊表現，以及能順利與他人合作的自我特質。

(2)威權式 (authoritarian)

對子女教養方式是「要求」大於「回應」，因此這類型的父母多半訂立絕對的準則與規範，不容許孩子挑戰。他們希望孩子是絕對服從於父母的、必須接受父母指令，對於管教的方法與態度不需多做解釋，也會仔細地監督孩子的行為與活動。值得一提的是，Baumrind 認為並不是所有在觀念上趨向保守傳統的父母都是威權式的管教風格。

(3)溺愛型 (permissive)

對子女教養方式是「回應」大於「要求」的。這類型的父母給孩子相當大的自主性，他們認為孩子在青春期時，已經具備了一定程度的自

主性，因此父母無需訂立太多規範，反倒在青少年自己的特質發展上給予更多的自由。

⑷放牛吃草型 (rejecting-neglecting)

這類型的父母對於孩子的教養不太在意，他們既不關心小孩，對於教育子女的責任也表示興趣缺缺。

Shaffer (2002) 以上述四類型的教養方式探討其與自尊間的關係，發現在民主式的管教風格下的青少年，他們顯現出較高的自尊、更強的社會適應、更高的成就動機與學業表現，同時出現問題行為的機率也較低。而放牛吃草型的教養方式，其發展狀況令人擔心。他們可能會有較高的攻擊性、情緒控制能力差及較多的問題行為。魏士台和王銘光 (2005) 以父母親的關愛來預測子女自我概念不同面向的正面發展，發現父親關愛對於青少年的社會自我影響較高，而母親則對家庭自我有較明顯的影響。

Blake 與 Slate (1993) 以 64 位青少年為樣本，發現青少年和父母言語互動的知覺與其自尊的關係，兩者間有高相關 ($r = .65, p < .01$)。另外，在和重要他人的情感關係方面，Zervas 和 Sherman (1993) 探討學生「接受父母喜愛」和「自尊」之間的關係，發現有 46% 的父母有較喜歡的孩子，而受到父母親不同的喜愛程度對他們自尊發展也有高相關，越受到父母親喜愛的孩子，自尊和自我概念會越高；若青少年知覺到父母親的喜愛程度越高，則自尊分數也相對提高。

除此之外，若青少年知覺到父母親越多的支持性，對青少年來說也會有較高的自尊，發生酒精或是藥物濫用的比例也會大幅下降 (Parker & Benson, 2004)。吳怡欣、張景媛 (2000) 探究青少年與重要他人的情感關係和其自尊之關係，發現臺灣青少年與重要他人的情感關係越好，其自尊也相對地提高。中國大陸也有研究資料顯示，父母親的情感溫暖對青少年的自尊、自我效能的方面都有顯著的正相關（答會明，2002；王樹青、張文新、陳會昌，2006）。

Berenson、Crawford 和 Cohen (2005) 的長期研究顯示，自尊跟父母

的認同有相當大的關係。自尊的建立仰賴於父母給予認同以及看法，尤其年輕女性得不到父母的認同，可能導致低自尊。

## 2. 家庭型態

家庭型態的變化對子女的自我概念以及社會心理適應程度也會有影響。Parish (1991) 發現父母離婚易使再婚的家庭與繼父母的生活適應，以及相處關係上較為緊張或疏離，其對子女帶來的衝擊與壓力，不利於子女的自我概念發展。王鐘和 (1992) 調查國內繼親家庭發現，親子關係不和諧，會導致孩童對自我概念的否定與自卑退縮的行為。此研究中提到，當父母再婚時，若子女的年齡大於 8 歲，則繼親兒童的「自我意象」會顯著低於親生家庭的子女，而以負向敵視或攻擊的態度及行為與他人相處；然而，Hutchincon (1989) 以 166 名五至十二年級來自不同家庭結構之調查，比較不同家庭型態的青少年其自我概念的發展，結果發現並沒有顯著的差異，對此與其他研究不一致的結果，Hutchincon 認為可能關鍵因素在於與父母的關係所造成的影響，家庭型態並不是主要原因。

## 3. 手足關係

自我概念與手足的關係，最早是由 Adler 所提，其以出生序的概念，認為出生序在人格發展中是個重要的變項。他的研究特別著重在長子、老么、還有獨生子。Adler 相信第一個出生的孩子在學業或專業領域上會比其他手足有較高程度的成就，而最後一個出生的小孩較容易被家中的其他成員溺愛，會令他較依賴別人也較自我中心，在他的生活經驗中也容易產生問題和難題 (Sharf, 2004)。Gates、Lineberger、Crockett 和 Hubbard (2001) 檢驗出生序、憂鬱、焦慮，和自我概念測驗成績之間的關係，以 404 個平均年齡 7–12 歲的受試者，發現在自我概念部分，第一個出生的小孩 (M=57.01) 明顯地較第二個小孩分數高 (M=53.70)。實驗結果也證實 Adler 的觀點，第一個出生的孩子不僅在心理方面較健康，自我概念也較高。

有良好的手足關係對於青少年自我的發展有很大的益處，延伸

Bowlby 的依附理論，和手足之間的情誼較強，會影響青少年成功的社會化發展和較健康的適應過程。Sherman、Lansford 和 Volling (2006) 的研究中，以 102 個大學生為樣本，他發現個體的自尊和手足衝突呈現負相關 (r=−.36)。青少年可以在和手足的正向互動中，經驗到溫暖、鼓勵、接納和支持，而正向的互動經驗較可能發展自信和自我價值，這些都是高自尊的必需成分。

Yeh 與 Lempers (2004) 試圖了解自尊、手足關係及適應之間的關係，提出的假設有二：(1)青少年接受正向的手足關係，可以直接影響個體的適應力；(2)青少年接受正向手足關係是透過好的友誼、高的學業成就以及高自尊，再影響青少年的發展。此研究運用路徑分析來驗證這個模式，結果發現手足關係影響青少年的心理適應（孤獨感、憂鬱、物質使用），而接受正向手足關係和其自尊也成正相關。

此模式經過考驗也證實，正向手足關係和其適應力，是透過自尊的提升而影響的，青少年獲得來自手足的情感關係，是影響其自尊發展的重要因素，擁有良好手足關係的青少年，進入校園後適應力也較好，也較能接受好的友誼。這些都是影響自尊發展重要的變項。

## ㈢學校及環境因素

### 1. 學校經驗

針對青少年，心理學家感興趣的另一個重點是個體的自我概念和學業之間的關係，這一主題同樣也是教育界相當關心注意的。Blake 與 Slate (1993) 的研究即發現，提升青少年的自尊對於他們的生活、學業和人格方面都會有正向的影響，青少年的學業成就和自我之間，存在著顯著的正相關 (Bankston & Zhou, 2002; Schmidt & Padilla, 2003)。

Benton (2006) 在一個以八年級學生為樣本的研究中就指出，自我和學業成就的確是正相關，但其對自尊的影響力 O'Malley (1976) 以一個長達八年的追蹤研究，發現學業成就對自尊的影響，會隨著時間而減弱，然而職業的成就對自尊卻會持續影響。同樣的結果也在 Peetsma、Hascher

和 van der Veen (2005) 針對 12 到 16 歲的青少年之研究結果有相似的發現，學校經驗與自尊的關係，會隨著年齡增加而下降。

## 2. 城鄉的影響

近來也有許多研究在了解城鄉不同是否影響自尊的發展。在張文新 (1997) 的研究中，他發現在自尊量表的得分成績，城市學生顯著高於鄉村的學生。在俞愛月等人 (2005) 的研究中，卻發現城鄉學生在自尊方面並無太大差異，但是在學業成就上面有較顯著的差異，亦即生活的環境對青少年自尊的影響可能是間接的——並非居住在鄉村就造成低自尊，而可能是鄉村的資訊較不足，影響青少年的學習及學業成就，再間接影響自尊的形成；另外也有可能近年來的多元教育提倡多元價值觀，已對青少年的自尊形成影響。

另 Robins 和 Trzesniewski(2005) 以生命全期的觀點探討自尊的發展，發現不論男性或女性其自尊均在青少年階段有短暫下滑的現象，至青年早期才逐步回升，而到中老年期才又下滑。若進一步比較其性別差異，幾乎都呈現男性比女性有較高自尊的現象（見圖 4-4），顯現青少年自尊發展與其生命週期的關係。

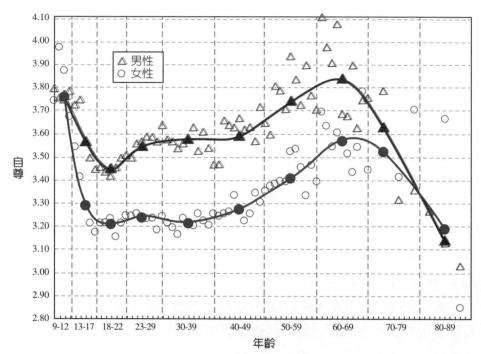

資料來源：Robins and Trzesniewski(2005)

▲ 圖 4-4：生命全期自尊發展圖

## 三、自我概念與自尊對青少年行為的影響

自我概念對行為的影響一直以來都是心理學家很關心的一個主題，有許多研究也顯示自我概念對學業成就、心理適應、生活適應等許多方面都有影響。

### ㈠自我概念與心理健康

Bolognini、Plancherel、Bettschart 和 Halfon (1996) 發現自尊與心理健康是有關聯的，尤其是憂鬱情緒，女生在這個面向受自尊影響高於男生。在 Umaña-Taylor 和 Updegraff (1996) 的研究中，憂鬱和自尊相關值為 −0.68，達顯著負相關，其指出自尊越低，壓力症狀越多。李祚山和張濤 (2006) 以田納西自我概念量表和心理健康量表對國中生的自我概念與心理健康的相互關係做探討，結果顯示自我概念越高者，其心理健康狀況越好；相反的，自我概念越低者，則其心理健康狀況也越差。

## ㈡對社交人際關係的影響

團體歸屬感是青少年自我概念發展中一個重要心理概念，青春期階段，可能阻礙發展的徵兆之一是青少年無法建立友誼或是結交新朋友。低度自尊或是低自我概念的青少年在同儕互動中容易選擇隱藏自己，他們通常不曾被選為領導者，亦不積極參與班級活動或討論。害羞內向的人在社交場合通常是感到緊張與困惑，也因此使他們與別人的溝通更為困難，這樣的青少年有可能沉溺在孤單與寂寞的感覺中 (Kiesner, Cadinu, Poulin, & Bucci, 2002; Stone & Brown, 1999)。青少年會嘗試把自己與周遭他人做比較，進而選擇與其個性或特質相近的個體或團體建立人際關係 (Brown, Mory, & Kinney, 1994)。研究指出，當青少年對其身旁人際團體有高認同感時，也會有較為正面的生活經驗以及自尊 (Tarrant, MacKenzie, & Hewitt, 2006)。

自我概念與青少年成年後的親密關係建立存在著一定的關係 (Battle & Christine, 1999)。一般來說，隨著年紀增加，自我認同程度也會漸趨成熟，自我概念也較為聯貫完整，這時在親密關係的態度是會傾向成熟、承諾的，而非理想化、浪漫的，這樣的兩性親密關係是較為健康且正常的 (Montgomery & Marilyn, 2005)。

王希林、于欣、沈凌霞與黃薛冰 (2006)，針對高職學生分析其自尊程度與社交焦慮及孤獨感的關係，其中提到青少年階段是自我意識發展的重要時期，自尊是自我意識中具有評價意義的成分，是對自我的態度體驗，而對自我評價和態度，往往會影響如何看待他人對自我的評價並影響到人際交往。所以提高學生的自尊程度，以及提高自我評價可以減輕社交焦慮並改善學生的社交狀況，最後降低孤獨感提高學生的心理健康。Benson 和 Parker (2004) 的研究顯示自尊在青少年與他人關係中扮演了一個很重要的角色，低自尊的青少年在家庭和同儕方面，可能無法正常建立關係，便可能會導致往後青少年的其他問題。

吳怡欣、張景媛 (2000) 進一步深入了解自尊程度不同的青少年在

「與重要他人的情感關係」以及對人事物各方面的看法有何不同。結果發現不同的自尊程度有不同的特質——對高自尊而言，其擁有較多的正向、有利的特質。她們用了兩個圖比較了高自尊和低自尊在感覺—思考方式—行為表現上的不同（圖4-3），自尊較高的青少年會知覺到個體是有價值的、親密的、被愛的，也較易與人親近、與人融洽接觸。自尊較低的青少年，他們會知覺到自己是疏離的、不被欣賞的，也會覺得自己是自卑的，因此在發展人際關係會比較卻步。

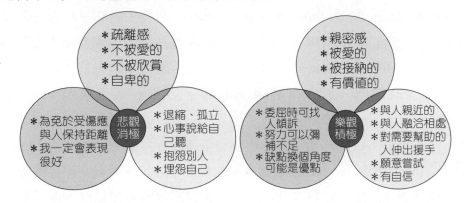

資料來源：吳怡欣、張景媛 (2000)

▲圖 4-5：自尊程度低 vs. 高的青少年之「感覺—思考方式—行為表現」圖

## ㈢對成就動機及行為的影響

吳怡欣和張景媛 (2000) 整理了自尊與學業成就的關係，發現自尊的高低與青少年在校的表現有顯著相關。另外，青少年對自己的信念，會影響到他們的行為與表現，若他們認為自己在學業上是有能力的，在學業上就比較有可能會成功。此外，研究也提出了自尊與學業成就動機之間的關係——自尊低的個體，在遇到困難時經常會退縮，因為抱持著失望和害怕的態度，導致他們傾向於選擇較簡單的工作來避免可能的失敗；也就是說自尊低的人成就動機上是較低的，這也符合了上述所提的結果，而且此一結果在男女之中並無顯著差異（吳怡欣、張景媛，2000）。

## ㈣對犯罪行為的影響

當個體整體自尊越低，其身心狀態也將受到影響，導致青少年產生偏差行為，Vermeiren、Bogaerts、Ruchkin、Deboutte 和 Schwab-Stone (2004) 以自尊量表 (Self-Esteem Index, SEI) 對 1,466 名年齡介於 12–18 歲的學生做暴力偏差行為的測量，發現低家庭接受、學業成就和高同儕人際更能預測暴力偏差行為的發生。另外，蔡建紅 (1999) 在自尊對青少年犯罪的測量中，指出犯罪青少年的總體自尊、外貌因子及體能因子皆低於一般人的對照組。國外學者 Parker 和 Benson (2004) 則以 16,794 名青少年為樣本，研究這些青少年在家中父母親對他們的支持程度，結果發現父母支持程度較高的青少年，其自尊也相對較高，且這些青少年出現危險行為，如犯罪、藥物濫用等的機率，也較自尊較低的青少年低。

# 第三節　結　語

對青少年來說，自我並非完全固定不變，它是一個動態表徵，隨著年齡的增長，有些明顯的特質才會固定下來。有許多因素都會影響自我的發展，包括父母管教、手足關係、家庭型態、學業成就等這些影響因素的主軸都是與重要他人有關，不論是父母、手足、師長、或是同儕等。在青少年發展自我的過程中，若是能夠在各個不同的角色裡發展正向關係，對於發展正向的自我是很重要的。

在發展的過程中，自我概念會受到許多因素的影響而改變，協助自我認同混淆的青少年發展成熟、學習正向自我肯定是青少年發展中重要的課題。負向的自我會影響青少年後續的行為發展以及人際相處模式，進而使成長的過程出現適應不良的情形。青少年的發展有著可塑性、同時也承擔著發展結果的不確定性，若能更了解青少年處在發展階段所承擔的壓力與過程，必能幫助他們走過這段充滿挑戰的人生階段。

協助青少年發展正向自我可以從最基本的家庭開始，在親子之間建立良好的情感關係。例如，當子女的好聽眾以及可信賴的支持者、家庭

成員以正向的眼光來看待子女並且肯定他們的價值；在教養過程中，能敏銳地發現子女的優點或是予以鼓勵，不要用既定的負面眼光來看待子女。在學校方面，師生之間建立良好的情感關係，教師以正向眼光看待每位學生，協助青少年與同儕建立良好的情感關係，並且建立良好正向的自我概念。

 片討論

## 史瑞克 (II)

很久很久以前，有一個憤世嫉俗、不苟言笑的綠色巨人史瑞克，一個人孤零零地住在遙遠的沼澤裡。有一天他平順的生活突然被一大群惹人厭的童話故事人物打亂，他的床上睡了一隻大野狼、家裡多了房子被吹倒的三隻小豬。他為了拯救這些童話人物，還有他自己的家，於是就和法克大人進行談判。他們最後達成協定，他必須把美麗的費歐娜公主救出來，嫁給法克大人。但是當他發現美麗的公主竟然深藏了一個可怕的祕密——公主因被施法而在每天的夜裡都會變成怪物，事情就變得更複雜了。故事的最後，史瑞克愛上了公主，但是因為自己的長相和外貌，而沒有勇氣追求公主。要解救公主，必須是當公主在被愛人親吻時，才可變回漂亮的樣子；最後，當史瑞克與公主接吻的那一剎那，公主也變成了類似史瑞克的「怪物」長相。

**討論題綱**

1. 試分析各角色的自我概念。

2. 試分析史瑞克把公主從火龍的看守下救出來，卻不敢追求公主的原因。

3. 片尾史瑞克與公主一起變成「怪物」的長相，若是從 Marcia 自我認同模型來解析，史瑞克和公主經歷了哪些認同的過程？

## 參考文獻

王鐘和 (1992)。《家庭結構、父母管教方式與子女行為表現》。國立政治大學教育研究所博士論文。

王樹青、張文新、陳會昌 (2006)。〈中學生自我認同的發展與父母教養方式、親子溝通的關係〉。《心理與行為研究》，4，126–132。

王希林、于欣、沈凌霞、黃薛冰 (2006)。〈高等職業學校學生自尊與社交焦慮及孤獨感的關係〉。《中國臨床康復》，46，61–63。

宋文里 (譯) (1990)。《成為一個人》(原作者：Carl Rogers)。臺北：桂冠。(原著出版年：1951)。

李祚山、張濤 (2006)。〈中學生自我概念與心理健康研究〉。《安徽師範大學學報》，6，114–117。

吳怡欣、張景媛 (2000)。〈青少年自我尊重模式之驗證〉。《教育心理學》，31(2)，105–127。

吳怡欣、張景媛 (2000)。〈青少年與重要他人的情感關係和其自尊之相關研究暨訪談內容分析〉。《教育心理學報》，1，15–40。

林幸台、張小鳳、陳美光 (2004)。《田納西自我概念量表指導手冊》(*Tennessee Self-Concept Scale II*)。臺北：測驗。

俞愛月、俞玲珍、周丹霞、竺科英、王國松 (2005)。〈中學生焦慮、抑鬱、自尊水準與學習成績的相關性研究〉。《山東精神醫學》，4。

徐昊景、蔡國強、莊惠莉 (2003)。〈我國高級職業學校學生自我概念與成就動機之典型相關研究〉。《技術與職業教育學報》，6，144–155。

陳建文、王滔 (2004)。〈大學生自尊、自我統合與心理健康關係的初步研究〉。《中國臨床心理學志》。12(2)，161–164。

陳坤虎、雷庚玲、吳英璋 (2005)。〈不同階段青少年之自我認同內容及危機探索之發展差異〉。《中國心理學刊》。6，249–268。

答會明 (2002)。〈父母教養方式與孩子的自信、自尊、自我效能及心理健康的相關研究〉。《中國健康教育》，8，483–486。

張文新 (1997)。〈中學生自尊特點的初步研究〉。《心理科學》，20，504–508。

張鎮、李幼穗 (2005)。〈青少年的內隱與外顯自尊的比較研究〉。《心理與行為研究》，3(3)，219–224。

蔡建紅 (1999)。〈犯罪青少年的自尊水平及與家庭因素的關係〉。《中國臨床心理學

雜誌》，7(2)，97–98。

魏士台、王銘光 (2005)。〈父母關愛特質及教養方式對子女自我概念發展之研究〉。《東南學報》，29，101–116。

Abu-Hilal, M., & Bahri, T. (2000). Self-concept: The generalization of research on the SDQ, Marsh/Shavelson model and I/E frame of reference model to united Arab Emirates standent. *Social Behavior & Personality: An International Journal, 28*(4), 309.

Adams, G. R., Munro, B., Munro, G., Doherty-Poirer, M., & Edwards, J. (2005). Identity processing styles and Canadian adolescents' self-reported delinquency. *Identity, 5*(1), 57–65.

Archer, S. (1989). The status of identity: Reflections on the need for intervention. *Journal of Adolescence, 12*(4), 345–359.

Bankston, C. L., & Zhou, M. (2002). Being well vs. doing well: Self-esteem and school performance among immigrant and non-immigrant racial and ethnic groups. *International Migration Review, 36*, 389–415.

Baumrind, D. (1991). The influence of parenting style on adolescent competence and substance use. *Journal of Early Adolescence, 11*(1), 56–95.

Battle, & Christine, P. (1999). Identity and intimacy development across adolescence: A cross-sectional study. *The Sciences and Engineering, 59*(11–B), 6089.

Benson, M. J., & Parker, J. S. (2004). Parent-Adolescent relations and adolescent functioning: Self-Esteem, substance abuse, and delinquency. *Adolescence, 39*(155), 519–530

Benton, J. (2006). *Self-concept and Achievement: Student Academic Beliefs and Self-concept As Related to Academic Performance Using the Repeat Third International Mathematics and Science Study* [e-book]. ProQuest Information & Learning, 2006.

Berenson, K. R., Crawford, T. N., & Cohen, P. (2005). Implication of identification with parents and parents' acceptance for adolescent and young adult self-esteem. *Self and identity, 4*, 289–301.

Berzonsky, M. D. (1990). Self-construction over the life-span: A process perspective on identity formation. In G. J. Neimeyer, & R. A. Neimeyer (Eds.), *Advances in Personal Construct Psychology, 1*(1), 155–186.

Blake, P., & Slate, J. (1993). A preliminary investigation into the relationship between adolescent self-esteem and parental. *School Counselor*, *41*(2), 81.

Brown, B. B., Mory, M. S., & Kinney, D. (1994). Casting adolescent crowds in a relational perspective: Caricature, channel, and context. In R. Montemayor, G. R. Adams, & T. P. Gullotta (Eds.), *Personal Relationships during Adolescence* (pp. 123–167). Beverley Hills, CA: Sage.

Bolognini, M., Plancherel, B., Bettschart, W., & Halfon, O. (1996). Self-esteem and mental health in early adolescence: Development and gender differences. *Journal of Adolescence, 19*, 233–245.

Chen, K., Lay, K., Wu, Y., & Yao, G. (2007). Adolescent self-identity and mental health: The function of identity importance, identity firmness, and identity discrepency. *Chinese Journal of Psychology*, *49*(1), 53–72.

Damon, W., & Hart, D. (1988). *Self-understanding in Childhood and Adolescence*. New York: Cambridge University Press.

Davison, K., Werder, J., Trost, S., Baker, B., & Birch, L. (2007). Why are early maturing girls less active? Links between pubertal development, psychological well-being, and physical activity among girls at ages 11 and 13. *Social Science & Medicine, 64*(12), 2391–2404.

Erikson, E. H. (1968). *Identity: Youth and Crisis*. New York: W. W. Norton and Company.

Erikson, E. H. (1980). *Identity and the Life Cycle*. New York: W. W. Norton and Company.

Fine, M., & Kurdek, L. (1992). The adjustment of adolescents in stepfather and stepmother families. *Journal of Marriage & Family*, *54*(4), 725–736.

Fitts, W. H. (1965). *Manual: Tennessee Self-Concept Scale*. Nashville, TN: Counselor Recordings & Tests.

Ganong, L., & Coleman, M. (1989). Preparing for remarriage: Anticipating the issues, seeking solutions. *Family Relations*, *38*(1), 28–33.

Gates, L., Lineberger, M. R., Crockett, J., & Hubbard, J. (2001). Birth order and its relationship to depression, anxiety, and self-concept test scores in children. *The Journal of Genetic Psychology, 149*(1), 29–34.

Goble, F. G. (1970). *The Third Force: The Psychology of Abraham Maslow*. New York.

Güre, A., Uçanok, Z., & Sayil, M. (2006). The associations among perceived pubertal timing, parental relations and self-perception in Turkish adolescents. *Journal of Youth & Adolescence, 35*(4), 538–548.

Herbert, M. (1987). *Living with Teenage.* New York: Basil Blackwell, 1–21.

Hutchinson, R. L., Valuits, W. E., Brown, D. T., & Steven, J. (1989). The effect of family structure on institutionalized children's self-concept. *Adolescence, 94,* 303–310.

Kerpelman, J., & Pittman, J. (1997). Toward a microprocess perspective on adolescent identity. *Journal of Adolescent Research, 12*(3), 325.

Kiesner, J., Cadinu, M., Poulin, F., & Bucci, M. (2002). Group identification in early adolescence: Its relation with peer adjustment and its moderator effect on peer influence. *Child Development, 73,* 196–208.

Kroger, J., Martinussen, M., & Marcia, J. E.(2010). Identity status change during adolescence and young adulthood:A meta-analysis. *Journal of Adolescence, 33*(5), 683–698.

Lannegrand-Willems, L., & Bosma, H. (2006). Identity development-in-context: The school as an important context for identity development. *Identity, 6*(1), 85–113.

Leen-Feldner, E., Reardon, L., McKee, L., Feldner, M., Babson, K., & Zvolensky, M. (2006). The Interactive role of anxiety sensitivity and pubertal status in predicting anxious responding to bodily sensations among adolescents. *Journal of Abnormal Child Psychology, 34*(6), 797–810.

Marcia, J. (1966). Development and validation of ego-identity status. *Journal of Personality and Social Psychology, 3*(5), 551–558.

Marcia, J. (1980). Identity in adolescence. In J. Adelson (Ed.), *Handbook of Adolescent Psychology.* New York: Wiley & Sons, 159–187.

Marsh, H. (1990). The structure of academic self-concept: The Marsh/Shavelson model. *Journal of Educational Psychology, 82*(4), 623–636.

Meilman, P. (1979). Cross-sectional age changes in ego identity status during adolescence. *Developmental Psychology, 15*(2), 230–231.

Michael, W., & Smith, R. (1976). The development and preliminary validation of three forms of a self-concept measure emphasizing school-related activities. *Educational and Psychological Measurement, 36*(2), 521–528.

Montgomery, & Marilyn, J. (2005). Psychosocial intimacy and identity: From early adolescence to emerging adulthood. *Journal of Adolescent Research, 20*(3), 346–374.

O'Malley, P. M. (1976). Self-esteem and educational achievement: A longitudinal analysis. *Educational Resources Information Center (ERIC), 128,* 745.

Parker, J., & Benson, M. (2004). Parent-adolescent relations and adolescent functioning: Self-esteem, substance abuse, and delinquency. *Adolescence, 39*(155), 519–530.

Parish, T. S. (1991). Ratings of self and parents by tooth: Are they affected by family stares, gender, and birth order? *Adolescence, 26,* 105–112.

Patton, G., Hemphill, S., Beyers, J., Bond, L., Toumbourou, J., McMorris, B., et al. (2007). Pubertal stage and deliberate self-harm in adolescents. *Journal of the American Academy of Child & Adolescent Psychiatry, 46*(4), 508–514.

Peetsma, T., Hascher, T., & van der Veen, I. (2005). Relations between adolescents' self-evaluations, time perspectives, motivation for school and their achievement in different countries and at different ages. *European Journal of Psychology of Education, 20*(3), 209–225.

Peterson, A., & Taylor, B. (1980). The biological approach to adolescence: Biological change and psychological adaptation. In J. Adelson (Ed.), *Handbook of Adolescent Phychology.* New York: Wiley & Sons, 117–155.

Phillips, T. M., & Pittman, J. F. (2003). Identity process in poor adolescents: Exploring the linkages between economic disadvantage and the primary task of adolescence. *An International Journal of Theory and Research, 3,* 115–129.

Pinto, K. (2007). Growing up young: The relationship between childhood stress and coping with early puberty. *Journal of Early Adolescence, 27*(4), 509–544.

Purky, W. (1970). *Self Concept and School Achievement.* New Jersey: Prentice-Hall.

Robins, R. W., & Trzesniewski, K. H.(2005). Self-esteem development across the lifespan. *Current Directions in Psychological Science(Wiley-Blackwell), 14*(3), 158–162.

Rosenberg, M. (1979). *Conceiving the Self.* New York: Basic Books, Inc.

Schmidt, J. A., & Padilla, B. (2003). Self-esteem and family challenge: An investigation of their effects on achievement. *Journal of Youth and Adolescence, 32,* 37–46.

Shaffer, R. D. (2002). *Developmental Psychology.* Belmont, CA: Wardsworth/Thomson

Learning.

Sharf, R. S. (2004). *Theories of Psychotherapy and Counseling: Concepts and Cases* (3$^{rd}$ ed.). USA: Thomson Learning.

Shavelson, R., Hubner, J., & Stanton, G. (1976). Self-concept: Validation of construct interpretations. *Review of Educational Research, 46*(3), 407–441.

Sherman, A. M., Lansford, J. E., & Volling, B. L. (2006). Sibling relationships and best friendships in young adulthood: Warmth, conflict, and well-being. *Personal Relationships, 13*, 151–165.

Silbereisen, R., Petersen, A., Albrecht, H., & Kracke, B. (1989). Maturational timing and the development of problem behavior: Longitudinal studies in adolescence. *Journal of Early Adolescence, 9*(3), 247–268.

Steinberg, L., & Morris, A. (2001). Adolescent development. *Annual Review of Psychology, 52*(1), 83.

Stone, M. R., & Brown, B. B. (1999). Identity claims and projections: Descriptions of self and crowds in secondary schools. In J. A. McLellan & M. J. V. Pugh (Eds.), *The Role of Peer Groups in Adolescent Social Identity: Exploring the Importance of Stability and Change*. San Francisco, 7–20 .

Tarrant, M., MacKenzie, L., & Hewitt, L. (2006). Friendship group identification, multidimensional self-concept, and experience of developmental tasks in adolescence. *Journal of Adolescence*, 29(4), 627–640.

Taylor, B. (1994). Successful parenting: Self-esteem, communication, and discipline. *ERIC Document Reproduction Service No. ED390006.*

Umaña-Taylor, A. J., & Updegraff, K. A. (1996). Latino adolescents' mental health: Exploring the interrelations among discrimination, ethnic identity, cultural orientation, self-esteem, and depressive symptoms. *Journal of Adolescence, 30*, 549–567.

Vermeiren, R., Bogaerts, J., Ruchkin, V., Deboutte, D., & Schwab-Stone, M. (2004). Subtypes of self-esteem and self-concept in adolescent violent and property offenders. *Journal of Child Psychology and Psychiatry, 45*(2), 405–411.

Watkins, D., & Dhawan, N. (1989). Do we need to distinguish the constructs of self-concept and self-esteem? *Journal of Social Behavior & Personality*, 4(5), 555–562.

Weaver, M., & Matthews, D. (1993). The effects of a program to build the self-esteem of at-risk students. *Journal of Humanistic Education and Development*, *31*(4), 181.

Williams, J., & Dunlop, L. (1999). Pubertal timing and self-reported delinquency among male adolescents. *Journal of Adolescence, 22*(1), 157.

Yeh, H. C., & Lempers, J. D. (2004). Perceived sibling relationships and adolescent development. *Journal of Youth and Adolescence, 33*(2), 133–147.

Zervas, L. J., & Sherman, M. F. (1993). The relationship between perceived parental favorism and self-esteem. *The Journal of Genetic Psychology, 155*(1), 25–33.

青少年的性別發展

　　本章將針對青少年的性別發展作較深入的探討，與本章最有關聯的，是第2章的生理發展與性發展，因為青少年的性別發展與青少年的明顯生理特徵變化，有相當密切的關係。

　　兩性間的生理差異在青少年發展期間開始特別明顯，尤其是第二性徵方面的發展。如第1章所述，不同學者對青少年的定義及青春期的確切期間有不同的主張，而有些心理學家就是將第二性徵的出現，訂為青少年的開始（張春興，民95；Faust, 1997）。

　　男、女間除了生理上的差異外，心理上的特質（如個性、愛好），或行為上的表現（如專長、舉止），是否也存在著不同呢？如果有所不同，是在哪些方面有所不同？其不同的根源又是為何呢？是天生的嗎？還是經由後天環境所學來的？我們常說，她溫柔體貼、多愁善感，因為她是女生；他喜愛冒險、勇敢無懼，因為他是男生。這種解釋是對的嗎？這樣的解釋，到底解釋了什麼？又會造成怎麼樣的影響？

　　的確，青少年的階段就是其性徵逐漸發展而明顯的期間，這個性徵的出現，是否也會影響到他們對性別議題的敏感性？進而對性別角色與性別認同產生變化？他們會認為男、女應該有別嗎？是有差異比較好呢？或者是不要有差異比較好呢？心理學家又如何看待這樣的問題？

　　在閱讀本章之前，特別提醒讀者「心理學的理論或結論是暫時的，永遠是會被取代的」這個觀點。因為心理學方面的研究結論，尤其是性別差異的研究，常常會隨著時代、研究工具、研究取向的改變，而產生了變異的結論。雖然心理學研究已經引入了科學的研究方法，而產生較為客觀的數據與現象描繪，然而再嚴謹的方法，都需要經由心理學家主觀的理論採用，去解釋這些客觀現象的可能心理內在意涵，所以採取的觀點不同，其結論就可能會不一樣。雖然心理學的結論常會在某一段時間，出現某種主流觀點，然而後續相悖的新資料、新證據出現時，舊的理論與觀點也就自然地被取代了。

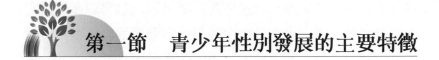

# 第一節　青少年性別發展的主要特徵

## 一、性別發展相關概念的釐清

在介紹青少年的性別發展之前，要先釐清一些在學術上的專用語，以便後續介紹的理解與溝通，這些專用語包括：性與性別、性別差異、性別角色、性別識別與性別角色認同、性別刻板印象。

### ㈠性 (sex) 與性別 (gender)

性與性別是兩個常被混淆的概念。一般而言，「性」指的是以生物學為基礎之區分類別詞，通常人類會因為性基因或生理特徵上，尤其是性器官上的不同，而被區分為男性或女性。男性與女性的生理差異在受精的那一刻就已經決定了，除極少數特殊案例外，男性或女性是分別由染色體中 XY 或 XX 染色體的不同而決定的。

而「性別」這個詞，包含的意義就比性更為寬廣，通常它不只被指涉及個體上生理的性 (biological sex) 特徵，而且也被用以描述性別角色上的不同 (Lauber, 2006)。

如果將性別這個詞用在人類的形容上，為了理解上的方便，通常研究者會將性別議題區分為「生理性別」與「心理(社會)性別」(Wikipedia)。生理性別所指的就是前述生理的性，也就是我們在填寫個人基本資料調查表中，所回答的男性或女性。而心理上的性別，則比較是個人或者是社會所認同的性別。生理性別的歸屬在受孕時即由基因所決定，但是社會性別卻深受後天社會規範及期待的影響。

然而，在心理學的研究上，因為所有個體的行為可能均牽涉到生理與環境的交互作用，無法截然用生理性別與心理性別來劃分，所以在心理學上所指涉的性別，一般都是指生理與環境交互作用後的結果。

因此，心理學上所稱的男性化 (masculine) 或女性化 (feminine) 不只

表示生理上的差異，也顯示社會期望後所產生的表現。越來越多的研究者相信：在不同社會文化中，其對社會中的男生與女生的期望與行為標準有所不同，要求也不一樣，因此會造就不同的男性與女性。

近來有更多的研究發現，傳統中所謂的男性與女性的歸類方式，或者過去常二分而被引用的「兩性」概念詞，已經無法對所有不同性格或行為表現的人歸類，因此用兩性區別人類的歸類方式，已經逐漸被「性別」或「性／別」用詞所取代。就如過去國內使用的《兩性工作平等法》，在 2008 年已經被修改為《性別工作平等法》（行政院勞工委員會，2008）。

## ㈡性別差異 (gender difference)

一般在心理學上所指的性別差異，主要分為兩個部分，一是生理上的差異，在青少年期，所指的就是第二性徵方面的差異；而另一方面所指的就是心理特質或行為上的差異 (sex differences in psychological functioning)，包括如能力、性格、行為舉止、興趣等各方面的差異。

## ㈢性別角色 (sex role or gender role)

在各種解釋性別分類或性別發展的理論中，很重要的概念之一是性別角色，sex role 和 gender role 這兩個英文詞常被混用，但都意指性別角色 (Shaffer, 2009)，這可能是許多翻譯書中常將 sex 與 gender 弄混的可能原因。張春興（民 95）對性別角色的定義為：「出現在男性或女性身上的一些相關的行為和態度，而此等行為和態度為社會公眾所接受者，即為男性或女性具備適當之性別角色。換言之，社會上一般認為某人的行為和態度符合大家所期待的標準時，就顯示此人具備男性或女性角色」。

也就是說，大多數的社會會規範男、女的角色，認為某些行為組型只適合男性，而另一些行為組型則只適合女性。例如：在多數的文化中，社會界定男性所需要展現的行為特質是主動、獨立、果斷、競爭、攻擊與支配等；而女性則被要求應該要被動、順從、溫柔、善良、安靜與體貼。因此，性別角色就是一組性格或行為特性，個人能以這些特性在其所處的社會中區分出男女，並期待其有適切的行為表現。而這一套行為

組型包括內在的態度、觀念，以及外顯的言行裝扮等。

所以，依照定義，性別角色是由社會、文化所界定或規範的，但需要注意的是，這個規範通常不是明文規定的，只是大家跟著群眾或傳統習慣而依循遵守。

換言之，性別角色是指個體為因應其社會大眾或文化的要求，而扮演出符合其個人生理性別的一套行為或特徵。根據多數的人類學家研究，每一個社會會依據其需求，為其社會上的各種性別，在人生各階段中，訂出一套適合其性別的行為期待和相關標準 (Mead, 1935)。有的社會文化中，要求男、女均表現出陽剛的特質；有的社會文化則要求男、女均表現出溫和的特質；甚至有的社會文化，期待男、女的特質，恰好與我們傳統文化中的男剛女柔相反；有的文化則對男、女沒有分化的要求 (Wade & Tavris, 1999)。

既然性別角色是由社會文化所規範及界定的，它通常就會反映這個社會的文化、價值與道德觀等特性。因此性別角色的內涵，也會因為這個社會的教育、經濟或歷史、文化的變遷而產生改變。最明顯的例子是近期婦女運動的發展與女性主義興起；而有關性別角色的多維性與性別角色的認知，亦不斷地在改變 (Shaffer, 2009)。

## ㈣性別識別 (gender identity) 與性別角色認同 (gender role identity)

性別識別，指的是個體對自我所歸屬生理性別（男生、女生）的自我覺知與認識，也就是一個人認為他自己或別人是男或女的辨識與認定。

而性別角色認同，是指個人對自己身為男性、女性、或中性（通常指社會性別）的看法，是指個體以自己所認定的社會性別（通常是男性或女性）來作為分類的標準，且把自己歸為其中之一類，並進而表現出符合該社會所要求的性別角色。由於自己選擇或認同了其所認定的性別，個體就會透過自我的行為表現，以明示自我所歸屬的性別；這個行為表現包含了個人的態度、動機、人際關係型態以及人格特質等，所以是一

種固定行為組型的角色行為認同。因為性別角色的認同是個體自己的選擇或認定，因此性別角色認同的性別不必然與生理性別一致，如陰柔的男性，或者陽剛的女性。

## ㈤性別刻板印象 (gender stereotype)

性別刻板印象又稱性別角色刻板印象 (gender-role stereotype)，是一種將性別角色僵化、過度簡化及類化，且缺乏個別變異存在的信念或假定（張春興，民 95）。也就是說，是一種認定「男生一定會如此，而女生一定會那樣」的固定看法。例如，李美枝（民 73）的研究指出：臺灣和美國的大學生在兩性的性格特質上，皆存有同樣的刻板印象，普遍認為男性是較粗獷、剛強、偏激的，而女性則是較溫柔、整潔、敏感的。

Franzoi (2009) 指刻板印象是一種態度，也是一種認知基模，可以幫助人類快速地判斷訊息，以減少認知資源的消耗；而性別刻板印象，也因此會協助人們對性別相關的訊息分類，以對不同性別的相關資料，形成整體而且可以預測的系統訊息。例如，當你預期要對你進行心臟手術的外科醫生是一位女性，而在旁協助的，卻是一位男護士時，你可能會很訝異，因為這不合乎你的性別角色刻板印象。

游美惠與易言嬡（民 91）認為性別刻板印象會根深蒂固地影響著個體的行為、態度和生活。一旦個體跟隨了社會主流的價值觀，不合乎社會文化典型的表現或行為，就會被自己或他人所抑制、貶抑或歧視。此外，Paechter (2003) 指出社會為了維持男女兩性間的性別權力關係，因此對於兩性不同的行為要求，從小就已開始，而且也會在無意間不斷地強化這些行為。由此可了解，性別刻板印象的形成與社會化的過程息息相關，它會透過家庭及學校教育過程，或融入風俗習慣中，而後影響著每個人的生活。

## 二、性別間（尤其是兩性間）是否存在著差異？

　　既然在生理上男女有別，那麼在心理與行為表現上，男女是否有所差異呢？亦即男女兩性間的個性、性情與能力是否存在著差異呢？如果有，這是一種感覺上的差異？還是真實的差異？如果是真實的差異，那差異的來源為何？這些差異對男女之間的關係與自我成長，又會造成什麼樣的影響？尤其對青少年這一階段的影響為何？這是許多心理學家多年來有興趣探討的問題。

　　「她數學不好，因為她是女生，所以她應該選擇就讀人文相關的科系；他數學能力好，因為他是男生，所以他應該就讀理工科。」這是國內高中生常面臨及被談到的議題。這種論調似乎包含著兩種預設立場：第一，男生與女生在一些能力上是有差別的；第二，這種差別似乎就是天生的，所以別想要去改變它，認命地依循自己的專長去發展吧！

　　這兩個預設立場是對的嗎？我們來看心理學家如何看待這個議題。

　　心理學的領域中有許多以男女兩性差異為主題的研究。1970 年代以前，多半以描述兩性之間的差異與相似之處為主；1970 年代後，才有學者以比較系統性的方式，針對過去 1,500 篇的研究，作兩性差異的比較分析。其中又以 Maccoby 與 Jacklin (1974) 的著作 *The Psychology of Sex Differences* 最為著名。Maccoby 及 Jacklin 的研究結果顯示：兩性之間的差異很小，而且這個差異反而不如性別內，個體間的差異來得大，即男生間或女生間本身就有很大的變異性。也就是說，儘管在一般社會中，大家普遍認為兩性間在個性、能力等心理與行為上有很大的差異，但統計整合的結果，卻顯示兩性間的差異，僅在語言向度上女優於男，而數學、空間能力及攻擊向度上，男略勝於女 (Shaffer, 2009)。

　　但到了 1970 年代後期至 1980 年代，許多的學者對於 Maccoby 及 Jacklin 所提出的論點抱持著懷疑的態度。Eagly (1995) 就認為，Maccoby 及 Jacklin 的結論是受到 1970 年代女性主義及民權法倡導的「人人（包

含男、女之間）應該平等」主張所影響。當時的女性主義者認為，要達到男、女平等的地位或狀態，就不應該再強調男女間的差異，尤其是能力上的差異，因此努力的去收集許多的證據，來說明兩性間是沒有多少差異的。於是這個研究的結果可能是有偏誤的，因為其在資料的收集上，犯了研究者的**確認性誤差 (confirmation bias)**，即由於研究者本身有既存的偏見，使得在收集資料的過程中，容易只去注意符合自己立場、而忽略不符合自己立場的特定訊息 (Eagly, 1995)。

從 1980 至 1990 年代的心理學研究中，也有很多論述是支持兩性間存有差異的論點，特別是在社會行為、性格特質等某些層面。但是並不是如大眾所認為的那麼大。另外，男女間在某一領域的能力差異，也不是如 Maccoby 及 Jacklin (1974) 所描述的：女全贏或男全輸。例如：在語言能力 (verbal ability) 方面，大體而言女孩在語言的發音、說話的流暢度及閱讀的理解上，從小到青少年期，都持續優於男孩 (Halpern, 2004)；然而，男孩卻在語言的邏輯分析 (verbal analogies) 表現上，稍勝於女孩 (Lips, 2006)。再者，在攻擊向度上的外顯行為中，的確看到男性比女性有更多的此類行為；但近來社會心理學家將「內隱的敵意表現」(covert forms of hostility)，例如聯合同伴孤立某一同學，也歸納為攻擊的定義範圍時，發現女孩遠比男孩更會進行此類型的攻擊行為 (Crick, Casas, & Mosher, 1997)。

至於男女差異的根源為何呢？至今仍有許多研究與理論在爭辯當中。

## 第二節 影響青少年性別發展的可能因素與理論

早期心理學研究發現許多人類心理發展的特質，大多深受遺傳與環境的影響，天生 (nature) 與養育 (nurture) 的論戰，在發展心理學的理論建構中，占了很重要的地位。也就是說，發展心理學家一直關切性別的

差異是如何造成的，探究是生物性的力量影響大？抑或社會文化的作用大？至今仍然是爭論不已。然而不管是主張遺傳才是影響人類行為的主因，或是環環境才是人類行為塑造的後果，最後的結論多是以「交互作用論」來收場。至於遺傳和環境究竟是如何交互作用來影響個人的發展，則是發展心理學家目前較為關注及研究的主要課題 (Shaffer, 2009)。

在性別差異原因的研究中，性別角色發展與性別角色認同的理論，是目前最受心理學家重視的研究趨勢。

所謂的性別角色發展，是指一個人認同社會性別規範之歷程。所以是個人在性別上，社會化的一個學習與發展歷程。

你記得你在什麼時候，確定你自己是男生或是女生？記得當大人要求你「男生要像男生，女生要像女生」的時候，你的反應是如何呢？是接受還是抗拒？另外，你會接受一個男生常常出現撒嬌或動不動就流眼淚的行為出現嗎？或者能接受一個女生主動向男生示愛的表現嗎？

上面這些問題都是性別角色發展與性別角色認同的主要研究議題。在心理學中，與性別角色認同及性別角色發展最相關的理論，主要有：精神分析理論、社會學習理論、認知發展理論、社會角色理論、生物社會理論、性別基模理論、整合理論（Shaffer, 2009；余佳倩，民 90）。

以下將簡略介紹各個理論的特色與重點，並說明這些理論對青少年時期性別發展的主要論述。

## 一、精神分析理論 (psychoanalytic theory)

在心理學中，最早對性別角色發展提出系統理論的，就屬 Freud。Freud 的理論並沒有很關注於青少年時期的發展，因為他認為兒童生命的早年，即 3-6 歲的性器期 (phallic stage)，才是決定的關鍵。不過他也曾在性學理論三篇 (Freud, 1962) 中簡要地談及青少年期。Freud 認為青春期是個體生殖期 (genital stage) 開始發展的階段，伴隨內、外在性器官的成熟，一股強烈的性渴望會伴隨而生。他描述青少年期是一段性興奮、

焦慮，及有時性格不安的時期。

對 Freud 而言，青春期裡最明顯的轉變是性本能驅力的增加，這在某程度上是因為性逐漸成熟的機制，激起其對生殖器的興趣及對性衝動的增強所致。因此，青少年性本能的衝動驅力會直接衝擊著個體的理性能力與良心力量。依照精神分析學派的理論，這正反映了自我、本我及超我之間的戰鬥❶。先前逐漸培養出來的自我控制能力，現在卻已無法再維繫和平了，彷彿一位意志薄弱的大人（自我），正面對著兩位意志堅定而吵鬧不休的小孩（本我與超我）。Freud 認為除非這種自我、本我、及超我的衝突，能在青少年期完成化解，否則會對個體造成極嚴重的情緒困擾。

這個緊繃而衝突的張力，需要外在的媒介來緩解，而異性正是其能紓解性張力的對象。因而 Freud 認為青少年會被異性所吸引，尋找「對象」變成了這個階段重要的發展歷程。

另外，根據 Freud 的性發展理論，青少年期是個體將其情感由父母轉向同儕與異性的主要時期，也是個體脫離兒童期對父母情感性的依賴，轉向朋友間的一個重要成熟歷程。

在性別差異上，Freud 認為青少年期會因為生理上的差異而產生男、女情感滿足分化的現象。雖然男女青少年同時渴望情緒性滿足和生理性的解放，但男生會對生理感官上的滿足較為重視，因為男生同時存有射精渴望與伴隨之的生理快感。女性雖然也有得到性滿足與緩解性張力的渴望，但卻沒有外顯精液的釋放；因此女性在性的渴望上，就比男性更潛抑，但相對地在情感滿足的需求上，女性也就比較重視。

在精神分析理論中，Freud 的女兒 Anne Freud 比其父親更關心青少年時期的發展。她形容青少年期是一段內在衝突、心靈失衡且行為不穩定的時期。青少年一方面是自我中心的，以為自己是受矚目的唯一對象且是宇宙的中心，但另一方面也是能夠自我犧牲與奉獻的。他們營造熱

---

❶ 關於自我、本我、超我的概念，詳見本書第 10 章第三節說明。

戀式的愛情關係，卻會突然地分手；他們有時渴望完全地參與社會和加入團體，有時卻很疏離。他們在盲從與叛逆之間搖擺不定，禁慾卻又放縱，顧不得別人卻又神經敏感；他們在樂觀與悲觀之間徘徊，一會兒是無限熱情，一會兒是拖拉與冷漠 (Anne Freud, 1969)。

　　Freud 的確是很好的現象觀察家，因為在精神分析理論中所描繪的青少年行為現象，即使在我們現代社會的日常生活中，仍然處處可見，如自我中心、想像觀眾及個人謬思等；然而其所假定的性發展理論及性格三層面理論，卻受到許多的質疑與批判，尤其是 Freud 以天生的性驅力為一切行為發展之動力這一論點，更是許多後續研究者所不能接受的。其中批判最多的，就是以環境影響為主要論調的社會學習論者。

## 二、社會學習理論 (social learning theory)

　　社會學習理論主要由 Mischel (1966) 及 Bandura (1986) 所提出，此理論之學者反對精神分析論的看法，認為性別認同應是經過許多不同形式的學習所產生，而不是由天生的性驅力及生理差異所發展出來的。他們認為性別認同主要透過兩種歷程：(1)強調兒童早期藉由觀察重要他人的行為，並進而仿效該模樣而達成學習。此一學習歷程稱作**觀察學習 (observational learning)** 或模仿 **(modeling)**，即個體性別角色的形成，是藉著觀察與模仿成人而成；(2)藉由成人透過外界直接的教導，並給予不同的對待、獎賞與懲罰的方式，以增強其性別合宜行為 (gender-appropriate behaviors)，這是一種**強化 (reinforcement)** 的歷程。所以，社會學習理論者認為觀察學習與強化歷程，是個人社會化的重要歷程，能使個人合宜於社會的習慣與反應型態得以形成與發展。

　　兒童在成長過程中，主要仿效的對象為父母與老師等重要他人，而進入青少年期後，其模仿的對象逐漸轉化為其友好的同儕或其心目中的偶像或角色楷模。

　　社會學習論認為兒童出生至 3 歲間，性別角色發展容易受到環境中

重要他人的增強作用，表現出與社會期待一致的性別角色行為。而兒童大約在 4 歲時，就已經清楚地覺知成人對男、女有一些不同的行為期望。一般父系社會期待男孩成為勇敢、主動等陽剛氣概的個體，而希望女孩具有溫柔婉約的特質。兒童不同的性別角色表現，會受到大人不同的酬賞或處罰，進而強化了他們的性別意識。這種期待與增強，使得兒童在約 5 歲後，性別角色的發展即極為堅定，如果在此時還企圖改變兒童的性別來養育，通常是非常費力的 (Frey & Ruble, 1992)。

除了模仿成人的行為外，兒童也很容易注意到環境中，社會對不同性別的個體，會有不同的對待方式。例如醫生與父母會根據初生嬰兒的生殖器構造，做性別識別，醫院常以不同顏色的毯子包裹嬰兒。父母也通常會以陽剛的名詞為男孩取名字，而女孩取較陰柔的名字。在玩具與衣服的選擇上，也會配合兒童的性別，通常男生會有較多的運動設備、汽車、機器人等玩具；而女生則較多洋娃娃、裝飾用品 (Fagot & Leinbach, 1993; Pomerleau, Bolduc, Malcuit, & Cossette, 1990)。

另外研究指出，近來媒體的快速發展，個體性別角色的認同也就越為容易固著 (詳見第八章)，因為兒童與青少年傾向於模仿同性別及其所認同之楷模，所以容易對於電視劇、MTV，甚至廣告中所喜愛的主角，產生認同並加以模仿。電視節目大多會反映傳統性別角色的內容，例如男性多具有攻擊性、冒險性、支配性及擁有權力的角色，女性則大多是依賴、柔美、具吸引力或被動順從的角色。因此，過去有許多研究都發現，經常收看電視的兒童及青少年，比起較少收看電視的兒童及青少年，更會選擇性別分化的玩具，也越能接受傳統性別化的角色，同時對身體外貌 (body image) 也越重視，並進而持有性別刻板化的觀點 (Anderson et al., 2001; Calvert, 2008; Roberts & Foehr, 2008; Signorielli & Lears, 1992)。

因此社會學習論者可以說是徹底的環境論者，認為個體的行為與特質完全是由於環境的型塑。

如前所述，雖然個體的性別角色認同，會受生理性別及社會文化因

素的共同交互影響，然而有些資料卻顯示，從小即被以某一種性別養育
而對待的個體，雖然其生理性別與其被對待的社會性別不同，然而其之
後在性格與行為特質的表現，卻大過於生理性別的作用。也就是說，環
境的力量也有可能蓋過生物力量 (Money & Ehrhardt, 1972)，這是環境論
者最強而有力的證據。

　　當個體進入青少年期時，重要他人逐漸轉換成其要好的朋友及崇拜
的偶像，而團體的壓力與規範的制約與強化，對青少年更是強烈與重要。
因此，青少年的性別差異意識，可能會在此階段特別產生了**性別強化
(gender intensification)** 的效果（見第四節說明）。

　　社會學習理論對青少年的行為發展歷程中，另一個重要的發現是，
青少年對成人角色楷模的「身教遠勝於言教」之影響。也就是說，最能
鼓勵青少年表現出合宜的社會角色行為，就是藉由教師、父母或楷模親
自實踐及執行這些行為。這個轉變，可能是青少年的認知能力大有進展
（見第三章），而使其更有思考及批判的能力所致。

　　然而社會學習理論最受批評的部分，就是其預設小孩是個被動的接
受者 **(passive pawns)**，而不是一個能夠自主選擇環境或自行判斷好壞的
自我決定者，於是便有認知發展理論來填補這塊缺失。

## 三、認知發展理論 (cognitive development theory)

　　Kohlberg (1969) 的認知發展理論主張個體性別角色的發展，是奠基
於兒童早期對性別做**自我分類 (self-categorization)** 的結果。透過自我分
類，小孩會為自己貼上男孩或女孩的標籤，然後依照社會對不同性別的
行為規範，以表現自己認為合宜的行為。也就是說，兒童會以自己對「性
別的想法作分類」，然後決定其後續的角色行為。

　　因此，認知發展理論認為兒童對性別活動的偏好，是因兒童本身先
對性別作了判斷與認定後所致。換句話說，兒童對外在世界的分類與認
同，決定了其性別角色的發展與學習方向；他們是主動地選擇社會化，

而不是如環境論者所述「被動地由社會所塑造」。所以照認知發展理論的說法，小孩是因為：「我是男（女）孩，所以我決定要成為男（女）孩」。

所以，認知發展理論認為個體先發展出對性別類型的識別與認定，才產生性別的分化與性別的差異性。其與社會學習論主要的不同在於：社會學習論者認為個體會先觀察與模仿同性父母，而後發展出性別類型的認定。認知發展理論認為當兒童了解到自己是一個男（女）生時，他（她）會開始注意到環境中與男（女）性化有關的特質，同時也會表現出社會性別角色中，對男（女）性的期望與要求，並根據他（她）所接納與認同的性別，來建構他（她）的經驗，表現出該社會認為適當的性別角色行為。

所以，即使父母不希望子女太過於注重性別分化，但子女卻不一定會遵從。這是一種自主認知而後社會化的結果，並不是社會學習論所說的，先產生性別分化，而後才產生性別認同的歷程。亦即不是我被認定為女孩、我被教化成女孩，所以我要像女孩。

事實上，在 Bandura 研究的後期，即把認知發展理論的主要觀點，引入其早期的社會學習理論 (Bandura, 1986, 1989) 中，而另創了社會認知發展論，強調個體不再只是受制於環境的影響，而是強調人們會選擇自己所需要的環境及所要追求的目標，進而決定自己生命的方向與選擇。因而社會認知發展理論取代了原本個體被動被環境改變的社會學習論。也就是說，個體解讀及詮釋環境影響的方式，才是決定他們將如何行動的方向。因此，在性別角色的認同上，個體並非只是遵循社會、文化所規劃的路線在走──個體能夠自我覺察，會積極地去詮釋自己的地位、角色及所處的環境，最後決定自己在社會中所要扮演的角色。

因此，依照認知發展理論的說法，個體在「性別識別」上，可能早在兒童期就已經完成了；然而對於「性別角色的認同」，可能延展到青少年時期仍在發展。目前研究指出，青少年期可能是個體對性別角色認同強度最強的時期 (Shaffer, 2009)。

簡言之，認知發展理論認為在青少年階段，個體會依照自己對性別的認定，來組織自己的性別角色行為，以決定自己所要扮演的性別角色。

## 四、社會角色理論 (social role theory)

並不如認知發理展論或社會認知理論一樣樂觀，認為個體的主動詮釋占有那麼大的優勢。社會角色理論認為社會對性別角色的期待的影響力，仍然占較為重要的地位。

Eagly 和 Steffen(1984) 認為社會對性別角色賦予不同的價值、判斷與責任，對個人性別角色的發展與形成之影響，幾乎無所不在。這是整體社會、團體的力量，很難由個人去抵抗或突破的。

由於傳統上，人們「假定」男、女內在的特質與能力是有差異的，使得工作及社會角色常以性別來劃分。這樣的假定是來自於社會與文化，對男女兩性有不同的期待，促使兩性從事不同的工作與扮演不同的角色，並導致他們發展出不同的信念與技巧，最後兩性所表現出的社會行為也因而有所不同。這些不同的行為表現，則又會進一步地強化人們對於男、女內在特質與能力差異的設定，使得性別間的行為差異，就變成了一套不易改變的循環。

在一般的西方社會中，通常將男、女特質以表達性 (expressive) 與工具性 (instrumental) 兩個向度來做解釋 (Huston, 1983)。「表達性特質」包含了溫柔、細心、仁慈、愛小孩、合作以及關心他人等；而「工具性特質」則包含權威、果斷、獨立、具冒險精神、富競爭性等。舉例來說，男孩喜歡玩槍，知道如何更換輪胎、修理家電用品，長大後大多從事低表達性、高工具性的工作，例如操作員、醫生、工程師、技師等；而女孩喜歡玩洋娃娃，扮演照顧者的角色，長大後則從事高表達性、低工具性的工作，例如小學老師、祕書、社工人員、護士等。

就社會角色理論而言，之所以會有這樣的現象產生，是因為人們大多相信女性是比較具有表達性的，而比較不具工具性的傾向，男性則反

之。因此，男、女性被驅使去從事不同性質的工作，促使兩性為配合工作的需要，而被訓練並發展出符合工作所需要的信念與技巧。因而，表現出的行為特質也就越來越具差異性，更使人們認定男女是具有差異的。

事實上，在家務的角色分配上，男、女就有這樣明顯的區分。通常女孩比較容易被要求從事清潔、縫紉、烹飪、洗碗、照顧更小的兒童等工作；而男孩則通常比較容易被要求從事倒垃圾、修水電、搬重物、管理電腦的工作。

這些社會角色的分工狀況，傾向於男性化的工作大多是關鍵性的、發號施令的或權位較高的工作，而女性化的工作大多是繁瑣費工、順從聽令或權位較低的工作，因而無意間造成了男尊女卑、男高女低的社會階層現象。

社會角色理論與前述理論不同的地方，在於社會角色理論強調性別角色形成，既非單純地來自父母所給予的增強作用，也不是單純地由於個體自己對性別的分類所造成，而主要是來自於整體社會、文化的影響。這可以解釋社會學習理論中，父母為何對於不同性別之子女，常會有不同的期望，以及增強不同行為之原因。這都是源自於父母認為男、女特質是有差異的假定，希望子女能表現出與其性別相符的特質及行為。於是，當子女表現出符合特質之行為，父母會給予口語上或實質上的獎勵，反之則是責罰。而社會角色理論認為父母這些期望的形成，是受社會文化所塑造的。

## 五、生物社會理論 (biosocial theory)

前述幾個理論，均說明了環境與社會對性別角色的發展與形成，具有重要的地位與影響，然而我們也不能忽略生物性的因素，尤其是遺傳與環境交互作用下的影響。生物社會理論 (Money & Ehrhardt, 1972; Newcombe & Dubas, 1992) 即認為：胎兒所具有的特殊基因型態 (XY 或 XX)，會影響其對環境刺激的感受及學習，進而激發大腦的進一步成熟

與發展，並且進一步刺激個體去選擇環境刺激，而被選擇的環境則會更進一步地刺激個體的大腦，使其對環境刺激更加熟悉或喜愛，因此形成了一個循環的回饋系統 (Halpern, 1997)。

例如研究指出，女性或男性賀爾蒙，會影響個體大腦組織的發展，使得男性善於接受空間概念的活動，而女性則在語言表達上受影響，所以男孩會接觸到大量的空間活動累積經驗，女孩則在語言能力上有所發展；然後男女分別持續由基因與環境的交互作用，而循環地增加男、女分別對空間或語言部分的發展與成熟，因而增加個體在特殊專長方面的能力，更進而選擇自己擅長方面的環境與刺激，再度促使大腦相對應部位的發展，如此不斷循環 (Bornstein et al., 1999)。

另外也有資料顯示，胎兒期時，母親的荷爾蒙分泌也可能影響胎兒後續性別角色的發展。目前有許多的案例顯示，女生在出生前，若母體有過多的男性荷爾蒙，在其青春期時與同年紀的女生相較，會有較精力充沛、有主見、獨斷、喜歡選擇男生為玩伴、選擇的活動較刺激的特質與行為傾向，且其空間能力也較一般女生好 (Berenbaum, 1998; Hines, 2004; Money & Ehrhardt, 1972)。這表示胎兒時期，母親母體子宮內荷爾蒙的分量，對其青春期時性別角色的特質與行為發展，可能有顯著性的影響 (Cahill, 2005)。

儘管生物社會理論提出的論點是，生理因素與社會因素兩者間，有交互作用的產生，但卻仍然沒有明確地說明個體如何在社會化的過程中，形成性別認同與性別角色的實際歷程及原因。

## 六、性別基模理論 (gender schema theory)

對性別角色發展與認同作了最詳盡的解釋與說明之理論，應該是屬於性別基模理論 (Bem, 1981; Martin & Halverson, 1987, 1989)。

基模理論是屬於訊息處理理論的一種，此理論認為：個體為了簡化訊息的複雜性，有系統地處理所有刺激，以期能迅速地統合各種訊息並

預測事件可能發生的方向；個體會對各種訊息先分門別類，然後以類別來**同化 (assimilation)** 及**調適 (accommodation)** 各種訊息。而生理性別正是個體分類時，最容易辨識及使用的向度之一 (Smith & Mackie, 2000)。

> **名 詞解釋**
>
> ①同化 (assimilation)：個人從經驗中吸取知識和技能。
> ②調適 (accommodation)：個人改變舊的認知結構，以配合由同化取得的新的認知結構。

在基模理論中，最有名的應用理論就是 Markus (1977) 的**自我基模 (self-schema)** 之理論，是指個體根據自己過去的生活經驗，將各種自我認識的資訊，彙整成有規則有條理，用以幫助個體了解自己、解釋並預測自己行為的知識結構，而性別基模則是自我基模的一部分。

性別基模理論為 Sandra Bem (1981) 根據社會學習理論及認知自我基模的概念所建立，此理論認為個體所建構的性別概念，是一種經過動態歷程而逐漸形成的認知結構，即性別基模。Bem 認為性別基模從幼兒時期即開始形成，兒童將文化評價、社會信念等訊息與性別作連結，以此發展符合其性別之行為表現、態度及個人特質。

在性別發展的過程中，性別基模理論認為 2-4 歲的小孩因為已經有性別識別的能力，所以會開始型塑自己的性別基模，亦即學會以性別為類別項目，依此類別來收集並解釋外界的訊息，並將之應用在自己身上。亦即對兒童而言，性別可能是最初學習區分內、外團體時，最容易且明顯的分類方式。當兒童在出生到 2 歲左右，開始能區辨自我與他人，並進一步地發展出**內團體與外團體基模 (in-group/out-group schema)**，依不同的特質、價值觀或屬性，來產生認同感與歸屬感。

藉由性別區分內、外團體，促使兒童產生男女內、外團體的認同，而建立起自我性別基模，進而引導兒童扮演好性別相符的角色與行為。因此兒童乃至青少年都會注意、收集及記憶一大堆與自己性別相符的訊息；對性別不相符的訊息，則給予忽略、不重視。例如：青少年可能會注意到文學方面的科系是屬於女性的,而理工方面的科系是屬於男性的。

因而，男女因自我性別基模的不同，而產生出不同的知識庫、興趣及能力。逐漸地，個體的性別基模也越來越穩固，而越來越會依賴此基模來處理訊息，而成為一個性別基模化者 (Martin & Ruble, 2004)。

也就是說，當個體有了性別基模後，個體對於有關性別方面的訊息，其注意力、花費的心力、記憶的程度皆會依其所認定的性別類型，而有所選擇及偏重。當他在了解自己，看待自己的過程當中，也會自動地將這些訊息與性別產生相對應的連結與組織分類 (Liben & Signorella, 1993)。

若個體經常使用性別來同化及調適訊息時，往往就會將特定的特質或行為組型與特定的性別相互連結。因此，一些特質與行為組型就會很容易與特定的性別連結在一起，於是個體就會認為某些特質是比較屬於女性的，而另外某些則是比較屬於男性的。

另外，由於每個人的生長環境不同，形成的基模也會有所不同，所以對事情的詮釋、理解和別人並不會完全一樣。Mead (1935) 的研究發現，在不同的原始社會中，對於男女兩性都有不同的要求與表現，因此個體所產生的性別基模就會有所不同。Mead 研究中的原始部落 Arapesh 中，男人與女人都被期望表現傳統女性的人格特質，都被訓練成合作、不攻擊、考慮別人需要的人；相反地，在另一個 Mandugumor 的部落中，男人與女人都被要求表現男性的特質，具有攻擊、殘暴、主動的行為。另外一個部落 Tchambuli，男女的性態度與角色剛好與一般常見的文化相反：女人是較支配性的，而男人則是較情緒性與依賴的。

事實上，性別基模理論同時包含了社會學習理論與認知發展理論的部分觀點，並強調了社會角色理論中文化的重要性。也就是說，個體既無法完全主動操控其對性別角色的分類，卻也不是完全被動地接受外界的操弄。此理論並認為，大部分的**性別角色類型化 (gender typing)**，是過度使用性別基模來處理訊息所產生的，且認為兒童在性別認同階段即產生了自我社會化的性別，至 6–7 歲時，性別概念已發展完全，比 Kohlberg 的預測都要早。

## 七、整合理論 (integration theory)

依照余佳倩（民 90）的詳細文獻探討，她認為上述各個理論對於性別角色發展與形成的原因，有不同的看法與著重點：

Freud 的精神分析論認為，性別分化是基於生理的性別因素與男、女不同性驅力而產生的影響。Bandura 的社會學習理論則認為，性別形成的原因，是個體對於外界環境（尤其是父母）的模仿學習，並受到外界增強作用而產生的影響。Kohlberg 的認知發展理論則強調，個體對環境訊息主動的處理，與自己對性別所做的分類、判斷與認同，導致了性別的角色發展。生物社會理論主張生理基礎與環境交替相互作用，而產生交互循環的影響。Eagly 和 Steffen 的社會角色理論指出，由於社會、文化因素的影響，使得個體依循社會對男、女角色的不同期待，而發展出男女不同的特殊技能與特質。Bem 及 Martin 與 Halverson(1987) 的性別基模理論，則是以個體處理訊息方式的認知歷程角度，解釋個體對訊息處理的特定歷程，對性別角色形成及形成後不易改變的現象，作了詳盡的說明。

上述的理論都從各個不同的角度，提供了重要的觀點，使我們能了解性別差異，以及性別角色發展的可能歷程。而整合論則是採取各學派的說法，應用於個體不同時期的性別發展上。Huston (1983) 與 Serbin (1993) 認為各個理論的論述均能描繪個體性別角色發展的歷程，只是各理論所強調的論述，似乎各有其最適當的應用時期 (Ruble, Martin, & Berenbaum, 2006; Shaffer, 2009)。例如：整合論者認為社會生物理論適用於胎兒與嬰兒時期，因為該時期的發展較受基因與荷爾蒙的影響。但是在胎兒出生後，環境、社會等各種外在因素的介入，透過性別的標籤化，傳遞社會對兩性不同的期待，使得大人以性別相符（文化相符）的方式來對待、教導小孩（社會學習理論與社會角色理論的觀點）。而當小孩逐漸成長，有了自己的體認與選擇及習慣化的訊息處理模式後，個體特定

的性別角色認同及認知結構，於是逐漸深化而穩固（認知發展理論與性別基模理論的觀點）。

另外，整體大環境是否提供機會及期待，也會影響個體能力及社會技巧的發展。最著名的就是以色列的女性，可能因為需要服兵役的緣故，她們在許多工技 (technical) 方面的表現，比男性更好 (Baker & Jones, 1992)。

再者，雖然同在美國，歐洲裔的男孩其數學遠比歐洲裔的女孩好；而中國裔的女孩與男孩卻一樣地好，完全沒有性別差異 (Lips, 2006)。因而性別差異的原因，應無法由單一因素來解釋，它的發展與上述理論著重的生理、教養、環境、文化及個體自己的認同，均有很大的關聯。

最後要提醒的是，即使心理學家承認男、女在某些能力、性格及行為上有所差異，然而究竟其差異是非常小的，大部分的心理學家都同意其相似性是遠大於其相異性 (Blakemore, Berenbaum, & Liben, 2009)。所以，我們無法單從性別就能夠去推測一個人的能力或性格。然而我們的社會中，卻對性別充滿了錯誤的期待與誤解，這些文化迷思 (cultural myths) 是如何形成的呢？以下就是這方面的說明。

## 第三節　青少年性別發展中可能面臨的問題

## 一、性別刻板印象的形成

與青少年性別角色發展關係最大的是社會大眾的性別刻板印象。性別角色形成之後，個體的行為舉止似乎也有了依循的方向與指標，個體的行為也因此能夠符合社會群體的期望，這也是一般人所說的「男生像男生，女生像女生」，一般學術上稱這種期待與要求的結果，叫做性別類型化 (gender typing)❶。然而社會中要求不同性別的個體，要有其各自不

❶　早期 Bem(1981) 稱呼為 sex typing。

同的角色規範，對一個人的成長與發展，究竟是好還是不好？

從某個層面來看，我們都渴望被讚許、被接納，而為了獲得讚賞與被接納，我們常會採取印象管理的策略來達到這個目的 (Franzoi, 2009)。所以認同性別角色是個體社會化，融入社會一個重要的歷程。然而在性別角色形成後，如果個人沒有特別被提醒或注意，將人分類之後而產生的性別基模運作，會因為習慣的養成，而容易產生了性別刻板印象 (Franzio, 2009)。

所謂的刻板印象就是：對人或對事所持的觀念或態度中，有著像木刻板一樣僵固不變的傾向。而其特徵是不以親身經驗為根據、不以事實資料為基礎，單憑一些人云亦云的間接資料，或只憑一偏之見，即對某事、某人、某團體做武斷的評定（張春興，民 95）。團體刻板印象所含的個性特徵，常常會影響個體對該團體的情感反應。例如：因為覺得商人見利忘義而看不起他、因為覺得女生不會開車所以不願意把車借給她開等 (Smith & Mackie, 1996)。

張春興（民 95）對性別角色刻板印象的解釋則為：一般對男女兩性行為所做刻板區分的心理傾向；也就是偏向認為男性就應該如何，女性又應該要如何的一種態度或想法。李美枝（民 85）認為在傳統社會中，人們會透過社會化的過程，對男、女兩性應具有的特質，產生極為不同的要求。例如：男性會被要求表現出自我肯定、獨立、勇敢、果決等工具性及主動性有關的特質；而女性則是被要求表現出順從、依賴、細心等與情感表達有關的特質。

換言之，當個體有了性別刻板印象後，就會對於不同性別的個體，在其行為、性格特徵等方面給予不同的期望、要求（時蓉華，民 85）。一般而言，社會大眾常會有男、女性別角色各自分化的期許，因此對男性團體與女性團體的刻板印象也就容易存在，這種刻板印象化的結果就容易產生所謂的性別特質化，包含女性特質 (femininity) 與男性特質 (masculinity)。例如：在我們的傳統社會中，要求男人要具有理性、負責

任、有主見等男性特質，而女人則是被要求具有溫柔、善解人意、順從等女性特質。

在一般父系的社會中，女性的特質通常為溫柔的、體貼的、心思細膩的、敏感的、情感取向的，也通常被認為是服從的、多愁善感的、依賴的、情緒化的；一個女性化的女人是不可以表現出攻擊、大聲說話、或講髒話的行為。而男性的特質則為剛強的、強壯的、勇敢的、有力量的、自信的、男子氣概的、富邏輯性的、理性的、冷靜的，但也常被認為是粗獷的、大而化之的、不敏感的、富攻擊性的。

早期 Goldberg (1968) 即以實驗研究，驗證了這種性別特質刻板化的存在。Goldberg 讓女大學生閱讀一篇科學研究的文章，其中實驗組的文章中，註明的是男性的作者，而對照組的文章中，作者標明是女性。結果，對同樣的文章內容，女大學生竟然認為標明男作者的文章，比標示女性作者之著作，有較高的學術品質。

雖然近來學者呼籲要打破這種僵硬的性別分類法，然而傳媒的蓬勃發展，不斷且反覆地加深此社會性別角色分化（見第八章），有些學者認為性別刻板印象在現在的社會似乎反而更為強烈 (Shaffer, 2009)。

依照前述性別基模理論的推論，當性別角色形成時，個體也可能間接地產生了性別刻板印象。亦即個體在最初會依性別基模清楚地分類男女，然後有性別角色分化的特質與行為產生。逐漸地，個體的性別基模越來越穩固，且越來越會依賴此基模來運作同化相關訊息。尤其當個體不願花心力去作調適時，許多的訊息就會失去原貌，或個體看不到訊息原貌，使得性別刻板化的情況得以穩固並深化。

由於個體每天需面對外界許多的訊息，實在很難對所有的訊息均竭心竭力地去處理，因此大多會扮演認知吝嗇者（王震武等人，民 97）的角色，即依循最少阻力、最不費力氣的方法或原則來處理一般訊息（即捷思法的思考），如此才可以快速地過濾我們所認為不重要的訊息，而只注意我們所關注的。因此，我們對世界本貌的知覺，很可能是片面而不

正確的。

　　基模就如同是濾片般，會讓我們忽略、忘記或遺漏一些與原本認定不一致或相互矛盾的訊息。有時候，甚至會讓我們產生**固著效應 (perseverance effect)**，就是即使原先的基模不足以解釋新的訊息，或者即便知道原本基模有誤時，個體仍會堅持保有原來的基模，將事物本貌解釋得與其原有基模或期望一致。

　　在我們的生活中，常常可以覺察到個體使用同化的歷程，以性別基模來解釋訊息。例如：當我們觀察到一個開車技術很差的人，容易去猜測駕駛是女性，且當證實真的是女性駕駛、符合社會傳統的性別刻板印象，我們就會去注意並記住這個行為關連（女人就是如此）；而假使我們觀察到一個開車技術很好的人，卻發現是女性時，由於這樣的行為並不符合性別刻板印象，通常我們要不是忽略這樣的案例，就是將此視為例外、少數（大部分的女人開車技術還是很差的）。這種過程，就是性別刻板印象形成並深化的歷程。

　　刻板化印象形成後，會使個體對人或事的看法僵硬、主觀或武斷，會使個人以部分的資訊，類推到整體或全部的訊息。因此，性別角色認同與性別刻板印象是互相關聯的，當個體認同了其社會所規範的性別角色後，性別基模也容易逐漸穩固，以性別類型化來看待事件，用性別來作歸因的傾向也就越來越強，而性別刻板印象也就越容易深化而穩固。

## 二、性別刻板印象可能產生的影響

　　性別刻板印象化後，會使得人們對男女在能力表現、科系就讀選擇、工作分工，產生很大的影響。例如：如果依照女性的特質分配工作，工作範疇與機會常常被限制在某些狹窄及較為低薪的生涯範圍，如老師、護士、祕書、圖書館員、服務生等 (Eagly & Chaiken, 1993)。

　　另一方面，相信性別刻板印象也會促使個體產生**自驗預言 (self-fulfilling prophecy)** 的現象。亦即如果個體已經對性別角色存在某

些既定的態度和想法，那麼在扮演這個角色時，必然會增強先前已存在的態度、想法。舉例來說，假如社會大眾都認為在某些科系中（如理工科），女性的成就表現會比男性來得差，那麼此社會中大多的女性就會如此地看待自己，而不願意進入這些科系就讀，挑戰這樣的性別刻板印象。結果，女性對這些科系的認識與了解，就會越來越差，最後應驗了刻板印象的看法。這樣的論點，正好與 Eagly 與 Steffen (1984) 所提出的社會角色理論相呼應。因此，個體越受性別刻板印象的影響，產生性別角色刻板化之行為的可能性就越會提升。

性別刻板印象在青少年時期所造成的影響，目前主要有兩個現象相當受學者的關注，一個是青少年的能力（尤其是學業能力）表現，是否真的有性別差異？另一個是面臨生涯選擇的青少年，他們的選擇是否會因性別之不同而有所不同？

以國內來看，長期以來，臺灣社會對於男女不同性別所擅長與感興趣的學科，似乎一直都有相當根深蒂固的刻板印象。例如男性就普遍被認為是比較擅長並喜歡數學方面的學科，而女性則被認為是喜好語文之類的學科。依據教育部 (2007) 的資料顯示，幼稚園到大學的就學性別比率相當平均（幼稚園男、女比率：52% vs. 48%；大學男、女比率：51% vs. 49%），且從 2002 到 2006 學年的分析都穩定呈現這種模式。然而，進一步從大學三大類（人文、社會與科技）科系性別比率來看，近十年來科技類始終是以男性居優勢，從 1996 年的男性 66% 到 2006 年的男性 68%。即使近幾年的資料顯示，仍然是一樣的結果（教育部，2011），亦即仍以三大分類科系來檢視，各類別的男女比例仍然存在著極大的性別差異，科系的選擇依舊呈現著「男理工，女人文」的現象。而美國大學的男女科系選讀上，也有相似的情況發生 (Eccles et al., 2000)。

▼表 5-1: 大專校院學生人數: 按三大分類科系及性別分 (百分比)

| | 96 學年度 | | | 97 學年度 | | | 98 學年度 | | | 99 學年度 | | |
|---|---|---|---|---|---|---|---|---|---|---|---|---|
| | 男 | 女 | 男女比例 | 男 | 女 | 男女比例 | 男 | 女 | 男女比例 | 男 | 女 | 男女比例 |
| 總　計 | 51.28 | 48.72 | 1:1 | 51.08 | 48.92 | 1:1 | 50.87 | 49.13 | 1:1 | 50.69 | 49.31 | 1:1 |
| 人文類 | 31.03 | 68.97 | 1:2.2 | 31.14 | 68.86 | 1:2.2 | 31.23 | 68.77 | 1:2.2 | 31.43 | 68.57 | 1:2.1 |
| 社會類 | 37.09 | 62.91 | 1:1.7 | 37.48 | 62.52 | 1:1.7 | 37.98 | 62.02 | 1:1.6 | 38.30 | 61.70 | 1:1.6 |
| 科技類 | 68.62 | 31.38 | 2.1:1 | 68.35 | 31.65 | 2.1:1 | 67.95 | 32.05 | 2.1:1 | 67.67 | 32.33 | 2.1:1 |

資料來源: 教育部統計處 (2011)

　　根據教育部 (2006) 公布的博士生在學人數的數據，可以發現兩性差異最大的領域為工程學類，在所有博士班在學學生中，男性有 42.5% 攻讀工程學類，而工程學類女性博士生只有 11.3%。

　　目前國內常見的一些職業分布現象也可以說明性別刻板印象可能造成的影響: 大學理工科的教授男性顯著多於女性; 科學或數學知識關係密切的產業，如工程業、電子業，其從業人員也是男多於女 (王震武，民 97)。這些現象會不會與高中女學生的數學成就及興趣有關聯呢?

　　如前所述，男女在能力的性別差異，於心理學研究中，其結論至今仍爭辯未休。許多的研究者的確發現男生在空間與數學的能力上，在青少年期開始優於女生，然而什麼原因造成這個差異，則有許多不同的理論來解釋。

　　這類「學科的性別刻板印象」形成的原因，一部分可能是來自於社會因素的影響，例如家庭的教養、學校的教育與媒體的傳播; 另一個原因，可能就是來自於個體本身的認定: 如前述個體以男女為架構的分類方式，來處理科系選擇相關的訊息。

　　學科性別刻板印象到底對人們在現實生活中的表現有多少影響? 我們以數學的性別學習差異為例，來加以說明。

　　過去國內、外的研究均發現，一般而言男生在數學成就的表現上優

於女生，而女生在語文方面的程度優於男生（陳美娥，民 85；Eccles, & Gootman, 2002; Felson & Trudeau, 1991）。再從學科能力測驗成績之分析看來，國內男生在大學入學學科能力測驗中，數學、自然科的成績顯著優於女生；而女生在國文、英文、社會科的成績則優於男生（陸炳杉，民 92）。

國外更細緻的資料分析顯示，在科學與數學領域中的性別比較，男性比女性佳的結果，要到高中階段才出現；在高中之前，不是沒有差異 (Hyde et al., 2008)，就是女生比男生表現還要好 (Lauzon, 2001)。

魏麗敏（民 80）對國內學生成績表現的資料整理顯示，在國小階段，男、女生的數學成就並無顯著的不同；但到了國中時，男、女生的數學差異就逐漸明顯。其實在小學階段，女生的數學成績甚至比男生更好；可是在大學階段，女生的數學表現就遠遠落在男生之後。

而國外較系統性的比較分析研究也發現，到了高中與大學階段，男女數學的表現差異越來越大 (Hyde, Fennema, & Lamon, 1990)。

是什麼原因造成男女間在數學表現上有越來越大的差距呢？OECD (PISA, 2006) 近來所公告的調查資料中，國小學童對科學的自我效能、自我概念（自信心）、學習興趣、喜好程度及學習動機，即產生了兩性差異（男高於女）。而近期的國內調查也反映出類似的現象：女學童從國小四年級開始，就對自然及數學科目的學習，比男童顯現較高的焦慮（親子天下，2009）。即使是男、女學童在科學或數學科目的成就表現上，尚未顯現出差異，甚至女生表現得比男生好，然而女生卻早在小學中年級時，出現了學習自信心及學習動機比男生低落的現象。這種自信心與學習動機上的差異，會不會就是男、女兩性在高中時，逐漸顯現出數學或科學科目方面，學業成就差異的根源？

數學成績及興趣偏好帶給青少年學生最直接的影響，可能就是科系的選擇與未來職業的發展。高中升大學選擇分組（自然組或社會組）的時期剛好是人生的重要階段，選不同的類組，將來所進入的科系會大不

相同，而大學中不同的科系，其訓練的方法與內容極為不同，大學畢業所從事的職業，與未來的生涯規劃，也可能會大不相同。由此可見，遠至國小，慢慢進入國中、高中，女生逐漸對不同學科產生了性別刻板印象，這個學科性別刻板印象對個人未來的生涯選擇與發展，可能就產生了重大影響。

數學與語文是青少年學習階段最為重要的學科項目，數學與語文成就、興趣及學習動機，與個人未來生涯發展息息相關；因此對其偏好及成績好壞，也很容易成為區分個體專業生涯選擇的指標。而學科性別刻板印象可能就會引導男女學生，在時間分配、閱讀興趣上，產生了偏頗的現象：喜歡的就更喜歡，討厭就逃避。

究竟刻板印象中的什麼力量，讓不同性別的個體，會在學科能力表現上產生了差異？Steele (1997) 提出了**刻板印象威脅 (stereotype threat)** 的主張，他認為：自身所處內團體的負向刻板印象，會讓個體產生壓力與困境，擔心自己的表現會被用來證實其內團體的負向刻板印象，而這樣的壓力相當地強烈，強烈到會影響個體在此事件上的行為表現，而這些較差的行為表現，又會一次又一次地加深自己的刻板印象。例如當女性在做數學測驗時，女性不擅長數學的負面刻板印象就會對女性產生相當的壓力，女性會擔心自己如果在數學測驗上表現不好的話，會被人拿來證實說女性確實不擅長數學，而這樣的壓力卻反而造成女性在數學測驗上的表現不佳，產生類似**自我設限 (self-handicapping)** 以及「自驗預言」的情況。刻板印象威脅這個論點後來也被 Steele、Spencer 和 Aronson (2002) 的實證研究所證實：當誘發個體刻板印象的作用突顯時，被負向期待團體之個體，其能力表現就會變差；而當誘發此個體刻板印象的作用消失時，其能力表現較差的結果就會消失。後續也有多個研究證實了女性在受到性別刻板印象的威脅後，能力表現會低落（陳奕成，民 97；Beilock, Rydell, & McConnell, 2007; Johns, Schmader, & Martens, 2005; Lesko & Corpus, 2006; Schmader & Johns, 2003）。

　　因此，或許男生與女生的學科能力剛開始並沒有很大的差異，然而在社會與文化的不同期許下，加上性別刻板印象的威脅，尤其是對女性偏多的負向刻板印象，使得女生逐漸害怕數學，沒有信心學習數學，加上自我設限與自我應驗的效應，甚至對數學產生了恐懼感與無力感，最後成就與表現就越來越比不上男生了。

　　另外，在生涯選擇與規劃方面，實際資料顯示在兒童期時，女孩比男生還有較高的生涯期待，也許是因為她們在早年時期常是較優秀的學生 (Mau & Bikos, 2000)；但到高中之後，女孩的職業抱負通常變弱了。有許多年輕的女性在高中階段，反而選擇了那些無法充分表現出她們天分及能力的科系或生涯 (O'Brien, Friedman, Tipton, & Linn, 2000)。

　　為何男女兩性在青年時期，對生涯選擇會有這麼大的分歧？除了上述高中時期學科興趣選擇與能力逐漸分化的影響外，心理學家認為社會性別刻板化印象的普遍存在，就是主因。我們的社會期待女性要表現親和、婉約、依賴、溫馨等柔性特質，久而久之，她們就難以向工商業界所需的果斷、冒險、獨立、雄心與能幹之工作挑戰，因而形成較男性為低的成就動機與抱負水準。另一方面，社會對男女的角色也有所不同，男性因為從小被期望成功、未來能夠養家，而女性反而有害怕成功的心理，因為擔心女性的成功可能會帶給男性壓力，減少了對男性的吸引力，因此女性就可能自我設限，防止過多表現，以免受到男性的排斥。

　　性別刻板印象深化後，容易產生性別偏見或性別歧視 (sexism)。性別歧視是指在社會中的某一性別者，就只因為他（她）是屬於那一個性別而受到不平等的待遇。一般常受到的性別歧視主要包含下列幾方面：(1)教育機會方面，如有些學科限制女生或男生入學；(2)就業機會方面，如有些職業對已婚女性有限制；(3)待遇方面，如同一公司中相同的工作，但某一性別者其薪水卻較低；(4)社會地位方面，如女性不易升遷，或擔任主管受其他同仁所排斥（張春興，民 95）。

　　雖然目前法律明文規定性別歧視是違法的，但社會中仍然常有許多

的女性報告說她們在學校、工作、人際對待中，受到性別上的不良差別待遇 (Hyde, 2007)。

# 第四節　對青少年性別角色發展之可能協助

性別角色分化，到底對個體與社會是利或是弊？從分工的角度來看，角色彼此分工，通常可以使社會的運作更為順利與和諧。然而性別角色分化後產生的性別印象刻板化，使得分工變得僵化、社會規範變成壓力，進而使得個人無法自由自在地選擇生涯規劃與社會角色，社會的運作也變得缺乏彈性。另外，如果因為性別角色分工後，而使得其中的某一性別，受到不平等的待遇，那麼性別角色分工的意義，就必須要檢討與改變了。所以對青少年性別角色分化與認同的教育問題，也曾經一度發生過爭辯與兩難的困境。

進入到青少年早期時，個體在性別分化的概念有忽然加劇的趨勢，學者稱這種現象為**性別強化** (Basow, 2006; Hill & Lynch, 1983; Santrock, 2010)。而什麼原因造成這個現象呢？可能的原因主要可以分為三類。

## 1. 第二性徵的出現，促發了青少年性別意識的突顯

一方面外顯的生理變化，更強化了男女有別的區辨；另一方面，荷爾蒙的急速改變（尤其是男性荷爾蒙），促發了男女不同特質的發展 (Santrock, 2010)。

## 2. 青少年自我認同的發展需求

青少年剛開始步入成人樣貌，而自我認同是該階段最重要的任務 (Erikson, 1982)，因而性別角色的認同，也成為其社會化過程中所必須要面對的問題，加上青少年大多有「想像觀眾」的現象，使得他們更加地注意到其行為舉止，是否合乎社會的性別角色規範。

## 3. 受到相同性別之同儕的影響

因同儕間的相互影響及監控，使得青少年容易出現團體極化的行為。

例如：男性化更趨於男性化，女性化就更趨於女性化 (Luria & Herzog, 1985)。

性別強化的結果對具有陽剛特質的女性及陰柔特質的男性特別不利，因為他們的行為表現，不合乎傳統社會中的性別角色規範。所以在青少年階段，傳統所謂的娘娘腔男生及男性化女孩，被欺侮及歧視的情況最為嚴重（黃珮茹，2009）。

青少年早期的另一個特徵是自尊開始下降，尤其是女生比男生降得多 (American Association of University Women, 1992; Robins et al., 2002)。Bem (1977) 就認為這個自尊的降低與青少年的性別角色認同有關連。

## 一、兩性化特質的培養

Bem (1977) 的研究資料指出男性固著於陽剛（或稱工具性）特質或男性氣概，及女性固著於陰柔特質或表達性特質者，其自尊比較低，因為他們認為陽剛特質與陰柔特質，是同一軸度的對立特質，因此具陽剛特質者就不可能陰柔，而陰柔者就不可能陽剛。早期研究者認為認同這種性別角色分化者，他們的社會化程度比較高，心理健康及適應性也應該會比較好，怎麼會與低自尊產生關聯呢？

Bem 以其所發展的性別角色量表 (Sex-Role Inventory) 對青少年進行施測，發現所謂的男性化與女性化特質，其實是兩個互相獨立的向度（見表 5–2），有不少的人是同時具有男性化及女性化的特質者（測量得分兩者皆高者）。Bem 稱這些人為兩性化特質者 (androgyny)。而後續研究也發現兩性化特質者，無論在自尊、創造力、及心理調適上，的確都比其他三種性別類型者來得好。

▼表 5–2：Bem 之雙向度性別角色分類

| | | 男性化 | |
|---|---|---|---|
| | | 高 | 低 |
| 女性化 | 高 | 兩性化特質 (androgynous) | 女性化特質 (feminine) |
| | 低 | 男性化特質 (masculine) | 未分化 (undifferentiated) |

Bem 認為這是因為兩性化的特質者，能夠依照情境不同的需求，而彈性地表現出合宜的特質與行為，而不會被男生就要像男生、女生就要像女生的傳統規範所束縛。

## 二、發展本性，珍重自身特質

後續針對 Bem 觀點的學者，也陸續提出了青少女之自尊，平均比青少男低落原因的不同論點。其中最受注目的，就是 Gilligan 的解釋。Gilligan 認為青少女自尊平均低落的原因，乃是有志於成就發展的青少女，同時面臨了追求事業成功（須要工具性或陽剛性的特質），及追求人際關係（須要表達性或陰柔性的特質）的兩難困境 (Basow, 2006; Gilligan, 1996)。

也就是說，一方面青少女在性別角色強化的階段，她們須遵從傳統社會的規範，表現出端莊、溫柔、體貼、能夠照顧人的表達性特質；但另一方面，青少女若要有所成就，也必須學習工具性的特質，學會如何與眾人競爭、使自己更為獨立、更能為自己著想，才能爭取到較好的生涯發展。因此發展順利者，就會成為 Bem 所說的兩性化特質者；如果發展不順利，就可能在兩種特質之間徘徊，不知何去何從。

所以，Gilligan 不認為所有的女孩，都會樂於往兩性化特質的方向發展。另外，即使形成了兩性化的特質，也不一定對青少女及整體社會是有利的。她反倒認為女性應該珍惜女性化的特質，認為女性有其獨特的、有別於男性的一種特殊「不同的聲音」(different voice)。女性對他人及對世界的特殊關懷方式，是溫柔的、善體人意的、自我犧牲的，就像大地之母的愛，是非常珍貴、無怨無悔的。青少女在性別角色同化時，只要能肯定、發揚這個特有的價值，對人類及對世界都是很大的貢獻。

所以，雖然有眾多的學者強調，要打破性別刻板印象，就應該讓性別角色的區隔消失。不管男或女，要女性化、或要男性化皆可以自由選擇，而如果同時具有兩性化的特質，那就更好。然而 Gilligan 卻獨排眾

議，認為要求女性具有兩性化的特質，不過是要她們能以表達性的特質，一邊繼續照顧家庭；另外，又要她們以工具性的競爭特質，在外工作與他人競爭。例如：在許多雙薪家庭中，女性雖然外出上班，然而家事仍然大多由女性來承擔。為了去除女性須兩性化的雙重負擔，Gilligan 認為反倒不如讓女性好好發展她們母性的特質，讓她們能夠自我肯定自己的價值，發揮她們獨特的不同聲音，或許對女性的發展會更為順暢、對社會更有貢獻。

Eagly 在後續的男、女社會行為比較之後設分析 (meta-analysis) 中，支持了 Gilligan 的看法。也就是說，女性有許多社會行為是有別於男性，而且女性的這些特有社會行為表現，與男性相較並不相上下 (Eagly, 1995, 2007, 2009)。例如：在領導行為中，男女在領導風格及領導形式上，的確大不相同；但是男女在領導的績效比較上，在不同的情境中，各有其特色及效果。當情境或公司組織須要團體成員通力合作、頻繁溝通、並對彼此有深入了解的需求時，表達性特質高的女領導就相當占有優勢 (Eagly & Johnson, 1991; Eagly, Karau, & Makhijani, 1995)。因此 Eagly 認為性別差異及性別角色分化，並不會是大問題，而個體對自身所擁有的特質是否珍重，才是關鍵。

所以兩性化特質的共同發展，本來被認為應該可以推薦給青少年，如果青少年同時接納並擁有各種不同的特質，會有比較健全的自我概念發展。然而 Gilligan 與 Eagly 等學者卻發出了「不同的聲音」，認為兩性化特質教導，可能對青少女之性別發展不利。

## 三、超越性別角色

那我們對青少年性別角色的發展，要給什麼樣的建議呢？最近社會認知研究的發展，支持 Pleck (1983) 所提議**超越性別角色 (gender-role transcendence)** 的主張 (Franzoi, 2009)。其主張打破性別的疆界，不要去顧忌男、女必須區分的界定，每一個人的行為表現或貢獻，不應該因為

他是男性或女性，而獲得較多的尊重或貶抑。也就是說，不要侷限於把人分成男人及女人，而是應該尊重每一個個體就是一個「人」。當我們可以把分門別類的標籤拿掉，不再以性別標籤來分類人時，性別間的分野，反而容易去除。

目前雖然性別平等的意識已經逐漸抬頭，不過社會中性別類型化的概念仍然存在。例如每當有新生兒出生時，大部分人問的第一句話，仍然是：「男的還是女的？」而許多安慰人的話，也仍然透露了性別不平等，例如：「女的也一樣好」；「現在生女的比較好了」；「下一胎一定會是男的」。而當個體仍然以性別來分類人、以性別來處理相關訊息的認知運作時，性別區分的情況就會依然存在。

就如第二節性別基模所論，當我們不再以性別為分類向度、不再用性別來做標誌或標籤，而直接從個人及個別差異的角度來分析討論，尊重每一個人均有其特性，有其獨立於性別之外的選擇；即當每個人都可以尊重他人，也尊重自己的特質與選擇時，個人自尊及心理調適應該可以得到最好的發展。

PISA (2006)。OECD PISA 國際評量計畫。檢自：http://www.pisa.oecd.org/pages/ 0,2987,en_32252351_32235731_1_1_1_1_1,00.html。

王震武（民 97）。《發展早期女生科學思考雛形及其教育意涵之研究——素樸實驗 觀念與統計觀念的萌芽》（國科會計畫，NSC 96–2629–S–431–001）。佛光大 學。

行政院勞工委員會網站（2008 年）。〈性別工作平等法〉。檢自：http://www.cla.gov.tw/ cgi-bin/SM_themePro?page=47d10c4b。

余佳倩（民 90）。《性別刻板印象的覺察與鬆動之研究——以大一女性學生為例》。 國立東華大學教育研究所碩士論文。

李美枝（民 73）。〈性別角色刻板印象〉。《女性心理學》。臺北：大洋。

李美枝、鍾秋玉（民 85）。〈性別與性別角色析論〉。《本土心理學研究》，6，260–299。

張春興（民 95）。《張氏心理學辭典》。臺北：東華。

教育部全球資訊網站 (2011)。〈歷年大專校院學生人數——按科系三大分類及性別 分（百分比）〉。檢自：http://www.edu.tw/statistics/content.aspx?site_content_sn= 8168。

陳奕成 (2006)。《學科性別刻板印象與學科性別威脅對工作記憶之影響》。未出版之 碩士論文，佛光人文社會學院。

陳美娥（民 85）。《國小學習遲緩兒童父母教養方式與成就動機、生活適應、學業 成就之關係研究》。未出版之碩士論文，市立臺北師範學院初等教育研究所。

陸炳杉（民 92）。《多元入學學生學業成就之研究——以高雄市立中正高級中學為 例》。未出版之碩士論文，國立高雄師範大學工業科技教育學系。

游美惠、易言嬡（民 91）。〈男性／陽剛特質＆女性／陰柔特質〉。《兩性平等教育 季刊》，18，101–106。

黃珮茹（民 98）。《以多元文化觀點取向來降低國中學生對陰柔特質男性偏見之探 討》。未出版之碩士論文，佛光大學心理學研究所。

親子天下雜誌 (2009)。《教出女孩的自信，男孩的潛力》。臺北：天下雜誌。

魏麗敏（民 90）。〈國民中小學生一般焦慮、數學焦慮及數學態度之比較研究〉。《臺 中師院學報》，5，129–154。

American Association of University Women (1992). *How Schools Shortchange Girls: A Study of Major Findings on Girls and Education.* Washington, DC: Author.

Anderson, D. R., Huston, A. C., Schmit, K., Linebarger, D. L., & Wright, J. C. (2001). Early childhood viewing and adolescent behavior: The recontact study. *Monographs of the Society for Research in Child Development, 66* (1, Serial No. 264).

Baker, D. P., & Jones, D. P. (1992). Opportunity and performance: A socio-logical explanation for gender differences in academic mathematics. In J. Weigley (Ed.), *Education and Gender Equality*. London: The Falmer Press.

Bandura, A. (1986). *Social Foundations of Thought and Action. A Social Cognitive Theory*. Englewood Cliffs, NJ: Prentice-Hall.

Bandura, A. (1989). Social cognitive theory. In R. Vasta (Ed.), *Annals of Child Development* (Vol. 6, pp. 1–60). Greenwich, CT: JAI Press.

Basow, S. A. (2006). Gender role and gender identity development. In J. Worell, & C. D. Goodheart (Eds.), *Handbook of Girl's and Women's Psychological Health*. New York: Oxford University Press.

Beilock, S. L., Rydell, R. J., & McConnell, A. R. (2007). Stereotype threat and working memory: Mechanisms, alleviation, and spillover. *Journal of Experimental Psychology: General, 136*, 256–276.

Bem, S. L. (1977). On the utility of alternative procedures for assessing psychological androgyny. *Journal of Consulting and Clinical Psychology, 45*, 196–205.

Bem, S. L. (1981). Gender Schema Theory: A cognitive account of sex typing. *Psychological Review, 88*, 354–364

Berenbaum, S. A. (1998). How hormones affect behavioral and neural development: Introduction to the special issue on "Gonadal hormones and sex differences in behavior." *Developmental Neuropsychology, 14*, 175–196.

Blakemore, J. E. O., Berenbaum, S. A., & Liben, L. S. (2009). *Gender Development*. Clifton, NJ: Psychology Press.

Bornstein, M. H., Haynes, O. M., Pascual, L., Painter, K. M., & Galperin, C. (1999). Play in two societies: Pervasiveness of process, specificity of structure. *Child Development, 70,* 331–371.

Cahill, L. (2005). His brain, Her brain. *Scientific American, 292*, 41–47.

Calvert, S. L. (2008). Children as consumers: Advertising and marketing. *The Future of Children, 18,* 205–234.

Crick, N. R., Casas, J. F., & Mosher, M. (1997). Relational and overt aggression in preschool. *Developmental Psychology, 33*, 579–588.

Eagly, & Chaiken (1993). *The Psychology of Attitudes*. Fort Worth, TX: Harcourt Brace Jovanovich.

Eagly, A. H. (1995). The science and politics of comparing men and women. *American Psychologist, 50*, 145–158.

Eagly, A. H. (2007). Female leadership advantage and disadvantage: Resolving the contradictions. *Psychology of Women Quarterly, 31*, 1–12.

Eagly, A. H. (2009). The his and hers of prosocial behavior: An examination of the social psychology of gender. *American Psychologist, 64*, 644–658.

Eagly, A. H., & Johnson, B. T. (1990). Gender and leadership style: A meta-analysis. *Psychological Bulletin, 108*, 233–256.

Eagly, A. H., & Steffen, V. J. (1984). Gender stereotypes stem from the distribution of women and men into social roles. *Journal of Personality and Social Psychology, 46*, 735–754.

Eagly, A. H., Karau, S. J., & Makhijani, M. G. (1995). Gender and the effectiveness of leaders: A meta-analysis. *Psychological Bulletin, 117*, 125–145.

Eccles, J. S., & Gootman, J. (2002). *Community Programs to Promote Youth Development*. Washington, DC: National Research Council Institute of Medicine, National Academy Press.

Eccles, J. S., Freeman-Doan, C., Jacobs, J., & Yoon, K. S. (2000). Gender-role socialization in the family: A longitudinal approach. In T. Eckes, & H. M. Trautner (Eds.), *The Development Social Psychology of Gender* (pp. 333–360). Mahwah, NJ: Erlbaum.

Erikson, E. H. (1982). *The Life Cycle Completed: A Review*. New York: Norton.

Fagot, B. I., & Leinbach, M. D. (1993). Gender-role development in young children: From discrimination to labeling. *Developmental Review, 13*, 205–224.

Faust, M. S. (1997). Somatic development of adolescent girls. *Monographs of the Society for Research in Child Development, 42*.

Felson, R. B., & Trudeau, L. (1991). Gender differences in mathematics performance. *Social Psychology Quarterly, 54*(2), 113–126. Retrieved April 25, 2005, from the JSTOR database.

Franzoi, S. L. (2009). *Social Psychology* (5th ed.). New York, NY: The McGraw-Hill.

Freud, A. (1969). Adolescence as a developmental disturbance. *Writings, 7*, 39–47.

Freud, S. (1962). *Three Essays on the Theory of Sexuality*, trans. James Strachey. New York: Basic Books.

Frey, K. S., & Ruble, D. N. (1992). Gender constancy and the cost of sex-typed behavior: A test of the conflict hypothesis. *Developmental Psychology, 28*, 714–721.

Gilligan, C. (1996). The centrality of relationships in psychological development: A puzzle, some evidence, and a theory. In G. G. Noam, & K. W. Fischer (Eds.), *Development and Vulnerability in Close Relationships.* Hillside, NJ: Erlbaum.

Goldberg, P. (1968). Are women prejudiced against women? *Trans Action, 5*, 28–30.

Halpern, D. F. (1997). Sex differences in intelligence: Implications for education. *American Psychologist, 52*, 1091–1102.

Halpern, D. F. (2004). A cognitive-process taxonomy for sex differences in cognitive abilities. *Current Directions in Psychological Science, 13*, 135–139.

Hill, J. P., & Lynch, M. E. (1983). The intensification of gender-related role expectations during early adolescence. In J. Brooks-Gunn, & A. C. Petersen (Eds.), *Girls at puberty: Biological and Psychosocial Perspectives.* New York: Plenum.

Hines, M. (2004). *Brain gender.* New York: Oxford University Press.

Huston, A. C. (1983). Sex-typing. In P. H. Mussen (Ed.), *Handbook of Child Psychology, Vol. 4: Socialization, Personality, and Social Development* (4th ed., pp. 387–467). New York: Wiley.

Hyde, J. S. (2007). *Half the Human Experience* (7th ed.). Boston: Houghton Mifflin.

Hyde, J. S., Fennema, E., & Lamon, S. (1990). Gender differences in mathematics performance: A meta-analysis. *Psychological Bulletin, 107,* 139–155.

Hyde, J. S., Lindberg, S. M., Linn, M. C., Ellis, A. B., & Williams, C. C. (2008). Gender similarities characterize math performance. *Science, 321,* 494–495.

Kohlberg, L. (1969). Stage and sequence: The cognitive-development approach to socialization. In D. A. Goslin (Ed.), *Handbook of Socialization Theory and Research.* Chicago: Rand McNally.

Lauber, A. J. (2006). *Gender Identity, Psychology and Lifestyle.* Nova Science Pub, Inc.

Lauzon, D. (2001). Gender differences in large scale, quantitative assessments of mathematics and science achievement. Paper Prepared for the Statistics Canada-John Deutsch Institute—*WRNET Conference on Empirical Issues in Canadian Education*, Ottawa, November 23–24, 2001.

Lerner, & L. Steinberg (Ed.). *Handbook of Adolescent Psychology* (2nd ed.). New York: Wiley.

Lesko, A. C., & Corpus, J. H. (2006). Discounting the difficult: How high math-identified women respond to stereotype threat. *Sex Roles, 54*, 113–125.

Liben, L. S., & Signorella, M. L. (1993). Gender-schematic processing in children: The role of initial interpretations of stimuli. *Developmental Psychology, 29*, 141–149.

Llps, H. M. (2006). *A New Psychology of Women: Gender, Culture, and Ethnicity* (3rd ed.). New York: McGraw-Hill.

Luria, A., & Herzog, E. (1985, April). *Gender Segregation Across and Within Settings*. Paper presented at the biennial meeting of the Society for Research in Child Development, Toronto.

Maccoby, E. E., & Jacklin, C. N. (1974). *The Psychology of Sex Differences*. Stanford, CA: Stanford University Press.

Markus, H. R. (1977). Self-schemata and processing information about the self. *Journal of Personality and Social Psychology, 35*, 63–78.

Martin, C. L., & Halverson, C. F., Jr. (1987). The role of cognition in sex-roles and sex-typing. In D. B. Carter (Ed.), *Current Conceptions of Sex Role and Sex-typing: Theory and Research*. New York: Praeger.

Martin, C. L., & Ruble, D. N. (2004). Children's search for gender cues: Cognitive perspectives on gender development. *Current Directions in Psychological Science, 13*, 67–70.

Mau, C. W., & Bikos, L. H. (2000). Education and vocational aspirations of minority and female students: A longitudinal study. *Journal of Counseling & Development, 78*(2), 186–194.

Mead, M. (1935). *Sex and Temperament in Three Primitive Societies*. New York: William Morrow.

Mischel, W. (1966). A social-learning view of sex differences in behavior. In E. Maccoby (Ed.), *The Development of Sex Differences* (pp. 56–81). Stanford, CA: Stanford University Press.

Money, J., & Ehrhardt, A. (1972). *Man and Woman, Boy and Girl.* Baltimore: John Hopkins University Press.

Newcombe, N., & Dubas, J. S. (1992). A longitudinal study of predictors of spatial ability in adolescent females. *Child Development, 63*, 37–46.

O'Brien, K. M., Friedman, S. M., Tipton, L. C., & Linn, S. G. (2000). Attachment, separation, and women's vocational development: A longitudinal analysis. *Journal of Counseling Psychology, 47*(3), 301–315.

Paechter, C. (2003). Learning masculinities and femininities: Power/knowledge and legitimate peripheral participation. *Women's Studies International Forum, 26*, 541–552.

Pleck, J. H. (1983). The theory of male sex role identity: Its rise and fall, 1936–present. In M. Levin (Ed.), *In the Shadow of the Past: Psychology Portrays the Sexes.* New York: Columbia University Press.

Pomerleau, A., Bolduc, D., Malcuit, G., & Cossette, L. (1990). Pink or blue: Environmental gender stereotypes in the first two years of life. *Sex Roles, 22* 359–367.

Roberts, D. F., & Foehr, U. G. (2008). Trends in media use. *The Future of Children, 18*, 11–38.

Robins, R. W., Trzesniewski, K. H., Tracry, J. L., Potter, J., & Gosling, S. D. (2002). Age differences in self-esteem from age 9 to 90. *Psychology and Aging, 17*, 423–434.

Ruble, D. N., Martin, C., & Berebaum, S. (2006). Gender development. In W. Damon, & R. M. Lerner (Series Eds.), and N. Eisenberg (Vol. Ed.), *Handbook on Child Psychology*, Vol. 3: *Social and Personality Development* (pp. 858–932). New York: Wiley.

Santrock, J. W. (2010). *Adolescence* (13th ed.). Boston, MA: McGraw-Hill.

Schmader, T., & Johns, M. (2003). Converging evidence that stereotype threat reduces working memory capacity. *Journal of Personality and Social Psychology, 85*, 440–452.

Serbin, L. A., Powlishta, K. K., & Gulko, J. (1993). The development of sex typing in middle childhood. *Monographs of the Society for Research in Child Development*, 58(2, Serial No. 232).

Shaffer, D. R. (2009). *Social and Personality Development* (6th ed.). Australia: Wadsworth/Cengage Learning.

Signorielli, N., & Lears, M. (1992). Children, television, and conceptions about chores: Attitudes and behaviors. *Sex Roles, 27,* 157–170.

Smith, E. R., & Mackie, D. M. (2000). *Social Psychology* (2nd ed.). New York, NY: Worth Publishers.

Steele, C. M. (1997). A threat in the air: How stereotypes shape intellectual identity and performance. *American Psychologist, 52,* 613–629.

Steele, C. M., Spencer, S. J., & Aronson, J. (2002). Contending with group image: The psychology of stereotype and social identity threat. In M. Zanna (Ed.), *Advances in Experimental Social Psychology* (Vol. 34, pp. 379–400). New York: Academic Press.

Wade, C., & Tavris, C. (1999). Gender and culture. In L. A. Peplau, S. C. DeBro, R. Veniegas, & P. L. Taylor (Eds.), *Gender, Culture, and Ethnicity: Current Research about Women and Men* (pp. 15–22). Mountain View, CA: Mayfield.

青少年的道德發展

在青少年心理的發展上有一個重要而複雜的環節，那就是道德發展。其重要的原因在於每一個社會與文化都必定有其一定的道德規範和準則。而其複雜的地方則在於，雖然有著這樣的重要性，但我們依然常常不能準確地評估與衡量它。一個公民與道德每次都能考滿分的中學生，其日常行為不必然會比較合乎道德；而一個常將仁義道德掛在嘴邊、凡事以天下蒼生為念的政治人物，其內心卻很可能極為貪婪而毫無愧疚。因此在關於道德這件事情上，人們所想的、所做的，很可能並不是一致的事情。

為求化繁為簡，本章將先把道德發展這切割成三個面向：(1)道德感，亦即和道德有關的一些情緒感受，例如罪惡感、愧疚感等等；(2)道德認知，即判斷一件事情是非對錯的能力；(3)道德行為，亦即是否會從事一些諸如助人與利他之類的道德行為。每一個面向都將先簡述心理學中的相關理論，並佐以實徵的研究來加以驗證。

其次，每個文化都有其不同的標準和價值觀，因此本章也將討論青少年的道德發展在跨文化的比較上，有著什麼樣的差異，以及男女兩性是否有不同的道德發展？另外，除了社會文化的大環境會影響青少年的道德發展之外，青少年個人當時所處的情境甚至其當下的情緒，是否會影響青少年的道德行為？也將一併被討論到。

最後，我們還將討論究竟該如何來促進青少年的道德發展，到底有哪些是較有效的方式，能夠幫助青少年成為一個比較具有道德感，或是願意做出更多道德行為的人。

## 第一節　道德發展的三個面向：道德感、道德認知、道德行為

### 一、道德感 (moral teeling)

　　Freud 是心理學界中比較早討論道德感受或情緒的一位，他認為，人格當中掌管道德的部分稱之為超我 (superego)，這個超我的發展大致上是在性器期（大約是在 3–6 歲左右）這個階段中所進行的。由於小男生會有**戀母情結 (Oedipal complex)** 與**閹割焦慮 (castration anxiety)**，因此他在這一個階段裡，會盡可能去模仿父親的一舉一動，同時也將父親的行為準則與價值觀加以內化 (internalization)，使成為自己價值觀的一部分，希望藉此來避免遭到父親的懲罰並博得母親的歡心。而小女孩則同樣有**戀父情結 (Electra complex)**，促使自己去模仿並內化其母親的行為準則與價值觀，使其成為自己的超我。而此超我就在日後扮演著個人人格之中一個是非判斷的角色，時時提醒個人不要去做一些不道德的事情。

　　然而，Freud 的理論並沒有得到實徵研究的支持：並沒有什麼實徵研究顯示，小男生會因恐懼父親而變得更認同父親的道德觀。事實上有研究 (Kochanska, Coy, & Murray, 2001) 發現，如果父母採取較為高壓嚴苛的管教方式，通常只會使孩子出現更多的偏差行為與怨恨心理，而不會有更多與道德相關的感受，如罪惡感與羞恥感。研究 (Kochanska & Murray, 2000) 發現，比較能讓小孩子把父母的要求與規範內化的管教，反而是那種當小孩子犯錯時，父母能夠耐心且溫暖解釋的管教方式。

　　因此 Freud 認為小孩子會因恐懼，而努力將父母的道德觀內化成為自己的超我這種看法，是有爭議的。此外，Freud 的理論也低估了小孩子的道德發展能力。有研究 (Labile & Thompson, 2002) 就顯示，小孩子可能早至 2 歲左右，即可能發展出某程度的道德感。如某些 2 歲至 2 歲半的小孩就能夠理解並遵守父母的規範並將其內化。好比即使在父母不在場的情況下，這些小孩也能忍住而不去碰父母禁止他們接觸的玩具。

## 二、道德認知 (moral cognition)

### ㈠ Dewey 的道德發展理論

　　在道德認知方面，第一個以系統性提出相關理論的心理學者可能是

Dewey(1936)。他認為，從兒童發展到青少年以至於到成年人，一個人的道德認知發展可以分成三個階段，現分述如下：

### 1. 道德前期 (pre-moral level)

在這個階段的幼童，基本上尚未習得社會的規範與價值觀，個人行為之動機，主要是來自於生物性的驅力。如嬰幼兒尿忍不住了就會尿出來，但是他尿在床上或褲子裡並不會有什麼特定的羞恥感或是罪惡感。

### 2. 傳統道德期 (conventional level)

在這一個階段中，個人會將其身處的社會文化之運作規則加以內化，並成為自己價值觀與行事準則的一部分；然而，此一時期的個人只是較被動地接受這些既定之規範，而尚未去挑戰或是批判這些規範。

### 3. 自律道德期 (autonomous level)

這是 Dewey 理論中道德認知發展最高的一期，到了這個階段之後，個人會開始思考社會文化中既存之行事準則是否公平合理？換言之，個人會開始對這些社會中既定的遊戲規則開始提出一些批判性的思考，也不再照章全收這些價值觀和行事準則，而是改採一種選擇性的接受，並據此批判性的思考來逐漸建立起個人獨特的道德認知體系。

雖然 Dewey 的道德發展理論提出較早，也較欠缺實徵研究的支持，但其理論對後續的心理學者卻有著很大的啟發。例如在後世較為人所熟知的 Piaget 和 Kohlberg 的道德認知發展理論中，都可以找到 Dewey 理論的痕跡。

## ㈡ Piaget 的道德發展理論

和 Dewey 不一樣的地方是，Piaget 採用了較為實徵的研究方法，花了相當多的時間和 5 至 13 歲的兒童與青少年互動，同時並觀察他們的行為和思維。Piaget 對道德認知發展的研究重心主要是放在兩方面：個人是否守規則以及兒童與青少年對公平正義的看法。

在守規則的部分，Piaget 會在這些兒童與青少年玩彈珠時問他們：「這些規則是誰定的?」「大家都要守規則嗎?」「我們可以修改規則嗎?」

諸如此類的問題。從這些兒童與青少年的答案當中，Piaget 可以加以分析並評估這些兒童與青少年的道德認知發展狀況。

對於公平正義方面，Piaget 則是設計了一些有關道德的問題。例如：

> 小明幫媽媽洗碗，不小心碰到了堆好的碗堆，結果打破 10 個碟子。另一個小朋友小花想趁媽媽不在家的時候去偷瓶子裡的糖吃，結果把裝糖的瓶口弄破了。這兩個小朋友哪一個的行為比較糟糕？誰比較該被處罰？為什麼？

透過解析他們的答案，Piaget 就可以推知這些兒童與青少年對此類行為的道德認知看法。經過許多這樣的實徵研究之後，他歸納出個人的道德認知發展也可以分為三個階段 (可以注意和 Dewey 理論的相似性)：

## 1. 前道德期 (pre-moral period)

Piaget 認為，大致上在學前的兒童都屬於這個階段。以先前的玩彈珠遊戲為例，Piaget 觀察到此一階段的小朋友基本上根本不在乎規則，他們只想隨心所欲地玩。玩彈珠遊戲的目的就只是為了好玩，而符合規則與否或是輸贏根本對他們來說並不重要。所以他認為，在這個階段的小朋友基本上還沒有發展出一般社會常規的道德認知，故將其稱之為前道德期。

## 2. 道德他律期 (heteronomous morality)

這一個階段的年齡大致上是 5 至 10 歲。Piaget 發現，小朋友在這一個階段中，發展出強烈的是非對錯感，做了錯事的人就是壞人且應受處罰。且在這個階段中，小孩子的對錯感很兩極而沒有灰色地帶，對就是對而錯就是錯，他將此種現象稱之為**絕對的道德 (moral absolutes)**。

例如小孩子在看電影或是電視時都會先問清楚：「誰是好人？誰是壞人？」這個階段的兒童很難理解壞人也會做好事，而好人也會做壞事，正邪總是黑白分明的。另外，Piaget 也注意到，由於這個階段的小孩子還不太會去思考一件事情背後的動機，因此在被問及前述道德問題的行為

時，兒童通常會認為，那個好心但是打破 10 個碟子的小朋友，要比想偷吃糖而打破一個罐子的小孩要來得更為糟糕。

最後，這個階段的兒童會認為，如果做了錯的事情，即使可以逃過一時的責難，但到最後一定會受到懲罰，類似華人所說的善惡到頭終有報的概念。因此，這個階段的兒童的世界幾乎總是公平的。

### 3. 道德自律期 (autonomous morality)

Piaget 發現，大概從小學高年級（10–11 歲）之後以至於青少年，個人開始逐漸理解，所謂的社會規則不再是黑白分明一成不變的。這些社會規則只不過是眾人的一種共識，是可以被挑戰也可以被改變的。此外，此期的青少年也開始會根據一個行為的背後動機，而非單純行為所造成的後果，來判斷一個行為的好壞。因此，青少年在被問到前述的判斷時，他們都會回答那個好心幫媽媽洗碗卻打破 10 個碟子的小孩比較乖、而那個只打破一個糖罐的小孩子其實是比較調皮的。

Piaget 認為，從兒童的道德他律發展至青少年的道德自律，這一個重要的轉變實來自於認知能力的發展與成熟。由於到了 11 歲左右之後，青少年逐漸具備了形式運思的能力，這使得他們在思考道德問題的時候，能夠將心比心地站在不同人的立場上去看待問題。因此青少年會開始理解，這個世界並非黑白分明、而是有著許多灰色的模糊地帶。

雖然 Piaget 透過實際的觀察與研究來建構他的理論，然而他的理論仍受到了許多後世研究者的挑戰與質疑。例如他認為 5 歲以前的小孩還沒有辦法發展出對一般社會常規的認識，但許多研究 (Smetana, Schlagman, & Adams, 1993; Turiel, 2002; Yau & Smetana, 2003) 都發現，其實甚至小至 2 歲半到 3 歲的小孩都已經可以發展出許多對社會規範的認識，例如不可以去傷害其他的小朋友或是不可偷竊不屬於自己的東西等等。很明顯地，當父母特別強調且再三重複這些不可違反的事項時，這些幼兒就已經能夠將這些規範逐漸加以內化了。因此，Piaget 的確有低估幼兒道德認知的發展能力之嫌。

　　另外，道德發展也未必是 Piaget 理論中的 11 歲前後就到達成熟與完整。有許多的學者都認為，道德發展正如其他心理層面的發展一樣，是一個終身學習的過程，而不應當停止於 11 歲前後。

## (三) Kohlberg 的道德發展理論

　　在這些對 Piaget 理論的質疑者中，其中最為重要、也對日後道德發展理論影響最大者，就是 Kohlberg 的道德發展理論。他所採取的方法是拿一些道德兩難的問題去詢問 11 歲以下以及超過 11 歲的受試者（包括 10 歲、13 歲、以及 16 歲的男性青少年），然後探討這些受試對象的道德發展是否真的僅止於 11 歲左右為止。在這些道德兩難的問題中，最典型的例子即為下述：

> 　　在一個小鎮上，有一個男子叫做漢斯，他的老婆生了一種重病快要死了，只有鎮上的一個醫師有著一種特效藥可以救治這種病。可是當漢斯去請求這個醫生開藥時，這個醫生卻喊出了漢斯所不能負擔的天價。不論漢斯如何求情，這個醫生都回答說，我花了很多心血才開發出這種藥，我絕不能降價。於是，漢斯在走投無路下，想要趁半夜破窗進去診所偷藥。請問，究竟漢斯該不該偷藥呢？

　　值得一提的是，Kohlberg 並不是很重視這些受試者的答案。他所重視的，是在這些答案背後所反映的思維和價值觀。例如：「該偷藥去救他老婆，因為救老婆是先生的職責」；或是「該救，因為救活老婆，她以後就可以繼續幫漢斯煮飯燒菜洗衣服」；或是「該救，因為人命的價值高於一切」。我們可以很明顯看出來，這三種答案雖然結論相同，但是其背後的思維和價值觀卻有著明顯的不同。

　　針對這些不同的道德兩難問題，Kohlberg 把這些不同的答案再加以分析整理，最後發展出自己的道德發展理論。他把個人的道德發展分成了三個層次 (levels)，每個層次底下又各有二個階段 (stages)，總計六個階段。現分述如下：

### Level 1. 前道德成規期 (pre-conventional morality)

在這一個時期當中，個人尚未將傳統的道德或是規範加以內化成為自己的道德觀，因此是否合乎道德完全取決於外在的獎懲，而非由內在自身價值觀來執行道德判斷。故此一階段道德對錯的判斷，比較是趨向於考量個人利害取向，而非考量他人得失。Kohlberg 又將其分為兩個小階段：

**stage 1. 避罰以及服從取向 (punishment and obedience orientation)**

簡言之，此階段的幼兒判斷道德好壞，就是看該行為是否會被大人責罰，如果會被責罰，則此行為就是不道德的。在這個階段中，幼兒學會要服從大人的話以避免被處罰，因此他們會認為只要是聽從大人的話就是好的，反之則是壞的(因為不聽話伴隨而來的常常就是大人的責罰)。

所以，他們考量事情是否合乎道德，並非以自身內化的道德觀來約束自己，而是憑藉著成年人的規範來做判斷，故此階段亦有人稱之為**道德他律期**。若以前述漢斯是否該偷藥的兩難題來問幼兒，則此一階段的幼兒會說：「不該偷藥，因為偷藥會被警察抓去關。」很明顯地，這些幼兒的道德思維是聚焦在從事某行為之後是否會受到成年人的責罰。

**stage 2. 逸樂取向 (naïve hedonism)**

在這個階段中，幼兒會將能夠給自己帶來歡愉或是好處的行為判定為合乎道德。雖然有時候這些幼兒似乎也有若干顧及到別人觀點的行為，但究其原因，最終還是為了自己的好處或是滿足自己的需要，而不是真正替別人想或者是為了別人好。

若以前述的道德兩難問題為例，此階段的兒童可能會說：「應該要偷藥，因為偷藥就可以救活老婆，而老婆就可以幫他煮菜燒飯洗衣服，還可以陪他玩。」由於幼兒在這階段的道德判斷都是以滿足自己的逸樂需求為主，因此也有人將此階段稱之為**工具性的道德取向 (instrumental orientation)**，意味著幼兒在此階段內某些看似合乎成年人道德價值的行為，如偷藥，其真實原因是帶有工具性與目的性，是為了滿足自己而非

真的為他人考量。

## Level 2. 道德成規期 (conventional morality)

到達這個道德層次時，個人開始掌握到社會上的道德與價值觀，並根據這些社會上一般的規範來修正自己的行為，同時個人會開始比較在意社會大眾的評價與輿論，而非只單純地只考量眼前個人的利害。換言之，這個層次的個人會以社會的道德觀來當成個人的道德觀，如果社會大眾認為某事情是道德的，那麼從事那個行為就是合乎道德的，反之若社會大眾認為某個事情是錯的，則從事那個事情就是不合乎道德的。Kohlberg 亦將此一道德層次細分為兩個小階段，分述如下：

### stage 3. 好人取向 (good boy or good girl orientation)

在這個道德階段中，青少年對於合乎道德與否的判斷標準，變成了會優先考量眾人看待自己的眼光。如果做出某件事情，會讓周圍的人稱讚他是好男孩或是好女孩，則從事該行為就是合乎道德的；若做出某件事情會讓周圍人認為他是個壞孩子，則該行為就是不合乎道德的。

由於處於此一階段的人非常重視自己在別人眼中的評價，且很重視人際之間相處的關係，因此也有人將此階段稱為**人際道德階段 (interpersonal morality)**。意味著此階段的人重視的道德是在別人的心目中當個好人。所以若以前述的例子來詢問此一階段的青少年，則其答案很可能就是：「漢斯不應該偷藥，因為好人不該偷藥。」根據 Kohlberg 的實徵研究發現，十幾歲的青少年中，其道德發展以處於此一階段為最多。大致上在 16 歲前後的青少年中有過半數的道德發展是處於 stage 3，其後此一比例逐年下降（見第 186 頁，圖 6-1）。

### stage 4. 社會制度道德 (social system morality)

在這個道德階段中，青少年重視的部分轉移到了社會法治和規範上。也就是說，在此階段的青少年判斷做一件事情是否合乎道德，端視此事件是否合乎社會的法治與規範。他們開始理解到，即使有的時候某些行為或是決策不見得受人歡迎，但是卻是符合社會上大多數人的需求與保

障多數人的福利。因此，遵守法律以及社會上的各種規範，就變成了是否合乎道德的最重要標準。

所以，若以前述問題來問此階段的青少年，則其答案就很可能是：「漢斯不該偷藥，即使這樣他的老婆可能會死。因為法律是人人都應該要遵守的，如果他今天為了要保住他老婆的性命而不守法，則人人都起而傚尤觸法的話，這個社會會更亂，會犧牲掉更多無辜的人。」

如前所述，十幾歲的青少年道德發展大多是處於 stage 3，然而隨著逐漸成熟與發展，其道德發展會逐漸提升到 stage 4。根據 Kohlberg 的研究，大概到了 20 歲中期時，大部分人的道德發展會從 stage 3 轉移到 stage 4。此外，由於 stage 3 和 stage 4 的道德發展比較合乎一般傳統的道德觀所以這也是包含此兩階段的道德層次被稱之為道德成規期的原因。

## Level 3. 後道德成規期 (post-conventional morality)

這個層次是 Kohlberg 的道德發展理論中最高的一個層次。道德發展到了這個層次的人，不再像前一層次的人，專以爭取別人好印象或是盡力去服從社會既定的規則為道德的最高準則，而開始會著眼於評估這些規則或是法律的價值與精神，並體認到這些規則背後的精神或是價值才是比死板板的法律更重要與更需要去遵守的。此外，合乎道德與否完全是由個人已經內化的道德價值為判斷基準，而非如前一層次的以社會外在的法律為準。此一層次又分為兩個小階段：

### stage 5. 社會契約道德 (social-contract morality)

在這個階段中，個人會去評估這些法律或是規則的適用性。他們開始了解，法律之所以存在，是為了保障人民的福利與改善人們的生活，若當法律執行時，和這些根本的目標牴觸，則這些法律就不適當。此一階段的人會選擇去遵守這些法律背後的精神，而非死守法律條文。

舉例而言，很多醫院都設有保證金制度，要求重大病患在入住病房或是接受重大手術前，都要預先付出一筆可觀的費用。訂出這樣的規範是擔心有些重症病患開完刀後會溜走，不付醫藥住院費用而讓醫院經營

困難。假設今天有一個重症病患前來求醫，但是因貧困無力負荷這個醫療費用，那麼一個道德發展在 stage 4 的醫生可能就會依法拒收，因為道德發展在 stage 4 的人的判斷標準就是：「醫院的規定就是要求你要先付保證金，不然的話我也愛莫能助。」但是一個道德標準在 stage 5 的醫生則可能會有著下列的思考：「醫院雖然有這樣的規定，可是如果我們為了死守這樣的條文，卻眼睜睜地看著一個病患在我們眼前死掉而不伸出援手，這在根本上就和我們救人的宗旨相違背。」所以道德發展在 stage 5 的醫生可能就會不管這個病患是否有足夠的醫藥費，依然為他施行急救。

然而，這並不是說這個階段的人認為法律和規範不重要，而是他們已經超越了傳統的道德觀中以法律為尊的階段，進一步發展到去遵守這個法律或是規定背後的精神和價值才是更重要的。

stage 6. 個人良心的道德準則 (morality of individual principles of conscience)

這是 Kohlberg 道德發展理論中最高的階段，在這個階段個人用來判斷其行為是否合乎道德的標準，就是他自己的原則與良心。如果某件事情不合乎自己的良心，即便該事情合情合理合法，個人依然會感到某種程度的罪惡感。

在這裡值得一提的是，由於幾乎沒有人能夠一直都用自己的道德與良心來當成行事的準則，所以 Kohlberg 將此一階段視為是一種理想中的假設階段，作為一種人們追求道德發展的長遠目標。所以 Kohlberg 後來對於道德發展的測量與評估，都已經不再去測量 stage 6 的比例，因為那實在是低到幾乎不存在的地步。也因如此，圖 6-1 中各階段道德發展的比例中，只列出 stage 1 到 stage 5 的比例，而沒有納入 stage 6 的比例。

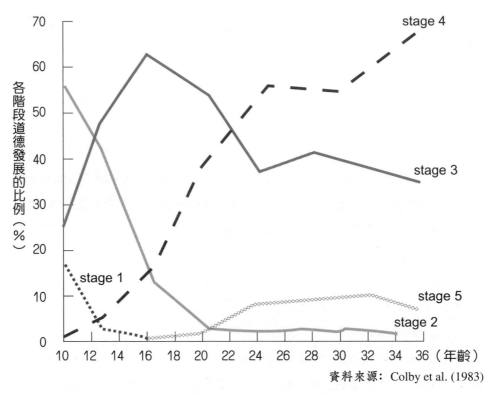

資料來源：Colby et al. (1983)

▲圖 6-1：各年齡層的人與各階段道德發展的比例

## 三、道德行為

在討論過道德認知之後，接下來我們就來看看，是否道德認知高的人，就會表現出比較多的道德行為？針對這個問題所做的研究很多，其結果卻很難下一個定論。

有一派的學者認為，道德認知能力發展到比較高層次的人，其表現的道德行為要較那些道德認知發展處於較低層級的人來得多。舉例而言，Kohlberg 自己的研究 (Kohlberg, 1975) 發現，當拿不同道德認知階段的大學生當樣本來做比較的時候，他發現道德認知發展最高（後道德成規期）的大學生中，在有機會可以作弊時，只有 15% 的人作弊。而在道德成規

期、前道德成規期的同齡大學生，其作弊比例分別為 55%~70%。

由這個數字觀之，似乎道德認知的發展層級越高，其做出來的道德行為也相對較好。在另一個研究 (Judy & Nelson, 2000) 中，研究者針對 83 個男性以及 91 個女性的高中生來檢測其道德認知發展與實際做出的道德行為，結果發現在道德認知的測驗上得分較高的高中生，其偷竊的行為要比那些得分較低的高中生少得多。

除了這些道德認知較高的青少年，要比道德認知較低的青少年不易去犯下作弊或偷竊等負面行為的研究外，也有的研究發現道德認知較高的青少年，其做出一些正面的道德行為的比例也較高。

例如有研究 (McNamee, 1977) 就發現，當把 102 名 18 至 25 歲的大學生（這些大學生在受試之前就已先接受了 Kohlberg 的道德認知測驗而加以分級），置於一個需要幫助人的情境（幫助毒癮者戒毒），但是這樣做會違背研究者的權威（研究者已經事先命令過這些受試者專心參與自己的部分就好，不必去管別的人或事情）。這些大學生在經歷過了前述的情境後，另一個研究者對他們做了訪問。結果發現，道德認知層次越高的大學生，其主動幫忙毒癮者的比例也越高。從 stage 2 至 stage 6 的人，願意伸出援手的比例，依序為 11%、27%、38%、68%、100%。我們可以看出，道德認知越高的人，其願意助人的比例也相對地會隨之提升。

值得一提的是，這個研究不但支持了 Kohlberg 的看法，而且這些大學生在受試後接受訪問時，描述選擇主動幫助或是不幫助的理由，也支持了 Kohlberg 的理論。

舉例而言，一個在 stage 1 選擇不幫助的受試者說：「我剛剛是參加一個實驗啊，這就像是我得完全聽命於研究者，完全被他控制一樣，他說別管別人，我當然就不管啦！」而一個 stage 2 的大學生則說：「那又不干我的事情，我為何要多費力氣去管閒事？」stage 3 的大學生的反應則為：「我不幫助他的原因是，我很在意那個主持研究的教授會怎樣想，如果我幫他，那教授可能會覺得我是個很不聽話的壞學生。」stage 4 的受試

者則說：「我在這個研究中所扮演的角色就是個受試者，我應當要服從實驗室裡的規定。所以我應該要聽教授的話別管他。」至於 stage 5 的受試者的反應則是：「我剛剛真的很想幫助他，但是我理解教授的規定。我不幫他的原因並不是我死守教授的規定，而是我知道我只是個大學生，並不是個合格的心理學家，可能我盡速做完自己分內的事情後能夠讓教授來處理這個毒癮者，對他的幫助可能會更大。」最高階 stage 6 的受試者則毫不例外地都選擇了幫助這個毒癮者，他們的說法是：「我知道我有義務要幫助研究者來先完成這個研究，這是我的承諾，但是在剛剛那種特殊情況下，幫助毒癮者戒毒比較重要也應當比較優先，所以我寧可被教授罵也要先做對的事情。」

然而，並不是每個研究者都同意這種道德認知越高、道德行為也越高尚的看法。有些行為學派的學者 (Grusec, 2006) 就認為，青少年的道德行為，其實就和人們學習到其他的行為一樣，都受到獎懲的影響。行為學派的學者認為，如果青少年的一個道德行為得到獎勵，則他日後出現該行為的機會就會增加。例如一個樂於助人的青少年被師長看到後給予口頭獎勵，則該青少年下次遇到類似情境時，就比較可能會更樂於助人。

反過來說，若一個青少年的不道德行為受到處罰，則他以後就比較不敢再去犯同樣的不道德行為。而且此一學習原則也和學習其他的行為一樣，獎懲的效果不一定要直接加諸在青少年的身上，他們亦可透過觀察學習與模倣的方式，來增加或是減弱某項特定的行為。舉例而言，當一個青少年看到其同儕考試作弊被抓後記大過，則他以後想嘗試這種不道德行為的機率就會降低；但反過來說，如果這個青少年看到同儕偷錢沒被抓，反而可以拿去買手機與新衣服時，則他以後也模倣此類行為的機會就會增加。

然而，哪些人的行為容易被青少年所模倣呢？一般來說，被青少年所認同的對象、較有權威者以及對青少年較溫暖者，其行為特別容易受到青少年的模倣。所以對許多青少年而言，他們最先習得的道德行為標

準多半來自於父母。然而很不幸的事實是，許多的父母親卻常常言行不一（例如父母親教育青少年子女別賭博，但是自己卻跑去簽賭職棒）。

此外，早期有一個非常著名的研究，研究者 (Hartshorne & May, 1928–1930) 調查了超過一萬名以上，年紀在 8 到 16 歲之間的兒童與青少年的道德行為。這個研究讓這些兒童與青少年能夠在不同的場合與情境下，自行選擇是否要偷竊、說謊以及作弊等等。結果發現，兒童與青少年的道德行為並非是一個跨情境的穩定特質。

也就是說，會在家中說謊的兒童與青少年，在學校未必會選擇說謊；在紙筆測驗的考試中作弊的青少年，未必會在體育場上的考試選擇作弊。更重要的是，認為作弊是錯的青少年和那些不認為作弊是錯的青少年，其作弊的比例並沒有顯著差異。因此，這些研究者下了一個結論，認為誠實與否的這些道德，事實上是依情境而定的，並非是一個穩定的人格特質。也有學者 (Eisenberg & Morris, 2004) 針對青少年的正面道德行為來研究，結果也得到了類似的結論。青少年的助人與**利他行為 (altruistic behavior)**，並非是一個穩定的人格特質，而是會依情境而有所不同。

> **名 詞解釋**
>
> 利他行為 (altruistic behavior)：指一些對他人有利或有幫助的行為。大部分的心理學家同意，利他行為的特徵是不考慮自己的利害得失（許多情況下甚至可能危害到自己，例如衝進火場救人，或是挺身而出對抗流氓來幫助弱小等等），也不祈求回報（所以常常接受利他行為的人都是陌生人而非熟識，這意味著這些有利他人的行為並非基於熟識的感情、人情或其他類似的因素）。

簡言之，這些學者認為，這世上既沒有道德完美的人，也幾乎沒有十惡不赦之人。任何一個青少年的道德行為都不是發生在真空之中，他都會受到身邊的人或大或小程度的影響。一個周圍同儕都偷竊的青少年，在當自己偷竊被抓的風險很小時，毫無疑問其偷竊機會是會比較大的；而當一個青少年與善良的同儕為伍，且自己偷竊被抓的風險很高的時候，其偷竊機會就會相對應降低。

不過，上述的這種觀點——把個人是否出現道德行為大多歸因於環

境或是同儕的影響，在最近也受到了很多的批判。批判的觀點是，難道做出合乎道德或是不道德的行為，個人都沒有任何的決定性或不必負責嗎？比較新近的研究 (Hoffman, 2000; Kochanska & Murray, 2000) 就發現到，兒童與青少年是否會做出道德行為，其實還是有一定程度的穩定性。有某些兒童與青少年，不論其身處的地點與情境，他們都要比其他人會有較多偷竊與說謊等不道德行為。而且亦有研究 (Blasi, 1990; Kochanska, 2002) 發現，這種道德（或不道德）的特質，還會隨著兒童與青少年的成熟與發展而更趨穩定。換言之，隨著個人的成長與發展，個人的道德認知與其際做出的道德行為，其相關程度也越高。

因此，在針對道德認知與道德行為這兩者間是否有著一致性的問題，我們可以做出以下的結論：在影響個人是否做出道德（或不道德）的行為這件事情上，雖然環境有其影響力，但是個人的道德認知仍有一定的重要性。環境的影響雖然會使人較容易去做出道德或是不道德的事情，但絕非占有百分之百的決定性。同樣地，個人的道德認知也會去影響人的道德行為，且這樣的趨勢會隨著成熟而更穩定。

即使如此，就算道德認知最高尚的人，我們也不該認為他的行為都必定合乎道德，因為環境的影響力依然無所不在。而由於環境對青少年的道德發展的影響力是如此之大，所以我們將在下一節仔細討論環境中最重要的因素——文化，對青少年道德發展的影響。同時，由於不同文化中對待男女兩性的教養方式也常有不同，因此性別對於青少年的道德影響也將被一併討論。

## 第二節　文化與性別對青少年道德發展的影響

不同的文化是否會對青少年的道德發展產生不同的影響？這個問題的答案是肯定的。許多的研究者 (Nisan, 1987; Snarey, 1985) 發現，如果以 Kohlberg 的標準來衡量不同文化中青少年的道德發展，則非西方的社

會中，人們的道德層次是很少高於 stage 4 的。這難道是因為非西方社會的人，其道德都比西方社會的人較為低落嗎？當然並非如此。真正的差別及原因在於，Kohlberg 道德分類的評分方式，只衡量了在西方社會中所重視的道德向度，例如公平、正義、社會秩序等等，其並沒有辦法反映出在別的文化中所重視的道德部分，例如憐憫、寬恕、犧牲小我等。

　　曾經有學者 (Huebner & Garrod, 1993) 針對尼泊爾的青少年僧侶做過道德的研究。結果發現在這些年輕僧侶的心中，最重要的道德是有憐憫眾生的心腸，而非 Kohlberg 理論中所強調的爭取別人的好印象，或是嚴守法紀以及社會公義等等。所以很明顯的，西方文化下所強調道德的重要部分，在不同的文化下未必一體適用。

　　有學者 (Miller & Bersoff, 1992) 就曾經拿一個道德兩難的問題來對比美國的青少年以及印度的青少年。問題如下所述：

> 　　Ben 準備要去舊金山參加他一個最重要的好朋友的婚禮，這是好幾個月前就已經約定好的，而且 Ben 將會為他的朋友帶去結婚典禮上要用的結婚戒指，所以他務必要準時抵達，不然就會毀了朋友的婚禮。然而在火車站等待火車時，Ben 發現他的皮包被偷了，因此他沒有辦法搭下一班的火車去參加婚禮。他在身無分文的情況下，嘗試著向火車站的工作人員以及其他旅客借錢，但是由於 Ben 只是個轉車的陌生人，沒有人願意把錢借給他。
>
> 　　正當下一班火車即將開走時，Ben 在心急如焚的情況下，看到另一位候車的乘客不慎把自己的火車票掉在地上，同時發現那位粗心的旅客口袋中有很多錢，足夠那位乘客再去補買一張票，所以遺失這張火車票對那位旅客而言，並不會造成災難性的後果。那麼 Ben 是否該偷偷撿起這張掉在地上的火車票而據為己有呢？

　　如同 Kohlberg 的研究一樣，答案中的拿與不拿並非重點，重點是究竟怎樣的思維會導致拿與不拿的決定。在這個研究中，超過半數以上的

美國青少年選擇不該拿這車票，其普遍理由是：這行為是違法的，無論參加朋友的婚禮並送上婚戒有多麼重要，個人都不該去做違法的事情。然而，印度的青少年則壓倒性地選擇該拿這車票。因為幫摯友準時奉上他婚禮要用的婚戒更為重要，即使這個代價可能是犯下侵占車票的罪行。

這樣的差異反應不應被解讀成美國青少年的道德較為高尚而印度青少年的道德較低，拿與不拿的差異其實反映的是兩個不同文化所強調的道德重點不同。在一個強調法治的社會裡所培育出來的青少年，毫無疑問會較為重視法治；然而在一個強調人際間和諧關係的社會裡，青少年通常會較優先考慮維持人際間的和諧。

另外一個有趣的研究（Lee, 1997）則比較了加拿大和華人的小朋友（年齡為 7–11 歲），針對為善不欲人知的態度作了一個跨文化的比較。研究者設計來問小朋友的題目類似如下：

> 班上要辦一個遠足，但是小英家裡沒有錢沒辦法參加，小華看到這個情形後，決定要偷偷捐出自己的零用錢來贊助小英。因此當老師在算錢的時候赫然發現遠足的費用居然已經湊齊了，於是老師問小華，你知道是誰做了這個善行嗎？請問小華該說實話承認是自己偷偷幫忙捐的錢嗎？

研究者發現，加拿大的小朋友普遍都認為應該要說實話，因為幫助他人是一個善行，承認並沒有什麼不對，如果為了否認自己曾經做過這件好事而說謊的話，則是一件不對的事情。然而同樣的問題在詢問華人的小朋友時，研究者卻得著了一個有趣的結果：7 歲的華人小朋友其反應模式和同齡的加拿大小朋友很類似，都認為做了好事應該要承認，若不承認而說謊則是一件糟糕的事情。但是華人小朋友到了 9 歲的時候，開始逐漸有人認為應該要說謊，即否認自己曾做過這樣的好事情；而到了 11 歲的時候，有壓倒性的多數認為在這樣的情境下，說謊否認自己曾做過這樣的善行，是比那些承認自己行善要來得更好（見圖 6–2）。

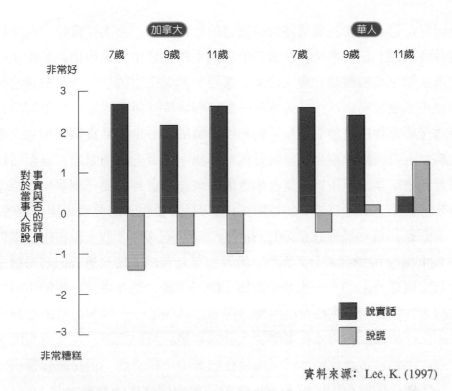

資料來源：Lee, K. (1997)

▲圖 6-2：加拿大與華人小朋友為善不欲人知的比例

透過這樣的研究，我們可以很明顯地看出來，在華人的社會裡，由於強調「為善不欲人知」才是真正有善心，若行善後宣揚自己的善行者則可能是沽名釣譽。所以華人的小朋友在這樣的社會中逐漸習得此種道德觀，年齡越大會越有否認自己曾經行善過的傾向，因為這種為善不欲人知的道德觀，會隨著小朋友的年齡增長以及逐漸社會化，而越來越內化成道德觀的一部分。而從這個研究也可以清楚顯示，即使像說謊與否的這樣一個行為，不同的文化均會視其情境的不同而有其自己的道德標準，所以 Kohlberg 的道德理論所採用的標準，很難一體適用地套在每個文化之上。

此外，亦有許多學者 (Gibbs & Schnell, 1985; Shweder, Mahapatra, & Miller, 1990) 指出，在 Kohlberg 的理論當中，道德層次較高的人勇於堅

持己見，甚至不惜挑戰權威或是既定的社會規則。然而「堅持己見來挑戰社會權威」這件事情，在西方的個人主義社會中比較容易，但在一些強調集體主義的群體社會文化下，想要去挑戰既定的規則或是堅持己見卻並不那麼容易。所以，同樣的一個道德事件如挑戰權威，在不同的社會文化所需要的道德勇氣是不能相提並論的。一個生活實例即如在大學的課堂上，美國大學生可以感覺很輕鬆指出老師上課的錯誤，甚至可以因此和老師爭論不下；但是在如臺灣的東方社會裡，要一個學生在課堂上公然指出老師的錯誤並加以糾正，這卻是需要較大的勇氣才能做到的。

而且，還有學者 (Li, 2002; Snarey & Keljo, 1991) 進一步指出，當使用 Kohlberg 的道德評分問題時，集體主義社會的人的反應，很容易就會被判定成是 stage 3──想要爭取別人的好印象。但事實上，集體主義社會的人在作答時，內心可能的想法卻是更高尚的──犧牲自我的意見與委屈自己的感受，來求得群體及大我的和諧。換句話說，在東方人的思維裡，他們常常是把群體的幸福放在自我的幸福之前，但是這樣崇高的道德想法，卻並不能夠被 Kohlberg 的道德兩難問題所真實反映。

此外，亦有學者 (Shweder, Mahapatra, & Miller, 1987) 曾以 39 種假設的不同情境（這裡僅試列 2 種情境以便於說明），來比較印度和美國的兒童與青少年對該情境的道德判斷。結果發現在下列情境下：

A.一個妻子不聽丈夫的勸阻而自行跑去電影院看電影，於是丈夫生氣地把她打得鼻青臉腫。

B.一個長子在父喪的第一天就跑去理髮並且吃肉。

大部分的美國兒童與青少年認為 A 的情境是比較道德錯誤的，然而大部分的印度兒童與青少年卻覺得 B 的情況是較為嚴重的道德錯誤。

由上述的例子中我們可以看出，Kohlberg 的理論其實若僅用在判定他身處的西方文化的道德發展，可能準確度會較高。但若拿來評斷其他不同文化中的道德發展，則難免有失偏頗，因為別的文化所強調的道德

標準，並不一定和西方人的道德標準相同。

對於 Kohlberg 理論的另一個批評，則來自於有學者 (Gilligan, 1982) 認為道德標準也會有性別差異。Gilligan 認為，由於在社會化的過程中，社會對男女兩性的角色形塑與角色期許都有所不同，所以很自然地也就會去影響男女兩性在處理與道德有關的判斷時，有差別的情況出現。她認為，對男性而言，社會教導他們的道德重點是公平與正義等，而對女性的道德期許則是關懷與照顧。

學者 (Jaffee & Hyde, 2000) 曾經把針對此一說法的所有相關研究整理後，作了一個後設分析發現，男生在強調公平與正義的問題上得分稍高一點，而女生則在強調照顧與關懷的問題上得分有稍高的趨勢。這樣的結論看起來似乎支持 Gilligan 的說法。不過值得一提的是，這兩者間的分數差異並不大。因此也有學者 (Walker & Pitts, 1998) 認為，其實兩性間的差異是很小的，幾乎可以忽視。

總之，我們根據以上的研究可以做一個合理的推論。那就是如果不同的文化間會採用不同的道德標準，因而使生活在不同文化下的人採用不同的道德判斷。那麼如果一個文化對待其文化內的兩性有著不同的期許、標準與教養方式，則其兩性長成後會對道德判斷有著不同的看法，也是相當合理的。舉例而言，若一個文化內對男性的婚外情較為容忍，但卻對女性的婚外情較為嚴厲，則很可能此一文化內，兩性在面對配偶婚外情（一個不道德事件）時，其反應情緒與方式都可能會有所不同。

此外須牢記的是，此一性別差異亦有可能會隨著時空環境的變換而跟著變化。也就是說，文化是活的，是會改變的，而相對應的教養方式與其道德判斷標準也會跟著轉變與調整。所以在某些時空下，男女兩性的道德判斷可能差異很大，但在另一個時空背景下卻又可能很相近，例如幾十年前，也許臺灣的男性不能容忍老婆外遇，但部分臺灣的女性可以容忍配偶有婚外情；而到了今日，臺灣女性卻可能和男性一樣無法容忍配偶外遇。

## 第三節　如何促進青少年的道德發展

在討論過道德發展的三個面向，以及文化與性別對青少年的道德發展影響之後，我們接下來就要討論一個更為重要的課題，究竟該如何才能提升青少年的道德發展？基本上，在整理過現有的實徵心理學研究所提供的證據之後，我們發現大致可以分為三方面來努力：家庭、學校教育與同儕、社會。

## 一、家庭方面

有學者 (Walker & Taylor, 1991) 指出，如果家長們希望提升他們的青少年子女的道德感，則一個親子間有關道德的互動討論，會是一個非常有效的方式。此外，也有學者 (Hoffman, 1988, 1994) 發現，在這樣的討論中，如果青少年能夠自在地對他們的父母來表達自己真正的想法與意見，同時父母又能在傾聽子女的意見之後，再給予自己較為成熟的看法，則這樣的討論對於促進青少年道德推理的成熟，有很大的幫助。

這個研究對父母教養青少年子女有其相當的重要性，因為它間接提醒了我們，青少年與父母之間的討論，常常在某些議題上，例如婚前性行為或是考試作弊等等，並不一定都是開誠布公的。如果親子間的討論只有討論之形式，卻不能讓青少年真誠反映內心的想法，則這樣的討論常常是淪為父母對子女間的單向說教，對提升青少年的道德推理，並無太大的助益。

然而，想要提升青少年子女的道德發展，絕非父母僅憑口頭的努力即可達成，而是要父母親必須身體力行以身作則，效果才會比較理想。有學者 (Clary & Snyder, 1991) 的研究就發現，在分析從事志工活動中的青少年群體後，他們發現較為投入這些助人活動的青少年，多半和他們的父母親間的感情很好，而且其父母本身也樂於助人、也常投入這些志

工助人的活動。但反過來說，那些在從事志工活動中表現半調子的青少年，其父母的教育方式則多偏向於口頭說教，鮮少有親力親為的表現，所以不難想見的，其子女在志工助人的表現上，也是有樣學樣。因此，言教不如身教的道理，在青少年子女的道德發展上，也是一樣適用。

另外，父母對子女的教養方式，也會影響青少年子女的道德發展。國外有研究 (Walker, Hennig, & Kettenauer, 2000) 就發現，當父母親對青春期子女施以管教時，如果能夠採用一種正向、溫暖、較為支持性的方式來溝通表達，同時以比較和顏悅色的方式來詢問子女，以確認他們是否了解父母的道德想法時，其子女的道德發展情況較佳。這是因為當父母若疾言厲色來管教子女的話，常常會造成青少年子女的防衛心與反抗性，因而常易造成子女視父母的管教是較具敵意的而不願接受。

不同的父母教養方式，會隨之產生不同的家庭氣氛，便會影響到子女的道德發展。在一個大陸較為早期（丁瑜，1985）的研究中曾發現，家庭氣氛良好的子女，其道德狀況較為理想；而家庭氣氛緊張的子女，其道德狀況表現最為不理想。在西方的研究 (Pratt et al., 1999; Walker & Taylor, 1991) 亦發現，當父母親能夠把家中的氣氛營造成一個溫暖而有支持性的環境時，其青少年子女的道德發展會得到很大的助益；若父母常採取威脅、恐嚇等手段時，則青少年子女的道德發展幾乎會停滯。

此外，父母的期許對子女的道德發展也有很大的影響。在前述大陸的研究裡發現，當在父母期待子女能考上大學的家庭裡，其子女道德良好的比例高達 50%，不良的比例只有 4.8%；但是若在父母只期待子女隨便有工作就好的家庭裡，其子女道德良好的比例則遽降為 19.2%，不良的比例隨之高升為 14.1%。此外，該研究也發現，父母親的教育程度似乎也會影響子女的道德發展。這些研究中曾指出，當父母親均為知識分子時，其子女品德優良者占 56% 以上，而品德較差的比例卻不到 4%；然而若父母為工人或是農民時，品德優良者的比例卻只有 20% 左右，而品德比較差的比例高達 12%。

由於上述的研究都是相關研究，並不能真正反映出因果關係，所以我們應當要非常謹慎，不要輕易落入對相關研究的錯誤解讀，以為父母受教育較高，其子女一定品德較好；或是父母受教育較低，其子女一定道德較差。相反地，我們應當思索，也許父母親影響子女的道德表現，其真實原因並非取決於父母的學歷或是期許，而是在這樣的學歷與期許之下，父母所願意對子女付出的心力與所扮演的楷模。

換句話說，很有可能父母具有較高學歷者，會更理解道德教育的重要性，因而更願意投入時間和精力來關注其子女在這方面的發展。同理，對子女未來期望較高的父母親，也像高教育程度的父母一樣，比較有可能會投入更多的心力來教育其子女成為才德兼備的人，因為比起那些對子女的期望只要馬馬虎虎就好的心態，這類父母更容易造就出品德較好的青少年子女。

## 二、學校教育與同儕方面

有研究 (Rest, Thoma, & Edwards, 1985) 發現，學校教育，即使並非針對道德養成來做特別的道德教育，這個在學接受教育的過程本身就已經有助於青少年的道德發展與鞏固。這些學者發現，青少年進入大學就讀後，當拿他們和那些沒有進入大學就讀的同儕相比時，有在念大學的青少年其道德推理能力表現較好，且兩者之間的差距會隨著念大學的年數而逐漸加大。也就是說，青少年進入大學就讀後，念到越高年級，他們的道德推理能力也就表現越好。

另一個研究 (Speicher, 1994) 則發現，當拿念過大學的成年人和同齡但是未接受過大學教育的人來作比較時，有念過大學的成年人，其道德推理表現亦較好。而另一個研究 (Dawson, 2002) 也發現，基本上到了青少年後期時，決定其道德發展是否會向上提升的一個最大關鍵，就是其是否繼續接受教育。

上述的研究，似乎說明一件事情，即接受教育的本身就有助於青少

年的道德發展，且此一趨勢甚至可以延伸到他們成年以後。然則，是什麼因素造成接受教育的這一群人能夠發展出較好的道德推理能力呢？許多學者相信，這是因為學校的教育提供了讓青少年有更進一步的認知發展能力，同時學校也提供了讓青少年以及大學生有接觸到更多元的觀點，與更富道德爭議性但卻沒有標準答案的思考機會，例如應否讓墮胎合法化？是否該廢除死刑？是否讓賭博或嫖娼除罪化等等。透過越多這樣的練習機會，在大學就讀的青少年就越能從多重角度來思考不同觀點的利弊得失，因而能更有效促進道德推理能力的發展。

反過來說，那些沒有機會接受大學教育的同儕，其思考與辨證的範圍就常常會僅限於他們周遭生活與工作的領域。一般來說，未接受大學教育的青少年，因其專業能力較為不足，因而就業機會和就業場域也會較為侷限，通常他們從事的工作都是在當地或是較為低階的職位，如零售店員或勞力等等，因此這些工作又進一步限制了他們的眼界與思考 (Mason & Gibbs, 1993)。

如果單純的學校教育就有幫助青少年道德發展的效果，那麼針對道德發展所開設的課程，是否會對青少年的道德發展更有幫助呢？答案是肯定的。通常這些課程會運用多種技術，例如討論道德兩難的情境、讓青少年評估一些倫理問題的爭議性議題、角色扮演某些道德兩難情境、閱讀或觀賞學習一些道德典範的人物與故事，以及由道德發展較為進階者直接教授一些道德課程。一般來說，綜合運用上述的這些技巧，都可以收到不錯的效果。例如有學者 (Stoll & Beller, 1993) 就曾利用上述的技巧，結果在三年的期間內，成功使學生運動員們，不但降低其打架的比例、比較會關心別人，另外他們在課堂上也展現了較好的秩序。

也有學者 (Higgins, Power, & Kohlberg, 1983) 根據 Kohlberg 的理論而設計一些道德教育課程。在整整的一個學期中，青少年學生每週都聚會並討論一些道德議題，而這些道德議題集中在提升學生的合作、互信、責任以及重視社區等等。結果發現，一學期之後，在能夠以民主方式討

論的三個學校裡，青少年的道德推理能力都顯著上升了，而在另三個較為威權式的學校裡，學生的道德推理則沒有什麼改變。這個研究的結果，對想要促進青少年道德發展的教育學者們有相當的重要性。因為它告訴我們，如果想要藉由道德教育的方式來提升學生的道德推理與思考，則必須要提供一個可供學生自由民主思考與討論的空間；單純以威權的方式，把道德感如同教條般灌輸給青少年學生，最終是沒有什麼效果的。

在同儕的影響方面，有學者 (Berkowitz & Gibbs, 1983) 發現，青少年對於同儕的道德推理能力之發展，影響相當大。因為青少年彼此間的討論通常會比親子間的討論來得更為直接與坦誠，因而可以更容易接觸到不一樣的道德角度與想法，而這樣的意見與想法交流，就會有助於的道德推理能力的成長與發展。

▲圖 6-3： 透過青少年與老師的自由討論，有助於青少年的道德發展。

所以也有學者 (Schonert-Reichl, 1999) 發現，有著較多的好朋友以及常常會和這些好朋友談話與討論的青少年，其道德推理的能力通常也較強。此外，當青少年彼此討論道德議題時，其中道德推理能力較低的一方，在經過這樣的討論之後，其道德推理能力會提升較大；而如果道德推理能力較好的一方，願意傾聽並幫助道德推理能力較低的一方時，道德推理能力較低的會提升更多 (Berkowitz & Gibbs, 1985)。

## 三、社會方面

雖然大多數有關青少年道德發展的心理學研究，都集中在家庭以及

學校兩方面對青少年的影響，但是近來也有心理學家 (Narvaez, 2006) 注意到社會對青少年道德發展的影響。這些學者認為，除了學校課堂間的討論之外，青少年課後實際在社會中去參與一些如助人的志工活動等，會更有助於青少年的道德發展。而許多實際的研究結果，也支持了這樣的看法。有研究 (Hart, Atkins, & Donnelly, 2006) 就發現，當青少年參與社區的志工活動（如在醫院、社區的托兒所、老人之家等等）後，他們變得比較不那麼自我中心，且更樂意去幫助他人。

除此之外，亦有學者發現 (Conrad & Hedin, 1982)，當青少年從事這些志工的服務活動之後，他們的道德推理能力會隨之提升，開始會去思考怎麼樣可以讓這世界變得更好，而且他們知道自己是有能力去改變這個世界的 (Search Institute, 1995)，因而這些青少年的自尊心也會隨之提升 (Hamburg, 1997)。他們不但變得比較不那麼疏離 (Calabrese & Schumer, 1986)，同時在日後也更樂意去參與類似的活動 (Hart, Atkins, & Donnelly, 2006)。

也許有人會擔心，從事志工活動不會耽誤青少年的課業嗎？實徵的研究 (Johnson et al., 1998) 發現，這些參與社會上志工活動的青少年，其課業成績反而上升，同時也變得較會管理時間、替自己定下更多目標。

因此我們可以知道，若想讓青少年提升其道德發展，單純靠父母與學校師長的諄諄善誘還是不夠的，還必須透過實踐的方式讓青少年在志工或義工服務中去親身實行這些道德行為，才會對青少年的道德發展有更大的幫助。

最後要提出來的是，不論是社會、學校或是家庭各方面，如果能夠及早幫助兒童，使其得到良好而正確的道德發展，那麼他們之後也就自然有比較大的機率能夠成為一個道德良好的青少年。一個值得參考的例子，就是以色列的集體農莊活動（類似救國團之類的團體生活營隊）。在這樣的活動裡，學童很早就習得了社會的道德規範與相關的法律，這些小朋友到了小學三年級的時候，其道德推理能力要高於那些同樣在以色

列的都市成長，但卻未參加過此類活動的美裔同齡學童 (Fuchs et al., 1986)。而且等到將來進入青春期或是成年人早期時，這些有在小時候受過此類教育訓練的年輕以色列人，要比同齡的美國青年有著更高的比例，能夠達到 Kohlberg 道德發展的 stage 4 和 stage 5 (Snarey, Reimer, & Kohlberg, 1985)。這個例子說明了，良好幼年時期的道德教育，確實是有助於將來培養出較有道德的青少年。

## 參考文獻

丁瑜 (1985)，〈家庭因素對學生學習和品德的影響〉。《南京師大學報》，第 4 期。

Bandura, A. (1991). Social cognitive theory of moral thought and action. In W. M. Kurtines, & J. Gewirtz (Eds.), *Handbook of Moral Behavior and Development* (Vol. 1). Hillsdale, NJ: Erlbaum.

Berkowitz, M. W., & Gibbs, J. C. (1983). Measuring the developmental features of moral discussion. *Merrill Palmer Quarterly, 29,* 399–410.

Berkowitz, M. W., & Gibbs, J. C. (1985). The process of moral conflict resolution and moral development. In M. W. Berkowitz (Ed.), *Peer Conflicts and Psychological Growth* (pp. 71–84). San Francisco: Jossey-Bass.

Blasi, A. (1990). Kohlberg's theory and moral motivation. In D. Schrader (Ed.), *New Directions for Child Development* (No. 47) (pp. 51–57). San Francisco: Jossey-Bass.

Calabrese, R. L., & Schumer, H. (1986). The effects of service activities on adolescent alienation. *Adolescence, 21,* 675–687.

Clary, E. G., & Snyder, M. (1991). A functional analysis of altruism and prosocial behavior: The case of volunteerism. *Review of Personality and Social Psychology, 12,* 119–148.

Colby, A., Kohlberg, L., Gibbs, J., & Lieberman, M. (1983). A longitudinal study of moral judgment. *Monographs of the Society for Research in Child Development, 48* (21, Serial No. 201).

Conrad, D., & Hedin, D. (1982). The impact of experiential education on adolescent development. In D. Conrad, & D. Hedin (Eds.), *Child and Youth Services, Special Issue Youth Participation and Experiential Education.*

Dawson, T. L. (2002). New tools, new insights: Kohlberg's moral judgment stages revisited. *International Journal of Behavioral Development, 26,* 154–166.

Dewey, J., & Tufts, J. H. (1936). *Ethics.* New York: Holt, Rinegart, & Winston.

Eisenberg, N., & Morris, A. (2004). Moral cognitions and prosocial responding in adolescence. In R. Lerner, & L. Steinberg (Eds.), *Handbook of Adolescent Psychology.* New York: Wiley.

Fuchs, I., Eisenberg, N., Hertz-Lazarowitz, R., & Sharabany, R. (1986). Kibbutz, Isreali city, and American children's moral reasoning about prosocial moral conflicts. *Merrill-Palmer Quarterly, 32,* 37–50.

Gibbs, J. C., & Schnell, S. V. (1985). Moral development "versus" socialization. A critique. *American Psychologist, 40,* 1071–1080.

Gilligan, C. (1982). *In a Different Voice: Psychological Theory and Women's Development.* Cambridge, MA: Harvard University Press.

Grusec, J. E. (2006). The development of moral behavior and conscience from a socialization perspective. In M. Killen, & J. Smetana (Eds.), *Handbook of Moral Development.* Mahwah, NJ: Erlbaum.

Hamburg, D. A. (1997). Meeting the essential requirements for healthy adolescent development in a transforming world. In R. Takanishi, & D. Humberg (Eds.), *Preparing Adolescents for the 21$^{st}$ Century.* New York: Cambridge University Press.

Hart, D., Atkins, R., & Donnelly, T. M. (2006). Community service and moral development. In M. Killen, & Smetana (Eds.), *Handbook of Moral Development.* Mahwah, NJ: Erlbaum.

Hartshorne, H., & May, M. S. (1928–1930). *Moral Studies in the Nature of Character: Studies in Deceit* (Vol. 1); *Studies in Self-control* (Vol. 2); *Studies in the Organization of Character* (Vol. 3). New York: Macmillan.

Higgins, A., Power, C., & Kohlberg, L. (1983, April). *Moral Atmosphere and Moral Judgment.* Paper presented at the biennial meeting of the Society for Research in Child Development, Detroit.

Hoffman, M. L. (1988). Moral Development. In M. H. Bornstein, & M. E. Lamb (Eds.), *Developmental Psychology: An Advanced Textbook* (2$^{nd}$ ed.). Hillsdale, NJ: Erlbaum.

Hoffman, M. L. (1994). Discipline and internalization. *Developmental Psychology, 30,* 26–28.

Hoffman, M. L. (2000). *Empathy and Moral Development: Implications for Caring and Justice.* Cambridge, England: Cambridge University Press.

Huebner, A. M., & Garrod, A. C. (1993). Moral reasoning among Tibetan monks: A study of Buddhist adolescents and young adults in Nepal. *Journal of Cross-Cultrual Psychology, 24,* 167–185.

Jaffee, S., & Hyde, J. S. (2000). Gender differences in moral orientation: A meta-analysis. *Psychological Bulletin, 126,* 703–726.

Johnson, M. K., Beebe, T., Mortimer, J. T., & Snyder, M. (1998). Volunteerism in adolescence: A process perspective. *Journal of Research on Adolescence, 8,* 309–332.

Judy, B., & Nelson, E. S. (2000). Relationship between parents, peers, morality, and theft in an adolescent sample. *The High School Journal, Vol 83*(3), 31–42.

Labile, D. J., & Thompson, R. A. (2002). Mother-child conflict in the early toddler years: Lessons in emotion, morality, and relationships. *Child Development, 73,* 1187–1203.

Lee, K., Cameron, C. A., Xu, F., & Board, J. (1997). Chinese and Canadian children's evaluation of lying and truth-telling: Similarities and differences in the context of pro- and antisocial behaviors. *Child Development, 68,* 924–934.

Li, J. (2002). Learning models in different culture. In J. Bempechat, & J. G. Elliot (Eds.), Learning in culture and context. *New Directions for Child Development,* No. 96, pp.45–63. San Francisco: Jossey-Bass.

Kochanska, G. (2002). Committed compliance, moral self, and internalization: A meditational model. *Developmental Psychology, 38,* 339–351.

Kochanska, G., & Murray, K. T. (2000). Mother-child mutually responsive orientation and conscience development: From toddler to early school age. *Child Development, 71,* 417–431.

Kochanska, G., Coy, K. C., & Murray, K. T. (2001). The development of self-regulation in the first four years of life. *Child Development, 72,* 1091–1111.

Kohlberg, L. (1975). The cognitive-developmental approach to moral education. *Phi Delta Kapan, 56,* 670–677.

Mason, M. G., & Gibbs, J. C. (1993). Social perspective taking and moral judgment among college students. *Journal of Adolescent Research, 8,* 109–123.

McNamee, S. (1977). Moral behavior, moral development, and motivation. *Journal of Moral Education, 7*(1) 27–31.

Miller, J. G., & Bersoff, D. M. (1992). Culture and moral judgment: How are conflicts between justice and interpersonal responsibilities resovled? *Journal of Personality and Social Psychology, 62,* 541–554.

Narvaez, D. (2006). Integrative moral education. In M. Killen, & Smetana (Eds.), *Handbook of Moral Development*. Mahwah, NJ: Erlbaum.

Nisan, M. (1987). Moral norms and social conventions: A cross-cultural comparison. *Developmental Psychology, 23*(5) 719–725.

Pratt, M. W., Arnold, M. L., Pratt, A. T., & Diessner, R. (1999). Predicting adolescent moral reasoning from family climate: A longitudinal study. *Journal of Early Adolescence, 19,* 148–175.

Rest, J. R., Thoma, S. J., & Edwards, L. (1985). Relation of moral judgment development to formal education. *Developmental Psychology, 21,* 709–714.

Schonert-Reichl, K. A. (1999). Relations of peer acceptance, friendship adjustment, and social behavior to moral reasoning during early adolescence. *Journal of Early Adolescence, 19,* 249–279.

Search Institute (1995). *Barriers to Participation in Youth Programs*. Unpublished manuscript, the Search Institute, Minneapolis.

Shweder, R. A., Mahapatra, M., & Miller, J. G. (1987). Culture and moral development. In J. Kagan, & S. Lamb (Eds.), *The Emergence of Morality in Young Children*, 1–83. Chicago: University of Chicago Press.

Shweder, R. A., Mahapatra, M., & Miller, J. G. (1990). Culture and moral development. In J. W. Stigler, R. A. Shweder, & G. Herdt (Eds.), *Cultural Psychology*. Essays on comparative human development. Cambridge, UK: Cambridge University Press.

Smetana, J. G., Schlagman, N., & Adams, P. W. (1993). Preschool children's judgments about hypothetical and actual transgressions. *Child Development, 64,* 202–214.

Snarey, J. R., Reimer, J., & Kohlberg, L. (1985). The development of social-moral reasoning among kibbutz adolescents: A longitudinal cross-cultural study. *Developmental Psychology, 21,* 3–17.

Snarey, J. (1985). Cross-Cultural Universality of Social-Moral Development: A Critical Review of Kohlbergian Research. *Psychological Bulletin, 97*(2) 202–232.

Snarey, J. (1987). A question of morality. *Psychology Today, 21,* 6–8.

Snarey, J., & Keljo, K. (1991). In a gemeinschaft voice: The cross-cultural expansion of moral development theory. In W. M. Kurtines, & J. L. Gewirtz (Eds.), *Handbook of Moral Behavior and Development*, Vol. 1, pp. 395–424. Hillsdale, NJ: Erlbaum.

Speicher, B. (1994). Family patterns of moral judgment during adolescence and early adulthood. *Developmental Psychology, 30,* 624–632.

Stoll, S. K., & Beller, J. M. (1993). *The Effect of a Longitudinal Teaching Methodology and Classroom Environment on Both Cognitive and Behavioral Moral Development.* Paper presented at the Annual Meeting of the American Alliance for Health, Physical Education, Recreation and Dance. Washington, DC, March 24–28.

Turiel, E. (2002). *The Culture of Morality: Social Development, Context, and Conflict.* Cambridge, England: Cambridge University Press.

Walker, L. J., & Pitts, R. C. (1998). Naturalistic conceptions of moral maturity. *Development Psychology, 34,* 403–419.

Walker, L. J., Hennig, K. H., & Kettenauer, T. (2000). Parent and peer-contexts for children's moral reasoning development. *Child Development, 71,* 1033–1048.

Walker, L. J., & Taylor, J. H. (1991). Family interactions and the development of moral reasoning. *Child Development, 62,* 264–283.

Yau, J., & Smetana, J. G. (2003). Conceptions of moral, social-conventional, and personal events among Chinese preschoolers in Hong Kong. *Child Development, 74,* 647–658.

圖片來源：圖 7-1、圖 7-2、圖 7-3©ShutterStock

青少年與環境的互動

在青少年社會化的過程中，絕大多數的青少年都密切受到其家庭同儕以及學校的影響；另一方面，在這互動的過程裡，青少年同樣也會影響其家庭、同儕以及學校。換言之，此一互動實為雙向的過程。此外，根據 U. Bronfenbrenner (1995) 的生態系統理論，其實學校、家庭，以及青少年的同儕之間也有互相影響的關係，只是傳統上心理學家在探討影響青少年的環境因素時，常將此三者分開討論。然而讀者必須記得的是，此三者對青少年的心理影響並非個別獨立存在，而是密切地互相影響的。

## 第一節　青少年與家庭間的互動

青少年與家庭間的互動關係，大致上分為以下幾個方面來討論：青少年的改變、父母的管教方式、兄弟手足扮演的角色、離婚對青少年的影響。

## 一、青少年的改變

通常在討論青少年與家庭成員間的互動關係時，最優先被討論的就是其中的親子關係。有許多的父母會發現，以前聽話乖巧的孩子在進入青少年之後變得難以管教或是叛逆，這是因為孩子在進入青少年期之後，產生了許多的變化。其中影響較大的大致上有生理上的成熟、認知能力的成熟與理想化的思維模式，以及青少年生活圈的改變。上述每一項的改變幾乎都會影響青少年與其家庭成員的互動，茲分述如下：

### ㈠生理上的成熟

青少年生理上的成熟，包括性能力的成熟以及外觀體態上的變高變壯，毫無疑問地會讓青少年感到自己「已經是個大人」。事實上，國外的學者 (Williamson & Campbell, 1985) 在調查青少年最期盼父母的事項中的第一項就是：「把我們當大人看，別再把我們當成不懂事的小孩子」。其他的研究 (Kobak, Cole, Ferenz-Gillies, & Fleming, 1993) 也發現，青少

年最常埋怨父母的一件事情，就是父母仍舊常把他們當成小孩子看待。

隨著生理上的成熟，青少年和父母之間的互動關係有著越來越多的摩擦和衝突 (Steinberg, 1988)。其原因之一就在於青少年逐漸將自己視為成人，而父母的觀點卻未同時改變（仍將其視為未成熟的大孩子）。學者們 (Collins & Laursen, 2004) 發現，比起正常發育的青少年，生理早熟的青少年和父母間有著更多的摩擦與衝突，深究其原因，就在於父母和子女對生理改變有著不同的解讀：父母通常不認為生理的成熟就意味著心智的同步成熟，而此一觀點勢必和青少年自身的觀點有摩擦。

## ㈡認知能力的成熟與理想化的思維模式

除了生理成熟之外，青少年的認知能力也產生了相對應的成熟，其中最大改變就是其理想化的思維模式。由於青少年開始能夠像科學家一般地去思索假設的情況，並將其與現實情況做比較，因此當青少年在和父母互動時，他們也常會將理想中的父母形象與現實中的父母做比較，並因而常感到挫折與不滿意。

另一方面，父母對青少年的行為也有較多的負面反應。許多父母埋怨，當年很乖很聽話的小孩子，怎麼一下子就變成了常常頂嘴而且對父母挑剔不休的叛逆年輕人呢 (Collins & Laursen, 2004)？

## ㈢青少年生活圈的改變

隨著年齡漸增，青少年的社交圈也逐漸增廣，進而也明顯影響青少年與其家庭的互動。國外一個研究發現，在小學四年級時，兒童將父母視為最重要的情緒和心理支持對象；到了國一時，同性的同儕重要性就已趕上父母甚至有超越之勢；到了高一，同儕的重要性以及提供的情緒支持遠遠地大於父母；等到了進入大學年齡，其異性的伴侶重要性又高於其他所有人 (Furman & Buhrmester, 1992)。因此，許多父母常會驚異地發現，當子女進入中學讀書後，自己對子女的苦口婆心，往往抵不上同儕的三言兩語來得更有影響力。這種同儕的影響力大於父母的現象，在那些有偏差行為的青少年身上常常更加明顯。

國內學者（郭靜晃，2002）曾針對全臺灣 246 名中輟青少年（年齡 12-18 歲）來做研究，結果發現在這些中輟青少年的行為模仿對象上，66.3% 最常模仿的是同儕朋友的行為或思想，其次才是父母 (33.3%)，再來是影歌星等偶像 (26.4%)，師長的影響力甚至還排在偶像之後 (22.4%)。另外，這些中輟青少年覺得最了解自己的人也是以同儕居首 (38.6%)，認為父母是最了解自己的人只有 14.2%。

## 二、父母的管教方式

父母不同的管教方式，的確會造就出不同性格的青少年。學者 Diana Baumrind (1980) 曾針對超過 300 個家庭的管教方式與其教導出的子女作分析，結果發現，父母的管教方式可以概分為下列四種：威權式的管教方式、民主式（或權威開明式）的管教方式、溺愛型的管教方式、以及放牛吃草的管教方式。此四種分類的依據是以父母的關愛高低，以及父母控制管教的鬆嚴程度作為兩個主軸。

▼表 7-1：父母不同的管教方式

| 控管程度 ＼ 關愛程度 | 高關愛<br>父母在意子女的意見、願意回應子女的需求、給予子女較多的溫暖與支持 | 低關愛<br>父母不在意子女的意見、不太回應子女的需求、很少給予子女溫暖與支持 |
|---|---|---|
| 高控管<br>父母對子女的控制較強，對子女的要求較為嚴格，期望也較高 | 民主式 | 威權式 |
| 低控管<br>父母對於子女的控制不太在意，對於子女的要求不太嚴格，期望也較低 | 溺愛型 | 放牛吃草 |

每一種管教方式對青少年的影響都有所不同，茲分述如下：

（一）威權式的管教方式 (authoritarian parenting)

　　這是指父母親通常給予子女直接的口頭命令，而且親子間的互動關係偏向於上對下的模式。父母的意見通常不容子女懷疑，而子女也較少發表個人意見；當子女不服從或是懷疑父母的意見時，父母通常會採取高壓的方式去威壓子女接受。這種管教方式常見於東方的儒家思想家庭，亦常見於西方社會中的勞工階層，這是因為勞工階層的父母通常沒有太多的心力時間和子女好好溝通，因而大多採取直接高壓命令的方式去威壓子女服從。而且，對於勞工階層的父母而言，他們的工作與生活經驗使得他們認為，安分服從上司的命令並把被交付的工作做好，就是最佳的處世之道，因此，也用這樣的模式去教育他們的子女。

　　通常此種管教方式所教導出來的子女會比較欠缺社會與溝通技巧，也比較欠缺表達自己意見的勇氣 (Kochanska, Kuczynski, & Radke-Yarrow, 1989)。

## ㈡民主式的管教方式 (authoritative parenting)

　　這種父母在給予子女相當的尊重與關心之餘，也同樣沒有放鬆對子女的期許與要求。這類型的父母樂於和子女溝通，也鼓勵子女表達自己的想法，哪怕那與父母的價值觀有所不同。這種管教方式常見於中產階層的家庭，有一部分的原因是因為這些父母在自己的工作經驗中也遭遇同樣的情境（在職場中，如果有什麼好的想法，即使和主管的想法不同，也會被鼓勵表達自己的想法）。這種父母會對子女的行為設下適當的限制，但又不失之過苛，而且當子女遇到困難或是挫敗時，父母能夠適時地伸出援手，給予其溫暖與支持。

　　研究 (Dekovic & Janssens, 1992) 顯示，通常此種教養方式所教養出來的子女最具有自信，且最能自我管理與具備最好的社交能力。

## ㈢溺愛型的管教方式 (indulgent parenting)

　　這種父母給予子女相當多的關愛，同時努力滿足子女絕大部分的需求，也通常不太約束與限制子女的行為。當然，這樣的教養方式所教導出來的青少年沒有機會去學習克制自己的欲望，也不懂得尊重別人，因此人際關係通常極差、挫折容忍力也很低 (Baumrind, 1991)。

## ㈣放牛吃草的管教方式 (neglectful parenting)

採用這種管教方式的父母既不關愛子女，也不管教子女，基本上就是放牛吃草、任其自生自滅。由於此類的青少年完全無法從父母身上學到負責任、關心及照顧別人等重要的社會應對技能，因此有研究顯示 (Weiss & Schwarz, 1996)，這種欠乏父母關愛與管教的青少年子女，不論在學業、人際關係、情緒穩定等等，他們的表現都是最糟糕的。有許多會採取此類管教方式的父母，自己本身就已經有相當的問題狀況，如吸毒、酗酒等，因此他們能夠提供給子女的支持也通常最低。

# 三、兄弟手足扮演的角色

通常兄弟手足間彼此扮演著互相傾訴祕密、情緒支持的作用。然而，這樣的社交關係通常僅存在於手足間相差的年紀較少的情況下（6 歲以內），若手足相差 6 歲以上，則兄姊因為和弟妹的年齡差距過大，一般比較不容易用平等的眼光去看待較年幼的弟妹，而較易採取類似父母的上對下的命令模式。不過，此一狀況通常會隨著弟妹的年齡進入到青春期之後逐漸改善，因為此時較為年長的兄姊也開始會逐漸將弟妹視為對等的成人看待 (Buhrmester & Furman, 1990)。

但是，兄弟姐妹間的年齡相差較少也有缺點，其中最明顯的就是手足競爭 (sibling rivalry)。這是因為，當手足的年齡差距較小時，會產生較多的競爭心與忌妒心，父母也較易將手足間做比較。此外，手足競爭通常發生在較早的青少年期，到了青少年期的後期時，此一趨勢會減緩 (Goodwin & Roscoe, 1990)。

國外較早期的研究 (Dunn & Kendrick, 1981) 也發現一個有趣的現象，那就是手足間的關係通常同性（如兄弟）相處的情況會比異性手足（如姊弟）來得好。另外手足間的關係也會受到家中其他成員特別是父母親的影響，許多研究發現，當父母親對待子女能夠一視同仁時，通常家庭內的手足關係較為理想；如果父母親對待子女們出現了偏心的情況

時，忌妒、憤恨等負面情緒就會隨之產生並進一步損害手足間的關係 (Kowal & Kramer, 1997; Updegraff et al., 2005)。

## 四、離婚對青少年的影響

在討論青少年與家庭成員的互動中，一個不容忽略的問題就是父母離婚對青少年的影響。這個問題在臺灣特別值得注意，因為根據內政部近年 (2006) 的統計數據，臺灣的離婚率已經衝到亞洲第一名。平均每天都有 177 對新的怨偶產生，而每 2.21 對結婚的新人中，最後就有一對以離婚收場，換句話說臺灣的離婚率已經高達到 45% 的比率。

大多數的西方心理學家 (Amato & Booth, 1996; Hetherington & Stanley-Hagan, 2002) 都同意，離婚對青少年子女的負面影響甚大。這些影響包括了：離婚家庭的青少年較容易焦慮與沒有安全感、學業成績較低落、較欠缺責任感、不容易和同儕形成較信任的關係、有較高的婚前性行為比例 (Conger & Chao, 1996)。

由於親身經歷了父母離婚前的冷戰或爭吵，以及親眼目睹了父母的離異，很自然這些青少年就容易產生焦慮，且較欠缺安全感。這樣巨大的情緒衝擊發生在情緒尚未完全成熟的青少年身上，就會使得青少年無法安定自己的情緒專注於學業上，因此學業會受到相當的影響。此外由於父母的離異常迫使父母其中一方離開，這種被親人離棄的焦慮加上失去父母一方的罪惡感，常使得青少年較不易於和同儕形成親密關係。另一方面，離婚家庭中的青少年子女，由於喪失了一半的親情溫暖，也常常導致他們會更傾向於向外尋求慰藉，因此通常也比雙親家庭中的子女更容易產生婚前性行為。

▲圖 7-1：離婚往往讓孩子的身心受到嚴重傷害。

雖然許多的研究發現離婚家庭的青少年子女要比來自雙親家庭的子女容易產生上述的問題行為，然而我們不可以就此對離婚家庭的青少年子女產生一個刻板印象，認為凡是來自離婚家庭的子女都是問題兒童。因為絕大部分離婚家庭出來的子女，他們依舊在各方面都調適得和雙親家庭的子女一樣好 (Emery, 1999)。

▼ 表 7-2：雙親家庭與離婚家庭的子女假想比較

|  | 表現良好 | 有問題行為 |
|---|---|---|
| 來自雙親家庭的青少年子女 | 98% | 2% |
| 來自離婚家庭的青少年子女 | 80% | 20% |

註：表中為模擬數據。

在表 7-2 中，如果研究者只專注於最右端的發現，很容易就會得到一個結論：來自離婚家庭的青少年子女，發生問題（不管是學業問題，或是婚前性行為等問題）的比例，要比來自雙親家庭的子女高出了 10 倍之多。那麼人們就很容易被這樣的數據所誤導，認為離婚家庭出來的青少年子女幾乎都是問題青少年。

然而當我們也一併關注數據的左端時，我們就必須承認，絕大多數離婚家庭出來的青少年子女，一樣可以表現得和雙親家庭出來的子女一樣好。所以這個例子也提醒我們，有的時候讀取研究報告的數據要特別留意，否則一不小心，就很容易形成對某一特定族群的偏見或是歧視。

在離婚父母之後再婚對青少年子女的影響方面。根據內政部最新 (2011) 的統計，臺灣在 2010 年裡，有 133,822 對夫妻。其中男性再婚者為 22,025 人、女性再婚者有 19,571 人。換言之，臺灣每年幾乎都有兩萬對左右的新婚夫妻為再婚者。雖然在內政部的統計資料中，並未列舉有多少的再婚夫妻有著前次婚姻所遺留下的子女，但合理推估也應不在少數。這是因為在所有的離婚夫妻中，只有約 27.7% 左右的夫妻是在結婚後五年內離婚（內政部，2011），其餘約 72% 的離婚夫妻都是在結婚五年後甚至更長的時間後離婚的。

　　那麼，再婚家庭中的繼父母與非親生子女的相處有什麼常見的問題呢？根據國外的研究 (Anderson, Greene, Hetherington, & Clingempeel, 1999) 顯示，這種家庭中，父母與小孩的調適期較長，差不多需要 5 年左右的時間，而一般單純離婚家庭的子女和父母的調適期，則約需 2 年左右。此外，再婚家庭中的親子關係最難拿捏的部分就是彼此的角色分際。

　　由於繼父母和繼子女之間彼此並沒有真正的血緣關係，因此雙方是否真的視對方為自己「真正的」子女或父母，就成了一個很大的疑問。許多的國外研究 (Bray, Berger, & Boethel, 1999; Bray & Kelly, 1998) 都發現，當繼父母企圖去管教繼子女時，其管教效果是非常差的，因繼子女會很容易的認為：「你不是我的親爸爸親媽媽，憑什麼管我？」因此，青少年心理學家 (Bray & Kelly, 1998) 建議，當繼父母在和非婚子女相處時，最好是能夠把管教子女的責任交託給子女的親生父母去執行，比較不容易招致反彈。此外繼父母可考慮多花時間多參與繼子女所喜愛的活動，如此比較容易獲得繼子女的信任與認同。

## 第二節　青少年與同儕的互動

　　青少年在透過與同儕的互動中，漸漸掌握了社會化的重要訊息。換句話說，青少年在透過和其同儕的互動，學習（或練習）到了日後進入社會和各種形形色色的人相處的正確態度以及技能。我們稍後將會介紹，在青少年的團體中，一如整個大社會的縮影，其中有扮演領導階層的青少年，也有扮演聽命行事、相對起來較為基層的青少年。

　　這個練習社會化的過程對青少年行為發展有著重要的影響。國外的研究 (Kupersmidt & Coie, 1990) 顯示，當青少年處於社會孤立，或是沒有適當融入同儕團體中時，他們會出現許多的偏差行為和問題，包括酗酒，偷竊，以及憂鬱症等等。此外，也有學者 (Roff, Sells, & Golden, 1972) 發現，在青少年早期同儕關係較差者，到了青少年後期時，從學校中輟的

比例比較高。

　　不僅如此，青少年的同儕關係甚至對其日後的人格發展也有著重大的影響。有研究 (Hightower, 1990) 顯示，在青少年時期有著比較好的同儕關係的人，到了中年時，其心理健康程度亦較佳；在青少年早期有著較好朋友的人，到了成年之後，會比那些青少年沒有好朋友的人，感到較高的自我價值感 (Bagwell, Newcomb, & Bukowski, 1998)。此外，和同儕有著良好互動的青少年，在面臨一些生活壓力時，較易調適得過來 (Berndt & Keefe, 1995)。而且由於有著好朋友的支持，這些青少年在面臨一些較為惡霸型同學的霸凌行為 (bullying behavior) 時，他們也不容易成為這種霸凌行為的被害者 (Hodges et al., 1999)。

　　國內的相關研究亦指出，當青少年遇到有困擾的問題時，他們第一個晤談的對象不是父母或是師長，也不是兄弟姐妹，而是同儕朋友（內政部，1992）。此外，亦有學者（吳瓊洳，1998）指出，在讓青少年評估對自己生活影響最大且最重要的人的時候，大部分青少年會

▲圖 7-2：青少年在同儕的互動中，便會產生練習社會化的過程。

將同儕排在父母與手足之前。在國外的研究也得到類似的結果：一個針對美國青少年所做的研究發現，青少年較依賴自己的同儕而非父母。當他們需要人陪伴或是想要肯定自己的價值時，他們傾向尋求同儕的慰藉而非父母的支持 (Berndt, 2002)。

　　然而，在青少年與同儕互動的過程中，彼此的影響不一定全是正面的，經常也會有負面的影響。最為人所熟知的就是受到所謂的**同儕壓力 (peer pressure)** 的影響，其指的是當一群青少年形成小團體時，團體中自會形成一個團體的行為準則，而且會企圖將此標準與行為，有形無形地強加於團體中的成員身上。例如，若小團體中大部分的人都抽菸，那麼

在其中原本不抽菸的青少年，就會感受到相對應的壓力，而也開始會去抽菸。國外的研究顯示，在某些特定的偏差行為上，如飲酒、抽菸、性行為、使用毒品等，青少年特別容易受到同儕壓力而做出偏差行為 (Urberg, Degirmencioglu, & Pilgrim, 1997)。

然而，這並不是說青少年會無條件地遵從同儕的價值觀。事實上國外早期有研究 (Brown, Lohr, & McClenahan, 1986) 顯示，當同儕的行為明顯違反社會規範時，青少年常常會抗拒同儕的壓力而拒絕去做出類似的行為。青少年最容易受到同儕壓力的影響而去做的偏差行為，通常是一些分際或標準較為模糊的行為，例如飲酒或是抽菸。試想，若父母或師長一方面告誡青少年不可以抽菸或是飲酒，但青少年每天卻眼見周遭甚多成人都在從事這樣的行為時，很自然的地就會對這樣的雙重標準感到困惑，因而也就較易受到同儕壓力的影響。這也就是為什麼在使用酒精與香菸，以及婚前性行為上，青少年較易受到同儕影響的原因。

此外，青少年在受到同儕壓力的影響方面，也包括家庭小環境與文化大環境的影響。國外有研究顯示 (Mounts & Steinberg, 1995)，當父母親是採用民主式的管教方式時，青少年較不易受到同儕的影響；而當父母採用其他三種管教方式：威權式、溺愛型以及放牛吃草的管教方式時，則青少年較易於受到同儕的不良影響。學者推估其理由是，當父母親採用民主式的管教方式時，青少年通常會較主動地去思考事情的對錯而非一味盲從，而且當遭受同儕壓力時，受民主方式管教的子女也較易於向父母溝通求助。

在文化方面，有研究發現 (Rothbaum, Poll, Azuma, Miyake, & Weisz, 2000)，當比較美日兩國的青少年時，美國青少年傾向施加更大的壓力給同儕，促使他們去挑戰父母或師長的權威，而日本的青少年則較不會鼓勵同儕去挑戰父母等權威。

青少年會選擇哪些人當朋友然後形成同儕關係呢？國外有研究 (Hamm, 2000) 發現，通常青少年會選擇和自己年齡、性別，以及種族相

近的同儕來當朋友。另外也有研究 (Newcomb & Bagwell, 1995) 顯示，青少年會選擇和自己表現相當或是興趣相近的人做朋友，例如在學校課業表現相近，或是有著共同嗜好的人做朋友。此外，一般所謂「近朱者赤，近墨者黑」的傳統說法也得到國外實徵研究 (Berndt & Murphy, 2002) 的證實。研究發現，當青少年和同儕相處久了之後，彼此的價值觀和態度會隨著相處時間增長而變得越來越相近。很明顯地，青少年對彼此的影響力可以說是非常大的。從這個地方更可以理解，為什麼選擇朋友對於青少年來說，是非常重要而且值得父母親重視的一件事情。

當志同道合的青少年結合在一起時，就會形成小團體。一般青少年心理學家常將此種小團體稱之為小圈圈 (clique)。小圈圈較大者亦有可能到達十數人，但多數以 5、6 人左右為主，在這樣的小團體中，團體成員通常打扮成類似的模樣，並花時間和精力在相同的活動上。此外，隨著處在這個小團體的時間久了，青少年會逐漸的對這個小團體產生認同感。比這個小圈圈更大一些的團體則稱之為族群 (crowds)。這些族群的成員未必像小圈圈的成員一樣，花大量的時間在一起，他們之所以被同儕分類到某一個族群，通常只是因為他們具有共通的特性。例如：特別喜歡運動、或是特別喜歡飆車的一群青少年。

國外曾有文獻 (Brown & Lohr, 1987) 指出，青少年的自尊心和是否發展出這種群體認同有相關，被同儕歸類到運動健將和受歡迎的族群的這些青少年，其自尊心較高；而被歸類到「不起眼」或「無名小卒」的青少年自尊心最低。

青少年在他們的小團體組織中，也一如將來他們進入社會不同的企業或團體一樣，會有著高低不同的階層與扮演不同的角色。這種在小團體中的社會階層通常被稱之為統治階層 (dominance hierarchy)。一般來說，青少年都很清楚彼此在小團體中所占的階層高低，通常階層低的會聽從階層高的人命令，並且會去對比自己階層低的人採取一種發號施令的態度，一如將來在社會中各種行業或團體中一樣。

什麼因素決定青少年在團體中的領導角色呢？研究 (Hawley, 1999)
發現，在年紀比較低一點的男孩子身上，通常扮演孩子王的人是那些身
強體壯、比較具有體型優勢的男生。然而在女生團體、或是年紀較大的
青少年團體中，扮演領頭羊的角色的人則轉化成該團體中所需要的技能
或是專長中最優異的人 (Edwards, 1994)。舉例而言，如果有一些青少女
形成一個追求流行或是喜歡逛街的小團體，那麼在這個小團體中，扮演
領導角色的那個女生，就通常會是對於流行資訊掌握最迅速與最多的那
個女生。同理，如果年紀較長的青少年男生，因為喜好音樂而組成樂團
之類的小團體時，裡面的帶頭者就通常是玩樂器最高段者。

最後一個有關青少年與同儕之間互動關係要討論的議題，就是青少
年與異性的互動關係。國內學者（李惠加，1997）發現，國內的男性青
少年參與的小團體稍大，而女性青少年參加的小團體則較為親密。然而
青少年男女兩性的小團體之間，基本上仍處於隔離狀態，互動的情況並
不多，因此國內青少年互動的對象，仍以自己同性的對象居多。不過，
這並不是說國內的青少年對於異性沒有興趣，只是在國內的文化底下，
青少年時期被認為是一個應該要用功讀書的階段，因此與異性交往這一
件事情並不受到社會支持與鼓勵。

儘管如此，青少年到了青春期的後期，大部分也會急切地想與異性
交往。即使他們在沒有明確的規範與方法下，不確定該如何展開與異性
同儕的互動，他們依然對於異性是抱持著濃厚興趣的（王煥深、柯華葳，
1999）。所以簡言之，在青少年的早期，與異性互動可以說是非常少，但
是隨著年齡漸增，青少年對於與異性互動的興趣逐漸濃厚，但互動的狀
況仍舊不是太過頻繁，其主因就是受到了我們文化中「青少年時期應該
要專心讀書」這樣一個觀念的制約。

在國外的研究中則呈現了一個較為開放的圖像。一個針對青少年與
異性互動的研究 (Richards et al., 1998) 發現，在青少年年紀較小時，如國
小五、六年級的女生，她們平均每週花不到 1 小時與同齡的異性相處；

而男生與同齡異性相處的時間則更少。

但是到了青少年後期如高二、高三時，美國的青少女平均每週約花上 10 個小時和男朋友共處，而美國的青少年每週只有約 5 個小時左右的時間是花在女朋友身上。此外，不只是花在和異性實際相處的時間增加，當自己獨處時去思念對方的時間也隨之增加。同一研究發現，美國的高中女生平均每週花約 8 個小時去思念某個男生，而男生也會花大約 5 到 6 個小時的時間去思念他的女朋友。

另一個針對美國青少年談戀愛的研究 (Carver, Joyner, & Udry, 2003) 則發現，美國在 15 歲的青少年當中，大約有 50% 的人，在過去的一年半當中有過和異性談戀愛的經驗。而到了 18 歲時，其比例則上升到了 70%。此外，絕大多數的 18 歲青少年都曾有過一次或以上的戀愛經驗。

▲圖 7-3：青少年期與異性互動的興趣會逐漸濃厚。

青少年戀愛對於青少年是好還是不好呢？從正面來說，有研究 (Harter, 2006) 發現，有著男女朋友的青少年，的確是會比較有自信心，而且其男女朋友亦提供了情緒上的某種支持。但是從另一方面來看，有著男女朋友的青少年其情緒的波動度，亦遠較那些沒有男女朋友的同儕來得大 (Richards & Larson, 1990)。有研究 (Joyner & Udry, 2000) 指出，有著男女朋友的青少年要比那些沒有男女朋友的青少年，得到憂鬱症的可能性較高，且現象在青少女的身上特別明顯。

此外，若這個戀愛關係破碎後，青少女得到憂鬱症的比例則是更高 (Welsh, Grello, & Harper, 2003)。另一個值得注意的發現是：較早有較多男女朋友的青少年，有著較高的比例會發生許多的問題，如成績低落、使用毒品，以及較早的性行為與婚前懷孕等等 (Collins, 2003)。尤有甚者，

在青少年時期就開始腳踏多條船的交往模式，對日後成為成年人的親密關係有著負面的影響 (Zimmer-Gembeck, Siebenbruner, & Collins, 2001)。

在下一節中，我們將要討論在青少年發展中，他們花費時間最多的環境之一：學校。並討論怎樣的學校較有教學效果，以及較易為青少年學生所接受。

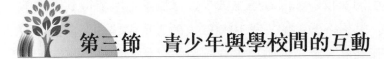

## 第三節　青少年與學校間的互動

在臺灣，絕大多數青少年在結束小學教育後都選擇了升學。根據中華民國教育部的官方統計（教育部，2010），民國 99 學年度，有 99.91% 的國小學生繼續升學至國中，而同年的國中畢業生中，也有 98.15% 的青少年，選擇了繼續念高中（含職校等）。不可諱言的是，臺灣雖然經歷了十年教改，但整體社會的價值觀依然受到相當程度的升學主義影響。因此，本節將先探討究竟何種學校環境以及風氣對學生會有何種影響，接下去才會探討青少年與學校的其他互動議題。

### 一、學校大小和班級大小的影響

首先，學校的大小對青少年學生有影響嗎？一般人的直覺反應是小一點的學校比較好，而國外的研究 (Rutter, Maughan, Mortimore, & Ouston, 1979) 也支持了這樣的看法。這是因為較為大型且人數較多的學校，通常會為了管理上的效率，而採取一些比較合理且便於管理、但卻較為硬性（如明文規定等）的方式，而在這一種管理方式中，對學生的人性化尊重和個別差異就比較沒有辦法顧及。學生在這樣的氛圍下，也就比較不容易感到溫暖與被支持。

舉例而言，假設一個就讀於大型中學的青少年，在遇到情緒困擾時想找人傾談或是輔導，卻發現學校輔導中心的諮商協助需要事先預約，且最近一週的時段都已被排滿。相比於一個就讀小型中學、學生在幾百

人以下規模的學校的青少年，當有困擾時隨時可以走進輔導室和可能已經熟識的輔導老師聊聊。毫無疑問地，後者更容易培養出信任與被尊重的感受。

另外亦有研究 (McPartland & McDill, 1976) 發現，如果學校對學生的一些好的行為沒什麼鼓勵或反應時，這個學校的學生的犯罪率就會較高。很明顯地，在小型的學校中，因為學生數少，每個學生所能得到獎勵的機會就相對較高。試想一下，在一個 10,000 人的大型中學中，拿到全校前三名，和在一個 300 人的小型中學中拿到前三名的難度是否相同？此外，小型學校因為管理上需顧及的狀況相對單純，故其政策方針較有彈性，也較易去訂出一些鼓勵學生的賞則。因此在小型學校就讀的青少年如果出現值得嘉許的行為時，比較容易受到注意與讚賞。這也是就讀小型中學的一個有利之處。

## 二、教室和學校的氣氛

國外的研究 (Emmer, Evertson, & Worsham, 2003) 發現，如果希望青少年能在學校順利學習，那麼教室內就必須有著清楚的運行規則以及穩定的課表。青少年必須透過這些規範清楚理解到，學校師長對他們在各方面，包括課業、生活等的期待，有了這樣子的規範之後，青少年才能有一個清楚的行事準則。另外，也有學者 (Weinstein, 2003) 發現，當這些規範是合理而且易於理解的，且和學校的目標一致的時候，青少年會較易於信服且遵守這些規範。

青少年在一個教室內的學習氣氛，也和任課教師的信念與價值觀以及任課方式有著緊密的關係。研究 (Eccles, Wigfield, & Schiefele, 1998) 發現，當任課教師本身相信他的工作是支持與引導學生，而對學生採取一種溫暖與鼓勵的態度，同時採取一個有效率的組織課程，以及強調專注在學業活動上時，青少年學生們的上課滿意度、個人成長以及學業成就都會得到較好的結果。此外，亦有學者 (Bryk, Lee, & Holland, 1993) 發

現，當學校整體的校風是鼓勵學生自我期許同時也期待學生成功時，學生的學習和成就都獲得幫助。

然而，有一點必須特別指出來的地方是，這個期許學生成功與專注在課業活動上的說法，並不意味著是偏頗地強調升學與成績競爭。事實上，有研究 (Maehr & Midgley, 1996) 發現，當學校的目標過度放在強調學業競爭以及學業表現的評量 (即考試)，而非強調讓學生真的掌握學習目標時，學生與老師的動機都反而會因此而降低。如果學校的目標變成為了考試而逼學生去念書、老師的教學目標變成教導學生應付考試而非教導他們必要的知識時，老師和學生的動機都反而會變得較差。這個研究的發現，很值得我們這個強調升學的社會再三深思。

## 三、營造一個對青少年最有利的學校環境

根據許多研究團體 (Good & Brophy, 1994; Stevenson & Stigler 1992; Walberg, 1995; Carnegie Council on Adolescent Development, 1995) 的研究指出，一個對青少年最有幫助的學校應該有以下的特點：

### ㈠把學校發展出一種小型社區或是大家庭的感覺

如此校園內才能形成一種溫暖與支持的風氣，而只有在這樣的氛圍下，青少年在當中求學與生活，才能比較信任師長，也才能比較安心學習。另外，這樣大家庭式的溫暖，可以保護身心尚未完全成熟的青少年，不會受到一般較大學校的那種制式化與忽略人性管理方式的負面影響。

### ㈡校內的諮商者與學生比例大幅提高

目前常見的諮商者與學生的比例：「一比數百」實在是太高了。

### ㈢提供較為彈性的學制

這是指打破現行的 50 分鐘一堂課的死板規定。如果由數位老師組成一個跨領域的教學群，在教學上互相配合教導學生跨領域的教材時，學生就能夠比較融會貫通，亦比較能夠理解不同領域的相關性。這樣子的作法將會優於現行的各科井水不犯河水的僵化教學體制。

## ㈣必須要將家長納入學校教育的一環

學校應努力讓家長樂於投入更多的心力在青少年的學習上。不論是正式的家長與老師間的座談會，或是家長以非正式的方式參與學校的活動，都應該受到鼓勵與支持。因為家長的參與等於給了老師和青少年們一個清楚的訊號：「我關心你們的發展，也願意出力來支持你們」。

值得一提的是，上述的這些要點並非只是學者在象牙塔內的想像，而是確實在美國超過 15 個州的近百個中學實踐。實徵的證據顯示，當採取上述建議的中學把這些要點付諸實踐後，在經過一年以上的時間，發現學生的閱讀，以及數學等均有顯著的進步。而且當實踐這些建議數年後，學生的進步也隨之持續增高 (Carnegie Council on Adolescent Development, 1995)。

## 四、升學時的角色轉型期

對絕大多數的青少年而言，在與學校的互動過程中會經歷兩次大的轉變點，一次是從國小升至國中，另一次則是從國中升至高中。大部分的青少年在這樣的環境改變中都會感受到不同程度的改變與壓力，這些改變與壓力常常也是同時發生且不一定都是青少年能控制的。

舉例而言，許多青少年升學後，轉移到了一個陌生的環境。有時候僅僅在幾個月當中，青少年就會感受到自己身分的改變——從國小生變成國中生，或從國中生變成高中生，伴隨而來的也有父母與師長對待他們態度的改變。例如說，父母親通常在子女邁進另一個學習階段時，會對他們有著更高的期望，以及希望他們更加獨立與成熟等等。

除了這些顯而易見的壓力之外，另外這些升學時的青少年們還會面臨一種所謂**優劣易位 (top-dog phenomenon)** 的處境。這種現象是指本來升學前的青少年，在自己原來層級的學校內，是年齡最大且身心都最成熟的「前輩」，但是一旦跨入了升學後的新學校，自己卻一下子變成全校最資淺的「菜鳥」。此外，這段期間由於青少年的身心狀況都有著劇烈的

成長與改變,因而使得他們在面臨這個轉折點時特別感受到壓力 (Eccles, Wigfield, & Schiefele, 2000)。

由於上述這樣的壓力,大部分的青少年在升學之後的第一個學期,常常會表現出許多適應不良的狀況。例如國外有研究 (Hirsch & Rapkin, 1987) 發現,當青少年從國小六年級升至國一時,他們對學校的滿意度降低,對學校的投入程度也降低,也比較不喜歡他們的老師,而且對學校的整體滿意度也降低。也就是說,剛剛升學至國中的青少年,不論其學業成績表現好或是壞,他們普遍都對這個新學校以及學校生活感到比較不滿意。

那麼,有什麼方法可以改善這種轉化的陣痛期,幫助青少年順利完成學業的銜接呢?國外有研究 (Fenzel, Blyth, & Simmons, 1991) 指出,如果新的學校提供新生比較多的支持,讓他們能夠比較快地了解新學校的軟硬體以及運作規則,同時提供一個比較穩定的學習環境時,這些升至高一階段的青少年新生,會調適得比較好。

也有別的研究 (Eccles, Lord, & Buchanan, 1996) 發現,當青少年升學而面臨轉型期時,如果父母親比較注意子女發展的需求而給予適當的協助,同時也尊重並支持其子女的自主權與決定權時,這些面臨轉型期的青少年子女比較能順利地度過這段轉型期。另外,也有研究 (Costin & Jones, 1994) 指出,青少年的朋友也會影響他們在轉型期的調適。如果青少年和朋友之間有著較密切的聯繫,而且給予他們比較多的支持時,這些青少年就會有較佳的調適狀況。

從以上的研究中,我們可以再度看到,青少年和其周圍的環境互動絕非單純而孤立的受到某一向度(家庭、學校或是同儕)的影響,而是同時受到這些力量的交互影響。

## 五、青少年的輟學及其對策

在臺灣,中輟生的問題是一個值得社會與教育學者重視的問題。因

為近年來，平均每年都有超過 5,000 名以上的中學生輟學（教育部，2009）。雖然教育部投注了相當多的資源來挽救中輟生，而且成效相當卓著（平均約 70% 以上的中輟生最後回來復學），但仍有許多中輟生選擇永遠離開學校。

青少年為什麼會輟學？根據國外的研究 (Sewell, 2000) 發現，青少年輟學的原因有很多，包括：學校因素（如不喜歡老師或討厭學校的課程等）、經濟因素、家庭因素（如父母離異或是需要照顧家中的病人等）、同儕影響（如交到壞朋友等）、個人的因素（例如個人不喜歡受拘束、喜歡在外遊蕩等）。

另一個研究 (Rumberger, 1983) 則發現，在這些因素中，大概有約一半的學生離開學校是因為和學校相關的問題，例如不喜歡學校，或是被學校退學等。而因為經濟相關的因素而離開學校的青少年，則占了 20% 左右，其中絕大部分是來自低收入家庭，這些青少年輟學後，大多跑去做些較為基層的工作來貼補家用。這樣的狀況就形成了一個惡性循環——因為貧窮所以必須犧牲教育，而犧牲教育的後果就是他們更沒有希望謀得較好的工作來改善家庭。

另外，青少女的輟學生當中有約 1/3 的人是因為個人的因素，其中絕大多數是未婚懷孕或是跑去結婚。這研究還發現，在輟學的青少年當中，他們有很高的比例會有輟學的朋友。因此，交到壞朋友很明顯也是部分青少年選擇輟學的重要原因之一。而總括來說，青少男的輟學率要高於青少女的輟學率。

其他的研究 (Rumberger, 1995) 也發現，中輟生的家庭也有很大的問題。這些可能的危險因素包括：父母對子女的低度期望、父母本身不支持青少年的學習，以及父母親疏於監督管教青少年子女。在這些情況下，青少年中輟的風險就提高很多。

有許多青少年中輟問題並非突發的，而是長久以來所累積的問題。有研究 (Alexander, Entwisle, & Kabbani, 2000) 就曾發現，如果小孩子在

比較小的時候成績明顯較差，那麼這個小孩將來在青少年時的輟學率就會顯著提升。換言之，在小時候極差的功課表現，可以當成是一個將來有可能會輟學的危險警訊。另外也有研究 (Finn, 1989) 指出，當小朋友從幼稚園到國小三年級的這個階段中，如果出現了較多的問題行為，那麼將來到了 14、15 歲時也會有較高的比例出現問題行為，而且其日後的輟學率也會較高。

從以上的討論中我們可以知道，造成青少年中輟學業的原因是多樣化的，因此，也沒有一個通用的法則能夠解決所有青少年的中輟問題。但是，我們仍舊可以從上述討論中推論出一些有效的方式，來避免以及挽救中輟的青少年。

首先，據上所述，既然有許多中輟生其問題並非始發於青少年期，而是可以追溯至更早的兒童期甚至是幼年期。那麼，早期鎖定這些將來可能會中輟的問題兒童，給予特別的注意及補強教育，應該能夠預防未來他們變成中輟生。這樣的構想在美國曾經被實驗過。一個在 1986 年創設於紐約的「我有一個夢」基金會 (I have a dream foundation)，就是針對那些將來可能輟學的一些弱勢學生，給予其補強教育，而且如果當這些青少年能夠順利念完高中且有心深造的話，基金會甚至會更進一步提供獎助學金。

這樣的協助對弱勢學童的幫助有多大呢？這個基金會最初協助的對象是位於紐約哈林區即將畢業的國小六年級學童，以前這些學童通常是沒有辦法順利念完高中的（約 75% 以上的學童將來會中輟學業），結果在接受基金會的協助之後，90% 的青少年順利完成了高中學業，而且其中超過了 60% 的人最後進入了大學就讀。這個協助計畫中有一個特色就是，當他們協助學童時，他們是採取個人對個人的方式，而非像是補習教育的班級制。也因此，這些受助的兒童和協助他們的志工之間也建立了深厚的情誼與信任。現在這樣的服務，已經推廣至美國超過 28 個州，協助過超過 10,000 多名學童，成效非常好。

　　國內也有許多類似的基金會，也是針對國內的弱勢學童，提供課後輔導等補強教育與關懷。雖然沒有全面的統計數字，但相信也應該會有類似的正面效果。

　　除了上述的這種早期的協助與補強教育之外，國外亦有研究指出 (Lehr, Hanson, Sinclair, & Christensen, 2003) 最有效防治青少年中輟的計畫與作法應當是能夠結合多種如：提供青少年閱讀、給予其適當的諮商與心理協助，以及能夠提供課後輔導等多軌並行的方式，會是最有效的做法。此外，當某些青少年因為經濟的因素而必須離開學校去工作時，他通常是孤立無援而必須自己摸索的，許多青少年就因此被誘引而誤入歧途。因此，國外有學者 (Kerckhoff, 2002) 建議，中等學校應當建立某種建教合作等機制，讓學生能夠在有保護的情況下進入工作。此外，我們可以努力的方向也包括了學校應提供足夠的就職與相關的法律資訊，並提供這些被迫中輟的青少年們一些在職學習的教材與協助，使其學習不至於因工作而完全中斷。最後，學校的學制應有某種程度的彈性，以便讓這些中輟青少年一旦經濟改善後，能夠盡速恢復其學業。

### 參考文獻

內政部 (1992)。〈臺灣地區少年狀況調查報告分析〉。《內政部統計年報》。

內政部 (2011)。〈戶籍人口統計年報〉。《內政部統計年報》。

內政部 (2011)。〈國情統計通報第 127 號〉。《內政部統計年報》。

教育部 (2010)。〈教育部線上資料庫〉。檢自：http://www.edu.tw/EDU-WEB/Webs/statistics/index.htm。

王煥深、柯華葳 (1999)。《青年心理學》。臺北：心理。

李惠加 (1997)。《青少年發展》。臺北：心理。

吳瓊洳 (1998)。〈談國中學生的重要他人〉。《學生輔導》29，106-111。

郭靜晃 (2002)。〈中途學輟少年對家庭生活認知與感受之分析〉。《當代台灣地區青少年兒童福利展望》。臺北：揚智文化。

Alexander, K., Entwisle, D., & Kabbani, N. (2000). *The Dropout Process in Life Course Perspective: Part I, Profiling Risk Factors at Home and School.* Baltimore: Johns Hopkins University.

Amato, P. R., & Booth, A. (1996). A prospective study of divorce and parent-child relationships. *Journal of Marriage and the Family, 58,* 356-365.

Anderson, E., Greene, S. M., Hetherington, E. M., & Clingempeel, W. G. (1999). The dynamics of parental remarriage. In E. M. Hetherington (Ed.), *Coping with Divorce, Single Parenting, and Remarriage.* Mahwah, NJ: Erlbaum.

Bagwell, C. I., Newcomb, A. F., & Bukowski, W. M. (1998). *Early Adolescent Friendship As a Predictor of Adult Adjustment: A Twelve-year Follow-up Investigation.* Paper presented at the biennial meeting of the Society for Research on Adolescence, San Diego.

Baumrind, D. (1991). Effective parenting during the early adolescent transition. In P. A. Cowan, & E. M. Hetherington (Eds.), *Advances in Family Research* (Vol. 2). Hillsdale, NJ: Erlbaum.

Baumrind, D. (1980). New directions in socialization research. *American Psychologist, 35,* 639-652.

Berndt, T. J., & Keefe, K. (1995). Friends' influence on adolescents' adjustment to school. *Child Development, 66,* 1312-1329.

Berndt, T. J., & Murphy, L. M. (2002). Influences of friends and friendships: Myths, thruths, and research recommendations. *Advances in Child Development and Behavior, 30,* 275–310.

Berndt, T. J. (2002). Friendship quality and social development. *Current Directions in Psychological Science, 11,* 7–10.

Bray, J. H., Berger, S. H., & Boethel, C. L. (1999). Marriage to remarriage and beyond. In E. M. Hetherington (Ed.), *Coping with Divorce, Single Parenting, and Remarriage.* Mahwah, NJ: Erlbaum.

Bray, J. H., & Kelly, J. (1998). *Stepfamilies.* New York: Broadway.

Bronfenbrenner, U. (1995). Developmental ecology through space and time: A future perspective. In P. Moen, G. H. Elder, Jr., & K. Luscher (Eds.), *Examining Lives in Context: Perspectives on the Ecology of Human Development* (pp. 619–647). Washington, DC: American Psychological Association.

Brown, B. B., Lohr, M. J., & McClenahan, E. L. (1986). Early adolescents' perceptions of peer pressure. *Journal of Early Adolescence, 6,* 139–154.

Brown, B. B., & Lohr, M. J. (1987). Peer-group affiliation and adolescent self-esteem: An integration of ego-identity and symbolic-interaction theories. *Journal of Personality and Social Psychology, 52,* 47–55.

Bryk, A. S., Lee, V. E., & Holland, P. B. (1993). *Catholic Schools and the Common good.* Cambridge, MA: Harvard University Press.

Carnegie Council on Adolescent Development (1995). *Great Transitions.* New York: Carnegie Foundation.

Carver, K., Joyner, K., & Udry, J. R. (2003). National estimates of adolescent romantic relationships. In P. Florsheim (Ed.), *Adolescent Romantic Relations and Sexual Behavior: Theory, Research, and Practical Implications,* 23–56. Mahwah, NJ: Erlbaum.

Collins, W. A. (2003). More than myth: The developmental significance of romantic relationships during adolescence. *Journal of Research on Adolescence, 13,* 1–24.

Collins, W. A., & Laursen, B. (2004). Parent-adolescent relationships and influences. In R. Lerner, & L. Steinberg (Eds.), *Handbook of Adolescent Psychology.* New York: Wiley.

Costin, S. E., & Jones, F. (1994). The stress-protective role of parent and friend support for 6th and 9th graders following a school transition. Paper presented at the meeting of the Society for Research on Adolescence, San Diego.

Conger, R. D., & Chao, W. (1996). Adolescent depressed mood. In R. I. Simons (Ed.), *Understanding Differences between Divorced and Intact Families: Stress, Interaction, and Child Outcome*. Thousand Oaks, CA: Sage.

Dekovic, M., & Janssens, J. M. A. M. (1992). Parents' child-rearing style and child's socio-metric status. *Developmental Psychology, 28,* 925–932.

Eccles, J. S., Lord, S., & Buchanan, C. M. (1996). School transition in early adolescence: What are we doing to our young people? In J. A. Graber, J. Brooks-Gunn. & A. C. Peterson (Eds.). *Transition in Adolescence*. Mahwah, NJ: Erlbaum.

Eccles, J. S., Wigfield, A., & Schiefele, U. (1998). *Motivation to Succeed*. In W. Damon (Ed.), *Handbook of Child Psychology* (5th ed., Vol. 3). New York: Wiley.

Eccles, J. S., Wigfield, A., & Schiefele, U. (2000). Social patterns, achievements, and problems. In A. Kazdin (Ed.), *Encyclopedia of Psychology*. Washington, DC, and New York: American Psychological Association and Oxford University Press.

Edwards, C. A. (1994). Leadership in groups of school-age girls. *Developmental Psychology, 30,* 920–927.

Emery, R. E. (1999). *Renegotiating Family Relationships* (2nd ed.). New York: Guilford Press.

Emmer, E. T., Evertson, C. M., & Worsham, M. E. (2003). *Classroom Management for Secondary Teachers* (6th ed.). Boston: Allyn & Bacon.

Fenzel, L. M., Blyth, D. A., & Simmons, R. G. (1991). School transitions, secondary. In R. M. Lerner, A. C. Peterson, & J. Brooks-Gunn (Eds.), *Encyclopedia of Adolescence* (Vol. 2). New York: Garland.

Finn, J. D. (1989). Withdrawing from school. *Review of Educational Research, 59,* 131.

Furman, W., & Buhrmester, D. (1992). Age and sex differences in perceptions of networks of personal relationships. *Child Development, 63,* 103–115.

Good, T. L., & Brophy, J. E. (1994). *Looking in Classrooms* (6th ed.). New York: Harper Collins.

Goodwin, S. W., & Roscoe, B. (1990). Sibling violence and agonistic interactions among middle adolescents. *Adolescence, 25,* 451–468.

Hamm, J. V. (2000). Do birds of a feather flock together? The variable bases for African

American, Asian American, and European American adolescents' selection of similar friends. *Developmental Psychology, 36,* 209–219.

Harter, S. (2006). The self. In W. Damon, & R. M. Lerner (Eds.), *Handbook of Child Psychology* (Vol. 3, 6th ed.). New York: Wiley.

Hawley, P. H. (1999). The ontogenesis of social dominance: A strategy-based evolutionary perspective. *Developmental Review, 19,* 7–132.

Hetherington, E. M., & Stanley-Hagan, M. (2002). Parenting in divorce and remarried families. In M. Bornstein (Ed.), *Handbook of Parenting* (2nd ed.). Mahwah, NJ: Erlbaum.

Hightower, E. (1990). Adolescent interpersonal and familial precursors of positive mental health at midlife. *Journal of Youth and Adolescence, 19,* 257–275.

Hirsch, B. J., & Rapkin, B. D. (1987). The transition to junior high school: A longitudinal study of self-esteem, psychological symptomatology, school life, and social support. *Child Development, 58,* 1235–1243.

Hodges, E. V. E., Boivin, M., Vitaro, F., & Bukowski, W. M. (1999). The power of friendship: Protection against an escalating cycle of peer victimization. *Development Psychology, 35,* 94–101.

Joyner, K., & Udry, J. R. (2000). You don't bring me anything but down: Adolescent romance and depression. *Journal of Health and Social Behavior, 41,* 369–391.

Kerckhoff, A. C. (2002). The transition from school to work. In J. T. Mortimer, & R. W. Larson (Eds.), *The Changing Adolescent Experience.* New York: Cambridge University Press.

Kobak, R. R., Cole, H. E., Ferenz-Gillies, R., & Fleming, W. S. (1993). Attachment and emotional regulation during mother-teen problem solving: A controlled theory analysis. *Child Development*, 64, 231–245.

Kochanska, G., Kuczynski, L., & Radke-Yarrow, M. (1989). Correspondence between mothers' self-reported and observed child-rearing practices. *Child Development, 60,* 56–63.

Kupersmidt, J. B., & Coie, J. D. (1990). Preadolescent peer status, aggression, and school adjustment as predictors of externalizing problems in adolescence. *Child Development, 61,* 1350–1363.

Lehr, C. A., Hanson, A., Sinclair, M. F., & Christensen, S. L. (2003). Moving beyond dropout prevention towards school completion. *School Psychology Review, 32,* 342–364.

Maehr, M. L., & Midgley, C. (1996). Transforming school cultures. Boulder, CO: Westview Press.

McPartland, J. M., & McDill, E. L. (1976). The unique role of schools in the causes of youthful crime. Baltimore: Johns Hopkins University Press.

Mounts, N. S., & Steinberg, L. (1995). An ecological analysis of peer influence on adolescent grade point average and drug use. *Developmental Psychology, 31,* 915–922.

Newcomb, A. F., & Bagwell, C. L. (1995). Children's friendship relations: A meta-analytic review. *Psychological Bulletin, 117,* 306–347.

Richards, M. H., Crowe, P. A., Larson, R., & Swarr, A. (1998). Developmental patterns and gender differences in the experience of peer companionship during adolescence. *Child Development, 69,* 154–163.

Richards, M. H., & Larson, R. (1990). *Romantic Relations in Early Adolescence.* Paper presented at the Fifth International Conference on Personal Relations, Oxford University, England.

Roff, M., Sells, S. B., & Golden, M. W. (1972). *Social Adjustment and Personality Development in Children.* Minneapolis: University of Minnesota Press.

Rothbaum, F., Poll, M., Azuma, H., Miyake, K., & Weisz, J. (2000). The development of close relationships in Japan and the United States: Paths of symbiotic harmony and generative tension. *Child Development, 71,* 1121–1142.

Rumberger, R. W. (1983). Dropping out of high school: The influence of race, sex, and family background. *American Educational Research Journal, 20,* 199–220.

Rumberger, R. W. (1995). Dropping out of middle school: A multilevel analysis of students and schools. *American Educational Research Journal, 3,* 583–625.

Rutter, M., Maughan, B., Mortimore, P., & Ouston, J. (1979). *Fifteen Thousand Hours: Secondary Schools and Their Effects on Children.* Cambridge, MA: Harvard University.

Seidman, E. (2000). Social patterns, achievements, and problems. In A. Kazdin (Ed.), *Encyclopedia of Psychology.* Washington, DC, and New York: American Psychological Association and Oxford University Press.

Sewell, T. E. (2000). School dropouts. In A. Kazdin (Ed.), *Encyclopedia of Psychology*. Washington, DC, and New York: American Psychological Association and Oxford University Press.

Stevenson, H. W., & Stigler, J. W. (1992). *The Learning Gap*. New York: Summit Books.

Steinberg, L. D. (1988). Reciprocal relation between parent-child distance and pubertal maturation. *Developmental Psychology, 24,* 122–128.

Urberg, K. A., Degirmencioglu, S. M., & Pilgrim, C. (1997). Close friend and group influence on adolescent cigarette smoking and alcohol use. *Developmental Psychology, 33,* 834–844.

Walberg, H. J. (1995). General practices. In G. Gawelti (Ed.), *Handbook of research on improving student achievement*. Arlington, VA: Educational Research Service.

Weinstein, C. S. (2003). *Secondary Classroom Management* (2nd ed.). New York: McGraw-Hill.

Weiss, L. H., & Schwarz, J. C. (1996). The relationship between parenting types and older adolescents' personality, academic achievement, adjustment, and substance use. *Child Development, 67*(5), 2101–2114.

Welsh, D. P., Grello, C. M., & Harper, M. S. (2003). When love hurts: Depression and adolescent romantic relations. In P. Florsheim (Ed.), *Adolescent Romantic Relations and Sexual Behavior*. Mahwah, NK: Erlbrum.

Williamson, J. A., & Campbell, L. P. (1985). Parents and their children comment on adolescence. *Adolescence*, 20, 745–748.

Zimmer-Gembeck, M. J., Siebenbruner, J., & Collins, W. A. (2001). Diverse aspects of dating: Associations with psychosocial functioning from early to middle adolescence. *Journal of Adolescence, 24,* 313–336.

圖片來源：圖 7–1、圖 7–2、圖 7–3©ShutterStock

青少年次文化以及各種媒體對青少年的影響

在本章中，將先扼要說明何謂文化與次文化，其次再說明一些專屬於青少年的次文化以及其特性。接下來則將分別針對不同的媒體，如電視、網路、電玩以及其他媒體對青少年的影響。本書之所以闢出這樣的一個章節來介紹這些事項，是因為這些青少年的次文化與這些媒體對青少年的心智與行為都有極深遠的影響。以下我們將來一一探討。

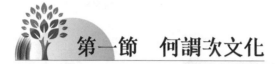

## 第一節　何謂次文化

所謂文化，大致是指在一定的空間內，由彼此可以溝通的一群人，共同抱持一系列的信仰、價值觀、想法，以及一些有關於人們日常生活與行為的一些須遵守的準則。這些準則在大部分的情況下，並未形諸於文字，而更常是一些不言而喻的潛在規則。這種在共同的時空下，絕大部分人所大致共同遵守的準則，就被稱為文化 (Brislin, 1993)。

舉例而言，在一個大學剛入學的新鮮人班級中，許多新生熱烈地討論著第一次班遊要到哪裡玩。在經過一番熱烈的討論與發表優缺點意見之後，班代在黑板上寫下幾個地點，然後班上的同學舉手表決，就這樣決定了他們第一次出遊的目的地。這個例子的重點是：儘管這些大學生從未真正投過票，而且彼此在入學之前也不認識對方，但是很明顯地，裡面所有的人都認可一個原則——當有團體事務爭議未決時，先討論後接著投票表決，取得大多數人認同的意見就是最後群體所應該服從與尊重的決議。這樣一種透過民主機制來取得多數人共識的作法，就是一種文化。雖然學校與社會都沒有明文規定大學生的出遊必須由投票決定目的地，但絕大多數的大學生很自然地採用了這樣的做法。而這就說明了民主方式，已經成為臺灣社會文化的一部分。

而所謂次文化 (sub-culture) 就是在一個大的社會當中，其中有一部分的人，因為其地域、種族、年齡、性別或社經背景等而形成了自己獨特的一個較小或稱為較次級 (sub) 的文化，例如青少年次文化、原住民次

文化、新移民次文化，與同性戀次文化等等。這裡要注意的一點就是，次文化僅只意味著相較於主流文化，它的規模較小而並無其較為劣等的涵義在內。一如學者 (Brake, 1980) 所說：「次級文化可視為主流文化中的一個小部分，它和主流文化間有其接續性，然而亦常常和主流文化有所不同」。

因此根據以上的定義，我們可以知道，青少年的次文化就是指一些專屬於青少年年齡層所特有的價值觀、信仰以及行事甚至溝通的準則等等。這些準則在青少年的年齡層當中，也許常常被奉為圭臬而信守不疑，然而通常等到青少年逐漸進入成年後，他們身上的這些青少年文化也會漸漸消失。

國內常見的青少年次文化有哪些呢？研究指出像是有追求流行服飾、偶像崇拜、追求自我主張、追求逸樂、使用自己獨特的語言符號、沉溺於網路的虛擬文化等等（高強華，1993；江福貞，2005）。

由於這些次文化普遍存在於青少年群體中，因此也就對青少年的行為與價值觀產生了相當的影響。然而由於探究青少年行為與青少年次文化之間的關係並不容易：究竟

▲圖 8-1：時下青少年流行的角色扮演 (cosplay) 即是次文化的一種。

是青少年自己本身的價值觀造成了青少年的次文化？還是成年人特別是商人透過行銷包裝的方式來塑造青少年次文化？抑或其實是青少年的次文化反過來塑造了青少年的價值觀與行為？因此，研究者多採取一些具體與可量化的方式來測量青少年次文化對青少年的影響。這些具體的方式就是透過如測量青少年耗費在電視、網路、電玩，以及動漫畫之類的青少年次文化載體上的時間等，來檢視青少年受到這些文化的影響程度。

如此有一較為客觀的數據資料，再來推論青少年次文化與青少年行為之間的關係，才是較為嚴謹的推理與論證。在以下各節，我們將針對一些國內外的實徵研究，來深入探討這些媒體（亦即文化載具）對青少年的影響。

## 第二節　電視對青少年的影響

### 一、青少年的收視狀況概述

在各種媒體中，對青少年影響最深遠，且為學者研究最透徹者，應該就是電視 (Comstock & Scharrer, 2006)。根據國外的研究 (Robert, Foehr, & Rideout, 2005)，一個學齡少年平均每週約觀看 20 至 25 小時的電視。而將此數值延伸至青少年的話，則平均美國 18 歲高中畢業生在念完高中時，他這一輩子已經看了超過 20,000 個小時的電視！約等於一天 24 小時不停地看電視，也要看上 2 年又 3 個月的時間！這也是為什麼美國的《2010 健康白皮書》(*Healthy People 2010*) 中提到，為了增進美國青少年的身心健康，他們希望能夠在 2010 年的時候，能夠將青少年及兒童看電視的時數，降低到至少能夠有 75% 的青少年及兒童每天看電視的時數在 2 小時以下。

那麼臺灣的情況呢？根據一項稍早的國內研究（樂冠華、潘怜燕、林明珠、張新儀、石曜堂，2001）發現，臺灣學童在平常日每天看電視的時間超過 2 小時者約有 20–30% 左右，然而一到了週末假日，每天看電視超過 2 小時者的比例則高升到了 60–70%。而國家衛生院在一項針對國內 3,000 多名學童的研究 (2006) 亦發現類似的結果：臺灣的學童在平常日約花 1.9 個小時（女生）至 2 小時（男生）看電視，而到了假日則上升至 3.2 個小時（女生）至 3.3 個小時（男生）。

一個更早期的本土研究（電研會，1997）也發現了類似的結果，其

針對臺北市國中生的收視習慣作調查，發現臺北市的國中生，平常日每天約花 2 小時左右看電視，然而一到週末時，看電視的時數即大幅增加。其中甚至有近 20% 的國中生，週末收看電視的時數高達 5 小時以上。行政院主計處過去 (1999) 針對我國青少年的休閒活動調查也發現，青少年族群平均每天看電視 1 小時 57 分，其中週間為 1 小時 40 分，而到了週末則大幅增加至 2 小時以上。

由以上的中外研究就可以知道，不論是美國或臺灣的兒童、青少年，其花費在看電視的時間都是驚人的。若單純以耗費的時間量來計算，電視對青少年的影響甚至可能超過（或至少不低於）學校的影響。因為一個 18 歲的高中畢業生，其花在學校的時間若以每週 5 天、每天 8 小時、一年 40 週來計算，則其每年的在學時間總數為 1,600 小時。換句話說，十二年義務國教的總學校教育時間也還未達 20,000 小時，比平均收看電視的總時數還要低。

## 二、看電視對青少年的學業影響

看電視對青少年的學業有什麼影響呢？一個簡單的猜測是：電視看得越多，則學校功課越差。國外的實徵研究 (Comstock & Scharrer, 2006; Shin, 2004) 也證明了此點，最明顯的原因就是看電視的時間剝奪了原本拿來學習的時間，所以看電視越多，就意味著念書做功課的時間相對越少（請注意：這裡泛指的是一般的收視狀況，至於觀看教育性節目的正面影響將在稍後討論）。

此外，電視同時也會干擾青少年的學習過程。很明顯地，邊看電視邊做功課，甚至青少年做功課時，家人卻開著電視在看，都會使青少年分心而導致其無法專心。國外的學者們 (Comstock & Scharrer, 2006) 就發現，青少年看電視的時間越多，閱讀能力也就越差。

除了上述的時間排擠效應，以及電視導致青少年學習時會分心的不良影響之外，還有就是電視中的節目大多強調其娛樂性，或是一些經過

商業性包裝的偶像崇拜等，青少年長期觀賞此類節目之後，很自然地就逐漸導致偏差的價值觀:「當歌星或當體育明星多好! 錢賺得又多又輕鬆! 有漂亮衣服穿還有名牌包包! 還有很多人崇拜!」很自然地，有了這樣的偏差價值觀的青少年自然很難再回頭去讀書，因比起當明星，讀書顯然是枯燥乏味。

青少年的學業成績,在受到這樣的影響而降低他們的讀書興趣之後,自然會趨於低落。國外的研究 (Comstock & Scharrer, 2006) 也發現了這樣的證據，亦即看電視越多的青少年，越傾向於把讀書視為一件枯燥乏味而又愚蠢的事情。

## 三、電視暴力對青少年的影響

首先，電視非常有可能增長青少年的暴力行為。從早期的行為學派學者 (Bandura, Ross, & Ross, 1963) 的古典研究中就發現，當電視中模仿的對象為真人時，收視的兒童模仿其暴力行為的可能性要遠大於模仿卡通人物的暴力行為。換句話說，真人的典範 (role model) 對兒童及青少年的影響力要遠比卡通人物的影響力來得深遠 (Hayes & Casey, 1992)。

然而非常不幸的是，對於一個國中二年級的青少年平均來說，他已經在電視上看了超過 18,000 次的殺人畫面 (Rice, 2001)。而其他的肢體衝突和暴力畫面，則更是多到難以想像。根據學者 (Waters, 1993) 的統計，在青少年觀看的節目中 (包括卡通)，平均每 3 分鐘就會出現一次暴力的鏡頭 (僅限於肢體攻擊，尚不包含言語暴力與心理攻擊等)。我們不難想見，在這樣每天的耳濡目染下，青少年的暴力行為會得到多大的助長。

雖然也許有人會樂觀地希望，青少年們都能分清楚電視上大多只是演戲，而非真實的事情，因此看多了暴力的電視節目，並不一定會和較多的攻擊或暴力行為有關聯。然而事實上，在一些長期追蹤青少年觀賞暴力節目的研究裡發現，上述說法是不能成立的——青少年早期觀賞較多的暴力節目，的確會增加其攻擊行為。

舉例而言，早在 80 年代，美國的國家心理衛生組織 (National Institute on Mental Health, NIMH) 在經過了長達十年的研究之後，下了以下的結論：「當兒童與青少年在電視上看過較多的暴力節目之後，他們的行為也隨之變得較為暴力，而且此一趨勢是不分地域，也不分家庭背景與社經階層，而且對男女兩性的影響皆同為負面」(NIMH, 1982)。

也許有人會爭議說，並不是看暴力電視這一件事情使得人們變得較為暴力，而是比較有暴力傾向的人，本來就會比較喜歡選擇去看暴力性的節目。因此，看較多暴力節目並不是造成人們出現較多暴力行為的真正原因，而是那些出現暴力行為較多的人，他們天生就有著比較多的暴力傾向，而這就進一步影響了他們的收視習慣去選擇較多的暴力節目。

因此，也許可以這樣爭議：研究中發現的「看較多的暴力電視與高攻擊或暴力行為」之間並沒有一個因果關係，而是天生的暴力傾向同時決定了較多的暴力行為與喜歡看暴力的收視習慣。

然而這樣的爭論並沒有得到科學證據的支持。根據前述 NIMH 的研究發現，其實個人的收視習慣與其增加的攻擊性是雙方面互相影響的。也就是說，當兒童與青少年在收視暴力節目時，一方面他們容易去模仿劇中的行為；另一方面，整天耳濡目染收視較多暴力節目的兒童與青少年，會比較容易接受「暴力是解決問題的合適手段」這樣一種錯誤觀念。

這種情形就像前章中所提及「在暴力家庭中長大的子女，比較容易會發展出錯誤的觀念，誤以為拳腳相向是解決問題或維持尊嚴的一種合適手段一樣，將來亦有較高的可能會對自己的配偶施暴」，是類似的邏輯。此外，具有攻擊性的兒童與青少年的確會選擇觀看較多的暴力節目，但收視較多的暴力節目也同樣會反過來增強他們的暴力行為和傾向 (NIMH, 1982)。

此外，收視較多的暴力節目不但有可能增加兒童與青少年的攻擊傾向，而且更糟糕的是，這個攻擊的傾向甚至有可能會造成長久的影響。在另一個著名的長期研究 (Huston & Wright, 1998) 裡，研究者分析兒童

的收視習慣，然後將其分類為收視大量暴力節目者、收視一些暴力節目者，以及幾乎不看暴力節目者，然後追蹤其行為直到 30 歲。結果赫然發現，當初收看較多的暴力節目者，其在成年後（即 30 歲）犯下暴力犯等犯行的比例，要遠遠高出只看一些暴力節目者和幾乎不看暴力節目者。

另一個早期研究 (Eron, 1987) 也發現証實在學齡時觀看較多暴力節目的學童，其日後的攻擊傾向的確會較高。即使在較近的研究 (Johnson et al., 2002) 中，研究者已經嚴密控制了諸如父母的教育程度和收入等社經背景的差異，還是發現同樣的結果，即看暴力節目越多，則攻擊傾向和攻擊行為就越高，而且此一現象在男性兒童與青少年的身上尤為明顯。

從以上的各項研究中可以很清楚看到，常觀賞暴力節目的確和日後的攻擊行為間有著密切的關係。誠然，由於每一項的長程研究中其變項都甚多，而且最後得出的結果僅為相關而非因果關係，亦即不能遽下結論認為看暴力電視必然會導致青少年立刻出現較高的攻擊行為。然而，適度的規範與節制青少年觀看暴力節目，並養成其良好的收視習慣，應當是有其重要性的。

## 四、電視色情對青少年的影響

電視中的色情成分是否會影響青少年？一般人常會認為青少年的心智尚未成熟，因此較易受到電視裡面色情成分的影響。那麼實際的研究告訴我們什麼呢？首先，由於青少年身體的迅速發展與性器官的逐漸成熟，青少年的確對性會有比較好奇的態度。因此，如果電視節目中有著性成分，就自然會較容易去吸引青少年的注意力。國外就有研究 (Ward, 1995) 發現，在研究青少年最喜愛的節目之後，發現這些節目都有一個特性，就是節目中都含有高度的性暗示或是相關的訊息。

其次，一如先前討論暴力對青少年的影響一樣，青少年若長期暴露在色情的電視訊息之下，那麼很可能也會有樣學樣地產生偏差的價值觀，以致認為性行為是沒什麼大不了的。而相關的研究 (Ward, 2002) 也發現

了這樣的結果：青少年較常暴露於色情的電視訊息之下時，對於婚前性行為較易產生較為寬鬆的態度，同時也較不排斥純玩樂性質的性行為。另一個研究 (Bryant & Rockwell, 1994) 也發現，當我們把 13、14 歲的青少年及青少女隨機分配為三組，其中一組看 15 個小時有著婚前性關係情節的電視劇，另外一組對照組觀看有已婚者性關係的電視節目，最後一組對照組則觀看同樣時間、但不含任何性訊息的中性的電視節目。結果發現，這些青少年男女在看了含有婚前性行為關係的電視節目後，他們對於婚前發生性關係的態度，變得遠較另外兩組來得寬容與接受。

換句話說，只要劇中有著未婚性關係的情節，這樣的偏差價值觀，就已經能在青少年觀看這些節目的同時，逐漸地滲入了青少年的價值觀體系中，進而影響了他們對未婚性行為的道德判斷，從而為日後的偏差性行為埋下了隱憂。

此外，國外的研究 (Roberts, 1993) 指出，父母與師長一般樂於和青少年子女討論升學與就業的問題，但是卻不能那麼自地與他們討論有關性的話題（包括性行為和性態度等）。如果較為開放的美國尚且如此，我們不難想像，可能臺灣的國高中老師們與青少年的家長中大部分的人，更不能很自在地與青少年學子們暢談有關性的話題。而因為缺乏適當的管道去獲得有關性的知識，所以很自然地，電視就成了青少年獲取性知識的重要來源，即使電視中傳遞有關性的訊息以及知識常常是受到了曲解與誇大。

這樣的推論可以從一個最近的研究 (Brown, Halpern, & L'Engle, 2005) 中得到支持。這些學者們發現，早熟的青少女會比她們同儕更積極去找尋電視等媒體中有關性的訊息。換句話說，電視就像是扮演著補足老師與家長在這方面空白的一個輔助角色。然而很不幸的是，由於電視節目中提供的訊息常常是充滿商業包裝的偏差與扭曲，因而並不能補足學校與家庭性教育的不足，學者因而認定：青少年長期觀看充滿性訊息的節目，其後果整體而言是非常負面的 (Collins, 2005)。

　　我們幾乎可以認定，電視節目裡的色情成分會對青少年的發展產生極為負面的影響。然而遺憾的是，目前我們的相關單位卻只是採取較為消極的作法，例如將富含性暗示的節目延後至深夜播出，或是將尺度較為裸露的節目要求業者安排至鎖碼頻道播映，企圖降低青少年接觸到此類內容的機會。但是許多娛樂性節目中，內容可能誤導青少年性價值觀的部分，卻沒有適當地導正或予以分級，也很少進一步去製作與提供正確的性知識節目於電視中播映，這應該是一個我們可以努力改進的地方。

## 五、電視對青少年的價值觀與消費行為的影響

　　觀察日常的電視廣告，我們可以發現，從漢堡到薯條洋芋片、從球鞋到包包、從機車到 online game，幾乎每一項以青少年為銷售對象的商品，都不惜請來偶像或是明星為其代言。到底這樣做有沒有效果呢？也許可以從另一個角度來思考：如果電視不能影響青少年的價值觀，那麼為什麼許多商家會耗費很多的金錢來請偶像或是明星來為其商品代言？

　　青少年心理學家的實徵研究 (Cialdini, 2001; Huston et al., 1992) 證實了商人的作法的確是有效的。他們發現，青少年的確會因為受到電視廣告的慫恿，而增強其消費行為，而此一趨勢特別會因為廣告中的主角是明星或是偶像而增強。這是因為明星或是偶像的光環，能夠吸引青少年，並進而促其想要增加對偶像的認同，而青少年會希望藉由消費那些商品，間接地達到認同這些偶像的目標。換句話說，青少年也許未必真的認同或是喜愛那些商品，但因為在廣告中看起來似乎某某偶像是喜歡用那樣商品的，因此青少年也就起而傚尤。

　　當然，利用偶像光環去促銷商品的手段雖然有效，卻不能掩蓋其帶來的兩個巨大的負面作用。其一，這些促銷商品有許多其實是青少年不該常常使用或甚至該完全禁絕的。例如許多速食商品的廣告，常將促銷中的商品形塑成溫馨或是歡樂的來源，但其實該類商品根本是沒有健康價值且對健康有害的。又例如某些菸酒的廣告，常將其中使用該類商品

的人物塑造成具有如豪爽、灑脫、不受拘束等男子氣概等正面形象，這無疑會造成青少年的錯覺，進而低估了使用這些商品對健康傷害的潛在危險。國外的研究 (Tinsley, 1992) 也驗證了這樣的擔憂，青少年的確會因為某些偶像在廣告中使用菸酒等商品，而增加了消費該類商品的風險。

這類廣告的第二個負面效果就是，許多商品並不是青少年的消費能力所能負擔的，例如名牌包包等。而當青少年想要消費此類商品卻又無力負荷時，他們透過不正當管道，如援交、販毒等以追逐金錢的風險也就隨之增大了。

## 六、電視對青少年的刻板印象與偏見的影響

另一個電視對青少年所造成的負面影響就是，電視可能會強化了青少年對性別、高齡人士，以及少數族群等的刻板印象與偏見。

為什麼會有這樣的顧慮呢？首先，電視節目所呈現的人物比例並不符合真實的社會概況。舉例而言，美國的一個研究 (Huston & Wright, 1998) 發現，在統計過美國所有的電視節目後，發現裡面的女演員僅占了全部演員的 1/3，而且這些女演員所扮演的角色大多為較情緒化而且較為消極被動。這些女演員在劇中大多都沒有工作，而在那些劇中有工作的角色裡，其所從事的工作亦多為一些傳統女性取向的工作，如祕書或小學老師等等。不難想像，若長時期收看這類影片的青少年很容易就會被誤導而認為，女性的發展就應該是這樣子的。

一個稍早的實徵研究 (Kimball, 1986) 更證實了這樣的推測。這個研究是針對一個位於加拿大小鎮裡的兒童與青少年，探討電視對他們刻板印象的影響。那個小鎮本來因為受到地形限制而無法收視有線電視，研究者事先在他們能夠收視電視之前，研究了這些人的刻板印象，然後當這個小鎮因有線電視的進駐，而能夠收視電視兩年後，這些研究者再回來檢查這些青少年的刻板印象。結果是相當令人震驚的：對男生而言，不論在行為、人格特質、職業選擇，以及同儕關係上，他們都變得更為

傾向傳統的男性刻板形象。舉例而言，這些男生在職業選擇上會認為，男生將來是要當醫生、警察或是法官，而女生則應該當祕書、老師或是家庭主婦等等。至於女生也受到了相當的影響，例如在看過兩年電視後的女生會比較相信，女性的特質就該是分享與助人等等。

電視對其他特定族群諸如高齡人士、少數族群，甚或是地域（城鄉）差距上亦常會有誇大的描寫。例如美國的研究 (Gerbner, 1993) 就發現，儘管美國 60 歲以上的老人占了總人口數的 20% 以上，然而在電視中出現該年齡層的老人比例卻不到 5%，同時對於少數族群，亦常有較為負面的描述。而觀諸國內的電視節目，常見類似的鋪陳。例如在許多臺灣的電視劇中，也常將南部人描述為比較憨厚與土氣，而把北部人描述成比較精明或是現實等等。這些都會在潛移默化中去影響青少年形成一種並不正確的刻板印象。

## 七、如何協助青少年減低電視的負面影響

在討論過上述的這些電視對青少年的負面影響之後，我們應該思考究竟該如何來幫助青少年養成良好的收視習慣，以及如何讓電視對青少年的負面影響降至最低。大致來說，針對這個問題有以下幾種策略可供參考：

### ㈠父母親應該以身作則

國外有研究 (St. Peters et al., 1991) 發現，當兒童在觀賞兒童節目時，通常是自己看。然而當這些兒童在看成人取向的節目時，通常都是和父母一起看。這也就意味著，當我們想要知道兒童會觀賞哪些成人取向的節目時，我們只要看其父母的收視習慣，就可以大致推測出來。

因此，協助青少年改善收視習慣的第一步驟就該從父母本身做起，父母從青少年還是兒童的時期就該開始注意自己的收視習慣，這樣當父母收看較為優質的電視節目時，子女也隨之受益。而當父母本身就拒絕收視如暴力等不良內容的節目時，子女暴露在這些不良內容的機會也就會隨之降低。

## ㈡父母親應當主動增加與青少年子女間的互動

國外有研究 (Price & Feshbach, 1982) 顯示，電視收視得越多和家庭的功能之間有著負面的相關，且電視的收視時間也和親子間衝突有著正相關。雖然從這樣的相關研究中，我們無法得知究竟收視時間的增加是造成家庭功能降低與親子衝突的原因或結果，但是不論何者為因何者為果，電視看得多和家人間的關係較差有著明顯的相關是不爭的事實。

另一個研究 (Chira, 1984) 也從另一個角度支持了這樣的說法。在此研究中，參與研究的家庭主動配合關掉電視一段時期，結果發現在這些家庭中，不但親子互動的時間（包括一同進晚餐以及聊天等）增加了，親子間的關係也得到了改善。因此，我們可以反過來推論，如果父母親肯主動多花時間與青少年子女互動，那麼的確是有可能降低青少年子女花在看電視的時間，進而達成減少青少年受到電視負面影響的效果。

## ㈢社會亦有其須肩負的責任

在前述的討論中，我們已經知道電視的內容有許多對青少年有害的地方，但為什麼在我們的電視節目中仍有許多暴力或是腥羶色的內容？也許電視公司在商言商是以營利為優先目的，但是政府及主管機關如新聞局等，更理應負起監督的責任。這個責任不只是被動地約束不良的電視節目內容，同時也應當主動負起獎勵與鼓勵電視臺，促使其增加優質青少年節目的製作。

此外，教育單位如教育部或大學等也可以和電視臺合作，製作一些具有教育性的節目，以補足正規學校教育之不足，或作為在校學習落後的青少年的補救性教育節目。總之，這個降低電視的不良素材對青少年的負面影響，實有賴社會、學校與家庭的通力合作才有可能會成功。

# 第三節　網路對青少年的影響

## 一、青少年的網路使用概況

　　近年來，網路（特別是寬頻網路）的興起，使得其對青少年的影響已漸有凌駕電視之上，而成為對青少年影響最大的媒體之勢。根據我國財團法人台灣網路資訊中心 (TWNIC) 的研究調查 (2007) 顯示，在臺灣地區，使用網路最為頻繁的族群正是青少年。此調查指出，我國人口總體上網比例約為 67.77%（約 1,523 萬人），然而在這當中，16 歲至 20 歲的青少年有 94.74% 的比例上網（約有 156 萬人），為所有年齡層中上網比例最高的一個族群；其次為 12–15 歲的這個年齡層，在其中約有 94.65% 的人口上網（約有 118 萬人）。

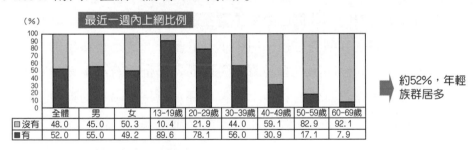

最近一週內上網比例 (%)

| | 全體 | 男 | 女 | 13–19歲 | 20–29歲 | 30–39歲 | 40–49歲 | 50–59歲 | 60–69歲 |
|---|---|---|---|---|---|---|---|---|---|
| □沒有 | 48.0 | 45.0 | 50.3 | 10.4 | 21.9 | 44.0 | 59.1 | 82.9 | 92.1 |
| ■有 | 52.0 | 55.0 | 49.2 | 89.6 | 78.1 | 56.0 | 30.9 | 17.1 | 7.9 |

➡ 約52%，年輕族群居多

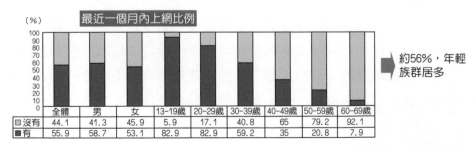

最近一個月內上網比例 (%)

| | 全體 | 男 | 女 | 13–19歲 | 20–29歲 | 30–39歲 | 40–49歲 | 50–59歲 | 60–69歲 |
|---|---|---|---|---|---|---|---|---|---|
| □沒有 | 44.1 | 41.3 | 45.9 | 5.9 | 17.1 | 40.8 | 65 | 79.2 | 92.1 |
| ■有 | 55.9 | 58.7 | 53.1 | 82.9 | 82.9 | 59.2 | 35 | 20.8 | 7.9 |

➡ 約56%，年輕族群居多

資料來源：E-ICP(2007)

▲圖 8–2：青少年對網路的接觸率高

由這個統計數據可以看出，在所有的上網人口中，從 12 歲至 20 歲的這個年齡層，確實是上網比例中最高的一群。簡單來說，在我國 12–20 歲的青少年中，平均每 20 個人就有 19 人平日都會上網；而在這些上網的人口當中，有超過 30% 的比例每天使用網路的時間是在 1–3 小時之間。那麼，這些青少年上網都在做些什麼？又會受到些什麼影響呢？

## 二、青少年的網路活動

如果根據上述的這個研究，這些青少年上網最常做的前三名事情是：瀏覽資訊與網頁 (67.37%)、收發電子郵件 (40.34%)，以及搜尋資訊 (26.44%)。讓人有些意外的是，一般人印象中青少年上網活動的 online game、下載音樂和電影，以及 Facebook、BBS 和聊天室都沒在列。所以對於這樣的調查結果，我們是必須加以存疑並抱持保留態度的。追究其可能的原因就在於，這樣的研究其採用的方法是自我報告。而自我報告法所得出來的結果通常會受到社會期許的影響，使得調查出來的結果偏向於符合社會大眾的期許，卻脫離了事實的真相。

舉例而言，在美國的一個針對 15 至 17 歲的青少年網路使用習慣的研究 (Kaiser Family Foundation, 2001) 中曾發現，美國的青少年中使用網路最多的事項是收發電子郵件 (94%)、搜尋課業的相關資訊 (94%)，以及找尋音樂或電影等相關資訊 (85%)。看起來的確是很健康，而的確也有研究 (Tarpley, 2001) 顯示，這樣的數據使得超過半數的父母認為，青少年子女使用電腦網路上網要比呆坐著看電視好多了。不過，另一個較深入分析青少年瀏覽網頁內容的研究 (Donnerstein, 2002) 卻得到了並不那麼樂觀的結果。這個研究發現，在青少年最常造訪的 1,000 個網站中，其中有 10% 竟然是色情網站，而且 44% 的青少年也曾經連結至色情網站。此外，還有 25% 左右的青少年曾經造訪過鼓吹仇恨的網站，如三 K 黨或是新納粹主義之類的網站。

在臺灣，也有學者（劉玉玲，2005）指出，臺灣每天約有 60 萬人次

光臨色情網站，而其中竟有高達 70% 為青少年學生。我們不難想像，一如先前所討論過的不良電視內容對青少年的負面影響，如果青少年長期接觸此類不健康的網頁內容，如暴力、色情、鼓吹仇恨，或是邪教團體等，那麼青少年極有可能受到此類負面內容的影響而產生相對應的負面後果。而除了這些不良影響之外，青少年使用網路至少還有另外幾個方面的負面影響，我們將在下面一一討論。

## 三、青少年使用網路的其他弊病

### ㈠網路成癮症 (internet addiction disorder)

現在網路使用最頻繁形式之一的 World Wide Web，不過是發軔於 90 年代初期的科技新產物，因此心理學界對網路成癮的研究亦不過是這十數年間的事。據信最早提出此網路成癮症的是一位美國的心理醫生 Goldberg (1995)。他最初提出了 7 項的網路成癮的症狀。當一個人在過去一年當中，出現有以下的症狀 3 項或以上時，即可判定此人可能有網路成癮症：

1. 會逐漸需要更多的上網時間才能獲得滿足（類似毒癮者的吸劑量需要越重才能得到同樣的快感）。
2. 當喪失了上網機會 (internet access) 時，個人會感受到焦慮、躁動、不安、易怒等負面反應（類似戒斷毒癮的心理反應）。而這些因不能上線的負面情緒感受，大多都可以在重新恢復上線時迅速得到紓解。此外在無法上線時，使用者亦會不由自主去想像網路上可能正有哪些活動在進行著。
3. 一旦上網時，常常會陷入不可自拔，以至於屢屢上網時間超過自己的原先計畫。
4. 曾經嘗試過戒斷此類沉溺的上網行為但是失敗（類似戒毒失敗的經驗，意味著個人無法控制或是抗拒上網的誘惑）。
5. 會不由自主（類似強迫症的狀況）花費很多時間在網路相關活動

上。例如不斷檢查是否有新進的 e-mail，或是花很多時間去整理自己下載的音樂或影片等等。

6. 個人的上網行為太過度，以至於花費太多的時間和精力，已經排擠到其日常生活的正常活動。例如到了用餐時間，選擇不和家人一起吃飯，而要等到上網活動結束後才草草結束自己的用餐。

7. 自己本身通常可以察覺到，過度沉溺網路會造成很多的問題與耽誤很多的正事，例如睡眠被剝奪、人際關係惡化，以及蹺課與成績低落等等。然而即使體認到這種不良的影響，使用者依然沒有改變這種沉溺的使用習慣。

國內有多少比例的青少年可能有網路成癮症呢？早期針對臺北市立和平高中的研究（陳志豪，2001）發現，該校大約有 70 餘名高中學生每週上網時數高達 20 小時以上，占了約全校學生比例的 4.5%，而這些重度網路使用的學生，很有可能就是網路成癮症的高危險群。另外，在臺北市信義區的少年輔導組所作

▲ 圖 8-3：不少青少年喜歡到網咖玩網路遊戲消磨時間。

的〈信義區少年網路成癮狀況調查〉（張仁豪，2001）也發現，約有 5% 到 10% 的青少年患有網路成癮症，且網路成癮者以國三和高三學生居多。

這個發現也間接指出網路成癮症的一個可能原因——上網是為了逃避負面的壓力。可能由於國三和高三的學生其升學壓力較大，因而會選擇上網來逃避這種壓力。

此外，臺灣的兒童福利文教基金會在 2011 年針對全國北、中、南、東 4 個地區共 19 所小學，調查了 1,474 位國小五六年級學生的網路使用情況。此調查報告中指出，有 75.4% 的少年在週休二日每天上網，其中

又有 17.9% 每天上網時間高達 6 小時以上。根據此調查，這些約 12 歲左右的兒童，有 9.9% 會出現各種網路成癮的跡象；有 1.1% 的人甚至已經深線網路而需要求助於精神治療。

這種青少年的網路成癮症是否有著性別差異呢?稍早的國內研究(陳淑惠，1998，1999；游森期，2002) 大多都指出青少年男生比女生容易沉迷於網路。不過亦有大陸的研究 (Shi et al., 2005) 發現在國中、高中生當中，得到網路成癮症的性別差異其實並不顯著。為什麼稍早的研究會發現網路沉迷的青少年多為男性? 有一個可能是因為稍早的網路使用者需要較高的電腦專業知識，因此在網路的使用上也以青少男為主；然而在電腦普及以及使用介面越來越簡易之後，上網技術門檻大幅降低，且上網的功能也隨之大幅增加，因而青少女的上網比例與時間也就直追男性青少年。造成較近期的研究大多發現網路成癮症並無顯著的性別差異。

關於青少年沉溺網路的相關研究還發現，具有某些人格特質的青少年，會比較容易陷入網路的虛擬世界而較難自拔。許多國內外的研究（Young, 1996；林以正、王澄華，2001）都顯示，青少年當中自尊心較為低落者、在現實生活中成就較低者、對自身的現況不滿意者，以及經常在現實生活中被拒絕者，會有比較高的比例陷入網路成癮症。這是因為這類自尊心較低的青少年族群，可能利用上網如玩 online game 來贏回現實生活中失去的自尊（韓佩凌，2000）；或是在現實生活中社交技巧不理想以及人格特質較為害羞內向者，常會選擇讓自己進入虛擬世界來逃避現實生活的挫敗感。另外國內亦有針對大學生做網路使用研究（朱美惠，2000），結果也發現類似的傾向。

## ㈡青少年使用網路的其他弊病之二

由於網路具有隱密及匿名性的特性，因而更易為青少年用於不正當的各種犯罪用途。常見的青少年網路犯罪有網路販毒（陳華昇，2001）、網路援交（呂啟元，2001）。除此之外，許多青少年可能並不太清楚的是，現實生活中許多的犯罪行為，在網路的虛擬世界中依然成立。例如網路

上的詐欺、偷竊等等，不論其目標物為實際的物品或是虛擬寶物，都構成了實際的犯罪。此外，如散布不實的言論去傷害他人名譽，亦構成刑法中的毀謗罪。如果青少年在網路上散布援交的訊息，即觸犯了《兒童及少年性交易防制條例》。而如果在網路聊天室中散布一些性暗示或是不雅文字，造成其他網友感覺受辱或受到性騷擾時，對方是可以依照《性騷擾防治法》來提出告訴的。

　　除了可能利用網路犯罪外，青少年自己也可能因為社會經驗不足，而常常被欺騙詐財，甚至被騙出來遭受性侵以至喪失生命。有鑑於此，臺北市警察局曾公布共計達 8 條目之「青少年上網應注意事項」，並獲得教育部的支持與宣導（周天，2005）。唯其實際成效仍有待進一步的實徵研究與檢討。

 充資料

## 青少年上網應注意事項（臺北市政府警察局公布）

一、網路世界機關重重、步步玄機，並非你想像中的桃花源，所以千萬不可掉以輕心。

二、就算聰明如你，網路背後的藏鏡人其真實身分也教人真偽難辨，有時宣稱如花似玉的小姑娘，可能正是年近半百的大男人，所以心裡頭要先預留一把戒尺，不可盡信網路上說得天花亂墜。

三、為了避免惹來一身腥臭和不必要的麻煩，不要在網路上輕易透露你和你家人的個人資料，包括姓名、電話、住址、學校系級、手機號碼、信用卡號碼、相片等。

四、雖然網路交友能讓你相交滿天下，但請聰明的你必須弄清楚對方為何方神聖，否則不要輕易地相約見面，赴約前也要事先告知家人，或與同學或朋友一同赴約，同時，約會的地點一定要約在公共場所。

五、為了保持你靈魂之窗的潔淨，請勇敢地向網路上的不當資訊說「不」，例如色情、暴力、毒品、流言等。就算不小心被你看到了，也不要再轉寄出去，以免殘害其他人。

六、要把使用者帳號與個人密碼，當作最高機密，就算是至親好友的哥兒們或姊妹淘，也要誓死不說，打死不給。

七、保持冷默是對付垃圾電子郵件的最佳法寶，所以當你收到奇怪或陌生的電子郵件、檔案、文字或圖片時，最好的方法，便是直接刪除，丟入垃圾桶。

八、當你在網路聊天室和網友正聊得起勁時，如果出現令你不堪或粗俗的對話時，請揮一揮衣袖，不帶走一片雲彩地說莎呦娜娜，立刻離開。

# 第四節　電玩及動漫畫對青少年的影響

　　由於玩電玩與觀賞動漫畫是青少年的主要休閒活動之一，因此這些內容與其對青少年的影響，也就成了我們必須注意的事情。

　　首先，根據美國的一個研究 (Williams, 1998) 發現，美國的青少年有超過 80% 以上，每週都至少玩 2 個小時的電玩，然而這些電玩的內容有許多都極為暴力。例如在美國大受歡迎的電玩遊戲《俠盜飛車手》(*Grand Theft Auto*)，遊戲內容就是容許玩家在大馬路上隨意地毆打路人、搶劫車輛，同時可以駕車輾斃敵人等等。而在臺灣許多受到歡迎的電玩遊戲如《惡靈古堡》等，亦是充斥著血腥的畫面，如用刺刀、手槍或是球棒等道具去毆打僵屍，血肉橫飛的畫面時有所見。

　　有鑑於這些負面內容對青少年極有可能造成不良的影響，美國早在1994 年就成立一個專責審查電玩並根據其內容加以分級的單位Entertainment Software Rating Board (ESRB)，而電玩的宗主國同時也是

電玩的最大輸出國日本，也在 2002 年成立了專責的單位 Computer Entertainment Rating Organization (CERO)，並將電玩依其內容細分為五級：全年齡適用、12 歲以上、15 歲以上、17 歲以上，以及所謂的 18 禁等五級。在這些非全年齡適用的遊戲的包裝盒上，廠商還必須以文字清楚標明 9 種不良內容成分，包括有成人內容、性、暴力、恐怖、賭博、犯罪、抽菸飲酒、毒品和髒話等等。

　　反觀我國，卻欠缺一個具有政府公信力的機構來加以出面管理。目前臺灣的電玩分級狀況，僅是由內政部委託臺北市電腦公會針對電玩加以簡單地分類，而此一分級制度又由於並未有青少年心理學領域的專家學者參與而顯得極為粗糙與簡陋。

　　舉例而言，在臺灣相當受歡迎的線上遊戲之一《天堂》，以及其次代產品《天堂二》，在其原產地韓國，因為內容含有血腥畫面，是被列入限制級電玩的；但在臺灣，卻經常可以看到中小學生在便利商店隨手購買遊戲光碟與儲值卡。而其他一些具有暴力畫面或是成人取向的遊戲，如描寫日本黑社會火拼搶地盤的遊戲《人中之龍》，亦可在臺灣的各大 3C 賣場中被公開陳列販售。因此，為了避免未成年的青少年學生接觸到不適宜的遊戲內容，政府相關單位實在應該採取立即而有力的措施，訂定電玩分級標準，並依法嚴格管理。

　　另外一個電玩與動漫畫對青少年的不良影響則是造成所謂的「御宅族」。「宅」本來來自於日文中的 Otaku，原本是稱呼「貴府上」、「您家」的意思，但現在日本已經演變成為對於電玩、動畫、漫畫抱持著極為狂熱的一群人。此一名詞的產生，基本上真實反映了某些青少年的次文化，例如所謂的宅男與宅女會足不出戶地將自己沉浸在電玩與動漫畫的虛擬世界中，且會花費大量的金錢、時間在追逐相關的商品與某些動漫畫或電玩的相關知識上，儼然會成為該領域的專家然而由於過分狂熱於這些領域，常造成其對於現實社會中人際互動的欠缺。數年前於日本以及臺灣皆轟動一時的《電車男》(*A True Love Story*)，即是相當典型對御宅族

的刻畫。

　　在臺灣，一般人通常將「御宅族」泛指為沉迷電玩與動漫畫中的青少年、言語表達能力差、不修邊幅、欠缺人際溝通能力的一個相對較為負面的族群。雖然御宅族已成為一個新興的青少年次文化現象，且為大眾媒體所廣為報導與消費，然而針對此現象的實徵研究卻相當欠缺，這點是本土的青少年心理學家可以努力的地方。

## 參考文獻

行政院主計處 (1999)。《青少年身心狀況調查報告》。

朱美慧 (2000)。《我國大專學生個人特性、網路使用行為與網路成癮關係之研究》。
　　未出版之碩士論文，大葉大學資訊管理研究所。

江福貞 (2005)。〈由青少年身心發展特質談青少年次文化〉。《網路社會學通訊期刊》，
　　40。檢自：http://mail.nhu.edu.tw/~society/e-j/40/40-26.htm

林以正、王澄華 (2001)。〈性別對網路人際互動與網路成癮之影響與中介效應〉。《輔
　　導季刊》，37，4，1–10。

呂啟元 (2001)。《民意調查之數據論：台北市電腦網路遊戲業管理自治條例草案》。
　　財團法人國家政策研究基金會。臺北：國政評論。

周天 (2005)。《大學校園網路法律案例教材研製計畫》。教育部補助辦理資訊教育及
　　網路學習推廣活動。檢自：http://www.edu.tw/EDU_WEB/EDU_MGT/
　　MOECC/EDU0688001/tanet/tanet-IPR/94plan/06_02_16.htm。

兒童福利聯盟文教基金會 (2011)。《2011 兒少網路安全調查報告》。檢自：
　　http://www.children.org.tw/database_report.php

財團法人台灣網路資訊中心 (2007)。《2007 年台灣網際網路使用調查》。檢自：
　　http://www.twnic.net.tw/total/total_01.htm

高強華 (1993)。〈青少年次級文化的瞭解和運用〉。《台灣教育》，511，11–15。

陳淑惠 (1998)。《我國學生電腦網路沉迷現象之整合研究——子計劃一：網路沉迷
　　現象的心理病理之初探 (1/2)》。行政院國家科學委員會專題研究計畫。

陳淑惠 (1999)。《我國學生電腦網路沉迷現象之整合研究——子計劃一：網路沉迷
　　現象的心理病理之初探 (2/2)》。行政院國家科學委員會專題研究計畫。

陳華昇 (2001)。《從犯罪數據看當前嚴重的治安問題》。財團法人國家政策研究基金
　　會。臺北：國政評論。

陳志豪 (2001)。〈網路成癮症，值得留意〉。《聯合報》，11 月 16 日，18 版。

游森期 (2002)。〈青少年網路成癮之成因探討〉。《學生輔導》，83，109–118。

韓佩凌 (2000)。《台灣中學生網路使用者特性、網路使用行為、心理特性對網路沉
　　迷現象之影響》。未出版碩士論文，國立臺灣師範大學教育心理與輔導研究所。

電研會 (1997)。《台北市國中生收視行為調查報告》。

張仁豪 (2001)。〈少輔組問卷顯示：11% 受訪少年，得了網路成癮症〉。《聯合報》，
　　12 月 4 日，20 版。

劉玉玲 (2005)。《青少年發展：危機與轉機》。臺北：揚智。

樂冠華、潘怜燕、林明珠、張新儀、石曜堂 (2001)。〈台灣地區兒童特殊靜態活動、高熱量飲食攝取及身體質量指數之分析：2001 年 NHIS 之結果〉。《台灣公共衛生雜誌》，22，6，474–482。

Bandura, A., Ross, D., & Ross, S. A. (1963). Imitation of film-mediated aggressive models. *Journal of Abnormal and Social Psychology, 66,* 3–11.

Brake, M. (1980). *The sociology of youth culture and youth subculture.* London: Rutledge & Kegan Paul.

Brislin, R. (1993). *Understanding Culture's Influence on Behavior.* Fort Worth, TX: Harcourt Brace.

Brown, J. D., Halpern, C. T., & L'Engle, K. L. (2005). Mass media as a sexual super peer for early maturing girls. *Journal of Adolescent Health, 36,* 420–427.

Bryant, J., & Rockwell, S. C. (1994). Effects of massive exposure to sexually oriented prime-time television programming on adolescents' moral judgement. In D. Zillman, J. Bryant, & A. C. Huston (Eds.), *Media, Children, and the Family: Social scientific, psychodynamic, and clinical perspective.* Hillsdale, NJ: Erlbaum.

Cialdini, R. B. (2001). *Influence: Science and Practice* (4th ed.). Boston: Allyn & Bacon.

Chira, S. (1984). Town experiment cuts TV. *New York Times.*

Collins, R. L. (2005). Sex on television and its impact on American youth: Background and results from the RAND Television and Adolescent Sexuality Study. *Child and Adolescent Psychiatric Clinics of North America, 14,* 371–385.

Comstock, G., & Scharrer, E. (2006). Media and popular culture. In W. Damon, & R. Lerner (Eds.), *Handbook of Child Psychology* (6th ed.). New York: Wiley.

Donnerstein, E. (2002). The Internet. In V. C. Strasburger, & B. J. Wilson, *Children, Adolescents, and the Media.* Newbury Park, CA: Sage.

Eron, L. D. (1987). The development of aggression from the perspective of a developing behaviorism. *American Psychologists, 42,* 435–442.

Gerbner, G. (1993). *Women and minorities on television* (*a report to the Screen Actors Guild*). Philadelphia: University of Pennsylvania, Annenberg School for Communication.

Goldberg, I. (1995). Internet addiction disorder. http://www.physics.wisc.edu/~shaizi~

internet_addiction_criteria.html

Hayes, D. S., & Casey, D. M. (1992). Young children and television: The retention of emotional reactions. *Child Development, 63,* 1423–1436.

Healthy People 2010 (present to 2010) Data 2010. Retrieved from http://www. healthypeople.gov

Huston, A. C., Donnerstein, E., Fairchild, H., Feshbach, N. D., Katz, P. A., Murray, J. P., Rubinstein, E. A., Wilcox, B. L., & Zuckerman, D. (1992). *Big World, Small Screen*. Lincoln, NE: University of Nebraska Press.

Huston, A. C., & Wright, J. C. (1998). Mass media and children's development. In W. Damon (Ed.), *Handbook of Child Psychology* (Vol. 4). New York: Wiley.

Johnson, J. G., Cohen, P., Smailes, E. M., Kasen, S., & Brook, J. S. (2002). Television viewing and aggressive behavior during adolescence and adulthood. *Science, 295,* 2468–2471.

Kaiser Family Foundation (2002). *Key Facts: Teens Online*. Menlo, CA.

National Institute on Mental Health (NIMH) (1982). Television and behavior: Ten years of scientific progress and implications for the eighties, Vol. 1. Summer Report (DHHS Publication No. ADM 82–1195). Washington, DC: U.S. Government Printing Office.

Price, J., & Feshbach, S. (1982). *Emotional Adjustment Correlates of Television Viewing in Children*. Paper presented at the meeting of the American Psychological Association, Washington, DC.

Rice, F. P. (2001). *Human Development* (4th ed.). New Jersey: Prentice-Hall.

Roberts, D. F. (1993). Adolescents and the mass media: From "Leave It to Beaver" to "Beverly Hills 90210." In R. Takanishi (Ed.), *Adolescence in the 1990s*. New York: Teachers College Press.

Shi, Q. X., Zhou, R. G., & Yan, G. E. (2005). Internet addiction and sensation seeking of middle and high school students. *Chinese Mental Health Journal, 19,* 7, 453–457.

Shin, N. (2004). Exploring pathways from television viewing to academic achievement in school age children. *Journal of Genetic Psychology, 165,* 367–381.

St. Peters, M., Fitch, M., Huston, A. C., Wright, J. C., & Eakins, D. J. (1991). Television and families: What do young children watch with their parents? *Child Development, 62,* 1409–1423.

Tarpley, T. (2001). Children, the Internet, and other new technologies. In D. Singer, & J. Singer (Eds.), *Handbook of Children and the Media.* Thousand Oaks, CA: Sage.

Tinsley, B. J. (1992). Multiple influences on the acquisition and socialization of children's health attitude and behavior: An integrative review. *Child Development, 63,* 1043–1069.

Ward, L. M. (1995). Talking about sex. Common themes about sexuality in the prime-time television programs children and adolescent view most. *Journal of Youth and Adolescence, 24,* 595–615.

Ward, L. M. (2002). Does television exposure affect emerging adults' attitudes and assumptions about sexual relationships? Correlational and experimental confirmation. *Journal of Youth and Adolescence, 31,* 1–15.

Williams, B. (1998). Stricter control on internet access sorely needed, parents fear. *Atlanta Constitution,* pp. A1–A15.

Young, K. S. (1996). *Internet addiction: The Emergence of a New Clinical Disorder.* Paper presented at the 104th annual meeting of the American Psychological Association, August 11, 1996, Toronto, Canada.

圖片來源：圖 8–1、圖 8–3©ShutterStock

Chapter

**9**

青少年的生涯發展與輔導

# 第一節　生涯發展的理論

　　生涯是個人一生中，在家庭、學校、工作與社會等方面所從事的活動與經驗之總和。若從生涯的字源來看，它來自於拉丁字的 "carrus"，意為古代的戰車；若從英文字來看，"car" 為車子，"eer" 是軌跡，可視為生命的軌跡或生命的過程（李鴻章，2005）。楊朝祥 (1990) 認為生涯具有下列特性：(1)獨特性：生涯是每一個人根據自己的人生理想，為實現自我而逐漸開展的獨特生命旅程；(2)終生性：生涯包含一個人就業前、就業中與退休後的整體經驗與活動；(3)發展性：每個人的生涯會根據個人在不同階段的需求不斷蛻變與成長；(4)總合性：生涯涵蓋整體發展的各個層面，不限於個人的工作或職位。

　　生涯發展係指由個人心理、社會、教育、體能、經濟和機會因素等綜合形成個人終其一生的發展性生涯歷程。此歷程導致個人的工作價值、職業的選擇、生涯型態的建立、決定風格、角色統整、自我認定及生涯認定、教育進修與其他相關的現象（吳芝儀，2000: 30–31）。

　　生涯發展從 1850 年代起即逐漸受到重視，當時因工業革命的衝擊，使許多國家在社會及工作環境上出現重大改變，從此許多學者對生涯發展進行研究，也出現許多不同學派的生涯模式及理論導向，其中發展論與人格類型論成為西方心理學傳統生涯研究的典範，前者代表人物為 Ginzberg 與 Super，後者代表人物為 Holland。近年來，Kelly 的個人建構理論，以及社會認知生涯理論也受到研究者的重視，以下分別介紹之。

## 一、Ginzberg 的生涯決策發展理論

　　Ginzberg 及其團隊根據一系列針對中上階層白人男性所進行的職業選擇結果，推論職業選擇是一個涵括 6 至 10 年的發展歷程，從兒童到青少年會經歷三種生涯決策階段：幻想期 (fantasy)、過渡期 (tentative)、現

實期 (realistic)（吳芝儀，2000）。

研究中會詢問發展中的兒童未來想成為什麼?「醫生」、「老師」、「電影明星」……，未來對他們來說似乎有無限的可能。Ginzberg 認為直到 11 歲，兒童仍處於生涯的幻想期；從 11 歲到 17 歲是過渡期，青少年的生涯決策發展階段包括:

## ㈠興趣發展時期（11 歲至 12 歲）

對兒童來說選擇和排斥生涯決定的主要因素是興趣的發展。比較有趣的是，年幼男童的發展，往往與父親的事業有很大的關連。

## ㈡能力發展時期（13 歲至 14 歲）

對自己能力的評估是影響其工作準備的重要因素。在他們對工作的準備上，比較能實際地審視自己和未來。

## ㈢價值觀發展時期（15 歲至 16 歲）

能將自己的目標和價值觀列入考慮，他們可能不知道要如何衡量自己的興趣、能力和價值觀，可是卻知道這些是做選擇時的必要構成條件。

## ㈣現實期

生涯決策的思考從主觀逐漸轉換到考量現實環境因素，大約是在 17 歲到 18 歲左右。在這個時期，青少年從探索可能的生涯，逐漸聚焦在某一類的生涯，最終選擇一個特定的工作或職業，例如在服務業中選定餐飲工作。現實期的青少年對職業的選擇還可再區分為三個階段:

### 1. 探索期

意指個人逐漸透過對職業的探索,縮小可能的職業選項至 2 或 3 個,但仍處於矛盾或猶豫不決的情況中。

### 2. 具體期

個人已準備投入特定的職業領域，但仍有變化的可能性。

### 3. 特定期

個人終於決定投入一項特定的職業，並開始接受專業的訓練。

Ginzberg 曾認為職業選擇是不會變動的，每個人在職業選擇的過程

往往會太過於樂觀，因為我們常會忽略更進一步去評估個人的需求和工作環境間，可能產生的限制和機會是否能相互的平衡（李茂興，1998）。後來，他對其理論提出修正，把個人意念的變動性包括在內，並認為生涯選擇的過程並不侷限在這三個階段內，它可能發生在整個工作生命歷程中，並強調個人會在欲望與環境間，不斷尋找最適合的工作（李鴻章，2005）。

## 二、Super 的自我概念理論

Super 認為生涯發展是受到個人因素和社會因素間相互影響的動力歷程，其中居間調節的是個人的自我概念，而職業發展與選擇就是自我概念的成長與實現的過程（吳芝儀，2000）。所謂自我概念是指我們看待自己及自己所處環境的觀點和方法，結合了個人生理發展的特色、扮演的角色，以及評估別人對自己的反應與評價等。由於每個人生涯與職業發展從童年期就開始萌芽，父母的社經地位、生長的環境，都會影響個人對職業的看法和往後的生涯選擇。隨著年齡的成長，自我概念與對外在環境的現實感會逐漸形成，對自我及外在的社會環境皆有更深地了解，成為生涯抉擇的基礎。人類一生的整體發展包含了三個層面 (Super, 1980)：

㈠時間面向

是指我們每個人由出生到死亡的生命時間，可大致劃分為成長期、探索期、建立期、維持期及衰退期五大生涯發展階段。國、高中的青少年階段正處於探索期，個體在學校、休閒活動及各種工作經驗中進行自我檢討、角色試探以及職業探索。

㈡廣度面向

是指每個人一輩子中所扮演的各種不同角色，例如兒童、學生、公民、休閒者、工作者和家長等。每個人一生中會扮演許多不同的角色，角色越多樣化，其生涯發展的廣度越廣。

## ㈢深度面向

是指我們在每個角色的投入與努力的程度，越努力投入的人其生涯發展的深度就越深。

個人在各類工作與生活角色間的選擇影響其一生的發展，據此，Super 曾描繪出一個生活一生涯彩虹圖 (life-career rainbow) 來說明人生各個發展階段中幾個主要角色的變化，如圖 9-1 所示：

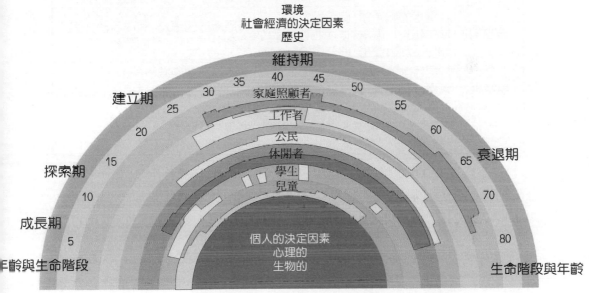

資料來源：改自吳芝儀 (2000)

▲圖 9-1： 生涯彩虹圖

在生涯彩虹圖中，第一個層面代表的是橫跨一生的生活廣度，分為成長期（相當於兒童期）、探索期（相當於青少年期）、建立期（相當於成人前期）、維持期（相當於中年期）、衰退期（相當於老年期）（金樹人，1988）。個人在人生發展的每一階段，皆有其主要的階段性任務，然而一旦進入一個新的生涯發展階段，極可能進入一個新的發展循環，要重新經歷成長、探索、建立、維持、衰退等一系列歷程，如表 9-1 所示：

▼表 9–1： 生涯發展階段的循環與發展任務

| 生涯階段 | 年　齡 | | | |
|---|---|---|---|---|
| | 青少年期<br>15–24 歲 | 成人前期<br>25–44 歲 | 中年期<br>45–64 歲 | 老年期<br>65 歲以上 |
| 成長期 | 發展實際的自我概念 | 學習與他人建立關係 | 接受自身條件的限制 | 發展非職業性的角色 |
| 探索期 | 從許多的機會中學習 | 找到所期望從事工作之機會 | 找出在工作上新的難題 | 選擇良好的養老地點 |
| 建立期 | 在選定的職業領域中起步，職業偏好逐漸具體化 | 確定投入某一工作，並尋求職位的升遷 | 發展新的因應之技能 | 完成自己未完成的夢想 |
| 維持期 | 確認目前的職業選擇，職業偏好逐漸特定化 | 致力於維持職位的穩固 | 維持在職業領域中既有的地位與成就 | 維持生活的興趣 |
| 衰退期 | 從事休閒活動的時間減少 | 減少體能活動的時間 | 僅專注於必要的活動 | 減少工作的時間 |

資料來源：吳芝儀 (2000)

　　彩虹圖的第二個層面代表的是生活空間，由一組職位和角色所組成，人一生中可能扮演 6 種主要角色：兒童、學生、休閒者、公民、工作者、家庭照顧者。角色活躍於 4 種主要的人生舞臺：家庭、社區、學校和工作場所；角色的消長在圖 9–1 中以陰影表示，會受到年齡的成長、社會對個人發展任務的期待、個人在各角色所花的時間和情緒涉入程度所左右（金樹人，1988）。

　　就 Super 的發展歷程觀點，青少年正處於生涯探索與建立期的轉換階段，面臨許多關乎未來的重要抉擇，如學業、職業、人生價值、婚姻等，是生涯發展的關鍵階段。其主要的生涯發展任務即透過各種生涯探索活動增進生涯知覺，並釐清生涯發展方向，訂定具體的生涯計畫和準備（林清文，2000）。

　　為了具體說明生涯成熟的內涵，Super 提出處於生涯探索期的青少年，在達成生涯成熟所應具備的 6 項條件（吳芝儀，2000）：

1.個人能關心未來的職業選擇問題。

2.對個人所偏好的職業能收集相關的資料，並作計畫。

3.個人對所偏好的職業具有一致性。

4.個人的自我概念更為具體明確。

5.個人可以依據自己的意願做出職業選擇的決定。

6.個人的職業選擇、能力、興趣間有一定程度的關聯性。

這些生涯成熟的指標，可提供作為生涯教育的目標，輔導工作者或教師也可據此發展出促進學生生涯發展的策略。

## 三、Holland 的人格類型理論

Holland 認為生涯選擇是個人人格在工作世界中的延伸，換句話說，選擇一種職業，是一種人格表現（吳芝儀，2000）。個人會被某些能滿足其需求和角色認定的特定職業所吸引，因此我們可根據個人對職業的印象和推論，將人們和工作環境加以做特定的歸類。而個人對自我的觀點與其職業偏好間的一致性，即構成 Holland 所稱的「典型個人風格」。

依據 Holland 的分類，個人或環境可歸類為 6 大典型：**實際型 (realistic)、研究型 (investigative)、藝術型 (artistic)、社會型 (social)、企業型 (enterprising)、傳統型 (conventional)**。這 6 大類型依其字首的字母按照一個固定的順序排成六角型 (RIASEC)。6 個類型間的相對位置，也表現出類型與類型間的心理相似程度，如實際型 (R) 和研究型 (I) 其特質之共通處是喜歡做事但不善與人接觸，其「一致性」較高（金樹人，1988）；若人格和環境的類型越相似，則其「適配性」越高。此外，某些人可能完全符合 Holland 的單一類型；但有些人可能喜歡所有的活動，也都做得很好，以致於在 6 大類型間顯現不出太大的「差異性」。

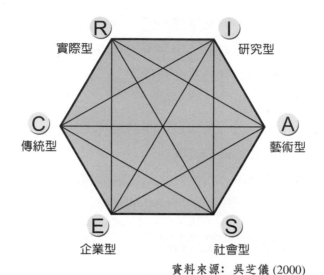

資料來源：吳芝儀 (2000)

▲圖 9-2：Holland 生涯類型圖

上述「一致性」、「適配性」與「差異性」是運用 Holland 類型於生涯探索時的重要概念，如果典型個人風格和典型職業環境間能取得適配一致，即達成最佳的生涯選擇，如表 9-2：

▼表 9-2：Holland 類型論典型個人風格與典型職業

| 類　型 | 典型個人風格 | 典型職業 |
|---|---|---|
| 實際型 R | 特徵：順從、坦率、謙虛、堅毅、穩健、節儉。<br>行為表現：(1)喜愛以具體實用的能力解決工作或其他方面的問題。(2)擁有機械與操作能力，較缺乏人際關係能力。(3)重視具體事物或明確的特性。 | 工程師、醫師、農、漁、林、牧相關職業、一般技術人員 |
| 研究型 I | 特徵：分析、謹慎、好奇、獨立、精確、理性。<br>行為表現：(1)喜愛以研究方面的能力解決工作或其他方面的問題。(2)擁有科學和數學方面的能力，但較缺乏領導才能。(3)重視科學價值。 | 數學家、自然科學研究人員、資訊研究員、研究助理 |
| 藝術型 A | 特徵：想像、直覺、創意、理想化、情緒化、不服權威、不重實際。<br>行為表現：(1)喜愛以藝術方面的能力解決工作或其他方面的問題。(2)富有表達、創造力，擁有藝術、寫作、表演等方面的能力。(3)重視審美價值與美感經驗。 | 音樂家、畫家、作家、舞蹈家、戲劇演員、美術設計人員 |

| | | |
|---|---|---|
| 社會型<br>S | 特徵：合作、負責、慷慨、助人、善溝通、富洞察力、理想主義。<br>行為表現：⑴喜愛以社交方面的能力解決工作或其他方面的問題。⑵具有幫助別人、了解別人、教導別人的能力，但較缺乏機械與科學能力。⑶重視社會規範與倫理價值。 | 教師、輔導諮商人員、社會服務工作者、護理人員、神職人員 |
| 企業型<br>E | 特徵：冒險、樂觀、有衝勁、追求享樂、善於社交、管理組織、說服他人。<br>行為表現：⑴喜愛以企業方面的能力解決工作或其他方面的問題。⑵具有語言溝通、社交、管理、組織、領導方面的能力，較缺乏科學能力。⑶重視政治與經濟上的成就。 | 企業經理、公關人員、業務行銷人員、律師、法官、政治人員、媒體傳播人員 |
| 傳統型<br>C | 特徵：順從、謹慎、保守、規律、穩重、重秩序、有效率。<br>行為表現：⑴喜愛以傳統方面的能力解決工作或其他方面的問題。⑵具有文書作業和數字計算方面的能力。⑶重視商業與經濟價值。 | 會計師、總務、出納、銀行行員、行政助理、編輯、資訊處理人員 |

資料來源：林幸台 (1987)

　　Holland 的人格類型理論對於編製生涯量表相當有啟示，許多生涯輔導方案也據此設計活動，應用相當廣泛。不過隨著時代的變遷，許多新興行業可能不在原本的職業類別中，輔導工作者或教師在應用時應再加以延伸或更新。

## 四、Kelly 的個人建構理論

　　個人建構理論是 Kelly 在 1955 年所發展出的人格理論，近年來在歐美相當受到學術界與實務界的重視。「建構」是人用來觀看與解釋世界的方式，當事件如預料發生時，預期得到證實，建構就得到鞏固；若未得到證實，建構就會發生對應的改變。建構系統不斷修正與再建構的歷程，即是經驗。建構的形式就像一個模型，架在個人的意識型態上，個人的行為會在這個統整的框架指導下展現。而建構均是二分性的，如「好 vs. 壞」、「高 vs. 低」，個人會選擇建構的一端來判斷所面臨的人、事、物（金樹人、許宏彬，1998）。

「職業建構系統」是一種包括對於職業特性兩極化的概念結構，其中生涯建構所反映的是個人對自身及工作世界的理解或偏好，即個人如何建構周遭世界的生涯經驗，或如何理解潛在的生涯選項（吳芝儀，2000）。

每個人在做生涯決定時都有一套異於他人的生涯建構系統，判斷時越能考慮不同層面，其認知複雜度越高，越能運用個人建構進行分化的預期和判斷；認知複雜度的另一個層面是認知統整性，統整程度越高者，表示知覺系統對這些層面的理解程度越高，越知道彼此間的關連程度。

例如決定職業時主要考量三個條件：薪水高、符合興趣、發揮能力。認知統整性高的人，了解這三者間的關連性：我的興趣是在中學教書，只要能發揮能力，薪水維持一個水平就可以。個人建構系統的高統整性，優點是能使人較明確快速做出生涯決定，缺點是容易選擇符合這種高關連性的工作；而低統整性的人，優點是具變通性，對資訊容易全盤吸收，缺點是思考過於簡單，有時難以下決定（金樹人、許宏彬，1998）。

在個人建構理論中，個人的心理歷程是受我們預期事件的方式所引導的，建構歷程的典型演變，即所謂的慎思 (circumspection)、明辨 (preemption) 與篤行（control 或 choice）的循環歷程，簡稱 C–P–C 週期。「慎思」係指個人從多元層面省視一特定情境的歷程，接著在「明辨」歷程裡，個人將該事件的思考聚斂於某一特殊層面上，最後藉由統御功能，達成對該事件的有效控制，以採取明確的選擇行動，即「篤行」（吳芝儀，2000）。

利用上述 C–P–C 建構歷程，以及建構系統的分化性、統整性、凝聚性和相關性作為分析生涯決定歷程的依據，結果可以得到以下四種類型吳芝儀 (1997)：

㈠發展性未定向 (developmentally undecided)

個人生涯發展歷程最原初的狀態，是一個低分化且低統整的生涯建構系統，由於擁有的生涯建構數目少且彼此相關程度低，對自我及工作世界仍懵懂無知，沒有足夠的能力思考生涯決定的問題。

### ㈡暫性定向 (transitionally decided)

當個人接觸到較多可用於考慮生涯選擇的相關資訊時，如生涯資訊是單一向度且焦點明確，使建構系統形成高度的統整性，有助於個人做明確的決定。但若個人在稍後的發展階段中接觸到複雜多元的工作世界後，改變的可能性甚大，所以先前的決定僅是暫時性的。

### ㈢慎思性未定向 (circumspectively undecided)

如果個人所接收到的資訊過於多元龐雜，可能使其建構系統更具分化性，但卻缺乏統整性，個人可能因矛盾而猶豫不決。

### ㈣精慮性定向 (elaborately decided)

如果多元分化的生涯資訊，能被個人的統轄性核心建構所統整，使其在對生涯決定事件進行慎思之後，還能加以明辨，則最終能篤行其決定，此即「精慮性定向」。

從生涯輔導的角度來分析，處於「慎思性未定向」階段的個人，或因衝突的多元建構或多重選項而徘徊不定，或因現有的生涯選項不符合所偏好的建構極向而焦慮不安，生涯輔導者宜深入了解其內在心理歷程，找到足以支持其生涯認定的核心建構或信念，以強化生涯系統的統整性（吳芝儀，2000）。

金樹人、許宏彬 (1998，2000) 也曾採用 Kelly 的個人建構論來探討國中生的生涯選擇行為，分析每一位學生在分化性、統整性以及衝突性（指在選擇不同的元素時，建構之間衝突的程度）等結構指標，區分為八大類：⑴原初 A 型；⑵原初 B 型；⑶慎思 A 型；⑷慎思 B 型；⑸明辨 A 型；⑹明辨 B 型；⑺篤行 A 型；⑻篤行 B 型。結合前述所歸納的四種生涯類型，生涯建構類型結構如圖 9–3 所示：

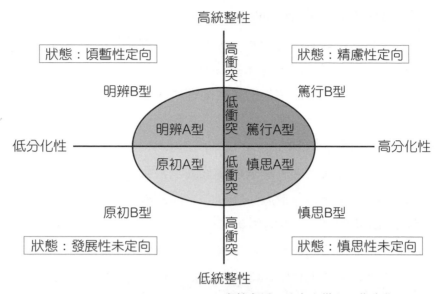

資料來源：改自金樹人、許宏彬 (1998)

▲ 圖 9-3：生涯建構之類型結構

綜合研究結果，原初型（低分化低統整）、明辨型（低分化高統整）、慎思型（高分化低統整）與篤行型（高分化高統整）這四種類型可能並非完全獨立的四大類型；其中原初型和篤行型較屬於靜態的類型，有較明顯的生涯發展特徵；而明辨型和慎思型是屬於較動態的類型，生涯發展較不明顯，可能只是原初型到篤行型的過渡階段。整體來看，臺灣國中生的生涯建構系統之統整性、衝突性與生涯發展程度有密切關係；促進生涯建構系統的發展可使生涯發展程度提高，其中又以增加統整性與衝突性的效益最大（金樹人、許宏彬，1998）。

生涯建構理論視個體為其生涯決定狀況的建構者，對生涯決定歷程具有主動建構的能力，使我們得以更全貌的理解個人在面臨生涯決定事件的內在心理歷程。舉例來說，甲乙兩個人在生涯選擇的建構都是「錢多、事少、離家近」，如果甲以這三個建構來評估「教師、社工師、心理師」三個工作時，所得到的衝突比率高於乙，表示他對自我的了解呈現

兩極的傾向：一方面覺得對自己的興趣與能力十分清楚；另一方面又覺得對自己的個性不是很了解。

　　金樹人、許宏彬 (2003) 曾對生涯建構系統發展較不成熟的原初 B 型之國中學生進行 4 次一對一的生涯諮商，以增進其對自我知識與職業知識的探索，並學習做決定的技巧。雖然這樣的諮商經驗並沒有顯著的效果，但在追蹤評量中卻發現提高了學生的生涯自我效能，顯示生涯諮商經驗仍有利於國中學生繼續進行生涯探索，協助其生涯建構系統朝向更為正向的發展。

## 五、社會認知生涯理論

　　在美國，自從 Krumboltz 由信念的角度探討個人所遭遇的生涯困境後，認知取向觀點在生涯決定歷程便逐漸受到重視。而 Betz、Hackett、Lent 與 Brown 等人也將 Bandura 社會學習理論中自我效能 (self-efficiency) 的概念應用在生涯輔導工作中，主張人們的生涯選擇是自我概念和環境中學習經驗交互作用的成果，個人的信念系統不僅影響行為，也用來調整行動（田秀蘭，2004）。社會認知生涯論理者主張，生涯發展與選擇過程中有以下三個重要概念（吳芝儀，2000）：

### ㈠自我效能

　　自我效能是指個人對自己是否有能力成功完成一項任務的信念。其關係著個人對自己行動能力，以及完成特定行為目標或成就表現的信心，也促使個人盡可能地發揮潛能，並追求其較感自信的職業。此外，自我效能也是一種克服生涯阻礙的行為。一般而言，自我效能較低的人，傾向將個人成功歸因於幸運而非個人努力或能力；對於個人的失敗，容易歸因於能力不夠，因而在面對困難時無法堅持下去。

### ㈡結果預期

　　指個人表現某一特定行為後，認為可能會有什麼結果的個人看法。個人會從過去的學習經驗學到對其特定行為結果的期待，此外，個人的自我效能，也會影響到其對行為結果的預期。

### ㈢個人目標

　　個人是否能投入於某特定行為，取決於他是否設定了未來的發展目標。個人目標有助於組織、引導並持續其行動。然而，個人目標的設定，很大程度受到個人自我效能與結果預期的影響。社會認知生涯理論所關注的生涯興趣發展與生涯決定歷程，如圖 9-4 所示：

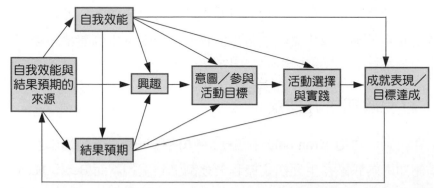

資料來源：吳芝儀 (2000)

▲圖 9-4：社會認知生涯理論之生涯決定與生涯發展模式

　　在生涯輔導過程中，輔導工作者經常發現所謂生涯猶豫者，其問題並非來自缺乏自我知識、職業知識，或訊息處理技巧，往往是由於對自己解決生涯問題缺乏信心。因此藉由生涯探索活動，協助個案透過經驗性的活動與相互討論激盪，釐清自己的生涯興趣、發現自我潛能，並藉由成功的經驗增加自我效能感，進而相信自己有能力逐步達成生涯發展目標。

　　對大多數青少年而言，生涯發展是一個複雜的過程，包含對周遭世界的探索，特別是工作世界。藉由自我的覺察與認定、承諾採取行動步驟，能幫助青少年產生對某些職業的興趣、獲得做合適職業的決定、分辨喜歡或討厭的工作，並且逐步發展出追求職業所需的技能和知識。雖然有學者認為多數生涯發展理論都太過簡化，部分觀點也缺乏實證資料支持 (Santrock, 2005)，不過，理論仍提供輔導工作者或教師協助學生生

涯發展的基礎，使我們在引導青少年探索生涯時，能更有依循的方向，
也得以再依據不同青少年的發展進行調整。

## 第二節　影響青少年生涯發展的因素

　　面對越趨多元化與全球化的競爭社會，個人從思索自己是怎樣的人、
擅長什麼、期盼過怎樣的生活，以及如何運用資訊與資產達到願望，這
些都是生涯發展的內涵，至於實質內容則因人而異。影響生涯發展的因
素相當多，本節從認知、認同發展、家庭、學校、以及其他因素說明影
響青少年生涯發展的因素。

### 一、認知因素

　　發展心理學家 Piaget 認為青少年面對生理及心理的快速成長變化，
需要學習去調整適應不同的生命階段。此外，青少年的思考能力，也從
具體思考漸漸發展出抽象思考的能力，可以從他人的經驗或文字等方式
來學習新知識，逐漸培養發展出解決問題與規劃的能力，具有開始設想、
想像自己身處於不同情境下的可能情況。

　　青少年開始能夠了解過去、現在與未來的關係，也能察覺生命有限，
必須有夢想及擬定實現夢想之計畫。不過，他們對自我與外在環境了解
不夠，所構築之夢想有時也不合乎現實（陳金定，2007），因而引導他們
進行探索、做決策以及做計畫，在生涯發展與選擇中扮演很重要的角色。

　　Csikszentmihalyi 與 Schneider 以美國 1,000 名青少年為對象，探討他
們對生涯目標與生涯探索的態度發展。學生在不同的月份記錄自己對所
做事情的想法與感受，同時填寫對學校、家庭、同儕以及生涯抱負問卷，
研究者同時訪談這些青少年和他們的同儕、父母、教師 (Santrock, 2005)。
結果發現：

　　1.不論男性或女性，青少年對生活型態、教育和收入的期待相似。

2.清楚的職業目標和良好的工作經驗，並不能保證可以順利轉換到成人的工作世界中，但參與式活動則是建立樂觀與挫折容忍力的基礎，它們對獲致成功的工作生活而言相當重要。

相較於過去，有更高比例的青少年期望也可以進入大學，不過他們在面對生涯探索和做決策時經常會感到徬徨與不確定，由於許多青少年自己並沒有真正進行過生涯探索，在學校時也鮮少獲得諮商人員的直接協助，因而系統性的課程安排或輔導方案的實施就有其必要性。

## 二、認同發展因素

Erikson 提出人生八階段發展任務論，而青少年期的主要任務是自我認同，個體在此時需要統整童年期各階段的發展成果，在生涯職業、性別角色與意識型態方面進行探索並尋求認定。Marcia (1980) 進一步強調生涯職業認定是青年期自我認定的核心，並以是否經歷危機以及投入承諾的程度，將自我認同狀態分為認同迷失型、認同早閉型、認同未定型、認同定向型等四種（見第 4 章）。

西方的研究指出，美國大學生以「認同定向」者較多，生涯決定和計畫與認同成功有正相關，也與認同早閉和認同迷失有負相關。在朝向認同定向的歷程中，青少年更能認清自己的生涯選擇，並能為達成短期與長期目標訂定計畫 (Wallace-Broscious, Serafica, & Osipow, 1994)。不過，認同發展與生涯發展的關係，可能還受到個人與文化因素的交互影響，例如國內學者（金樹人、林清山、田秀蘭，1989）發現臺灣大專學生以「認同未定」者最多。王秀槐 (2002) 藉由質性訪談，將臺灣大學生的生涯發展分為：⑴符合他人期望的「他人取向」；⑵依照自我興趣與特質建構生涯的「自我取向」；以及⑶兼顧他人意見和自我興趣與特質的「居間取向」三種類型。結果發現臺灣大學生中，以「居間取向」者的生涯發展最成熟，這與西方個人主義文化中，個人必須發展成獨立自主的「自我」才算成熟相當不同。

從社會心理發展的觀點來看,青少年急需藉由自我探索與自我認識,了解未來升學的校系與工作世界,讓青少年理解生涯發展的意義,並對職業世界進行探索,各級輔導教師或諮商工作者宜深入了解青少年的生涯建構基本取向,並採取適當的策略。例如對於「認同早閉」型的學生,應引導其發覺自我興趣與特質,透過生涯決定能力的培養,以面對瞬息萬變的未來。

## 三、家庭因素

蔡典謨 (1996) 對美國傑出華裔學生所做的研究發現,孩子的成就與父母最有關係; Leong 和 Chou 則發現中國人比美國人更重視父母對自己生涯選擇的意見,因而傾向於選擇暨符合個人興趣又滿足父母期望的生涯(劉淑惠、林怡青,2002)。

父母的教養方式會影響子女的職業選擇,與子女關係良好的父母能給予子女安全感,增進子女的生涯探索行為,因而使得子女能做出更適切的生涯抉擇。Young (1994) 的研究發現,有固定工作而且樂在工作的父母,對青少年的生涯選擇有很大的影響,一項合理的解釋是青少年可以從他們身上學習工作的價值觀。例如,有些父母會告訴子女上大學才能從事比較專業的工作,像醫師或律師;有些父母則告訴子女上大學沒什麼用,不如去當明星或打棒球。Jodl、Michael、Malanchuk、Eccles 和 Sameroff (2001) 分析父母在型塑青少年對學術與運動生涯抱負的角色,結果發現青少年對學術性生涯的抱負,與父母的價值(對子女優異表現的信心、教育期待、對子女學術能力的了解)和青少年的價值(學術能力的自我概念、繼續升學的評價、教育期待)密切有關。例如青少年對運動生涯的抱負,父親的行為(包括對運動的喜好、對青少年運動才能的支持、自己當教練)就扮演相當重要的角色 (Santrock, 2005)。

黃德祥 (2000) 歸納父母影響青少年生涯發展的途徑有以下五項:

## ㈠繼承

子女繼承父母的事業，其生涯發展與父母的價值觀、經營理念與生活方式息息相關。

## ㈡幼年生活的影響

對父母工作的耳濡目染，成為兒童最早認識的工作與職業。父母對子女某些興趣與嗜好的支持與反對，無形中都會強化或遏止青少年的生涯發展。

## ㈢學徒訓練機會

父母所具有的工作專長，經常會直接傳授給子女，所謂祖傳祕方即是藉由學徒式教導授予的職業技能。

## ㈣父母角色楷模

青少年對父母的認同會影響其未來的職業選擇，若父母擁有較高職業聲望，且與子女互動密切者，較能發展出積極的職業價值觀，並及早做職業的決定。另一方面，子女可能看到父母工作的忙碌或低報酬，而想進入與父母不同的職業領域中。

## ㈤父母的要求與限制

父母對於子女升學、主修科目的要求與限制會影響子女的生涯選擇。

整體而言，父母會影響子女的生涯發展，至於此影響是否為正向積極，則與父母對職業的態度、價值觀、以及對子女的教養互動密切有關。此外，父母在傳達自己的生涯觀點時，仍須顧及青少年的才能、興趣，適時引導並加以尊重，才能使青少年有更成熟的生涯發展。

# 四、學校因素

低社經地位的青少年，必須透過教育獲致向上流動的管道，學歷的差異會使個人接觸不同的生涯。不到 100 年前，只要受過 8 年的教育就可以獲得就業的能力；到了 21 世紀，高學歷雖然並不保證生涯就會成功，但要獲得高階職位，大學學歷似乎是必備條件。

學校教師在青少年生涯決定的時刻具有相當的影響力，在師生互動越密切的學校中，學生常會採用與教師相同的生涯價值觀，甚至選擇與教師相同的職業。此外，學業成就較高的青少年，教師對他們有較高的職業期待，通常會鼓勵他們進入高聲望的職業領域中（黃德祥，2000）。

學校是青少年首先接觸工作世界的地方，透過教學、輔導、安置以及社區連結，培育青少年跨入工作世界所需的能力。以大學生為例，適切的教育計畫，了解自己所做教育決定之需求認同，可引導其接受這些決定之責任心。此外，許多大學生並不清楚自我特質，其動機與自尊可能非常脆弱；有些人上大學或研究所是因為他們不知道自己還能去哪裡，甚至有些人對課業要求與後續生涯抉擇的關係知道得非常少，如果學校能有一套生涯規劃發展過程，讓學生透過認知、探索及承諾等階段逐步發展，可以提升學生對自我及生涯規劃的效能感，從而獲致良好的生涯發展（彭惠玲、侍攸鳳，2003）。

## 五、其他因素

### ㈠同儕

青少年很在乎友伴關係，在價值觀或對某件事的決定方面，例如暑假結伴打工、畢業後一起考高中、選擇同一所學校，或是念軍校等，這些與同儕共同的經驗都與其日後的生涯信念及生涯發展有關（田秀蘭，2001）。同儕提供個人角色楷模與生涯決定的回饋，會進而影響個人的生涯探索與生涯選擇。和學有專精的朋友談話，結交積極、樂觀、進取的朋友，隨時保持活力，保持高度的反省力，是女性資優學生認為有助於個人成就發展的因素（郭靜姿、林美和、胡寶玉，2006）。此外，如果青少年的同儕有較高的生涯標準，通常他們也傾向選擇較高地位的生涯(Santrock, 2005)。

### ㈡性別

性別在青少年生涯選擇與發展上所扮演的角色，是許多研究者關注

的焦點。傳統上，出外工作賺錢養家與男性有關，在家照顧小孩則與女性有關，這種經由關鍵的社會化機構（父母、教育工作者、媒體）逐漸強化的男生須男性化、女生須女性化的壓力，與依性別分配社會角色的傳統分法，隨著時間演變為性別角色刻板印象。雖然有研究顯示，時下青少年比上一代青少年，更願意脫離性別刻板化角色行為，對女性性別角色也抱持更具彈性的態度，越來越多的女性青少年也渴求在工作領域獲得成功；但對女性青少年而言，兼顧工作和家庭的需求，仍嚴重地影響職業的選擇或結婚的時機（黃德祥，2006）。

　　生涯輔導中的一項課題即是引導學生跳脫性別刻板化的限制，鼓勵學生發揮自己的潛能，依自己的興趣而非性別選擇職業。未來仍需透過教育方案與相關政策的推動和立法，讓青少年有更多的機會探索自己的潛能，並且加以實現。

(三)身心障礙

　　並非所有的青少年都有相同的機會增進他們的生涯發展，對身心障礙者而言，即使憲法明文保障其工作權，但若社會大眾仍存有刻板印象、相關單位欠缺必要的輔助措施與協助方案，仍會危及與壓縮他們的就業機會。國內就有研究（林幸台，2001）指出，目前有關身心障礙者的服務，比較受到重視的是就業，但由於職業生活只是整體生活中的一部分，從學校生活過渡到工作世界，是生活型態的轉移。因而該研究提出「生活中心生涯教育」，從就學、就醫、就業、就養等課題規劃完善的轉銜服務機制，將身心障礙者適應社會所必須的技能劃分為日常生活技能、人際社會技能與職業技能，除學校老師依學生需求與生涯發展階段，逐步教導學生習得必須的生涯能力外，家長與社區機構、企業界均可共同參與此一模式的設計與執行，讓身心障礙者也能發揮所長，進而培養健全的生涯態度與能力。

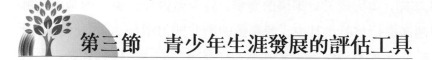

# 第三節　青少年生涯發展的評估工具

根據生涯發展論的觀點，幼年時期對生涯課題的覺察與接觸，是奠定其興趣與能力發展的基礎，而青少年期對周遭環境與自我興趣的試探，是其日後能力發展與生涯定向的關鍵。生涯評估 (career assessment) 的目的是幫助個體透過覺察自己的學習興趣、職業興趣、生涯信念與態度等向度的強度，以增進個人選擇自己有興趣的學習領域、職業類別與生涯發展方向，達到適才適所的人生目標（黃政昌，2008）。國內主要用於青少年生涯評估之工具，包括大學入學考試中心興趣量表、學系探索量表、職業興趣組合卡，以及生涯信念檢核表。

## 一、大學入學考試中心興趣量表

評估青少年生涯發展的重要核心要素是「興趣」，因為興趣是驅動一個人參與某些教育、職業、娛樂等活動的一種自發性力量，能夠了解自己的興趣所在，才能選擇適合自己的科系或工作領域。常用以評估個人興趣的方法包括：(1)直接詢問或從行為觀察個人最喜歡與最不喜歡的人、事、物；(2)從知識的多寡判斷個人興趣的高低；(3)使用測驗工具，由於較符合科學化與標準化程序，而且施測方便、計分客觀，是最主要的評估方法。

大學入學考試中心為協助高中、職學生進行生涯探索與規畫，與國內學者合作，於 1992 年根據 Holland 職業興趣分類模式，再從我國文化環境中取材撰題，發展一套區分興趣為「實用、研究、藝術、社會、企業、事務」等六種類型的「大學入學考試中心興趣量表」，每種類型「我喜歡做的事」各有 21 題、「我喜歡的職業」也各有 12 題，量表總計 198題，另有「抓週」3 題為校核效標試題，共計 201 題（金樹人、林幸台、陳清平、區雅倫，1994）。

2003 年起，為因應社會環境的變遷，並參考曾使用量表的輔導教師與學生的建議進行修訂，其中「我喜歡的事」部份編修 36 題、「我喜歡的職業」部份新增 31 題，總計置換量表中的 67 題，約 34 ％題數，而成 2005 年的修訂版本（簡茂發等人，2007）。修訂版維持與原量表相同的結構與題數，施測時間約需 30 到 40 分鐘，作答方式為受測者逐題在「非常喜歡」、「喜歡」、「不喜歡」、「非常不喜歡」四個選項中擇一作答。

測驗報告內容包括六大類型分數、興趣代碼、抓週三碼、諧合度、區分值、一致性以及學類興趣扇形區域：

㈠興趣代碼

由於 Holland 的六種興趣類型並非完全獨立，所以大多數人通常具有某一興趣類型的特點，但也兼具其他一、兩種類型的特徵。於是在測驗結果中，分數最高的前三名興趣類型，便稱為興趣代碼。例如，當分數最高的前三名分別是實用型 (R)、研究型 (I) 與藝術型 (A) 時，其興趣代碼即為 (RIA)。

㈡抓週代碼

代表個人對於職業選擇的憧憬。有別於興趣代碼，抓週代碼是個人覺得自己可能具備什麼樣的特質，傾向評量「主觀的我」；興趣代碼則是從行為事件的敘述，推論自己可能具備的特質，傾向評量「客觀的我」。

㈢諧和度

指的是興趣代碼和抓週代碼相同的程度。當興趣代碼和抓週代碼一致或相近的時候，代表所探索出來的興趣類型較為明確而穩定；反之，不一致時，則表示對於職業興趣的選擇可能較為矛盾而不明確。

㈣區分值

指的是六種興趣類型之間，彼此的區別與清晰程度。換句話說，如果六種興趣分數彼此的差異很大，則區分值高；如果興趣分數之間差距很小，則區分值低，表示個人尚未明顯地區分出特定興趣。

㈤一致性

由於各興趣類型之間，位置越靠近的類型、彼此的心理特質越相似，因而一致性較高的興趣類型，其生涯發展的歷程會較穩定。例如，興趣代碼 RIS 的一致性比 RSI 的高，則前者可能會較穩定地選擇在與「實用型」、「研究型」等相關的環境中尋求發展；反之，後者在職業的選擇上則常出現矛盾或猶豫不決的現象。

## ㈥興趣扇形區域

由於個人的興趣類型分數，可以轉換成以 30 度為區域範圍的正切角度數，其落在「大學學類圖」上便形成一個興趣扇形區域，夾角內的區域表示個人可能有興趣的學系；要注意的是當個人的區分值或一致性較低時，扇形區域內的學系名稱就較不具參考價值。

以表 9-3 為例，某人的測驗結果如下：

▼表 9-3：大學入學考試中心興趣量表結果

| 性別 | R | I | A | S | E | C | 興趣代碼 | 抓週代碼 | 區分值 | 一致性 | 角度 |
|------|---|---|---|---|---|---|---------|---------|-------|-------|------|
| 女 | 42 | 28 | 34 | 74 | 71 | 60 | SEC、ESC | SEC | 9 | 高 | 105-135 |

資料來源：財團法人大學入學考試中心 (2011)

此人興趣分數的區分值與一致性均高，所以三碼適配與興趣扇型角度的結果均有參考價值。由於 S（社會型）與 E（企業型）的分數相差不到（含）6 分，所以興趣代碼有 SEC、ESC 兩個，但抓週是 SEC，顯示 SEC 是較穩定可信的興趣代碼。

SEC 經由學類代碼表所對照出來適配的是：會計、財稅、企業管理、行銷經營、運動管理、社會工作、犯罪防治等學類（系）。興趣扇型角度 105～135 度內的是：經濟、會計、財稅等學類（系），兩種方法所找出來的並不衝突，而學類代碼表所對照出來的較廣，應該都可作為選系的參考。

大學入學考試中心於 2010 年 1 月開始提供「興趣量表網路查詢系統」服務。使用者可依性別及興趣代碼，找出相似興趣類型的學系；或

依學群（18 學群）、學類（134 學類）找出與興趣相符的學系，再檢視學系的興趣代碼，相當便利。

## 二、大學入學考試中心學系探索量表

「大學入學考試中心學系探索量表」係以「學系學群」的概念加以編製，幫助學生了解自己對大學學系的學習興趣，找到適合的「系群」及「學系」，作為高三學生選系或大學生轉系之輔導參考，測驗時間約 40 分鐘。大考中心建議，輔導教師可在高一、高二時先施測「大學入學考試中心興趣量表」，完成生涯探索之輔導，接著再施測「大學入學考試中心學系探索量表」，最後將兩份測驗一起解釋，以發揮不同功效（區雅倫、張郁雯、劉兆明，1998）。

本量表之題本分為 A 卷與 B 卷。A 卷為社會組 264 題，包含 15 個系群：建築與景觀、設計、心理、傳播、外文、文史、哲學、教育、社會、法律、政治、經濟、財金、管理、資訊。B 卷為自然組 275 題，也包含 15 個系群：建築與景觀、心理、資訊、電機與電子工程、機械工程、土木工程、化學工程、化學、物理、數學、醫學、生命科學、食品與營養、農學、地球與環境。學生在量表之得分有三種解釋：⑴根據每個系所的百分等級，進行個人和團體常模的比較；⑵將 15 個系群的百分等級繪製成側面圖，依據曲線的平坦（興趣區分程度小）或有高峰低谷（興趣區分程度大）作個人內的興趣比較；⑶依據興趣原始分數達到大學效標學系的平均興趣標準進行判斷，如果興趣達標且百分等級在 90 以上的系群，代表興趣穩定值得選擇。如果原始分數無一達標，百分等級也沒有超過 90，可就 15 個系群的得分結果，選擇原始分數較高的系群作為選系輔導的參考（黃政昌，2008）。

## 三、職業興趣組合卡

「職業興趣組合卡」分為國中版（金樹人，2001a）、高中職版（適

用於高中職以上成人）（金樹人，2009），內容包含 3 張標示卡、7 張說明卡，以及 60 張不同的職業卡，能深入進行生涯興趣探索、有效協助生涯諮商，施測時間為 60 至 90 分鐘。

　　施測用的 60 張組合卡是依據 Holland 的人格類型理論，將職業興趣分為實用型、研究型、藝術型、社會型、企業型、傳統型。每類型各有 10 張職業卡，正面為職業名稱及卡片編號，背面為該職業相關資訊。此外，還有提供生涯諮商人員進行個別諮商所使用的工作簿，包括兩個部分：⑴職業興趣組合卡工作單，有不喜歡與喜歡的部分；⑵我的生涯紀錄，包含理由集錦、我的素描、職業展望。團體諮商時的工作單，則僅包含我的素描及職業展望。

　　在個別施測時，配合個別用工作簿進行填寫，步驟為：⑴填寫基本資料；⑵依據「不喜歡、不知道、喜歡」選排卡片；⑶將分類的若干群，在工作簿上記錄理由；⑷將理由整理在「我的生涯紀錄──理由集錦」中；⑸將上述理由以圖畫或敘述句填寫在「我的素描」中；⑹挑出六個最喜歡的職業；⑺計算 Holland 綜合碼。

　　使用團體施測之差異，是採取工作單而非工作簿來記錄。運用興趣組合卡協助學生進行生涯探索的解釋包括：⑴我的素描之解釋：從許多「不喜歡的理由」與「喜歡的理由」中，拼湊出對個人人格特質或職業喜好的描述；⑵Holland 綜合碼解釋：取六種類型分數最高的前三碼，根據一致性、分化性、適配性進行討論；⑶「我的素描」與 Holland 綜合碼的綜合解釋：前者為質性資料，後者為量化資料，深入釐清與討論兩者的差異（黃政昌，2008）。

## 四、生涯信念檢核表

　　「生涯信念檢核表」是依據認知取向學者所提出的生涯信念觀點，並強調符合本土文化進行編製，功能是省察生涯決定因素、協助學生進行生涯探討與規劃。本檢核表適用對象為高中職生與大專學生，可採團

體或個別施測，時間約 20 分鐘，可在生涯諮商初期，找出阻礙生涯決定及其生涯發展的特殊信念（紀憲燕、金樹人、林幸台，2003）。

檢核表內容共 72 題，分成六個因素：完美主義、外在取向、逃避順從、自我價值、工作抱負、刻板印象。學生填答後，分別計算各份量表的 A、B、C 三種分數。A 為原始分數，B 是平均分數，C 是轉換分數（將 B 乘以 10），然後將 C 分數描繪在側面圖上，就可以了解學生生涯信念的差異情形。各份量表的 C 分數在 30 以上者，必須再深入探討，藉以了解學生所抱持的信念（黃政昌，2008）。

每位青少年皆有生涯發展的需求，如何因應差異並提供適切的輔導與建議，評量結果就成為重要的參照基準。不過，也有學者認為傳統的評量模式源自於特質因素論，侷限於心理—社會、社會—行為以及學業導向等個人特質的評量，很容易忽略個人特質與環境間互動的關連性，尤其對於身心障礙者而言，應充分考量其生活與學習環境中，助益或限制個人功能發揮的因素，結合家庭、學校／機構、社區／職場的支持輔助系統，設計生涯發展教育方案，以促進個人與環境間的互動關係，增進其踏入成人社會的生產力和融合力（林幸台，2001）。

## 第四節　青少年生涯發展教育與生涯輔導之內涵與策略

21 世紀的環境變遷與超越國界的競爭，各國均需以更豐富、多元的價值觀來培植人才。在青少年接受教育的過程中，如何調整窄化的升學觀念、增加其對自我與職場的探索與決策能力、接軌教育歷程與社會需求，是此階段生涯發展的重要課題。因此，學校的生涯教育與輔導應有多元化的思考角度，將生涯發展的概念融入教導及學習活動中，讓學生的視野從學術世界延伸到工作世界，學習有關學術與職業的基本能力。

教育為個體提供潛能開發以及培育核心能力和專業能力之機會，而

生涯輔導工作即由個體本位出發，協助學生達成此目的。我國自實施九年國民義務教育以來，就已推展職業輔導。隨著教育政策、人權觀念以及經濟世界的變化，目前廣義的生涯輔導概念，強調學生對自我的探索、對工作世界的認識、以及對個人決策能力與型態的養成，不但包括個體之就業準備與職業責任，也擴及對未來生活的中長程規劃。

　　將生涯發展教育融入學習領域的具體方法，Swain 所提出的「生涯規劃金三角模式」（如圖 9–5），可作為教師設計生涯發展議題融入教學的參考。

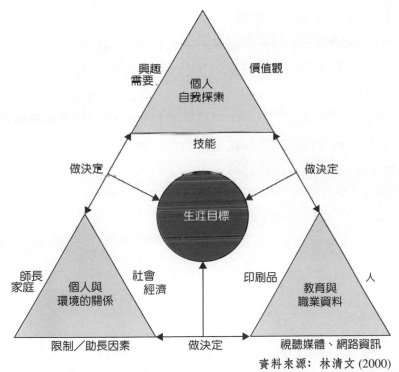

資料來源：林清文 (2000)

▲圖 9–5：生涯規劃金三角模式

　　Swain 認為生涯規劃應涵蓋「個人自我探索」、「教育與職業資料」、「個人與環境的關係」的金三角關係，意即生涯規劃應對個人各種特質，以及職業與教育環境資料進行生涯探索，以建立生涯目標，並逐漸發展

個人的生涯認同；在面對各種生涯選擇事件時，個人針對各種資料和機會進行評估，以形成生涯選擇或決定，進而承擔生涯角色，獲致生涯適應和自我實現（林清文，2000）。

## 一、中等教育階段之生涯輔導內涵與實施策略

大學生對所選科系不滿意或想轉系，反映出高中階段學生對於自己的興趣、性向與大學科系的學習內容缺乏充分的認識，高中生涯規劃課程的目的有三，一是透過活潑的課程設計，經由心理測驗與各種活動的安排，幫助學生探索自己的性向、能力、興趣、與價值觀；二是教導學生如何利用網路資源、校系與職業訪談活動來認識升學與工作世界；三是教導學生學習生涯決定的方法。

生涯規劃主軸分為個人自我的了解與接納、職場探索與認識、自我與環境間的互動與抉擇，由於生涯規劃有其連續性，因此無論教學內容或材料選擇，皆可接續國中階段所進行的生涯檔案，進而深入探討生涯的過去、現在與未來。以普通高中為例，其教學主題與重點包括（教育部，2008）：

(一)有關個人方面的生涯探索

1.成長歷程與生涯發展

重點在探討個人發展過程中的生命故事／重要事件／學習過程，乃至於原生家庭／重要他人的價值觀在這個發展歷程中所扮演的角色等。

2.個人特質探索

重點除個人生理認知外，可透過各種正式與非正式的心理測驗或評量，協助學生了解自我所擁有的各方面的特質，包括興趣、性向、能力、性格、價值觀、生涯信念、以及決策風格等。

3.生活角色與生活型態

接續特質之探索，將個人特質與全面性的生活角色作一連結，探討個人特質與家庭、學習、工作、以及其他未來生活角色的關連，進而在這種連結與實踐中，逐漸培養宏觀與前瞻性的生涯信念與自我觀念。

### ㈡有關環境資源的探索

#### 1.教育發展與大學學群

回顧個人學習歷史,澄清在所經歷的教育經驗下,對其學習發展現況的影響,進而了解高中的學習內涵,以及高中學習角色與生涯進路之關係,同時能熟悉各種有助個人生涯抉擇的相關資源,包括大學入學方案中各種機會的認識等,並將個人特質與大考中心所規劃之學群/學類資料相連結,以作為選課、選擇入學管道、選填志願等之參考。

#### 2.大學生涯與職業選擇

讓高中學生了解大學中相關學系組成之學程、乃至接續各學系/學程、未來可能的學習領域,並體會大學學習與生活,以及在科系或職業選擇上可能產生的衝突與迷思。

#### 3.職業生活與社會需求

透過工作分析了解職業的內涵、理解市場變動與未來產業發展趨勢,同時對職業生活與相關的工作倫理作深入的探討,並運用人際溝通與團隊合作技巧,培養學生適應未來全球化之趨勢與生活型態。

### ㈢有關自我與環境間的互動與抉擇

#### 1.生涯資訊與生涯評估

評估並統整個人特質、生活角色、教育歷程、未來產業發展趨勢等相關資訊,掌握生涯助力並化解可能的阻力或衝突,而將個人生涯評估結果逐步落實於未來生涯規劃中。

#### 2.決策風格與技巧

重點在了解並探索個人決策風格,並以適切的決策技巧擬定個人生涯目標。

#### 3.生涯行動與實踐

根據所定生涯目標,擬定具體可行之行動方案,並透過模擬演練行動方案實踐之過程,同時學習因應各種可能產生的問題,如時間管理、情緒管理、壓力調適或生涯轉型等。

## 二、大學階段的生涯輔導內涵與實施策略

　　臺灣由於高等教育的擴充，多數年輕人都會進入大學，但資料顯示大專畢業生已顯現就業困難與高失業率現象，其原因包括：⑴全球經濟不景氣的衝擊；⑵產業結構改變與產業外移；⑶大專部分科系專長不符合社會需要；⑷缺乏正確的職業觀念與求職技巧。大學是多數青少年從學校進入職場的轉換階段，雖然從生涯發展理論來看仍處於探索階段，但由於其認知的發展更為成熟，且更直接面臨職業的選擇，生涯輔導實有其必要性。

　　由於大學生會更重視現實的考慮，透過課程、輔導方案或諮商，引導學生在學校、休閒與各種打工經驗中，進行角色試探和職業探索，了解學校與工作間的連結，使個人的職業偏好具體化、特殊化，實現職業偏好，進而能有一個更切乎實際又適當的職業選擇，並擁有適切的生涯發展信念，是大學階段生涯輔導的重要功能。

### ㈠學校與工作間的連結

　　如何讓大學生更快了解工作世界的要求，Hamilton 曾進行後青年期到成人初期學校與工作連結的研究，茲將其研究發現歸納如下（黃德祥，2006: 533–534）：

1. 對工作職場的報酬期望是高中用功讀書的動力，也是教育與工作情境連結的力量。青少年相信，他們在學校的努力如果越能接近美好的未來，將越會在校用功讀書。

2. 想要了解青少年在學校與工作上的關聯，可以藉由透明度 (transparency) 與滲透性 (permeability) 來觀察。透明度意指能了解教育系統及勞力系統中，正式或非正式角色間的複雜關係，並且藉由這些了解計畫行動，讓他們在學校中開始進行準備。例如從事金融業，須具備良好的數學能力；但在今日社會，想要在金融相關工作上謀得一職，可能還要具備電腦和語文能力，因而在學

校期間就必須多多充實電腦能力或培養英語能力。滲透性是在教育工作或生涯職場系統中移動的能力，滲透性牽涉到讓青少年了解對於所要投入工作需事先付出的努力。例如想要成為美髮師，需於學校教育之後，透過建教合作系統或學徒制進修，經由幾年的努力考取相關證照，才有可能達到自己想轉換之職業體系。

越能夠清楚界定特殊資格的職業，越有助於青少年了解如何從學校換到職場，因此，各科系若能主動提供或為學生規劃畢業後的職涯發展進路與藍圖，越能協助學生及早開始進行生涯規劃。此外，為了強化學生的就業能力，在學期間就與企業合作，讓學生藉由見習與實習增進工作實力，都能幫助學生順利轉換到職場中。

除了學校外，行政院青輔會勞工委員會也會提供青少年就職相關資訊與諮詢服務以協助青少年順利就業、及早規劃個人職涯、了解就業市場發展趨勢，以以提升個人就業準備力。

此外，許多私營之人力資訊平臺也能提供青少年生涯發展相關資訊，例如：就業情報網、104 人力銀行、1111 人力銀行等均可提供職業市場之即時現況。還有各種區域性就業相關博覽會、升學相關博覽會、以及校園內之徵才博覽會等，都是協助個體和工作市場的觸接管道。因此，為因應全球化趨勢脈動及知識經濟潮流，對青少年、家長及學校單位而言，結合豐富的校外資源，建置周延之就學及就業接軌管道，都是不容輕忽之一環（教育部，2008）。

## ㈡大學階段生涯輔導的目標與策略

Herr、Cramer 與 Niles (2004) 認為大學階段的生涯輔導目標包括：

### 1.提供自我評估和自我分析的協助

有效的生涯規劃奠基於對自我人格特質、優缺點、動機和需求、興趣與能力的了解，故大學階段的生涯輔導仍應設計各種活動建立學生的自我認定。

### 2.提供了解工作世界的協助

除對工作世界的職業結構具備廣泛認識外，需進一步探索和個人興趣領域相關的職業，並拓展對本國以外工作世界的認識。

### 3.提供進行生涯決定的協助

當學生擁有對自己和對工作世界的豐富資訊後，還需引導其運用所蒐集到的資訊，做成短期、中期和長期生涯的目標和計畫，並在現實生活中檢驗其具體可行性。

### 4.提供進入工作世界的協助

為即將畢業的學生尋求適當的工作機會和職業安置，協助學生準備履歷表與面試技能。

一般而言，為大學生所實施的生涯輔導活動，主要有以下七類：

1. 與生涯規劃有關之選修課程，透過結構式的課程設計直接教導學生生涯發展理論，學生有機會對自己的現在及未來做更多的探索。

2. 生涯研討會或工作坊，邀請公司雇主或學生有興趣的職業領域資深工作者，了解其生涯經驗；也可以利用週末假日或寒暑假辦理主題工作坊，例如自我探索、職業資料的收集與使用、以及決定技巧的學習等。

3. 實施興趣量表、人格量表、生涯發展或成熟量表，並提供團體和個別之測驗解釋。

4. 透過小團體方式進行生涯輔導活動，成員彼此間有較多的機會分享經驗，提供生涯探索及生涯決策的練習；或者針對個人問題做一對一的討論，協助個人了解自己的個人特質、解除做決定的焦慮、以及探索與自己興趣相關的工作領域等。

5. 擬定不同學科之實習方案，提供實地工作機會。

6. 提供繼續升學或職業資訊，例如針對準備進入職場的學生，各行業領域的就業市場、未來發展趨勢、工作內容、工作資格條件及薪資報酬等，教導學生自傳與履歷表的撰寫、演練求職面試技巧。

7.電腦輔助生涯安置服務，協助學生收集工作相關資訊、尋找與獲取工作機會。

綜合而言，協助大學生了解生涯發展是一個終身且持續不斷的學習歷程，每位學生應知道如何收集和運用生涯資訊，以充分發揮生涯潛能。

### ㈢建立生涯彈性與工作價值觀的生涯規劃

在社會快速變遷下，需引導青少年更具彈性的進行生涯規劃，此外，現代社會不僅對於職場人員增加科技能力的要求，也同時要求人格及社會能力，例如：溝通、團隊合作、問題解決、以及終身學習等。相較於上一代，不斷成長的下一代不僅需較高的學歷文憑，擁有專業知識，也須培養對於工作的價值觀。陳美淑、彭慧玲 (2008) 認為思考生涯規劃時有以下兩個層面：

#### 1.生涯彈性

在社會變遷下，大學生的生涯規劃應注意社會生態的模糊與不確定性，除需具備就業力、工作轉換能力與移動的應變能力，也需具備生涯彈性的能力與技巧。生涯彈性包括：基本的學習技巧、適應性的技能、具有企業家的行為與創新的精神、生涯復原力 (career resilience)、個人能力或生活發展的技巧等。

其中，生涯復原力是指當人們在面對生涯挫折以及壓力時，能適應環境改變的一種關鍵能力。擁有生涯彈性的個體能隨著社會的變遷，衡量自身的生涯發展狀況，對引發的生涯種種問題，能夠有足夠信心，並且靈活地做出必要性變通，而對無法預測的層面，則懂得運用資源，修正與應用適當的生涯決策模式。

沒有人可以預知未來，但每個人的生涯都受大多數無預期的事件所影響。過去傳統的理論，對生涯的不確定看法，認為是人們優柔寡斷的態度；如今，對生涯「就是發生了」的處理方式，是要協助當事人「接納」生涯的不確定性，願意「加以敏銳地回應」不可預期又複雜的未來可能性。生涯輔導人員應協助當事人保持生涯彈性、創造及掌握時機，

能夠主動積極生活並創造機會，增加自己無數偶然的機運，學習如何一步步掌控並經營自己的生涯。

## 2.工作價值觀

大專畢業前，應建立正確的人生觀與工作價值觀。工作價值觀是個體於從事工作時，據以評斷有關事物、行為或目標的持久性信念與標準，繼而表現出工作行為、追求工作目標。生涯輔導內涵中，關於個人未來工作的願景、典型工作的一天、職業興趣等工作價值觀之問題，所探討的不只是工作那段時間，而是每一天該怎麼活的重要議題。

整體來說，生涯輔導不再是狹隘的升學輔導，其重點有兩類：一是從自我察覺開始，向內探索個人能力、興趣、性向、人格特質與價值觀，發展個人特色，掌握個人優缺點，培養帶得走的能力，找尋自己、家人與社會間價值觀的平衡點。第二，從認識不同的升學管道與考試科目，評估自己所具備的條件與能力，選擇適合自己的升學管道，並從學群中了解各科、系、校的特色與發展方向，以及考慮就業市場的人力需求與趨勢，進行生涯規劃。

生涯規劃不僅只是為了未來學業或事業的追求，更重要的是個人生活型態的選擇；青少年透過生涯探索、澄清、計畫或執行，使自我的潛能被激發出來，同時也慢慢學會面對自我內在的特質、背景與需求。

## 參考文獻

方崇雄 (2001)。〈國民教育階段九年一貫「生涯發展」議題融入策略〉。《生涯與家政教育》。國立臺灣師範大學。

方崇雄、周麗玉 (2003)。〈在融入中完成經驗統整的生涯發展教育〉。《研習資訊》，20(2)，9-16。

田秀蘭 (2001)。〈青少年生涯發展中的重要議題及輔導策略〉。《生涯與家政教育》。臺北：國立臺灣師範大學。

田秀蘭 (2004)。〈社會認知生涯理論之興趣模式驗證研究〉。《教育心理學報》，34(2)，247-266。

王秀槐 (2002)。〈人我之際：臺灣大學生的生涯建構歷程〉。《本土心理學研究》，17，165-242。

吳芝儀 (1997)。〈以建構論研究法探討個人建構系統與生涯決定的相關論題〉。《輔導季刊》，33(3)，42-51。

吳芝儀 (2000)。《生涯輔導與諮商：理論與實務》。嘉義：濤石。

吳芝儀 (2005)。〈生涯發展教育在中小學課程中的定位與省思〉。《教師之友》，46(2)，2-8。

李茂興 (1998) (譯)。《生涯諮商理論與實務》(原作者：R. S. Shart)。臺北：弘智。

李鴻章 (2005)。《生涯規劃》。臺北：華騰。

金樹人 (1988)。《生計發展與輔導》。臺北：天馬。

金樹人 (2001a)。《職業興趣組合卡 (國中版)》。臺北：心理。

金樹人 (2001b)。〈生涯可否規畫〉。《生涯與家政教育》。臺北：國立台灣師範大學。

金樹人 (2009)。《職業興趣組合卡 (高中職以上適用)》。臺北：心理。

金樹人、林清山、田秀蘭 (1989)。〈我國大專學生生涯發展定向之研究〉。《教育心理學報》，22，167-190。

金樹人、許宏彬 (1998)。〈國中學生生涯建構系統之結構分析〉。《教育心理學報》，30(2)，59-99。

金樹人、許宏彬 (2000)。〈國中學生生涯建構與生涯發展程度之研究〉。《教育心理學報》，31(2)，23-66。

金樹人、許宏彬 (2003)。〈生涯諮商介入策略對國中學生認知複雜度與生涯自我效能的影響〉。《教育心理學報》，35(2)，99-120。

金樹人、林幸台、陳清平、區雅倫 (1994)。《興趣量表編製之研究報告 (二)》。臺

北：大學入學考試中心。

林幸台 (1987)。《生計輔導的理論與實施》。臺北：五南。

林幸台 (2001)。〈身心障礙者生涯發展與轉銜服務〉。《生涯與家政教育》。國立台灣師範大學。

林清文 (2000)。《生涯發展與規劃》。臺北：心理。

紀憲燕、金樹人、林幸台 (2003)。《生涯信念量表》。臺北：測驗。

陳金定 (2007)。《青少年發展與適應問題：理論與實務》。臺北：心理。

陳美淑、彭慧玲(2008)。〈大專學生自我實現的生涯規劃〉。《台灣高教研究電子報》，25。

教育部 (2008)。《十二年國民基本教育實施計畫子計畫 10「學生生涯規劃與輔導」方案 10-1「國中與高中職學生生涯輔導實施方案」》。臺北：教育部。

教育部 (2009)。〈生涯發展教育學習內容〉。檢自 http://teach.eje.edu.tw/9CC/discuss/97-discuss6.php

區雅倫、張郁雯、劉兆明 (1998)。《大學學系探索量表編製之研究》。臺北：大學入學考試中心。

郭靜姿、林美和、胡寶玉 (2006)。〈女性資優生在工作或學業上的助力、阻力、因應及轉變〉。《教育研究》，143，41-56。

楊朝祥 (1990)。《生計輔導──終生的輔導歷程》。臺北：行政院青輔會。

黃政昌 (2008)。《心理評估──在諮商中的應用》。臺北：雙葉。

黃德祥 (2000)。《青少年發展與輔導》。臺北：五南。

黃德祥（主譯）(2006)。《青少年心理學》（原作者：R. M. Lerner）。臺北：心理。

彭慧玲、侍攸鳳（譯）(2003)。《生涯輔導教育──實務教戰手冊》（原作者：E. L. Herr, J. R. Rayman, & J. W. Garis）。臺北：五南。

蔡典謨 (1996)。《協助孩子出類拔萃：台灣、美國傑出學生實例》。臺北：心理。

劉淑慧、林怡青 (2002)。〈國三學生選擇甄選入學學校之抉擇歷程與其影響因素〉。《中華輔導學報》，11，71-123。

Herr, E. L., Cramer, T. H., & Niles, S. G. (2004). *Career Guidance and Counseling: Through the Lifespan Systematic approaches* (6th ed.). Boston: Allyn & Bacon.

Jodl, K. M., Michael, A., Malanchuk, O., Eccles, J. S., & Sameroff, A. (2001). Parents' role in shaping early adolescents' occupational aspirations. *Child Development*, 72, 1247-1265.

Marcia, J. E. (1980). Identity in adolescence. In J. Adelson (Ed.), *Handbook of*

*Adolescent Psychology*. New York: John Wiley & Sons.

Santrock, J. W. (2005). *Adolescence* (10th ed.). Boston: McGraw-Hill.

Super, D. E. (1980). A life-span, life-space approach to career development. *Journal of Vocational Behavior*, *16*(3), 282–298.

Wallace-Broscious, A., Serafica, F. C., & Osipow, S. H. (1994). Adolescent career development: Relationships to self-concept and identity status. *Journal of Research on Adolescence*, *4*, 127–149.

Young, R. A. (1994). Helping adolescents with career development: The active role of parents. *Career Development Quarterly*, *42*, 195–203.

青少年常見的心理疾患

在協助青少年適應的過程中，許多的家長、教師或協助系統常會出現的困擾是青少年的行為似乎屢勸不聽或難以用合理的角度來推測或評估其出現的行為，如青少年常見的憂鬱反應，家長或教師常會以「少年不識愁滋味，為賦新詞強說愁」的態度反應，直至青少年出現自傷或自殺的行為時，才意識到問題的嚴重性。而焦慮導致的懼學、社交恐懼或強迫行為影響青少年學校的出席以及與同儕的互動，間接也影響其在此時期的重要發展，Cytryn 和 McKnew (1972) 即指出青少年的精神疾患，早期可能會以問題行為型態呈現，過去認為精神疾患不可能在青春期前發生的觀念，已需要被修正。因此本章參酌 Israelashvili (1998) 的建議，身為青少年的協助者需能具備早期辨識青少年心理疾患的知能以便及早介入協助青少年面對其心理困境，幫助因應常見於校園中的青少年心理健康議題。本章將介紹較常見於青少年的憂鬱、焦慮、厭食、成癮行為等，希望與青少年工作者透過早期辨別出影響青少年適應的症狀，及早給予協助，避免問題的惡化而影響青少年的人格、情緒或人際發展。

# 第一節　青少年情感性疾患：憂鬱症

小君是一位國中三年級的女學生，原本在父母及師長的眼中，她一直都是一位品學兼優的好學生，然而升上三年級以後，開始感到課業壓力繁重，雖然希望能繼續保持在父母心中的好形象，但因為成績開始退步，感到心情低落的時間也越來越頻繁，晚上開始失眠、白天無法集中注意力聽講，常因為打瞌睡或恍神而被老師糾正。

過去對父母親的提醒，大多能接受的她，最近只要父母親說她一兩句，就會讓她忍耐不住而不斷大吼「不要再逼我了」等等過於激動的反應，或是乾脆整天房門深鎖，避不見面。父母對於她的變

化無法理解，開始責備她的變化，這種種的因素，更增加了親子間
的衝突與小君的退縮。小君更因此認為父母都不了解她的痛苦而只
會責備，常將自己關在房內哭泣，連吃飯也不出來。

## 一、憂鬱症 (depressive disorder) 的診斷

過去對於青少年的憂鬱，在東方會以「少年不識愁滋味，為賦新詞
強說愁」來帶過，西方則以青少年的狂飆期來解釋，雖然可避免過度解
釋青少年發展上的情緒狀態，但若過度輕忽也可能失去處理的先機。憂
鬱症狀在醫學診斷上被歸類為情感性疾患，在診斷分類手冊上並非單一
的疾患，也非單一的起因，因此若發現青少年有憂鬱問題，而給予早期
正確診斷以及適當的協助，確實能有效協助青少年提早脫離低落無望的
情緒狀態，避免因憂鬱造成青少年對各種活動失去興趣、躲在房間不想
上學、不想見人、暴躁易怒，以及因憂鬱而連帶影響的人際疏離、低成
就的學業活動，造成負向自我概念及低自尊。

一般常聽見的用語包括憂鬱症及低落性情感疾患 (dysthymic
disorder) 或躁鬱症 (bipolar disorder)，在醫學診斷上則以單極型情感疾
患及雙極型情感疾患分為兩大類。

單極型意指在症狀反應出現的是單向的低落憂鬱反應，而雙極型則
是俗稱的躁鬱症，在症狀反應上除了低落憂鬱的情緒向度外，另會出現
高亢與憂鬱相反的情緒升高、喋喋不休、意念飛躍、無法入眠等躁性
(hypo-manic) 症狀。因本文書寫之目的不在做精確地診斷辨析，而是提供
對青少年情感疾患的認識及處理的知識，因而不一一介紹不同症狀的診
斷標準，有興趣對此議題做深入了解，請參閱《精神疾病診斷準則手冊》
(DSM–IV–TR, APA, 2000)。

憂鬱症已是 20 世紀以來席捲全球的健康殺手，而青少年憂鬱在

2000 年之後，更受到廣泛重視，有許多的觀念及治療方式，都在科學家們的努力下逐步被澄清 (Gladstone & Beardslee, 2009)。在診斷青少年的憂鬱症上，除哭泣、食慾及睡眠影響、心情低落、對環境變化無法出現與環境相當的適切反應外，通常會聽到青少年抱怨無法從活動或他人互動中獲得樂趣。青少年口語常呈現：「到底要怎麼樣才會快樂？」「活著有什麼樂趣？」「無聊！沒什麼新鮮事」，也常見到一些青少年在無法排解悶的低落感時，轉以飆車、使用藥物等方式來轉移。

雖然在青少年的憂鬱症狀診斷上，《精神疾病診斷準則手冊》並未針對青少年情感性疾患另設診斷標準，僅有修正是以易怒症狀可以取代憂鬱症狀，作為診斷標準之一 (APA, 2000)。但 Shafii 和 Shafii 認為青少年期的經常性發怒、低自尊、行動化的「性」、社交退縮或以藥物濫用的方式處理情緒低落，均可能是青少年憂鬱症的反應形式。在此亦提醒對於在發展階段的青少年憂鬱症狀，病因診斷會併入發展上的多種因素考量，包括身體成熟度、認知能力的發展、同儕關係、環境壓力等對青少年情緒的影響（孫肇玢譯，2008: 169）。

## 二、憂鬱症發生率

唐子俊、黃詩殷、王慧瑛 (2005) 以 Beck 憂鬱量表進行的調查研究發現，青少年焦慮及憂鬱且情況已達到中度以上者，就占了 20% 左右的比率，而其中有 5% 達到嚴重的程度。國外調查的研究在青少年期發生重鬱的數據亦占 15–18%，而曾在青少年階段中感覺到憂鬱的比率達 28% (Rudolph, Hammen, & Daley, 2006)、被診斷為重鬱的比率約為 4.7%，可見國內外青少年在憂鬱現象上的嚴重性均已不容忽視。在雙極型情感性疾患中，兒童期較少見，但在青春期會突然上升，約有 20% 的雙極型情緒疾患在 15–19 歲之間發生 (Birmaher, Ryan, Williamson, & Brent, 1996)。

國內學者認為青少年若其症狀還未到達符合嚴重精神疾患的診斷，

其症狀可隨壓力減輕而改善；但若情況已到達嚴重的程度，即使減輕壓力，包括減少考試、在家休息等則僅能部分恢復。在症狀的持續時間上，憂鬱症從發病到痊癒持續時間平均約需 7 至 9 個月，而約有 70-80% 的青少年在一年後，可以從重鬱症中復原；而其中約有 30-50% 的再發，會延續至成年（唐子俊、黃詩殷、王慧瑛，2005）。

## 三、憂鬱症的成因

憂鬱症的成因以**特質壓力論 (diathesis-stress theory)** 的觀點為主，認為容易罹患憂鬱症的青少年在生理暨心理上具有脆弱 (vulnerability) 的易感體質與社會環境壓力等因素的交互作用造成，亦即在了解造成青少年憂鬱症狀時，要綜合考量包括生理的、心理的以及環境等多元因素：

### ㈠生理的易感體質

憂鬱症的生理因素上，遺傳可能影響了生理上的脆弱性，同卵雙生子的共病率超過 50%，亦即若雙生子中有一位罹患憂鬱症則另一位亦患病的比率高達五成。而雙親都有憂鬱症其子女有憂鬱症的機率是無者的 3 倍，此可能與生理上掌管情緒的神經傳導物質，如血清素 (serotonin, 5-HT)、正腎上腺素 (norepinephrine, NE)、多巴胺 (dopamine) 的吸收與分泌抑制有關，因此目前有許多與這些傳導物質吸收或再抑制的藥物，如百憂解 (Prozac) 就是選擇性血清素吸收抑制劑，以幫助憂鬱症者平衡腦中的神經傳導物質。

而雙極型的情緒障礙，則有強烈的證據顯示與生理因素有關，治療上顯示雙極型以藥物治療最為有效，如鋰鹽 (lithium) 的使用，有助穩定情緒。幾乎沒有證據支持未並用藥物的心理治療效果（唐子俊等，2008）。但在單極型重鬱症部分，早發性憂鬱症除考慮生理因素外，另需考量其他相關因素如社會壓力經驗、認知的脆弱性 (cognitive vulnerability) 或親代相關憂鬱疾患等因素 (Goodyer, 2009)。

## ㈡心理的脆弱性

Abela 和 Hankin (2009) 整理近年來研究，發現最受到研究者所關注的議題包括：⑴對於事件的起因、結果及自我等有憂鬱的推論本質；⑵失功能的歸因取向：認為負向事件的起因與自己有關，而且會誤以為這個負向的情境會一直持續而其將無力做任何的改變；⑶反覆於憂鬱的情緒反應；⑷低的自我察覺能力；⑸人格上的憂鬱傾向；⑹對於偶發事件控制感低落，不相信自己具備因應的能力而事先預演準備，若事情未依其預期發生，即容易出現無法處理及面對的情緒。

關於心理脆弱的特質，重要的理論包括 Beck 的認知理論、Abramson 的無望感理論及 Nolen-Hoeksema 的反應型態理論。

### 1. **Back 的認知理論**

Beck (1987) 以認知觀點提出「認知脆弱性」特質，認為當遭遇負向壓力事件時，一般人情緒雖然會受影響，但不會一直循環向下造成憂鬱，而具認知脆弱特質者則容易越想情緒越低落。Beck 認為這是因為認知脆弱特質者在遭遇負向事件時容易用負向歸因，例如：「身為一個人若我不能成功，我就什麼都不是。」而當負向歸因起動後，會一直往下做錯誤的連結，將事件的推論廣泛化及災難化，稱之為**憂鬱的認知三元理論 (the cognitive triad of depression)**：⑴負向的自我（認為自己是有缺點的，不夠格的及沒有價值的）；⑵對世界抱持負向觀點（對於生命經驗的理解是充滿挫敗及失望的）；⑶負向的未來（認定未來充滿困難，沒有人可以改變它）。

### 2. **Abramson 的無望感理論 (hopelessness theory)**

無望感理論除注意到青少年的認知歸因 (attribution) 有一致且廣泛地採用負向歸因型態，易以負向原因及結果來歸結所需面對的世界；也發現其在注意訊息時會在眾多環境線索中只注意負向線索，而且認為自我是沒有能力因應的。在這樣的循環之下，個體在遇到負向事件時，會認為自己會一直持續遇到壞事，且再也沒有希望可以克服，而越來越產

生無望感。

### 3. **Nolen-Hoeksema** 的反應型態理論 (response style-theory)

反應型態理論指出當青少年發生憂鬱反應時，後續對於自己的憂鬱情緒所形成的反應，將決定症狀的嚴重程度及持續時間，當沉浸 (rumination) 在憂鬱情緒中會讓低落心情持續時間較長且較嚴重，而若能採用分散注意力 (distraction) 的方式轉移情緒，將有助情緒的轉換。

Abela 和 Hankin (2009) 整理相關研究認為上述心理脆弱理論多已獲得研究上之支持。

### ㈢環境壓力因素

Geldard 和 Geldard (1999) 整理相關環境因素，認為以下情境會增加青少年憂鬱的發生：⑴連串的失落事件；⑵父母分居或離婚；⑶一連串的遷移，尤其是造成其離開信任的朋友；⑷愛人、朋友、寵物死亡；⑸很少的成功經驗；⑹無法逃離的懲罰。

換言之當青少年具有易感體質，又在心理上具備脆弱因子，在遇到上述壓力事件時，很容易感受到強烈的壓力，認為自己是不可能有能力因應，而造成憂鬱反應。

## 四、憂鬱症協助方式

在青少年憂鬱症的協助上包括使用藥物、心理治療等，近年來更以預防的觀點出發，在學校進行預防性心理衛生教育，以事先防患於未然。

### ㈠藥物治療

由於腦科學的日益發展，對於腦中影響情緒與動機的傳導物質已有相當進步的研究。在未成年憂鬱個案的藥物治療上，仍是以**選擇性血清素再吸收抑制劑 (selective serotonin reuptake inhibitors, SSRIs)** 如百憂解，及**三環抗鬱劑 (tricyclic antidepressants)** 如妥富腦等為主；但在兒童及青少年的臨床使用上，三環抗鬱劑的成效較不彰（唐子俊等譯，2008）。雙極型躁鬱症則可能併用鋰鹽治療。

　　Lee 建議在對未成年個案使用這些藥物時，宜先選用藥期較短、並先從小劑量嘗試，再逐步調整到適用青少年的藥物及劑量。青少年在使用這些藥物時，會抱怨有副作用的問題，常令家長或個案採取直接停藥的方式，反而無法協助症狀的緩解，因腦內傳導物質的濃度調整可能需 1 至 3 個月的時間，因此最好的方式是與醫師充分溝通，逐步調整用量，切勿自行購藥或停藥。而使用如鋰鹽時需固定抽血檢驗血中藥物濃度以決定劑量。在對青少年使用藥物時，宜充分說明，以促進在用藥上的合作（史錫蓉譯，2006）。

## ㈡心理治療與預防

　　心理治療方式上，包括認知行為治療、人際心理治療均獲得一定程度的研究證實。

　　認知行為治療法採用 Beck 的理念，協助青少年從了解想法與情緒的關係、教導辨識易造成憂鬱反應的自動化想法、重新形成正向的想法，並記錄日常生活中常造成自我挫敗的思考，安排小實驗及活動，幫助青少年認識自己的情緒並進一步調整憂鬱低落的情緒 (Reinecke & Ginsburg, 2008)。

　　人際心理治療則是以 Bowen 的依附理論為依據，源於青少年處於從依附原生父母轉而至周遭重要他人的階段，對於人際歸屬的敏感，將使他們在人際互動過程中，更突顯情緒的議題。因而此理論的設計，是協助青少年透過症狀與人際互動的影響來定義症狀，透過討論，幫助青少年看到自己、症狀在人際中所扮演的角色，並進而獲得控制力 (Young & Mufson, 2008)。

　　近年來正向心理學的發展，也進一步帶動運用復原力的概念作為協助的方法，進而發展為預防性課程，以預防憂鬱的發生 (Gladstone & Beardslee, 2009)。

# 第二節　青少年自殺議題

> 「一直以為考上建中後，我的人生將收穫豐盛，但事實證明我沒這個實力進入建中。」「我真的不想成為那個第一，因為壓力真的很大！」
>
> 成為「建中人」不到兩個月的建國中學高一學生，第一次段考成績公布後，上周六以跳樓結束 15 歲的年輕生命。
>
> 該學生在國中時是學校資優生；第二次國中基本學力測驗，五科考 291 分，PR 值 99，其中國、英、數三科滿分，如願上建中。但他在長達四頁的遺書中說，他尋短，是因為「考試不理想，一定要去做最不喜歡的一件事：補習」；他要「爸媽不要太悲傷，因為這一切都是我的錯」。
>
> 【摘自：游文寶〈段考後　建中高一生跳樓亡〉，聯合新聞網 2005/10/25】

## 一、自殺問題與危機辨識

### ㈠青少年自殺議題的嚴重性

　　討論憂鬱議題時，有一個高相關的議題「青少年自殺」是必然要附帶探究的，因自殺的人口中有約 80% 的個案伴隨著憂鬱、躁鬱或其他精神疾病。隨著重鬱症罹患率的增加，我國青少年自殺身亡的案例，近年來更已高居十大死亡原因的第二或第三順位，僅次於意外事故（行政院衛生署，2007）。

　　自殺的定義是一個人以自己的意願與手段結束自己的生命。而自我傷害是一個人以任何方式傷害自己身心健康的行為，如重複拔頭髮、以頭撞牆、咬傷自己、割傷自己，造成非致命性的身體挫傷。當一個人要

結束自己的生命時，通常會有一些微小的訊號透露，青少年協助者可多加注意一些小訊息，可能就有機會挽救一條人命。

行政院衛生署 (2007) 發布的特定年齡組死亡原因的統計（見表 10-1），我們可以看到青少年組（15-24 歲）自殺死亡率僅次於第一名的意外傷害。值得注意的是，許多青少年自殺可能被歸類於意外死亡，如車禍、溺斃、墜樓或藥物過量等，故實際人數必定高於官方統計的數據（行政院衛生署，2008）。教育部也在 2003 年發布《校園自我傷害防治處理手冊》，提醒教師或行政單位正視此問題，正確宣導、防治及事後處理，確實將三級預防落實於校園中，以減低青少年的自殺死亡率（教育部，2003）。在性別差異中，青少年的自殺率男性是女性的 2 倍，雖然女生有較高的憂鬱傾向，但男性較少和他人討論自己的問題，且選擇自殺方式也較激烈且易致死 (Popenhagen & Qualley, 1988)。

▼ 表 10-1：青少年主要 10 大死亡原因百分比

| 死亡原因 | 少年組<br>Early Youth<br>1-14 歲 | 青少年組<br>Youth<br>15-24 歲 |
|---|---|---|
| 意外事故 | 25.4% | 48.2% |
| 蓄意自我傷害（自殺） | 1.3% | 13.1% |
| 惡性腫瘤 | 15.6% | 9.5% |
| 心臟疾病（高血壓性疾病除外） | 3.8% | 3.6% |
| 先天性畸形變形及染色體異常 | 7.3% | 2.0% |
| 骨骼肌肉系統及結締組織之疾病 | 2.1% | 1.7% |
| 加害（他殺） | 2.8% | 1.7% |
| 腦血管疾病 | 1.5% | 0.9% |
| 肺　炎 | 2.5% | 0.9% |
| 敗血症 | 2.1% | 0.7% |
| 其　他 | 35.5% | 17.6% |

資料來源：行政院衛生署 (2007)

㈡自殺危機辨識

Muse (1990) 對於企圖自殺的青少年，提出了下面幾項的行為徵兆須特別注意：

　　1. 不願談到或討論未來的事。

　　2. 長期鬱悶不樂的孩子突然開朗起來。

　　3. 開始把自己最珍貴的東西分送給他人。

　　4. 一再地出現意外的傷害。

在自殺意念評估方面，目前最常使用的量表是 Beck 的「自殺意念量表」(Beck Scale for Suicide Ideation, BSS)，可用於察覺和測量成人與青少年自殺意念的嚴重度，共有 21 組題目，前 19 組測量自殺意願、態度和計畫的嚴重程度；每一組題目從 0-2 分，逐次反映嚴重程度的提升。

除自殺意念的評估外，兒童青少年所面對的壓力環境，則可能是引發自殺行為的促發事件，如父母死亡（尤其是自殺身亡）、嚴重的管教危機、剛結束一段轟轟烈烈的感情、懷孕、被性侵等等（唐子俊等譯，2008）。

## 二、自殺成因

臨床觀察，憂鬱與自殺關係非常強，在自殺的人口中有約 80% 的個案伴隨著憂鬱、躁鬱或其他精神疾病如精神分裂、人格違常等。這些人通常思考會較遲緩、較易分心，對需要使用到的認知工作會較負向，思考也較僵化，而負向的認知三元理論也適用於解釋。通常自殺者的心理特質可能是對自己的生命找不出答案、無助與無望、對別人的報復、贏取他人的注意力、疲憊而沒有力量再堅持下去等 (Chandrasekaran & Gnanaselane, 2008)。

青少年自殺常常也有個獨特的現象，就是高成就、焦慮和憂鬱的完美主義者，不論是真實或想像的挫折失敗，都可能引發他們自我毀滅 (Jamison, 1999)。Rutter 和 Behrendt (2004) 的研究也發現青少年自殺的危險因子，分別是無望感 (hopelessness)、敵意 (hostility)、負向自我概念 (negative self-concept)，和孤立 (isolation)。Beautrais (2000) 以紐西蘭地區

的青少年為對象，進行自殺危機因子的調查發現，社會弱勢者、童年期的不幸遭遇、心理疾患、個人情緒特質上的高敏感性、高壓力的生活事件及環境等，均為造成青少年自殺的危險因子。

## 三、對意圖自殺者的協助

Chandrasekaran 和 Gnanaselane (2008) 以曾自殺的青少年進行 2 年的追蹤研究，強調協助者務必注意青少年自殺警訊，包括持續的自殺意念及曾企圖自殺等，都是未來再度嘗試自殺的高風險指標，因此協助的第一步即需評估自殺的風險。對於自殺的處理，在目標上首先要處理的是解決立即的危機，減少青少年自殺的可能性，之後再針對青少年給予希望並減緩其症狀。而在行動上則可包含下列幾項 (Berman & Jobes, 1992)：

1. 評估自殺的危險性。
2. 討論不自殺契約。
3. 做精神評估並決定是否住院治療。
4. 適當的藥物或心理治療。
5. 經常重新評估治療計畫。
6. 提供 24 小時危機處理服務。
7. 積極與青少年之家庭合作以防止自殺。
8. 對於自殺未遂之青少年家屬，教導其辨識青少年再度自殺之徵兆。

由於自殺未遂的青少年是再度自殺的高風險群，因此處理曾嘗試自殺的青少年是很重要的課題，幫助他們找出解決問題的方法有許多，例如可多用開放性建議性方向的問句，引導思考其他的解決途徑。例如：「除了死／自殺外，你覺得有什麼方法可以解決問題，盡量想想看……我也可以幫你來想……」「如果你現在還沒想到自殺，那你準備做什麼？」「如果你的問題出現轉機，你想會是什麼事情發生／你想會是因你做了什麼事？」

另外我們也可以探索個案可用的內外資源，採取幫助行動，如聯絡家人及重要朋友等、避免讓案主獨處，並將危險的物品（如刀、槍、藥品等）拿開，共同解決目前緊急性的壓力，或者嘗試與學生訂定「不自殺契約」。必要時，可以轉介其他專業人員，並與他們保持聯繫。在 Rutter 和 Behrendt (2004) 的研究則建議增加青少年的社會支持，降低青少年的敵意、無望感或負向的自我概念程度，也會使得青少年自殺的危險性降低。鄭存琪 (2005) 則指出對於罹患憂鬱症狀且已有自殺意念的青少年，住院是較安全的，可提供一個較保護、支持性的環境，減少取得自殺媒介的機會。

## 四、助人者應注意事項

身為自殺防治者，需要了解到自殺的防治工作非一人可以完成，大家應該攜手合作及防治，幫助有自殺意圖的個案。我們對自我傷害者採取的態度與原則有六不：不保密、不拖延、不視為開玩笑、不羞辱、不爭辯、不單打獨鬥。

當判斷自殺的危險性即將發生，就不要讓他獨處。對於當事人告訴的事，不要有驚訝的反應、不要自己去勸導當事人、不要爭論自殺是對或錯，這樣可能會讓當事人更有罪惡感。當面對企圖自殺者我們該做的事情是（教育部，2003）：

1. 堅信：相信自己的直覺（疑心）──當事人會自我摧殘。
2. 溝通：冷靜地表現出你的關心。
3. 直接：直率地問當事人的意圖，嘗試去判斷此人是否有自殺的計畫（如何、地點、時間），計畫越詳細，危險性就越高。
4. 尋求專業協助：鼓勵當事人尋求學校諮商員、牧師或某人協助，如果個案拒絕向專業協助管道尋求協助，助人者此時可以打破保密的限制，主動告知以尋求專業協助，切勿保密或單打獨鬥。

充資料

## 專題：當學生自殺——校園工作模式

### 三級預防的工作模式

　　學校只要有一個學生自殺,在校園裡不管相不相關的學生和老師、其他人都會受影響。自殺學生的家庭當然是「一團亂」,其他學生家庭的家長也會受影響,因此根據教育部的《校園自我傷害防治處理手冊》,校園自殺防治工作應包括三個層級的預防工作,初級預防以宣導預防理念為主,次級預防則主動篩選出高危險個案、予以主動性協助,三級預防則著重在有自殺史的青少年學生,予以心理諮商與治療。

▼表 10-2：校園自殺防治中三級預防服務對象與工作內涵

| 類　型 | 服務對象 | 列舉工作內涵 |
|---|---|---|
| 初級預防 | 以一般學生為對象,提供服務和宣導以增進個人的健康。 | 1.提供教師之自我傷害防治座談會、專題演講、工作坊等,推廣處理學生自傷案件人才的培訓與理念。<br>2.舉辦心理衛生及自殺防治研討會、專題演講、工作坊等,確實落實對學生心理衛生宣導。 |
| 次級預防 | 早期發現有適應困難的學生,提供危機調適或早期治療。 | 進行身心健康篩選,確實找出自殺的高危險群,並進行追蹤處理。 |
| 三級預防 | 改善或治療有困擾或心理疾病的學生,以提高或恢復病人對環境的再適應能力。 | 對於心理治療、藥物治療、長期身心健康輔導等。 |

資料來源：教育部 (2003)

### 校園成立危機應變小組的重要性

　　校園在事件發生後的危機處理及哀傷輔導,都是重要的工作,在校園發生自殺事件後,處理的範圍應包括整體校園,切忌隱瞞事實而

造成流言四起。建議任何學校都應該要有危機防災的應變概念，平時
即應成立危機應變小組及建構處理計畫，以預防事件後的強烈情緒造
成青少年學生的再度傷害。因此事件發生後除了遺憾外，需處理許多
層面的事宜如：

1. 對於事件的公布及事實的澄清，應成立危機處理小組並設立發
言人，以避免記者或減少謠言。

2. 對於自殺者的好友及相識同學的錯愕與哀傷，需於第一時間成
立減壓輔導團體，必要時可以班級形式進行，向學生澄清事實，
回答問題，穩定班級情緒。

3. 對於因此事件而影響情緒與適應的同學，或自覺與逝世者有相
似處境的同學更應成立哀傷輔導團體及因應壓力的「支持性團
體」，對與逝世者較親近之同儕（教師或學生）進行支持性輔導。

4. 提供家長的支持性輔導，對於家長的憤怒與失落提供必要的宣
洩與支持。

## 第三節　青少年的焦慮疾患

### 一、焦慮與焦慮性疾患 (anxiety disorder)

　　焦慮呈現的是一種生理激發的狀態，促使身體保持警覺，以因應環
境中的各項威脅，但當警覺狀態持續時，易讓我們對環境訊息產生過度
的反應。Klein (1994) 的研究發現，焦慮症的好發年齡約為 16 歲，有些
甚至可早至 12 歲左右；另外，大約有 50% 的成年焦慮症，從童年時就
已有類似的焦慮症狀。大約有一至兩成的青少年出現社交退縮、焦慮、
人際疏離等症狀 (Bernstein & Borchardt, 1991)。在青少年期間，較常見的
焦慮症有社會畏懼症、廣泛性焦慮症、強迫症 (Vasa et al., 2007)。

## ㈠社會畏懼症 (social phobia)

社會畏懼症是對於人際、社會環境感到焦慮或害怕的個案，此種個案通常無法與人有正常之社交關係，因為只要暴露在社交情境下，個案便會出現諸多焦慮、恐懼甚至休克等情緒。在面臨社會性情境時，社會性焦慮者不只擔心自己的困窘，也擔心被別人看出他正處於困窘中，而更加深其焦慮的反應；為避免被別人看到自己雙手發抖，會極力避免出現於公開的場合。社會畏懼症是一種好發於青少年時期的心理疾患，女性比例較高，但反而男性就診人數為多，這應該和社會文化對男女的定位不同有關。早期青少年及青少年期其發生率為 5% 至 10%（唐子俊等譯，2008）。

## ㈡廣泛性焦慮症 (generalized anxiety disorder, GAD)

廣泛性焦慮症是一種對許多事件或活動，如工作或學業成就過度焦慮及擔憂的情緒，這種情緒並非只在某些特殊方面對個案帶來困擾，而是在個案生活中的絕大部分造成影響,給個案帶來極大之挫敗與無能感。這種焦慮會讓青少年感覺到難以控制，而造成注意力無法集中、易怒、肌肉緊張或影響到睡眠，造成其在工作、生活或課業上的干擾，持續 6 個月以上 (Bowen, Offord, & Boyle, 1990)。

## ㈢強迫症 (obsessive compulsive disorder, OCD)

小承總是打扮得乾淨又整齊地出門，但是出門前總需花費比其他人多好幾倍的時間，例如他會因為突然覺得可能有摸到不乾淨的物品，而必須再去洗一次手，洗過後可能又因再度碰到門把或某物品，而讓他覺得非再洗一次不可；他可能花在出入洗手間的時間，就占掉一兩個小時，所以雖然他都比同學早起，但總是無法準時到校。他媽媽發現在學校時，他也會不停地洗手，並且對於其他同學的東西都感到骯髒。小承深深地覺得自己處在那樣的環境下，一定會感染細菌並且生病，所以他不停地洗手、洗手、再洗手，他的手

已經洗到紅腫破裂，且常因擔心學校洗手間不乾淨而不敢使用，需要一直忍耐到回家才能上廁所。這些動作及擔心已不只影響到小承的課堂出席，也強烈影響他與同學的關係。同學常表示不小心碰到他，他就一定會擺臉色，然後衝去洗乾淨，這種反應讓同學都不想跟他相處了。

強迫症包括強迫行為或強迫性思考，是一種一再出現，無法克制的某些儀式性之行為，如洗手、關門，或是在腦海中無法停止的某些意念，如重複出現某些想傷害他人的念頭，且此種行為及意念已經嚴重影響個案之正常生活情況或生理狀況。西方國家青少年強迫症盛行率約為 0.7% (Valleni-Basile, Garrison, Waller, & Addy, 1996)，而在東方國家強迫症青少年的社區調查裡頭，發現其盛行率約為 2-3%，而到精神科就診的青少年裡，強迫症更占了 10%。強迫症的盛行率僅次於畏懼症、物質濫用疾患（酒精濫用、藥物依賴等）、重度憂鬱症三者，名列第四。

在青少年當中，強迫症患者的男女比例相近，但男性通常發病稍早，所以青少年當中男孩的罹病率高於女孩，平均發病年齡在 20 歲左右（男性為 19 歲，女性 22 歲）。通常有 2/3 的青少年會在 25 歲以前就發病，超過 35 歲才發病的不到 15%，症狀惡化通常與壓力相關（健康知識網，2007）。

## 二、焦慮疾患的成因

早期心理學對於焦慮性疾患的解釋，源自於 Freud 對於歇斯底里症的解釋。Freud 提出「三我」的人格理論來解釋人類行為的動力及控制過程，三我指的是本我 (id)、自我 (ego)、超我 (superego)。本我是人類的原始慾望，屬於享樂主義，是一種本能的性及攻擊的慾望，也是人們行為的動力來源；而超我指的是從成長中學得的規範、父母的禁令，內化為個人的行為準則，是人們行為指導的方針，控制本我的欲望不致出現不

能被社會所接受的行為；自我 (ego) 則是現實的調節者，調整本我與超我間的能量，使符合現實情境。精神分析觀點認為，本我 (id) 的需求經常不能夠被超我 (superego) 接受，所以必須透過自我 (ego) 的宣洩來減少兩者的衝突

Freud 認為當超我太強使得自我無法調節時，便會導致焦慮症狀的產生。比方為了減少這些焦慮，便有可能以別的行為來取代，於是產生畏懼症的表現；也有可能以某些動作來抵消這些焦慮，則形成強迫症狀；如果焦慮太過強烈無法控制，則可能發展成類似恐慌的症狀（唐子俊、黃詩殷、王慧瑛，2005）。臨床研究上發現生理易感體質及成長學習環境，最受到證據所支持。

以下說明青少年焦慮疾患的成因、處理原則及治療方式：

## ㈠生理因素

焦慮反應的生理學基礎是交感和副交感神經系統活動的普遍亢進，常有腎上腺素和去甲腎上腺素的過度釋放，這個部分會造成心跳、血壓、呼吸、腸胃蠕動反應的改變，若再加上調節的系統也出了問題，焦慮的強度便無法被抑制。研究發現血緣親屬中共病率為 15%；異卵雙生子的共病率為 25%，而同卵雙生子為 50%(Stoppel, Albrecht, Pape, & Stork, 2006)。此外研究也發現，強迫症患者約有 20% 的一等親亦有相似的診斷 (APA, 2000)。

## ㈡心理社會因素

### 1. 焦慮的學習經驗

學習理論認為若青少年曾經面臨一個有壓力的環境，且須保持相當警覺的狀態，當之後再度遇到類似狀況時，他們便可能以同等的焦慮強度來面對；即使當時所面臨的情境不需要這麼焦慮，但經由先前的經驗學習，使青少年仍會以同樣的情緒強度來面對，因此即使所遇到的壓力較小也可能有超乎常人的反應。例如曾經上臺表演時被取笑，則當未來面對可能上臺的情境時，害怕的情緒就會立即伴隨出現。

青少年除了對情境所產生的生理反應學習外，也可能對情境所應保持警覺的看法產生學習。如在家庭中過分強調不好的行為是丟臉的，可能使青少年對於嘗試錯誤的練習，感到挫折或有扭曲的想法，而變得不敢表達自己，因此即使原本自己擅長的表現，也會出現不如預期的反應，而驗證了自己無法好好表現的想法（唐子俊、黃詩殷、王慧瑛，2005）。

## 2. 家庭因素

父母管教的方式是青少年引發焦慮情緒的重要因素之一。Rodriguez (2003) 發現父母若是使用嚴厲的懲罰方式或是存在著虐待的潛在性，孩子會有較常焦慮及情緒低落的情況產生。而從小在這樣的家庭環境下成長的孩子，若是在日常生活當中做錯了事情、未達到父母的要求或是在學校或社會當中遇到挫折，即容易引發焦慮情緒。國內的研究中亦指出，兒童有較高的焦慮情緒與父母的教養方式有著密切的關係，若父母的管教方式為嚴厲懲罰、過度干涉及過度保護，則孩童遇挫折時，引發焦慮的可能性較高（曹楓林，2006）。

除此之外，更有研究指出，母親對於孩童的態度及管教方式，比起父親更會影響孩子的焦慮情緒。有研究亦發現雙親的「行為抑制」之管教方式是預測青少年焦慮障礙的重要因素。亦即父母以禁止、預防危險等方式來限制孩童自發性的行為時，受到行為抑制管教的孩童，因為父母的抑制使得其童年時代表現得退縮、逃避新環境和刺激，故會比別人更易感到焦慮（畢玉等，2007）。在上述原因的影響下，此孩童在社交方面有一定的障礙，更易受到同伴的拒絕及排斥。

# 三、焦慮疾患的協助方式

## (一)藥物治療

Lee 整理相關研究，認為藥物治療對大部分的強迫症青少年有效，但缺點在於停藥後的復發率極高。藥物治療主要是可以減少強迫性意念及一些儀式上的行為，對程度上的減緩也有一定的效果。目前最常被使用

的藥物是**選擇性血清素再吸收抑制及血清素再吸收抑制劑 (SRIs)**（史錫蓉譯，2006）。

## ㈡心理治療

### 1.認知行為治療

認知行為治療法最主要是找出青少年自我挫敗和扭曲的思考，直接修改導致焦慮的認知,協助青少年將思考的內容修改成自己是有能力的，知道如何應對情境，並加強社交技巧的運用、自我肯定訓練、問題解決技術等（唐子俊、黃詩殷、王慧瑛，2005）。

行為治療最主要改變的是青少年對引發焦慮的環境的反應，採用**洪水法 (tlooding)** 或暴露法，尤其是**逐步暴露法 (grade exposure)** 能協助青少年在其焦慮或強迫行為出現的情境，藉由已準備好的情境下，循序漸進，並在青少年的同意與治療者的合作下，來決定其治療的程度與速度。

與逐步暴露法相對應的洪水法，是讓青少年反覆且長時間地暴露於極端恐懼的情境中，直到焦慮的情緒消失為止。洪水法的暴露使青少年沒有避開或脫逃的機會，如此一來，他們終究會了解這個刺激無法傷害自己。洪水法與逐步暴露法的不同，在於洪水法引發的是最強烈的焦慮或害怕，因此容易造成青少年非常大的負面情緒反應，使用時須特別小心，有時不但無法消除其恐懼，反而造成更大的心理傷害（Carson et al., 2000，陳美君等譯，2003；史錫蓉譯，2006；梁培勇等，2004）。

### 2.家族治療

若青少年的焦慮與家庭間的互動有相關，則常見兼以家族治療的處遇方式，因此除了針對青少年的個別治療以外，有時也需要父母或手足一同進行家族治療。家族治療的重點在於提供焦慮症的相關知識，處理父母挫折、無助的情緒，及手足競爭等的問題，提供適當的策略來協助個案症狀的改善。治療師在治療時，需觀察家庭的互動模式中對於青少年案主的症狀維持是助益或降低，提供對其互動模式的有效回饋，以實質地幫助家庭如何與這些孩子互動（梁培勇等，2004；孫肇玢譯，2008）。

在兒童與青少年當中，憂鬱及焦慮的共病現象是經常發生的 (Brady & Kendall, 1992; Seligman & Ollendick, 1998)，Brady 和 Kendall 針對兒童與青少年在焦慮及憂鬱的自陳報告的研究中顯示，其兩者的相關約在 0.5 至 0.7，可見在兒童與青少年中，焦慮與憂鬱的確存在著正相關。研究也顯示，焦慮症狀有引發憂鬱症或者增加憂鬱症可能性的傾向 (Bittner et al., 2004)；在 Orvaschel、Lewinsohn 和 Seeley (1995) 的研究中也發現，有 66% 的青少年先有焦慮的症狀，之後伴隨著憂鬱症狀的發展，然而只有 6.5% 的青少年是先有憂鬱症狀才出現焦慮症狀。可見在青少年焦慮與憂鬱的共病中，焦慮常是先於憂鬱的。

## 第四節　青少年的創傷後壓力疾患

創傷後壓力疾患 (post-traumatic stress disorder, PTSD) 在醫學診斷歸類上屬於焦慮性疾患，但在本章中特別以一節的篇幅予以介紹，乃因近年來災難頻傳，許多過去不認為會在青少年期發生的遭遇，近年來都發生了；過去認為兒童和青少年是被保護的一群，沒有什麼重大的壓力或創傷可言，然不可否認近年來發生在兒童及青少年的創傷事件，已達不容忽視的程度，例如面對的長期家暴、亂倫、性侵害、車禍等。而近年來發生的重大人為創傷，如校園殺戮、恐怖攻擊、天然災害、地震、暴雨等帶來的不可抗拒傷害，也都將引發創傷後壓力疾患。

Terr (1991) 將這類重大創傷事件區分為兩類：「第一型創傷」為單次發生的創傷事件，且事件的發生是突然且無預期的，例如天災、車禍。「第二型創傷」指的是重複發生的創傷事件，而創傷事件的發生經常是可預期的，例如長期家暴、虐待。Terr 認為不同的創傷形式將引發不同的創傷後壓力反應：

「第一型創傷」的受創者由於對於發生創傷的事件完全沒有預備，因而產生創傷後會重複地對創傷事件進行認知再評估，因此受創者對於

創傷事件的記憶通常是完全且仔細的。此類學生在我國包括「九二一車籠埔大地震」、「八八風災」後目睹家園流失的青少年身上均可見到；而全球暖化加劇，未來氣候所帶來的災難將更為嚴重。受創學生會在腦海中不斷重歷事件發生的剎那畫面，而怠受到類似災難發生時的驚恐情緒。

「第二型創傷」事件的受創者則因事件發生的重複性，造成其在因應無效後，以心理疏離的方式反應，故較常出現否認、解離 (dissociative)、與人疏離及憤怒等反應。很不幸的是，我們發現遭受長期性侵害或家庭暴力的青少年為數並不少，過去由於對創傷反應的了解不多，以致許多教師對於隱藏在角落中、飽受第二型創傷衝擊的學生群，並未給予足夠的照顧或關懷。

## 一、創傷後壓力症候的診斷與行為特徵

美國心理學會《精神疾病診斷準則手冊》第四版 (APA, 1994) 則明定要診斷青少年的創傷後壓力症候群，需符合以下的標準：

1. 個人曾經驗到、目擊到或被迫面對一種或多種事件，這些事件牽涉到實際發生，或未發生、但對個人構成死亡或嚴重身體傷害的威脅，或威脅到自己或他人的身體完整性。

2. 個人的反應包含強烈的害怕、無助感，或恐怖感受。因此，創傷後壓力症候群所界定的創傷經驗包括客觀事件以及主觀感受。

3. 出現以下三類的症狀反應：(1)再經驗創傷事件；(2)逃避與麻木；(3)過度警覺。且症狀造成臨床上重大的痛苦，以及損害社會、職業及其他重要功能，持續達一個月以上。

Orlee (1993) 認為兒童及青少年創傷後反應與成人略異，因他們無法用口語呈現主觀經驗，因此可能需家長或老師多加觀察其於受創後的行為反應，包括：

1. 睡眠困難，包括入睡困難、夢遊、惡夢、怕黑以及害怕單獨睡覺等問題。

2. 喪失新學習的能力；注意力困難；記憶力障礙。

3. 插入性思考及影像，通常由與創傷相關之環境刺激所引發，並伴隨大量焦慮情緒。

4. 重複扮演與災難相關的遊戲。

5. 焦慮度提升；環境刺激可能引發恐慌；害怕與創傷相關之提醒物 (reminder)；對於危險過度警覺。

6. 分離焦慮；自我脆弱感以及不安全感。

7. 對於未來感到悲觀，並且不相信對未來之計畫。

8. 憂鬱情緒；喪失興趣；哭泣；易怒；攻擊行為以及罪惡感等。

## 二、創傷的影響與處理

黃龍杰（民88）認為創傷未處理可能造成的影響如：神經中樞的受損、導致無法學習，警醒狀態過久會造成易怒及學校整體氣氛的浮躁、影響學童對自我概念或世界觀的偏誤。同時並提出對創傷後壓力疾患的處理原則：

### ㈠安全感重建

安心前必先安身，安全場所的安置是第一要件。可與案主討論任何可能讓他感到威脅的人事物，共同想出辦法處理，不要只是口頭叫案主不要害怕。

### ㈡生活控制感的恢復

習慣做的事、平常生活的步調，在災難或重大創傷事件發生時，是種協助受創者感覺到控制感回復的重要關鍵。因此如遭受車禍或被性侵害的青少年，需協助重新找回讓他安全回校的方法，讓受創者回復日常生活的作息，是重拾生活控制感的一把鎖。

### ㈢情緒辨識與接納，情緒的正常化

青少年常會因為擔心自己與別人不同，而產生疏離或逃避的行為，協助其認識在創傷後的反應，讓他知道這些反應是人類在遭遇重大危難

下都可能出現的情緒，可協助其以正常的眼光看待自己的反應，不致因不能接納自己的情緒，而再產生自責的反應。

## ㈣協助支持系統的建立包括親人陪伴或夥伴團體

支持系統是受創傷的個體最快獲得安全與支持的來源，故了解其信任的親友名單，協助建立陪伴系統，並教導陪伴者應有的反應，都是協助創傷後的青少年復原的力量。

## ㈤運用文化的力量，以社會可接受的儀式恢復對熟悉世界的連結

例如班上若有同學突然過世或目睹重大車禍等事件，則在班級中可共同討論一個大家可以接受的儀式，幫助同學透過儀式表達思念及震驚的心情。

其他如逐步找回自己的力量，恢復自尊，幫助青少年與未來形成連結，建構希望感也是協助其復原的力量。當青少年情緒或反應太混亂時，強力介入及教導穩定及因應方式是必要的，老師及家長此時就需求助專業協助系統的幫助。

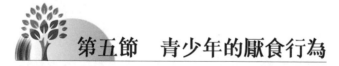

# 第五節　青少年的厭食行為

　　國際伸展臺已經吹起反紙片人風潮，不過名模厭食死亡的案例，還是不斷發生。一名以色列籍超級名模因為厭食死亡，臨終時只剩下 30 公斤，不但骨瘦如柴，甚至無法靠自己站起來，模樣讓人怵目驚心。應該展示美麗的伸展臺，頻頻鬧出人命，經紀公司除了定期量體重、鼓勵名模多吃東西，甚至是蛋糕，恐怕還得改變瘦才是美的觀念，才能扼阻美麗生命的逝去。

【摘自：溫元樸〈又傳名模厭食亡　死時只剩 30 公斤〉，TVBS 2007/11/17】

## 一、厭食行為的特徵

　　俗稱的厭食症在《精神疾病診斷準則手冊》中，被歸為飲食疾患，包括兩類的特徵，一類為心因性厭食症 (anorexia nervosa)，採節食等約束型式控制食物、營養進入身體；另一為心因性暴食症 (bulimia nervosa)，則是在一段時間中過量進食後，再清除食物（如催吐、吃瀉藥）的行為。厭食症常常出現在正值發育階段的青少女身上，盛行率高峰期是 14–19 歲，不僅影響正常發展上必需的營養攝取，造成發育影響、停經，甚至危及性命，長期死亡率高達 10%。

　　Carson 整理相關研究，指出美國青少女或年輕女性成人中的流行率，估計心因性厭食症約介於 0.5% 至 1.0% 之間，其中女性的發生率又高於男性，女男比為 10:1，此可能與文化中女性瘦身文化有關。大眾媒體重複播送「瘦就是美」的扭曲觀念都可能是造成厭食的危險因子（陳美君等譯，2003）。在 Keddler (1991) 的研究中也指出，已開發國家對體重的過分重視，是導致飲食障礙盛行的一大因素。因為文化中強調節食和減重對自我價值及權利的重要性，使得個人極力追求苗條以達到成功的目標。

## 二、厭食行為的成因

### ㈠心理因素

　　在心理方面，Strober (1997) 的研究中曾提到心因性厭食症的年輕女性，常常會有一些人格特徵，例如她們傾向保留或壓抑自己的情緒和想法，也可能較喜歡有規則、秩序的，或是可預測的環境；在人際互動方面，她們容易對別人表現出高度的尊敬和服從，會有過度專注於完美主義的特質。換句話說，厭食症青少年會盡量使自己避免任何新奇的、強烈的，或他們不熟悉的事件；同時也會避免與他人發展親密連結，特別是親屬以外的人。而認知扭曲尤其是身體知覺的扭曲亦常見於這些青少年的個案上 (Bowers, 2001)。

## ㈡家庭因素

在家庭型態上，Minuchin、Roseman 和 Barker (1978) 提出以系統的觀點來理解厭食症青少年：家庭成員的界線不明、家人間的過度保護與迴避衝突，易造成青少年的自主性逐漸消失。而在家庭互動中，孩子的厭食行為常成為家庭其他問題的轉移，因此在家族治療上的主要目標為改變青少年的病人角色、將飲食問題重新界定為與家庭有關的問題而非個人問題、阻止父母將注意力放在厭食症而迴避其他衝突問題。因此從家庭系統的觀點來看厭食症，其並不是個人的疾病，而是系統互動結果。

# 三、厭食行為的協助方式

厭食症在心理層面的治療和其他的情感性疾患，如憂鬱症、躁鬱症等相似，必須同時併用藥物治療和心理治療。對於厭食症者的認知行為治療，主要是要處理其僵化的信念、自尊和自我控制的歷程，包含協助青少年提升自我形象、降低其對恢復正常體重的恐懼等。

Pike 等 (2003) 以 33 位被診斷符合厭食症標準的青少年，在出院後將他們隨機分到兩種不同的治療組別，分別是認知行為治療以及營養諮詢，各接受長達一年的治療。研究結果顯示，接受營養諮詢組別的復發率較高 (53%)、復發時間也較早；而接受認知行為治療的，其復發率相對較低 (22%)、也較能防止復發。

在協助厭食症的青少年時，須特別注意的是其致命性。由於長期的營養失調，可能造成身體機能的嚴重受損，因此治療心因性厭食症的青少年，第一步該解決的是其體重的控制及生命的維持，包含住院（如果必要的話，藉由管子餵食）加以控制。其次才是處理其心理層面的問題 (Bulik et al., 2007)。

## 第六節　青少年的物質濫用

物質的濫用是適應不良的青少年逃避與拒絕面對現實的工具，反映了一個青少年適應不良的問題，這些問題的發生背後往往存在著其他適應因素。

關於藥物濫用，主要可分為對藥物的濫用和依賴兩種類型，在《精神疾病診斷準則手冊》（APA, 2000；孔繁鍾，2007）中對於此兩種類型的診斷標準也有些許不同。物質濫用通常指的是對某些物質（藥物或酒精）的使用，已造成身體、工作、學業或人際的損害，甚至造成法律的問題，而仍無法克制地重複持續使用。

而物質依賴則通常與藥物或酒精在進入身體後所產生的影響，包括耐受性增加及出現戒斷症狀。耐受性增加是指對於物質的需求量逐步增加，才能達到原本預期的藥物效果；而戒斷症狀則是在無法取得藥物或使用物質時，身體會出現明顯不舒服、噁心、發抖及情緒上的焦慮等現象，需要使用同樣的物質來緩解或避免此戒斷症狀的發生，而使得成癮者將注意力或時間花費在尋找或取得物質，並多次嘗試戒除都無法成功的現象（唐子俊、黃詩殷、王慧瑛，2005）。

## 一、物質濫用的形成原因

造成青少年物質濫用的原因包含了許多層面，如青少年個人的心理或特質、家庭環境因素及學校環境等。Strack (1985) 曾指出青少年濫用藥物主要的五個因素，稱之為 PEACE，分別代表了 P (pressure or peer pressure) 同儕壓力、E (escape) 逃避、A (availability of alcohol/drugs) 酒精藥物易得性、C (curiosity) 好奇心、E (emptiness) 空虛、無知。

由此可見青少年的藥物濫用問題並非單一因素所引起，而是由許多的因素交互影響與作用所造成的，包括青少年壓力處理能力、藥物管制

政策，以及社會中是否有效地協助青少年進行正常的休閒娛樂及形成生涯目標等。以下將就各因素說明。

## ㈠個人心理因素

研究顯示，好奇心是青少年初次使用藥物最常見的原因（江振亨，1999）；在對青少年藥物濫用的研究發現，在 212 名藥物濫用者中，有 204 人使用藥物之原因為好奇心，占了 96%（蘇東平，1982）。好奇心使青少年嘗試使用藥物，但使青少年再度使用藥物的原因則是心情煩悶。周碧瑟和劉美媛 (2001) 的研究指出，因心情煩悶而再次使用藥物的青少年有 32.8%。另外，若青少年與成人間的溝通不良，或在家庭、學校遭受挫折，導致心理上的空虛、緊張，也可能藉由使用藥物來暫時逃避（李碧霞，1999）。亦即好奇是青少年首次接觸到毒品的原因，而造成再次使用、濫用及成癮則是壓力紓解或逃避面對問題等情緒因素。

Watson 和 Clark (1992) 發現藥物濫用的青少年其人格特質上，常具有人格異常、反社會人格的特徵。李嵩柏 (1984) 則歸納了多位學者的研究，指出藥物濫用者具有以下幾種人格特質：⑴自尊心低落，常感到無能或者無助；⑵普遍較悲觀且自卑感重；⑶要求欲望的立即滿足，如果延遲則很容易感到焦慮；⑷習慣使用退化性的補償行為，如吸煙等，來處理心理上的挫折感；⑸情緒的落差較大，容易衝動而產生反社會行為。

## ㈡家庭因素

不尋常或不健全的家庭結構與關係，經常是導致青少年濫用藥物的原因之一 (Hoffmann & Johnson, 1998)。在國內，多數的研究發現不良的家庭結構或關係，可能使青少年的行為產生偏差，國內研究就發現，在破碎家庭中的子女，其偏差行為的產生是正常家庭子女的兩倍（朱瑞玲、楊國樞，1978）。另外，蘇詣鴻 (1992) 指出父母是否使用藥物與青少年的偏差行為有很大的關係。可見家庭中若有人使用藥物，可能會讓青少年因模仿或學習而用藥。

家庭的關係也會影響青少年的用藥行為，有研究甚至指出在關係不

和諧的家庭中的青少年，其濫用藥物的行為比家庭結構不良的影響更為明顯（蔡佩真，1990），而在的一份後設分析的研究也發現，父母的藥物濫用雖對子女有影響，然若親子依附關係良好者，將降低子女成為藥物濫用者的可能（李信良，2003）。

### ㈢學校因素

A. Abdelrahman 等人 (1998) 認為青少年可能因為在學校的競爭、課業等壓力，形成挫折或焦慮，因而逐漸厭惡學校，甚至開始出現排拒社會的偏差行為，此時同儕給予青少年的支持，使得青少男對此團體產生歸屬感，若團體中有藥物濫用的行為產生，青少年即有可能因同儕的影響或壓力而使用藥物，並因逃避現實而一再地用藥。

而在國內，李信良 (2005) 整合多篇青少年毒品濫用的研究後，發現多篇研究中均顯現成績較差的青少年較有機會成為藥物的使用者，而與已經使用藥物的同儕交友則與藥物濫用有密切的關係，呼應國外研究發現，學校的挫敗經驗若再加上同儕的誘惑，是造成青少年藥物濫用的危險因子。

## 二、物質濫用青少年的協助方式

對於如何有效幫助青少年藥物濫用者脫離毒海，不同地方的相關單位也發展了自己的一套模式來幫助預防和治療藥物濫用。根據美國國家藥物濫用研究所 (National Institute on Drug Abuse, 2003)，認為要做好青少年藥物濫用的預防，首先在家庭方面應該加強親子的溝通技巧，增加彼此的情緒、認知、社會等技巧，使到達家庭的危險因子降低，當青少年面對壓力及適應不良的問題時，可以獲得家庭的支持而不用依賴藥物。在學校方面，除了增進同儕間的關係、課業技巧，還需要教導青少年因應的技巧、自我控制的方法，減少青少年在學校的挫敗感，因為青少年物質的濫用往往與學校的挫折感有關。

江振亨和林瑞欽 (2003) 認為在青少年藥物濫用的防治上，主要可分

為預防、矯治及復犯的預防等三方面；而在矯治方面，最主要需加強對藥癮者的矯治，加強戒治課程中的諮商與心理治療。Beck, Wright, Newman 和 Liese (1993) 指出，有些信念可能會助長藥物濫用者其使用藥物的渴望；吸毒者可能會相信停止吸毒會造成無法忍受的副作用，因此更增加了對藥物的心理依賴。另外使用認知行為的團體諮商則可依下列步驟安排：

1. 初期：認識藥物的危害性，增加戒治動機。
2. 中期：增進對自我的認識、學習尊重生命及價值澄清、因應壓力的能力、情緒自我控制、改變對毒品依賴的非理性信念。
3. 後期：增進自我肯定、社交技能、生涯規劃。

## 第七節　青少年的網路成癮

隨著科技的進步，網際網路的使用日漸方便，網路使用人口也快速的成長。但值得注意的是，雖然網際網路便利了人類的生活，對我們仍然有一些負面的影響。近年來精神醫學關注的話題之一即是**網路成癮 (internet addiction disorder, IAD)** 的問題，在西方也有許多人曾提出許多相似的名詞，如：上網依賴 (online dependency)、病態網路使用 (pathological internet use) (Young, 1996) 意思都是指過度地使用網際網路而產生身心耗損、生活適應問題等。

## 一、網路成癮的定義

「網路成癮症」最早是由 Goldberg (1996) 提出的，他認為網路成癮類似物質依賴的問題，因此仿照《精神疾病診斷準則手冊》中對物質依賴的診斷標準訂出非正式診斷原則。而 Young (1996) 對於網路成癮提供了不同的定義，他用「病態網路使用」這個新的命名，認為其症狀類似《精神疾病診斷準則手冊》裡的病態賭博 (pathological gambling)。

Young (1997) 認為網路成癮包括二大成癮行為的特徵：一是出現依賴網路的戒斷現象，對於網路使用會產生依賴感；當無網路可以使用時，他們可能會出現難受的戒斷症狀像是憂鬱、沮喪等等。二是強迫性上網行為，成癮者會無法控制地花越來越多的時間在網路上才能夠得到滿足感，類似成癮者需越來越大量的物質才能滿足的耐受性現象。

Young (1999) 認為網路成癮的問題類型，可依使用內容分成五大類：

1. 網路之性成癮：深受網路上與性相關的網頁內容所吸引，或沉溺在基於網路所引發的情色活動之中。

2. 網路之關係成癮：沉溺於網路上的人際關係活動之中。

3. 網路之強迫行為：包括沉溺於網路遊戲、網路賭博、網路購物與交易等活動。

4. 網路之資訊超載：包括沉溺於網路資訊的搜索與收集之活動。

5. 網路之電腦成癮：沉溺於網路有關之電腦操作與探求之活動。

這五種類型的成癮強度不一，網路成癮者可能會同時有兩種以上的成癮行為。

## 二、網路成癮的成因與影響

### ㈠網路成癮的成因

陳淑惠 (2003) 以成癮循環的概念說明對於許多網路成癮者而言，之所以會對網路成癮，是因為每當有憂鬱或焦慮的情緒出現時，他們會試圖藉以習慣性的行為來控制這些情緒，所以一感到心煩或壓力時，容易取得讓他們消退這些情緒的方法。例如，此時上網行為若是一個容易取得的管道，那麼這些青少年選擇上網的機率便提高許多，而上網也讓他們的不舒服情緒暫時得以紓解。由於這些負面情緒的解除形成了一種增強的作用，因此又提高了他們上網的機率，然而對青少年而言，花費過多的時間在網路上也會造成他們的罪惡感，而罪惡感又讓青少年感到心煩，於是他們便又很容易選擇網路來消除這些煩人的情緒。如此地惡性循環，便逐漸形成一個自動化的成癮循環而更加難以戒除（見圖 10-1）。

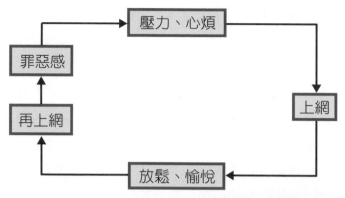

資料來源：陳淑惠 (2003)

▲圖 10-1：網路沉迷的強化循環模式

## ㈡網路成癮對青少年的影響

Lin 和 Tsai (2002) 一篇探討網際網路使用和臺灣網路依賴者以及非網路依賴者的心理，說明網路成癮對青少年的影響，其以 753 個臺灣高中學生為對象，以「臺灣中學生網路成癮量表」(IAST) 中分數高於 80 分者為網際網路依賴使用者結果發現依賴組和非依賴組都認為網際網路可以增進同儕之間的情誼，但網路依賴者明顯花較多的時間在線上，對於他們的日常生活作息、學業成績和父母關係有顯著的負面影響。

Yang 和 Tung (2007) 調查發現網路成癮者不論在學校課業學習、日常生活作息、整體健康、父母關係，以及師生情誼這幾個變項中均有負向的影響，且在心理健康方面，網路成癮者比起非網路成癮者有較低的自尊。另在探究憂鬱和網路成癮之間的關係方面，研究顯示個體在憂鬱量表上的得分隨著網際網路的使用程度提升而增加 (Young & Rogers, 1998; Young & Tung, 2007)。

換句話說，網路依賴者會逐漸花較多的時間於網際網路上，導致他們花較少的時間和他們周遭的人際網路互動 (Young, 1998)，另外 Caplan (2007) 的一篇研究也發現青少年的病態網路使用行為，會造成青少年知覺到孤獨感。不過要注意的是，上述這些研究採用調查法，我們只能得

知憂鬱和孤獨感等這些心理問題和網路成癮之間是有相關的，但是對於其因果關係，目前並沒有實徵研究可以支持。

## 三、青少年網路成癮者的協助方式

學者建議，協助網路成癮的當事人，在諮商的過程應包括下列幾個步驟（王智弘，2003）：

### ㈠第一步驟：「覺」──覺察病識感

協助當事人認知到自己已過度使用網路，使其對自己的上網行為有「病識感」，或者察覺自己的行為失當。

### ㈡第二步驟：「知」──認知潛在的問題

協助當事人認知到導致過度上網的心理問題。

### ㈢第三步驟：「處」──處理潛在的問題

協助當事人面對現實，處理潛在的心理問題，而非沉迷網路以逃避現實。

### ㈣第四步驟：「行」──發展並執行改變計畫

協助當事人發展出改善行為的行動計畫並加以執行，若此計畫能提供當事人從事其他替代性正向活動的吸引力，並結合他人的協助，則成功機率將大增。

### ㈤第五步驟：「控」──培養自我監控的能力

協助當事人逐步減少上網時間，並培養出對時間的敏感度及自我的監控能力。

### ㈥第六步驟：「追」──後續的觀察與追蹤，以持續觀察問題

追蹤諮商的長期效果，並提供必要的支持與避免問題的復發。

## 第八節　結語：用正向視野因應青少年的心理疾患

正如 Geldard 和 Geldard (1999) 所言，與青少年的工作，除需同時兼顧青少年個體本身特質及發展特徵，亦需同時考量他們所存在的環境及系統，包括他們本身的特質、遺傳、體質及此階段發展上的特徵；以及環境上的家庭系統、學校中的人際、教師及社區環境中的文化、法律、生態。在了解青少年的心理疾患的同時，不能只看到個人的病態行為，而應同時發展其正向能力來面對及協助其痛苦，最重要的是在了解之後的協助而非標籤病名。協助者不應以專家自居，而應朝協助青少年的主動性、自主權提高，以提升在協助過程中的合作與效果。

### 一、復原力

對青少年本身而言，這些處遇是否能成功發揮功效，需從正向觀點找到青少年本身的復原力。復原力在每個人身上都可發現，並非一種特殊的能力，Dyer 和 McGuinness (1996) 認為它是有效因應情境的問題解決能力，主要是指一種保護機制的概念，使個體調節或緩和暴露在危機困境中的影響、降低問題行為的發生機率或增加成功適應的結果。Walsh (2003) 認為復原力包括三大部分：

1. 信念系統：包括對逆境的意義、對前景正向展望、超越與靈性。
2. 組織型態：包括彈性、連結、社會與經濟資源。
3. 溝通歷程：包括清晰性、開放的情感分享、合作解決問題。

依此概念，協助者在協助青少年時，不應只以疾病的角度加深其挫敗感，而應以復原力的角度，找出青少年在信念、互動及溝通上正向的因子，協助其以自身的能力度過生命中的難關。

## 二、復原因子

王愛麗（2007）整理青少年的復原因子包括內在保護因子及外在保護因子：

### ㈠內在保護因子

指個體本身所具有的心理能力、人格特質與生活態度，包括：

1. 正向的特質，如樂觀、進取、希望、挫折忍受力、內控歸因和幽默感等。
2. 和外在環境連結，如問題解決、信任他人和尋求資源等。
3. 自我主觀觀念，如自信、自尊、自我認同及內省等。
4. 預期良好的結果，有助對抗危險因子，使能改善預期的不良後果。

### ㈡外在保護因子

指家庭、學校和社區環境中，所能促進個體復原的因素。

1. 家庭：能使青少年感到關懷和支持，因此其重要的因素包含了父母關係良好、和諧家庭氣氛、對子女有較高期望、有其他替代的照顧者等。
2. 學校、社區和同儕環境：學校可提供成功的經驗、學習的機會、有意地融入和責任的角色，並且發展與老師、同儕的良好關係。社區則包括參與社區事務、社群活動和工作機會等。

若青少年的復原能力較好，其對改變適應的可能也較高、較迅速，因此從提升青少年的復原力著手，是協助青少年適應疾患的基本態度。

內政部統計處 (2003)。知識檢索系統。檢自：http://sowf.moi.gov.tw/scripta/tornado/marker.exe。

內政部警政署刑事警察局 (2001)。《臺閩刑案統計》。臺北：內政部。

王智弘 (2003)。《輔導網際網路中的青少年——探討青少年網路成癮之諮商與輔導策略》。輔導人員對青少年網路成癮行為之挑戰與因應研討會。淡江大學。

孔繁鍾（譯）(2007)。《DSM-IV-TR 精神疾病診斷準則手冊》（原作者：American Psychiatric Association）。臺北：合記（原著出版年：2000）。

行政院衛生署 (2007)。死亡原因統計。檢自：http://www.doh.gov.tw/CHT2006/DM/SEARCH_RESULT.aspx

行政院衛生署 (2008)。〈全國自殺原因統計〉。檢自：http://www.doh.gov.tw/lane/statist/84/84stat9-39.html。

江振亨 (1999)。《認知行為團體療法對濫用藥物者輔導成效之研究》。國立中正大學犯罪防治研究所碩士論文。

江振亨、林瑞欽 (2003)。〈青少年藥物濫用問題與防治對策〉。《輔導文摘》，88，79–97。

朱瑞玲、楊國樞 (1978)。〈家庭與社會環境對國中學生問題行為的影響〉。《中央研究院民族學研究所專刊》，24，11–28。

李信良 (2003)。〈藥物濫用青少年與家庭之間的關係 (I)——後設分析〉。《中央警察大學警學叢刊》，34(3)，235–252。

李信良 (2005)。〈藥物濫用青少年的心理、人格和學校環境間的關係 (II)——後設分析〉。《中央警察大學警學叢刊》，35(5)，181–198。

史錫蓉（譯）(2006)。《強迫症的孩子怎麼教?》（原作者：Lee Fitzgibbons & Cherry Pedrick)。臺北：新苗文化。

李嵩柏 (1984)。《濫用藥物少年行為困擾與生活適應之研究》。東吳大學社會學研究所社會工作組碩士論文。

李碧霞 (1999)。〈青少年藥物濫用問題與學校藥物教育之探討〉。《學校衛生》，34，49–68。

李啟榮、苗國棟、陽瓊、余金龍 (2007)。〈強迫症青少年父母教養方式特點及其對青少年的影響初探〉。《中國民康醫學》，19(6)，421–424。

吳豔茹、蕭澤萍、杜亞松、程文紅、范娟、劉漪、唐慧琴 (2007)。〈青少年強迫症

與應激等的關係研究〉。《臨床精神醫學雜誌》，17(3)，159-160。

林清華、徐秋蓬、劉明德 (2003)。〈焦慮症之藥物治療〉。《基層醫學》，18，2，30-38。

周碧瑟、劉美媛 (2001)。〈台灣在校青少年藥物濫用盛行率與危險因子之探討〉。2001年國際藥物濫用防制研討會。臺北：行政院衛生署。

唐子俊、黃詩殷、王慧瑛 (2005)。《青少年心理障礙快速診斷手冊》。臺北：心理。

唐子俊、王士忠、孫肇玢、唐慧芳、唐慧娟、陳聿潔、李怡珊、劉秋眉、黃詩殷、戴谷霖（譯）(2008)。《兒童臨床工作手冊》（原作者：Kronenberger, W. G., & Meyer, R. G.）。臺北：心理。

畢玉、王建平、楊智輝、王玉龍 (2007)。〈行為抑制與父母教養方式對青少年的焦慮的影響〉。《中國臨床心理學雜誌》，15(3)，273-276。

教育部 (2003)。《校園自我傷害防治處理手冊》。臺北：教育部。

梁培勇、張如穎、薛惠琪、李筱蓉、陳韻如、吳文娟、鄭欣宜、許美雲、劉美蓉 (2004)。《兒童偏差行為》。臺北：心理。

曹楓林、覃倩、余昆容、王中原、葉林雁 (2006)。〈兒童焦慮障礙症狀與父母養育方式的關係〉。《中國臨床心理學雜誌》，14(6)，599-601。

陳淑惠 (2003)。〈擬像世界中的真實心理問題〉。《學生輔導》，86，16-35。

陳美君、陳美如、陳秀卿、林宜美（譯）(2005)。《變態心理學》（原作者：Carson, R. C., Butcher, J. N, & Mineka, S.）。臺北市：五南（原著出版年：2000）。

張學岑 (1997)。〈青少年節食型態與體質指數〉。《台灣精神醫學》，11(4)，402-409。

健康知識網 (2007)。〈強迫症會有哪些症狀？〉檢自：http://www.120live.com/jingshenke/775-120live.html。

黃龍杰（民 88）。《搶救心理創傷：從危機現場到心靈重建》。臺北：張老師文化。

鄭存琪 (2005)。〈青少年自殺〉。《慈濟醫學》，17(2)，39-44。

蔡佩真、江明澤、蔡坤衛、劉民和、張淑媛、陳燕玲 (1990)。〈藥物濫用者的家庭探索與協助〉。《家人吸毒怎麼辦》。臺北：晨曦。

蘇詣鴻 (1992)。《青少年學生使用安非他命之盛行率與相關研究》。高雄醫學院公共衛生研究所論文。

Abdelrahman, A., Rodriguez, G., Ryan, J., French, J., & Weinbaum, D. (1998). The epidemiology of substance use among middle school students: The impact of school, familial, community and individual risk factors. *Journal of Child & Adolescent Substance Abuse*, 8(1), 55.

Abela, J. R. Z., & Hankin, B. L. (2009). Cognitive vulnerability to depression in adolescents: A developmental psychopathology perspective. In N.-H. Susan, & M. H. Lori (Eds.), *Handbook of Depression in Adolescents,* 335–376. New York: CRC Press.

ACP Medicine (2006). *Depression and Bipolar Disorder.* Retrieved, from http://www.medscape.com/viewarticle/536897_3

APA, American Psychiatric Association (2000). *The Diagnostic and Statistical Manual of Mental Disorders IV–TR, DSM–IV–TR.* Washington, DC: American Psychiatric Association.

Armstrong, L., Phillips, J., & Saling, L. (2000). Potential determinants of heavier Internet usage. *International Journal of Human-Computer Studies, 53*(4), 537–550.

Beck, A. (1987). Cognitive models of depression. *Journal of Cognitive Psychotherapy, 1*(1), 5–37.

Beck, A., Wright, F., Newman, C., & Liese, B. (1993). *Cognitive therapy of substance abuse.* New York, NY, US: Guilford Press.

Berman, A., & Jobes, D. (1992). Suicidal behavior of adolescents. *Suicide: Guidelines for Assessment, Management, and Treatment* (pp. 84–105). New York, NY, US: Oxford University Press.

Bernstein, G. A., & Borchardt, C. M. (1991). Anxiety disorders of childhood and adolescence: A critical review. *Journal of the American Academy of Child and Adolescent Psychiatry, 30,* 519–532.

Birmaher, B., Ryan, N., Williamson, D., & Brent, D. (1996a). Childhood and adolescent depression: A review of the past 10 years, Part I. *Journal of the American Academy of Child & Adolescent Psychiatry, 35*(11), 1427–1439.

Birmaher, B., Ryan, N., Williamson, D., & Brent, D. (1996b). Childhood and adolescent depression: A review of the past 10 years, Part II. *Journal of the American Academy of Child & Adolescent Psychiatry, 35*(12), 1575–1583.

Bowen, R. C., Offord, D. R., & Boyle, M. H. (1990). The prevalence of over-anxious disorder and separation anxiety disorder: Results from the Ontario child health study. *Journal of the American Academy of Child and Adolescent Psychiatry, 29,* 753–758.

Bowers, W. A. (2001). Basic principles for applying cognitive-behavioral therapy to anorexia nervosa. *Psychiatric Clinics of North America, 24,* 293–304.

Bulik, C., Berkman, N., Brownley, K., Sedway, J., & Lohr, K. (2007). Anorexia nervosa treatment: A systematic review of randomized controlled trials. *International Journal of Eating Disorders, 40*(4), 310–320.

Caplan, S. (2007). Relations among loneliness, social anxiety, and problematic Internet use. *CyberPsychology and Behavior, 10*(2), 234–242.

Chandrasekaran, R., & Gnanaselane, J. (2008). Predictors of repeat suicidal attempts after first-ever attempt: A two-year follow-up study. *Hong Kong Journal of Psychiatry, 18*(4), 131–135.

Chou, C., & Hsioa, M. C. (2000). Internet addiction, usage, gratification, and pleasure experience: The Taiwan college students' case. *Computers and Education, 35*(1), 65–80.

Gladstone, T., & Beardslee, W. (2009). The prevention of depression in children and adolescents: A review. *Canadian Journal of Psychiatry, 54*(4), 212–221.

Goldberg, I. (1996). Internet addictive disorder (IAD) diagnostic criteria. Retrieved November 22, 2007, from http://www.psy-com.net/iadcriteria.html

Goodyer, I., Cooper, P., Vize, C., & Ashby, L. (1993). Depression in 11–16–year-old girls: The role of past parental psychopathology and exposure to recent life events. *Journal of Child Psychology and Psychiatry, 34*(7), 1103–1115.

Goodyer, I. M. (2009). Early onset depression: Meanings, mechanisms and processes. In N.-H. Susan, & M. H. Lori (eds), *Handbook of Depression in Adolescents. 239–258.* New York: CRC Press.

Griffiths, M. (2000). Does internet and computer addiction exist? Some case study evidence. *CyberPsychology and Behavior, 3*(2), 211–218.

Hall, A. S., & Parsons, J. (2001). Internet addiction: College student case study using best practices in cognitive behavior therapy. *Journal of Mental Health Counseling, 23*(4), 312–327.

Hoehn-Saric, R., & Greenberg, B. D. (2006). Psychobiology of obsessive-compulsive disorder: Anatomical and physiological considerations. *International Review of Psychiatry, 9,* 1, 15–30.

Hoffmann, J., & Johnson, R. (1998). A national portrait of family structure and adolescent drug use. *Journal of Marriage and Family, 60*(3), 633–645.

Israelashvili, M. (1998). Preventive school counseling: A stress inoculation perspective. *Professional School Counseling, 1*(5), 21–25.

Jamison, K. (1999). Suicide and manic-depressive illness: An overview and personal account. *The Harvard Medical School Guide to Suicide Assessment and Intervention* (pp. 251–269). San Francisco, CA, US: Jossey-Bass.

Jayson, D., Wood, A., Kroll, L., Fraiser, J., & Harrington, R. (1998). Which depressed patients respond to cognitive-behavioral treatment? *Journal of the American Academy of Child & Adolescent Psychiatry, 37*(1), 35.

Klein, R. G. (1994). Anxiety disorders. In M. Rutter, E. Taylor, & L. Hesov (Eds.), *Child and Adolescent Psychiatry: Modern Approaches* (3rd ed.). Oxford: Blackwell Science, pp. 351–374.

Larkin, M., Melhuish, N., Newton, E., & Wykes, T. (2007). More than just a place to talk: Young people's experiences of group psychological therapy as an early intervention for auditory hallucinations. *Psychology and Psychotherapy: Theory, Research and Practice, 80*, 127–149.

Lewinsohn, P. M., Rohde, P., Seeley, J. R., & Hops, H. (1991). The comorbidity of unipolar depression: Part I. Major depression with dysthymia. *Journal of Abnormal Psychology, 100*, 205–213.

Lin, S., & Tsai, C. (1999). Internet addiction among high schoolers in Taiwan. Paper presented at the annual conference of the American Psychological Association, August 20–24, 1999, Boston, MA. Retrieved from http://eric.ed.gov/ERICDocs/data/ericdocs2sql/content_storage_01/0000019b/80/29/c4/92.pdf

Lin, S., & Tsai, C. (2002). Sensation seeking and internet dependence of Taiwanese high school adolescents. *Computers in Human Behavior, 18*(4), 411. Association

Melfsen, S., Walitza, S., & Warnke, A. (2006). The extent of social anxiety in combination with mental disorder. *Eur Child Adolesc Psychiatry, 15*, 111–117.

Minuchin, S., Roseman, B. L., & Barker, L. (1978). *Psychosomatic Families: Anorexia Nervosa in Context*. President and Fellows of Harvard College.

National Institute on Drug Abuse (2003). *Preventing Drug Use among Children and Adolescents*. Retrieved from http://www.drugabuse.gov/pdf/prevention/RedBook.pdf

NIMH (2007). How to get help for anxiety disorders. Retrieved from http://www.nimh.

nih.gov/health/publications/anxiety-disorders/how-to-get-help-for-anxiety-disorders.shtml

Pike, K., Walsh, B., Vitousek, K., Wilson, G., & Bauer, J. (2003). Cognitive behavior therapy in the posthospitalization treatment of anorexia nervosa. *American Journal of Psychiatry*, *160*(11), 2046–2049.

Popenhagen, M. P., & Qualley, R. M. (1998). Adolescent suicide: Detection, intervention, and prevention. *Professional School Counseling*, *1*(4), 30–36.

Reinecke, M. A., & Ginsburg, G. S. (2008). Cognitive-behavior therapy of depression during childhood and adolescence. In J. R. Z. Abela, & B. L. Hankin (Eds.), *Handbook of Depression in Children and Adolescents* (179–206). New York: The Guilford Press.

Rodriguez, C. M. (2003). Parental discipline and abuse potential affects on child depression, anxiety, and attributions. *Journal of Marriage and Family*, *65*(4), 809–817.

Rudolph, K. D., Hammen, C., & Daley, S. E. (2006). Mood disorder. In A. Wolfe, & E. J. Mash. *Behavioral and Emotional Disorders in Adolescents*. New York: The Guilford Press.

Rutter, P., & Behrendt, A. (2004). Adolescent suicide risk: Four psychosocial factors. *Adolescence*, *39*(154), 295–302.

Rutter, P., Freedenthal, S., & Osman, A. (2008). Assessing protection from suicidal risk: Psychometric properties of the suicide resilience Inventory. *Death Studies, 32*(2), 142–153.

Strack, J. (1985). *Drugs and Drinking: What Every Teen and Parent Should Know*. US: Thomas Nelson, Inc.

Stark, K., Kendall, P., & Adam, T. (1990). Cognitive deficit or cognitive distortion of childhood depression. *Journal of Abnormal Child Psychology*, *18*(3), 255–270.

Steinglass, J. R., & Walsh, B. T. (2004). Psychopharmacology of anorexia nervosa, bulimia nervosa, and binge eating disorder. In T. B. Brewerton (Ed.), *Clinical handbook of eating disorders* (pp. 489–508). New York: Marcel Deeker.

Storch, E. A., Heidgerken, A. D., Adkins, J. W., Cole, M., Murphy, T. K., & Geffken, G. R. (2005). Peer victimization and the development of obsessive-compulsive disorder in adolescence. *Depression and Anxiety, 21*(1), 41–44.

Stoppel, C., Albrecht, A., Pape, H., & Stork, O. (2006). Genes and neurons: Molecular insights to fear and anxiety. *Gene, Brain and Behavior, 5*, 2, 34–47.

Strober, M. (1997). Consultation and therapeutic engagement in severe anorexia nervosa. *Handbook of Treatment for Eating Disorders* (2nd ed.) (pp. 229–247). New York, NY, US: Guilford Press.

Valleni-Basile, L. A., Garrison, C. Z., Waller, J. L., & Addy C. L. (1996). Incidence of obsessive-compulsive disorder in a community sample of young adolescents. *Journal of the American Academy of Child & Adolescent Psychiatry, 35*(7), 898–906.

Vasa, R. A., Roberson-Nay, R., Klein, R. G., Mannuzza, S., Moulton, J. L., & Guardino, M., et al. (2007). Memory deficits in children with and at risk for anxiety disorders. *Depression and Anxiety, 24*, 2, 85–94.

Walsh, B. T., Wilson, G. T., Loeb, K. L., Devlin, M. J., Pike, K. M., & Roose, S. R., et al. (1997). Medication and psychotherapy in the treatment of bulimia nervosa. *American Journal of Psychiatry, 154*, 523–531.

Watson, D., & Clark, L. A. (1992). On traits and temperament: General and specific factors of emotional experience and their relation to the five-factors model. *Journal of Personality, 60*, 441–476.

Weinberg, N. (2001). Risk factors for adolescent substance abuse. *Journal of Learning Disabilities, 34*(4), 343.

Yang, S., & Tung, C. (2007). Comparison of internet addicts and non-addicts in Taiwanese high school. *Computers in Human Behavior, 23*(1), 79–96.

Yen, J., Yen, C., Chen, C., Chen, S., & Ko, C. (2007). Family factors of internet addiction and substance use experience in Taiwanese adolescents. *CyberPsychology and Behavior, 10*(3), 323–329.

Young, J. F., & Mufson, L. (2008). Interpersonal psychotherapy for treatment and prevention of adolescent depression. In J. R. Z. Abela, & B. L. Hankin (Eds.), *Handbook of Depression in Children and Adolescents* (288–306). New York: The Guilford Press.

Young, K. S. (1996). Addictive use of the internet: A case study that breaks the stereotype. *Psychological Reports, 79*, 899–902.

Young, K. S. (1997). What makes the internet addictive: Potential explanations for pathological internet use. Paper presented at the 105th annual conference of the American Psychological Association, August 15, 1997, Chicago, IL. Retrieved from http://www.netaddiction.com/articles/habitforming.htm

Young, K. S., & Rogers, R. (1998). The relationship between depression and Internet addiction. *CyberPsychology and Behavior*, *1*(1), 25–28.

Young, K. S. (1999). Internet addiction: Evaluation and treatment. *Student British Medical Journal*, *7*, 351–393.

青少年的偏差行為

　　在青少年時期，不管是個人因素方面或是環境、社會等因素，對青少年而言都會發生激烈轉變，個體將從幼時所處的狀態逐漸適應內在與外在的種種改變。這些轉變壓力包含：生理內分泌改變與第二性徵的成熟、課業壓力、求職壓力、法律責任、社會輿論壓力等。青少年在此全面性的發展階段中容易失去方向，在不能適應的情況下，可能造成青少年在行為上、情緒上的動盪狀態亦即所謂的「狂飆期」，然而 Mufson、Dorta、Moreau 和 Weissman (2004) 整理了多篇的縱貫性研究後，提醒我們用狂飆期的概念去正常化青少年在成長期的相關議題，雖然較不會造成青少年問題被標籤，但我們不能一概而論地認為青少年的適應性問題，都僅是發展的問題，否則容易失去初始症狀時處理的契機。尤其是一些以偏差行為呈現求救訊號的青少年，更需要我們的及時協助。

　　本章將討論以外顯偏差行為呈現其適應問題的青少年，包括我國青少年如何以偏差行為來表達自己所遭遇的衝突與不適應的危機訊號。這些問題涵蓋甚廣，如：青少年的暴力與攻擊行為、校園霸凌行為、中輟、逃家，以及青少年的犯罪、幫派等議題。雖然對於偏差行為或心理疾患的定義會因為不同的社會文化而有不同的認定，例如在美國認為的「壞」代表的是無法自我控制，在中國或日本則比較是從外顯行為中的反社會行為或破壞人際和諧來認定 (Crystal & Steveson, 1995)。然而本書書寫的目的不在標籤化這些行為，而是著眼於這些適應問題如何對青少年的身心發展、家庭、學校及社會造成的挑戰，以及如何預防問題的發生和降低這些問題對青少年的影響。

## 第一節　青少年的暴力／攻擊行為

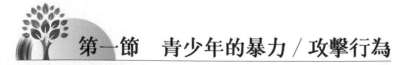

震驚全球的校園屠殺，儘管兇手已經自殺身亡，但大家對他的

行兇動機還是很好奇。美國 CNN 特別到維吉尼亞州的監獄，訪問 10 年前，在拉斯維加斯中學，因為不甘被欺負，在校園射殺師生的學生槍擊犯。他說，當時只想到要報復，根本不知道後果這麼嚴重。

伊凡：「就是解脫了。」「我解脫了」，這是他開槍後的感覺，10 年前，當時 16 歲的伊凡，拿著一把散彈槍，走進就讀的中學，扣下扳機，伊凡：「這是欺負我的人的終點，沒有人會說我壞話，我的煩惱沒了。」

把欺負他的人殺掉，伊凡單純覺得這樣所有問題都解決了。為了這 2 條命，現在伊凡還要在牢裡蹲 200 年，代價很大，不過伊凡說開槍那一刻，他根本沒想到這麼多。伊凡：「我不知道當我槍殺一人，他會真的死掉。」

【摘自：張喬青〈校園槍擊／他也曾屠殺校園「學生犯」現身說法〉，TVBS 2007/4/17】

# 一、暴力攻擊行為的定義與嚴重性

## ㈠暴力攻擊行為的定義

暴力攻擊雖然經常發生於青少年的日常生活中，但要給予一個明確的定義卻不容易，若單純從外顯造成傷害的行為就視為是暴力攻擊，似乎忽略了在暴力攻擊行為中隱含的動機成分，若純粹從動機定義，又無法呈現暴力行為外顯的破壞性。張春興（民 78）認為暴力行為係泛指破壞性、仇視性以及攻擊性行為，並定義攻擊行為是「以敵意的行動傷害別人或破壞物體的一切行為」，依性質可分為敵對性攻擊和工具性攻擊。

Lok、Bond 和 Tse (2009) 從暴力行為的動機對暴力攻擊予以定義，認為暴力攻擊與憤怒情緒有密切的關係，憤怒情緒是表現暴力攻擊行為的重要元素。敵意攻擊的目的僅在宣洩憤怒，是一種衝動性的無目的性之暴力宣洩；而工具性攻擊則是有目的性的透過攻擊的方式，使問題獲得解決或是從這個行為中獲得其所希望獲得的好處之暴力行為。

Etscheidt (1991) 從暴力攻擊的外顯行為定義，認為其是一種導致生理、心理和財物損傷之行為，分為三種類型：

### 1.敵意的身體動作

以攻擊或意圖攻擊的行為，使被害者痛苦，例如：施暴踢打、拳毆、推拉扯、摑掌等。

### 2.敵意的人際互動

指在人際互動時，表現出不悅、藐視敵意、擾亂等情緒，具體行為例如：羞辱、恐嚇、威脅（拒絕）等。

### 3.損毀

指破壞毀壞他人物品，例如：破壞他人用具、物品、車輛、毀損校園花木設備等。

### ㈡問題的嚴重性

暴力對社會是一種沉重的負擔，根據世界衛生組織 (WHO) 2005 年的統計，每年因暴力而死亡的人數高達 73,000 人。Pickett, Iannotti Simons-Morton 和 Dostaler (2009) 整理近年來的研究，亦發現青少年遭遇到暴力事件的發生率雖然會因地區、年齡等有所不同，但幾乎都有三成到四成的青少年曾遭遇暴力事件。陳信良 (2007) 以近十年臺閩地區少年嫌疑犯為對象進行的資料分析，發現雖然少年犯罪數字在下降中，但傷害罪卻有惡化的趨勢。法務部 (2009) 針對 2008 年的少年犯下的暴力相關罪型，包括強盜搶奪盜匪罪、殺人罪、妨害性自主罪及傷害罪等暴力犯罪類型發現青少年犯罪人數所占比例為 74.12%，顯示 2008 年刑事案件少年犯罪較具有暴力化的特徵。此數據也隱含社會對於使用暴力的容許度正在增加中的一種隱含的文化氛圍。許春金、曾雅芬、和陳玉書 (2008) 對再犯青少年的長期調查也提醒，兒童晚期以及青春期早期（10–14 歲）的偏差行為是再犯的有力預測因子；而李文傑、吳齊殷 (2004) 整理多篇研究亦證實早年的暴力行為與日後的暴力犯罪間存在穩定相關性。因此如果我們未來的主人翁過早對暴力採取認同的態度，對未來的社會可能帶來的影響，是值得我們注意觀察的。

## 二、暴力／攻擊的成因

暴力的影響因素，學者們多數已從單一影響因素，如 Freud 的本能論、遺傳因素論，轉而尋求多元因素之間的交互作用，認為青少年本身的心理特質因素與其發展中的環境因素，並以訊息處理理論解釋這些多元訊息如何整合影響青少年的攻擊行為 (Pickett, Iannotti Simons-Morton & Dostaler, 2009)。

### ㈠生心特質因素

Hage、Van Meijel、Fluttert 和 Berden (2009) 綜合整理近二十年來的相關研究後，認為與暴力行為有相關的生理因素包括有：內分泌系統不平衡，尤其是血清素濃度不足、睪固酮濃度較高者較易出現攻擊行為；曾遭受腦傷導致計畫及預期能力受損的兒童或青少年，亦較易有攻擊行為發生。

在心理特質上，Dykeman 和 Daehlin (1996) 以 280 位平均年齡10–19 歲的學生為樣本，發現衝動性 (impulsivity)、同理心、內外控和青少年暴力有顯著相關，而其中以衝動性最具解釋力。Stone 和 Dover (2007) 調查暴力的前置因素，發現與同理心有高相關，高同理心者的暴力程度較低。我國對青少年使用暴力的研究，亦發現衝動性及低自我控制與暴力攻擊有相關（張華葆、林榮耀、林茂榮、馬傳鎮，1988；董文正，2003）。可見若青少年在衝動控制上有困難、無法延宕滿足、低同理心，以及容易將事情結果認為是外在環境因素所造成的外控型的青少年，較易出現攻擊行為。

### ㈡成長在暴力的學習環境

青少年成長於暴力家庭、生活環境中存在有暴力的幫派組織、不友善的校園環境等，均與青少年的暴力攻擊行為有高相關 (Wright & Fitzpatrick, 2006). Bandura (1983) 以社會學習理論解釋暴力與攻擊是經由學習、引發、保持與調節等過程而出現的學習反應，此理論後續獲得

許多學者研究的印證。Pershing 和 Dinapoli (2002) 發現青少年期特別敏感於社會文化的影響；Brook、Brook 和 Whiteman (2007) 以 1,151 位男性青少年進行兩年的長期調查，發現除青少年本身的個性外，同儕、家庭以及環境的因素，均影響青少年的暴力使用，且在 2 年後仍具有影響力。

Huesmann、Moise-Titus、Podolski 和 Eron (2003) 以 557 個樣本進行15 年的追蹤研究，發現兒童暴露於媒體暴力是青少年時期攻擊行為的預測因子。不只是電視，另部分研究亦顯示，暴力的音樂歌詞或音樂錄影帶，會影響青少年的暴力行為。Anderson 和 Dill (2000) 以 227 名暴力違法行為的大學生，分析他們的暴力特性評量報告及其有無玩暴力遊戲的嗜好，結果發現：玩較多暴力電玩的學生，呈現較多的偏差行為；此外青少年若喜歡具有暴力色彩的遊戲，會增強個人的激進想法。

暴力媒體影響青少年對暴力行為的模倣和對暴力的接受與容忍。以暴力電視節目為例，在 Johnson、Cohen、Smailes、Kasen 和 Brook (2002)的研究資料指出，美國的兒童節目中，每小時平均出現 20–25 個暴力動作，因此在研究中，取了 707 個樣本，控制如童年被忽視、家庭收入、居住社區的暴力情形、父母的教育、心理違常等變項，做了 17 年的追蹤，結果發現看電視時間以及反社會行為間有顯著關聯，因此研究者認為暴力遊戲提供了一個平臺，讓遊戲者學習如何用激進的方式去處理衝突。而青少年在日常生活中，幾乎天天可接觸到報載以暴力解決問題，或是在遊戲軟體中強調暴力的正當性，也使得青少年在認知上或心理上會認同暴力。

Guetzloe (1999) 呼籲我們社會應該審視青少年到底是在什麼樣的社會環境中成長，慎重思考這樣的成長環境帶給青少年在暴力上的影響是什麼。臺灣雖然在 2003 年即由行政院新聞局發布《電視節目分級處理辦法》，但此辦法只對節目的畫面，也就是暴力所顯現出來的外顯行為做了分級處理，對於暴力行為的後果、所隱含的內在價值觀的影響卻少有處理，於是孩子看到的是「英雄」多用「暴力」在解決問題，拯救社會。

就社會學習理論來看,青少年暴力行為是透過觀察他人的暴力行為後果,而出現的模倣反應, 故如果只是單由畫面對暴力行為做分級處理,對於防治青少年模仿或學習暴力行為並無太大的效用。

### ㈢社會訊息處理理論對青少年暴力行為成因的解釋

上述 Bandura 的社會學習理論雖獲得相當多研究的呼應,但細究其歷程, 此理論無法解釋某些青少年在暴力環境中成長但卻沒有出現暴力攻擊行為。例如國內學者發現家庭暴力並不會直接造成青少年的暴力行為,而是透過對青少年心理的傷害,而導致其以偏差的行為來因應其所受到的傷害 (鄭瑞隆 2001)。Pickett、Iannotti、Simons-Morton 和 Dostaler (2009) 以 20,000 多名美加青少年為對象, 亦發現青少年如何知覺環境的暴力及支持因素, 會影響其暴力行為的發生。

近年來認知科學的蓬勃發展, 科學家們不只研究外在因素, 亦開始探究人類認知系統與環境互動時對行為所產生的影響, 如社會訊息歷程理論 (social informational process, SIP) 認為青少年的攻擊行為與其對環境中的線索之解讀方式有關係, 若青少年對於環境訊息的解讀有扭曲或是以敵意解讀, 可能會影響暴力的使用。舉例而言, 同樣在教室中發生腳被同學絆到 (環境線索) 的事件, 若青少年解讀 (線索詮釋) 同學是故意陷害他跌倒, 則較易產生攻擊行為, 但若其解讀是「不小心」, 則較易接受同學道歉。

Dodge 進一步以認知訊息處理歷程理論, 說明青少年對於環境中訊息的解讀, 會受到過去經驗的影響, 若在其成長社會化歷程中形成對環境訊息的解讀方式較敵意或扭曲, 則較易出現以攻擊方式來回應。例如:若成長環境中, 經驗到的多數是惡意對待, 或家庭教育中不斷灌輸這個世界是可怕的, 則要注意這些經驗會影響知覺此時此刻在環境中發生的線索, 即使此時此刻發生的事件可能不是敵意的事件, 但青少年也會以過去的經驗來判斷這個事件是攻擊事件, 而產生反擊的行為。

Dodge 認為從知覺環境線索到出現反應行為之間會經歷 6 個階段,

而任一階段的扭曲均可能影響後續攻擊與否的反應行為 (Fontaine & Dodge, 2006)。此 6 階段包括:

### 階段 1. 編碼 (encoding)

接收到環境中的刺激線索時,是否較常注意威脅性訊息而少注意到對其有利的線索。例如: 容易注意環境中負向的情緒表情。

### 階段 2. 線索詮釋 (interpretation)

從環境的脈絡及線索中主觀形成對對方行為線索的解讀或詮釋; 通常高攻擊兒童或青少年傾向主觀詮釋對方的行為具敵意或攻擊性。

### 階段 3. 釐清目標 (clairificiation of goal)

澄清與目標之間的關係; 可透過對行為者與自己的關係,判斷互動的標準。例如: 認為我們兩人是好朋友,則搭肩是友好的行為; 但若目標對象是陌生人,則對方手伸過來時,就有可能視為是一種侵犯的行為。

### 階段 4. 尋找對線索的回應方式 (response access or construction)

形成或開始建構多種可能的反應方式,如高攻擊者對於環境線索的回應方式較貧乏,也較常出現以身體攻擊的反應模式; 而低攻擊者可能會有多種反應方式,例如澄清對方動機、主動表達友善或選擇離開等較多元因應方式。

### 階段 5. 由可能回應的方式中做出決定 (response decision)

對第 4 階段所形成的各種可能反應方式進行評估,以決定可能成功的方式或較不違反規範的方法。

### 階段 6. 在行為上實際表現 (enactment)

將評估後覺得最符合當時情緒的反應方式實際表現出來,亦即從環境線索出現到反應,會經歷一連串的認知、判斷及選擇,最後才會出現實際的反應行為。

Dodge 的社會認知訊息理論引發許多後續的研究,包括以模糊情境故事,了解高攻擊性或低攻擊性青少年對於環境線索的解讀形式,發現在缺乏資訊說明造成當事者挫折的原因時,較具攻擊性的受試者會誤認

為造成其挫折的對象對其有敵意，這個現象稱為敵意－歸因偏誤 **(hostile-attribution bias)**。

在第 5 階段的線索回應方式評估中，對攻擊後果易形成正向評估的青少年，會有較高的攻擊行為出現 (Crick & Dodge, 1996)。認知訊息理論的提出，使攻擊行為從本能論或社會影響論，轉而將主控權回到個體的身上，亦即個體可透過認知歷程的轉換，獲得對其攻擊行為的控制 (Loeber & Hay, 1997)。此理論融合個體的知覺、反應能力暨環境學習因素，促使以生態整合的概念進行預防青少年暴力的工作。而除了協助青少年認識自己的情緒之外，立法透過環境保護、預防媒體暴力、家庭暴力的影響，且學校社區亦需共同協防，以建立安全平靜的生活環境，幫助青少年在穩定的情緒中，都是有效協助我們的下一代減少暴力使用，促進和平的方式。

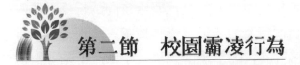

## 第二節　校園霸凌行為

某國中驚傳學生私設「刑路」，糾集校外人士凌虐與羞辱同學，還將凌虐的影片貼到網路上供人觀賞，校方已經緊急輔導受虐以及施虐學生。相片中的男學生跪在地上道歉，幾個男生輪番毆打被害學生，甚至旁邊還有女同學拿手機拍下整個過程⋯⋯要來教訓學弟。整起事件已經引發學生及家長恐慌，目前學校表示會妥善輔導兩名學生，也會加強校園安全。

【摘自：戴君恬〈學生私設" 刑路 "校外凌虐同學〉，華視新聞 2008/03/20】

## 一、霸凌行為的定義與本質

霸凌的型態可分為直接霸凌以及間接霸凌：

## ㈠直接霸凌

直接面對面型式的強欺弱的行為，包括：

1. 語言的霸凌：取綽號、取笑、詆毀、威脅。

2. 身體的霸凌：打、踢、或用其他方式傷害。

3. 姿勢的霸凌：威脅的、令人不舒服的姿勢。

4. 敲詐的霸凌：要脅財物或某些好處。

## ㈡間接霸凌

隱藏的、背地連結的一種霸凌的型式，包括：

1. 孤立：散播惡意的話，讓別人不喜歡他；連結團體孤立某人。

2. 網路霸凌：散播匿名信或傷害個人名譽的文件。

3. 其他：不平等地位令人無法抗拒的霸凌行為。

Olweus (2003) 認為霸凌包括受害者部分及加害者部分，受害者指的是學生重複或經常地遭受一位或一位以上的其他學生負向的行為對待；加害者部分指的是有意施加負向行為的一種社會性攻擊，包括直接的身體接觸、語言攻擊；或間接的方式，如鄙視的表情、手勢、散播謠言或在團體中排擠某人等。

Gigm (2006) 整理多篇有關以暴力攻擊來處理校園霸凌事件的研究後，發現若純以暴力的角度來理解青少年的霸凌行為，不足以處理校園內的霸凌現象，因它還包括領導及在人際中獲利等類似政治的因子。Olweus (1994) 強調霸凌事件發生時，不應單以個人病態行為的角度視之，因霸凌在本質上不只是一種暴力議題，而是一種「系統的、權力的」議題。因此處理時需由個人及環境雙管齊下，將預防霸凌行為放入課程及學校整體的態度來進行，與全校同學共同討論霸凌行為，讓同學共同知覺這個問題也學習如何因應，而不再跟著起鬨或袖手旁觀、改變縱容霸凌的態度，同時也增加對霸凌者及受霸凌者的諮商及情緒管理訓練。

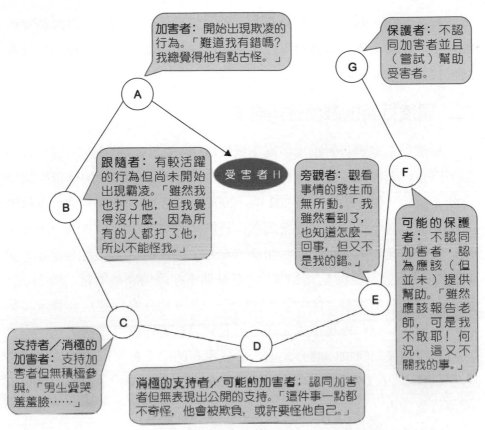

改編自：Olweus (2003)

▲圖 11-1：校園霸凌行為循環中各種角色的反應模式

　　如圖 11-1 所示，霸凌者 (A) 與受害者 (H) 之間，其實伴隨著環境中的跟隨者 (B)、消極的加害者 (C) 等，這些人的起鬨及默許，易增強加害者霸凌行為發生；而校園中後續師長的處理，若僅是處罰或淡化，未能在情意教育上加強其他同學的同理心及處遇能力，則霸凌行為的循環將不會中止。

　　正如 Olweus 提醒的：當你被認定你是惡霸，而你覺得看到人被欺負是「很好玩」的事，大家又預期你會做這件事時，請問有誰可以戒得掉這種「酷弊」了的事？因此教師或家長介入時，把霸凌者找來處罰或指

責、標籤他們，對事情並沒有幫助，因為這是權力的議題，需採教育者的位置，讓霸凌者知覺其行為就是霸凌，在這個環境中，不被允許從系統的位置予以制止。

## 二、霸凌行為的嚴重性與影響

根據兒福聯盟針對國小中高年級的調查，發現高達 63% 的學童曾被同學欺負，其中 10% 的學童還被長期欺負，但是高達 41% 的學童卻選擇忍耐不反抗（教育部電子報 200 期，2006）。如上述的新聞報導，以教導「規矩」或甚至是未繳保護費為名，行霸凌之實，從兒福聯盟的調查發現，校園霸凌現象大部分學童知情 (66.9%) 且有被多數欺負的親身經驗 (62.4%)，超過五成以上 (52.9%) 的學童偶爾在同儕間被欺負，僅 26.6% 從未有被欺負的經驗。需注意的是有近一成 (9.5%) 經常被高大強壯多數的學生欺負，這些被長期鎖定霸凌的弱勢兒童特別值得關注。

在受霸凌兒童的因應方式上，四成左右的學生會採取的策略是「忍一忍就算了」(41.9%)。其次是報告家長 (22.5%) 與老師 (28.2%)，會採取報復行動的占一成左右 (10.1%)。Olweus 以一萬多名國小至國中的學生進行的調查，亦有相似的發現 (Olweus, 2002)。

魏麗敏 (2003) 認為受到霸凌的學生，除了每天都活在擔心受怕的情緒之中，更會造成越來越封閉、畏懼的個性。被霸凌者因為長期被欺侮，越來越無法適應學校生活，有 50% 以上在自信及自我控制的能力上降低了，29% 的被霸凌者曾想過要離開學校，有 10% 的受害者則因此中輟。

Olweus (1994) 更提醒對加害者而言，霸凌行為是成年後反社會行為的先兆，曾在學校是霸凌加害者，與成年後的犯罪行為成正相關。研究甚至發現早年在學校曾被認定為是霸凌者，到了 30 歲時，有 25% 的個案會犯罪；若是在 12 至 15 歲時被認為是霸凌者，則有 60% 曾經被逮捕過，且其中有 35% 至 40% 曾被逮捕過一次以上。顯示校園霸凌問題除了影響青少年在學校內的發展以外，更會在成人之後，造成深遠且無法挽回之影響。

### 三、霸凌的協助原則

Olweus (2003) 以回顧相關文獻的方式，發現處理霸凌行為最關鍵的因素反而是環境中的相關成人，包括教師及相關的參與者，在霸凌事件發生時出現的態度、介入及處理。

#### (一)由系統著手

其他人隱性的支持，是促進霸凌行為發展的主因，因此在學校層級需與全校同學共同討論霸凌行為，讓同學共同知覺這個問題、也學習如何因應，而不再跟著起閧或袖手旁觀，以改變縱容霸凌的態度。

#### (二)預防及觀念教育

預防及觀念教育的工作模式，教導全校師生共同預防霸凌議題，從認識霸凌型態、教導求助及共同建構安全環境的觀念，是預防的基礎。

#### (三)促進全校同理心的建立

增加對霸凌者及受霸凌者的諮商及情緒管理訓練，促進霸凌者體會受霸凌者的心情與感受，以減低其以霸凌他人成為同學英雄的行為模式；而同理心的提升，亦有助其他旁觀者的助人行為。

#### (四)建立校級的共同協助系統

不要讓任何一位處理者、受霸凌者或家長覺得自己在單打獨鬥，因為霸凌在本質上即是一種權力上的不均等現象，若只是一對一的處理，並無法協助受害者的增權，只會讓他在事後更受到報復。因此需以全校性的系統處理，並邀請社區、家長共組聯合防護安全網的方式，預防校園霸凌的發生。

# 第三節　青少年中輟問題

## 一、青少年中輟發生率

教育部在 2002 年頒布的《國民中小學中途輟學學生通報及復學輔導

辦法》中，將中輟學生定義為：「國民小學及國民中學發現有未經請假、不明原因未到校達 3 日以上者，或轉學生未向轉入學校報到者，列為中輟生」。因為中輟議題是青少年適應不良問題中很重要的一環，對於中輟的青少年而言，離開了學校就等於喪失了國民教育的機會與其目標的達成，而且更重要的是，中輟後的青少年後續的行蹤才是危險所在。

吳芝儀 (2000) 針對暴力犯罪青少年的調查中，發現暴力犯罪青少年在進入矯正機構前有高達 67.4% 的比例經常不到學校上課。Wang Y-C 等學者 (2005) 以臺北市青少年為調查對象發現，有逃學經驗的學生接觸毒品的比率為 15.1–17.9%，比起沒有中輟的學生 3.1–3.5%，其接觸到毒品的危險率高出 5 倍左右。即中輟可能是青少年走入歧途的前置站，故如何處理中輟高危險群青少年所面臨的適應問題，是迫切且重要的課題。

如表 11–1 所示，自 92 學年度到 97 學年度，全臺灣地區國民中小學中輟平均發生率約在 0.30–0.19% 之間，有逐年下降的趨勢，人數顯示每年有 8,000 至 5,000 千的學生數是從義務教育中中輟。可喜的是近年來教育部的積極作為，成立中輟通報制度、立法由公部門主動協尋，使得中輟生復學的比率在逐年增加中。97 學年度有高達 80% 的中輟生復學，顯現我國在中輟作為的成效。

▼表 11–1：國中小輟學生暨復學學生比例表

| 學年度 | 92 | 93 | 94 | 95 | 96 | 97 | 98 |
|---|---|---|---|---|---|---|---|
| 曾輟學人數 | 8,605 | 8,168 | 7,453 | 6,194 | 5,768 | 5,043 | 5.131 |
| 該學年輟學率 % | 0.30 | 0.28 | 0.27 | 0.23 | 0.21 | 0.19 | 0.20 |
| 復學人數 | 5,657 | 5,786 | 5,668 | 4,899 | 4,737 | 4,214 | 4.319 |
| 該學年復學率 % | 65.74 | 70.84 | 76.05 | 79.09 | 82.13 | 83.56 | 84.17 |

資料來源：教育部訓委會 (2009)

## 二、中輟形成原因

青少年中輟因素大略可分為個人因素、家庭因素、社會因素、學校

因素等，本文將配合實徵研究與數據統計從不同面向來討論青少年輟學的成因。

## ㈠個人因素

根據教育部訓委會（教育部，2009）的調查發現，在青少年輟學因素中，個人因素約占 40% 左右。在性別差異上，中輟學生以男生占較多數，平均多出女生 9% 至 15% 左右，青少年會因本身的學業成績欠佳、學習受挫、自我認同未建立，導致在學校中無法形成目標感、自我概念較差；或因身體健康狀況不佳、懷孕等因素而決定離開學校，另外建立新的生活圈，追求新的認同，也間接提高了中途輟學的可能性（陳金定，2007；郭靜晃、曾華源、王順明，2001）。

## ㈡家庭因素

美國國家教育統計中心對輟學學生的統計資料分析顯示，家庭收入在全美國最低 20%，比收入在全美前 20% 的家庭容易輟學，相對的輟學比率更高達 6 倍。從結果可看出家庭經濟因素是影響學生是否能夠繼續留在學校的重要因素 (McMillen, 1997)。王美娟 (2003) 以 317 名一般青少年，對照 136 名中輟青少年組進行研究，結果亦發現中輟青少年組較一般青少年之父母收入低，即家庭經濟因素間接提高中途輟學的可能性。

從家庭型態來看高危險族群的青少年，結果可發現其中有不少的青少年家庭功能多半失能或是來自單親家庭。研究指出，家庭結構的改變時常伴隨而來的是經濟收入的不穩定 (Pong & Ju, 2000)。在我國教育部的統計資料中，父母親離婚或分居高居家庭因素的前三名之一，家庭關係的變動不僅影響家庭系統穩定，更關係著青少年問題與中輟行為的產生（教育部，2004）。Garnier 等人以 205 個家庭為研究樣本的實驗中發現，父母親不良行為也會導致中輟，例如：父母親吸毒行為與青少年中輟有高相關 (Garnier, Stein, & Jacobs, 1997)。

家庭關係也是影響青少年中輟的因素。一項非裔美國青少年母親與孩子的縱貫研究發現，家庭支持是減少學校學生中輟可能性的關鍵因素

(Brooks-Gunn, Guo, & Furstenberg, 1993)。在 Fortin、Marcotte、Potvin、Royer 和 Joly (2006) 研究結果發現，高危險青少年在與父母相處間有溝通不良的問題，無論是在一般家庭雜事、時事議題甚至是電視節目等話題都無法有順利的討論。高危險青少年無法從父母或家庭成員中得到支持，其父母多半無法協助其完成作業，也沒辦法協助青少年規劃未來方向；對子女缺乏學業成就期待，也會導致青少年學業自尊低落，亦間接促成中輟行為 (Battin-Pearson et al., 2000; Rumberger, 1995)。

㈢學校因素

Kasen、Cohen 和 Brook (1998) 以 452 位有中輟經驗之國、高中生的縱貫研究發現低學業成就和低學習抱負者，越有可能中輟。郭靜晃等人 (2001) 認為現行教育體制較為重視學業成績，因此成績的好壞變成判斷學生價值及人際互動的重要評斷標準。為確保升學率，學校多安排密集的考試及練習，家長為避免學生課業跟不上，多要求學生參加課後輔導或是補習教育，在如此高填鴨式的教育政策下，成績較差、跟不上進度的學生易產生自暴自棄的心理，選擇以逃避來減輕挫折感，如此一來，自我調適及適應力較差的學生容易產生懼學拒學的現象。

師生關係亦是中輟影響因素。高中輟傾向的學生知覺老師對他們的態度較負向，而與教師的不良關係會使青少年對老師的不認同感增加，造成不會去在意師長對他們的看法，當師生之間的疏離感增加時，青少年逃學或輟學比率也就相對提高 (Chow, 1996; Jenkins, 1997)。Bennacer (2000) 以 1,123 位高中生為樣本的研究指出，師長可以班級經營、問題導向的學習方式等扮演促進學業表現的助力。學業成績、學校人際關係、與師長之間的關係，可有效降低學生對學校的無力感、無價值感。

## 三、中輟的協助計畫

我國在 1994 年建立「國民中小學中途輟學通報系統」，並與內政部、警政署、相關社會福利機構，以及各地教育局協助中途輟學的學生回到

學校。近年來各地則有「中途班」的出現，讓這些不適應一般課程的中輟生有多元化的學習課程，希望留住學生；教育部亦設置獨立的中途學校，提供學生住宿，以收容家庭變故、失能而須特別照顧，以及嚴重行為偏差需要集中管理訓練正常生活起居的學生（鄭崇趁，2005）。

教育部自 2003 年起實施領域補救教學和普及中介教育方案，此係針對常態化教學內容設計彈性教學方案，也就是廣義的「另類教育」，從「適性」、「中介」、「銜接」之基礎，協助中輟生能夠持續接受教育，發揮教育功能，亦即在協助方式上，建立多元的適性課程，讓在學校無成就感的中輟生得以從多元課程中找到適於自己特質及發展的學習方向。

中輟的處遇上包括增加在學校內的正向經驗、學業成就，對於失功能家庭的學生，邀請社會熱心人士提供亦師亦友的典範陪伴，甚至包括以中途班、中途學校等半安置性質的處遇方式，以增加青少年的生活穩定性等均是可參考的處遇模式。近年來社教司與各縣市家庭教育中心合作，積極推動高關懷家庭的親職教育，透過訓練半專業之義務工作者深入家庭，協助低親職功能之父母親增強親職效能，也增加家庭對中輟之虞學生的家庭親子功能，有效提升高風險家庭的支持力（沈慶鴻，2007-2008）。

## 第四節　青少年犯罪問題

### 一、青少年犯罪的發生率

根據法務部 2009 年發布的少年犯罪概況統計資料顯示，近十年少年犯罪發生率由 1999 年的 84.29（每萬人），下降至 2008 年的 47.28，降幅約 40%（見表 11-2），唯自 2005 年後，幅度又略微上揚，此現象可能需持續注意。

▼表 11-2：近十年兒童青少年犯罪統計　人口率單位：每萬人

| 年別 | 合　計 | | | 兒　童 | | | 少　年 | | |
|---|---|---|---|---|---|---|---|---|---|
| | 人口數 | 犯罪人數 | 犯罪人口率 | 人口數 | 犯罪人數 | 犯罪人口率 | 人口數 | 犯罪人數 | 犯罪人口率 |
| 88 | 5,868,903 | 17,908 | 30.51 | 3,785,640 | 349 | 0.92 | 2,083,263 | 17,559 | 84.29 |
| 89 | 5,779,069 | 15,848 | 27.42 | 3,751,124 | 285 | 0.76 | 2,027,945 | 15,563 | 76.74 |
| 90 | 5,662,521 | 14,882 | 26.28 | 3,700,255 | 263 | 0.71 | 1,962,266 | 14,619 | 74.50 |
| 91 | 5,544,533 | 13,821 | 24.93 | 3,611,832 | 231 | 0.64 | 1,932,701 | 13,590 | 70.32 |
| 92 | 5,429,950 | 11,652 | 21.46 | 3,517,927 | 201 | 0.57 | 1,912,023 | 11,451 | 59.89 |
| 93 | 5,345,047 | 9,566 | 17.90 | 3,413,894 | 199 | 0.58 | 1,931,153 | 9,367 | 48.50 |
| 94 | 5,550,472 | 9,089 | 16.38 | 3,294,247 | 238 | 0.72 | 2,256,225 | 8,851 | 39.23 |
| 95 | 5,107,181 | 9,073 | 17.77 | 3,176,997 | 239 | 0.75 | 1,930,184 | 8,834 | 45.77 |
| 96 | 5,002,123 | 9,072 | 18.14 | 3,058,061 | 214 | 0.70 | 1,944,062 | 8,858 | 45.56 |
| 97 | 4,868,304 | 9,441 | 19.39 | 2,936,650 | 204 | 0.69 | 1,931,654 | 9,237 | 47.82 |

資料來源：　1.分齡人口數係依據內政部統計年底現住人口數。
　　　　　　2.司法院統計處（表 1712-06-06-05、1712-06-07-05）。
說　　明：　1.兒童人口數指 12 歲未滿之年齡層人口數。
　　　　　　2.兒童犯罪人數指 12 歲未滿之年齡層犯罪人數。
　　　　　　3.少年人口數指 12 歲以上 18 歲未滿之年齡層人口數。
　　　　　　4.少年犯罪人數指 12 歲以上 18 歲未滿之年齡層犯罪人數。
　　　　　　5.本表不包含虞犯少年兒童。

　　近年來少年刑事案件之犯罪類型中，竊盜罪是犯罪類型下降幅度最大者，而暴力傷害則占了犯罪類型約 1/3 以上；另需注意的是自 1999 年修正通過實施之妨害性自主罪，2008 年以來其犯罪人數已超越傷害罪之犯罪人數，成為犯罪人數最多的類型（法務部，2011）。此資料也呈現出我國在青少年的性教育及兩性平權上仍需加強。另外李信良 (2007) 以統合分析的方式整理近 5 年少年犯罪資料顯示，少年兒童犯罪態樣及手法趨於多樣化及複雜化。

　　就性別而言，以近 10 年的犯罪少年性別比例變化情形來看，男性少年犯所占的比例，約在 89.59% 至 95.69% 之間，女性則在 5% 至 14.02% 之間。值得注意的是，男性少年犯罪人數從 1999 年以後隨著整體少年犯

罪人數的下降而逐年減少，惟女性少年犯罪人數卻仍互有增減，顯見女性少年犯罪問題仍應持續關注其變化趨勢（法務部，2010）。

## 二、青少年犯罪的形成原因

青少年的個人特質、同儕社交網路、重要他人、外在環境等因素皆與青少年犯罪有密不可分的關係，我們接下來將從不同的面向配合實徵研究結果來探討青少年犯罪問題。

### ㈠心理因素

青少年人格特質是預測犯罪行為的重要指標 (Taylor, Kemper, & Kistner, 2007)，在 Taylor (2007) 等人一個以 12 到 19 歲青少男為樣本的研究中發現，具有明顯衝動或高反應特質的青少年，其嚴重違反團體規範的次數也較高；另也有研究發現，具有明顯衝動、冷酷無情特質的青少年，較容易表現出犯罪行為，這樣的特質是預測犯罪行為的有效指標 (Vitacco, Neumann, Robertson, & Durrant, 2002)。在國內研究也發現，少年犯的挫折容忍力、自我控制力、情緒穩定性及情緒疏導能力較一般青少年低落，在情緒方面則表現出較多的不滿、怨恨、焦慮及憂慮等狀態（許春金、馬傳鎮、陳玉書等，1999；吳柳蓓，2007）。

### ㈡家庭因素

家庭經濟問題對於犯罪行為的影響也是一項討論的議題，許春金等 (1999) 的研究發現，少年犯之家庭社會經濟地位較一般少年偏低，不過在一項臺北社區與青少年偏差行為的研究發現，家庭經濟狀況對青少年偏差行為的影響並未到達統計的水準，意即在該研究中，家庭經濟狀況對少年偏差行為之直接影響並未獲得證實（許春金、楊世隆，1993）。蔡德輝、楊世隆 (2003) 則認為貧困對犯罪行為與偏差行為的影響雖然沒有直接的定論，但是可以看出，貧窮對於犯罪行為可能存在間接的影響。例如，貧困狀態可以直接促成諸如竊取他人財物之犯罪行為，貧窮常與失業、居住環境、飲食醫療問題有惡性循環的現象存在，有可能間接影

響犯罪行為的產生。

上述家庭結構或家庭經濟因素雖可以解釋青少年犯罪，但 Loeber 和 Stouthamer-Loeber 提出不應以家庭表面結構或經濟因素來解釋青少年問題的成因，而應進一步觀察這些結構下，所造成家庭功能的失調、致使青少年無法從家庭功能中獲得足夠充分的社會化。失功能家庭包括(1)疏忽：缺乏親子關係及父母監督；(2)衝突：管教衝突及親子厭棄；(3)父母的偏差行為及態度；(4)父母本身的婚姻衝突，家庭分裂等（引自許春金、曾雅芬、陳玉書，2008: 78）。Dorius、Bahr、Hoffmann 和 Harmon (2004) 試圖了解父親或母親對青少年偏差行為的影響力是否有所不同，研究結果顯示父親對青少年偏差犯罪行為的影響力較大，甚至可以阻止青少年藥物濫用的情形；另一份研究也指出父親的教養方式是青少年產生犯罪行為的影響變項 (Bronte-Tinkew, Moore, & Carrano, 2006)，父親採用過於獨裁權威的教養方式會增加青少年犯罪行為以及物質濫用的危險。

Branning, Gemmell, Pevallin，和 Wade (2002) 進一步發現父母親帶有敵意的管教方式，是造成其日後暴力的原因。而 Caputo (2004) 的研究發現，相較於管教方式較為寬鬆的父母，威權式的管教方式給予過多的監督和控制，但寬鬆的管教方式讓子女獲得較多的支持，因而獲得支持的子女與家庭形成較好的依附，而降低偏差行為發生的機率。

㈢社會同儕素

吳芝儀 (2003) 以深度訪談的研究了解累犯少年的犯罪歷程，發現少年犯罪初期會受到社會環境如家庭、學校、同儕的影響而出現偏差行為，其造成中輟學業後被幫派或不良環境所吸收，最終形成嚴重的犯罪行為而入獄。劉行五 (2009) 對搶奪犯所進行的研究結果亦相似，均是初期來自親職教養失能的家庭、與家庭的依附關係薄弱；又因為課業學習成就低、得不到學校老師的肯定與關懷，因而轉向相同境遇的同儕，尋求接納、歸屬感，繼而夥同從事偏差活動。

許多研究亦顯示青少年觸法原因是「結交具有偏差行為的朋友」—

一由於少年從事犯罪或偏差行為常是與不良朋友一起作為，而不良朋友
會觸發不良行為的產生，偏差行為又促使結交不良的朋友，於是便形成
一個惡性循環（許春金與侯崇文，1995；楊瑞珠,1996; 許春金等 , 1999）。

## 三、預防青少年犯罪的處遇方案

少年犯罪的形成原因非常多元，如何防止青少年在經歷人生重大發
展階段誤入歧途是個重要的課題。近年來我國對於青少年犯罪預防的處
遇上，多以跨部會的方式來進行，配合青少年同儕活動的特性，在各縣
市政府成立青少年育樂活動中心，並補助各類社會福利團體舉辦青少年
的假日活動，協助青少年以正當活動取代破壞行為。此外建立完善的社
會福利救助體系、處理因貧窮造成的社會問題、有效降低青少年竊盜發
生率；各單位間建立工作會報的平台，使在第一時間發現問題時能立即
因應與處理，皆是努力發展的目標（內政部青少年政策白皮書，2008）。

▲ 圖 11-2：預防青少年犯罪之充權、動員、深耕平臺政策

另外，在對犯罪青少年的處遇上，也可運用社會工作處遇模式
(Social Work Protocols in Practice, SWPIP) 實務模式來處理，主要包含下
列幾項（郭靜晃，2004）：

1. 應用溫暖、真誠、同理心、積極關注及充權增能，與案主及其家庭建立立即關係。

2. 依多元系統仔細檢驗個案情境。

3. 與所用系統做處遇規劃與訂定契約。

4. 處遇方案之執行。

5. 評估方案結果及結案。

6. 從多元系統觀點做追蹤。

從這些一系列方案可發現，在防範青少年犯罪已從一個懲罰取向改而以各方面的扶助在協助青少年避免走向犯罪的結果，依據社會控制理論，個體如果能在各方面如家庭、學校、社區等方面都有良好的依附關係，其犯罪行為就會減少。從法務部統計近 10 年來的少年犯罪人數逐漸緩慢下降的趨勢（許信良，2008），政府所設立此一系列的防制法案，的確有間接減緩少年犯罪趨勢，若能有效增進青少年與周遭環境的社會鍵結，青少年則可在此轉變的階段中，成功的面對挑戰，發展無限潛能，有效的因應未來社會的轉變。

 充資料

## 議題探討：青少年參與幫派暨犯罪相關性之探討

### 發生率

美國國家青少年幫派中心 (NYGC, 2007) 的調查顯示，有大約 21,000 個幫派、估計 731,500 名的幫派成員在美國活躍，從 1996 年至 2002 年幫派成員數增加了 14%（見圖 11-3）。

(a)警方發現的幫派成員數
(b)警方發現的幫派犯罪事件數

資料來源：Bynum & Thompson (1996)

▲圖 11-3：美國德州達拉斯 1989 年 10 月至 1990 年 4 月幫派成員圖

在臺灣地區，加入幫派者之年齡層，以年輕者最多，這種現象也正符合國內之幫派狀況。幫派少年成員中，以在校學生占大多數，而中輟生其次；其中在校生中以國三學生人數最多，其次是高職生及高中生（周文勇，2003）。

目前臺灣地區的幫派依其性質主要可分為組織型、角頭型與組合型三種。組織型乃指具有固定的入幫儀式和幫規，且在管理上具有階級的劃分，但活動範圍不在固定的地盤。角頭型則未必有既定的組織，但活動的範圍卻以某一特定地區為主，與地方的關係甚深，屬地方型的幫派。組合型的幫派成員則不固定，也無特定的幫派名稱或組織階級，且多為因共同之非法利益而暫時結合的犯罪集團（周國雄、施威良，2006）。

許多青少年加入幫派的原因，是由於害怕自己獨自一人容易成為鄰近地區其他青少年群欺侮的對象，而且幫派可以提供發展並維持同儕團體的機會 (Bynum & Thompson, 1996)。其他原因還包含了對權威的厭倦、反抗，對自身種族的忠誠，以及與父母或師長的關係惡劣等，由於家庭問題而使青少年想獲得失去的家庭氣氛，而幫派正好提供了類似家庭的「歸屬感」，因而形成了參加幫派的次文化，以獲取心目中的成功。

> 幫派之所以能吸引青少年，主要是利用青少年對安全與滿足的心理需求，進而提供各種滿足青少年需求的機會來引誘加入幫派，成為幫派的工具，而青少年加入幫派多屬理性選擇下的結果，因此形成兩者共生之關係（周國雄、施威良，2006）。因此，為了斷絕青少年加入幫派的源頭，學者建議警察單位應針對校園內自發性之聚合，運用其「可聚可散」及「不易發展組織」的特性，透過學校單位與公權力介入偵辦，使其解散，並透過師長的共同努力，盡力將組織成員輔導回頭，進而瓦解其組織。

# 結　語

　　雖然對於青少年的問題處理已有許多的方案與計畫，然而，並非所有的方案與計畫都是有效的。一個有效的計畫應包含下列幾項特徵：首先，此計畫必須針對造成問題的原因做處理。此外，這項計畫必須是合乎成本效益的。最後，這項計畫也必須要受到大眾的高度支持與配合。需要注意的是，這些計畫與方案並不能解決青少年的偏差行為問題，只能降低機率。另一方面，在方案的實施上也可能遇到困難，我們無法確保這些方案能如同當初計畫時順利地運行，然而不可否認的是，這些預防措施的確是重要的因應措施。

　　Stattin 和 Kerr (2009) 綜合近年來的介入方案後發現，近年來的處理趨勢已從問題發生才解決，進一步以預防性發展性的介入方案為主，且除發掘青少年自身的能力與資源、提升自我價值感、培養因應技巧、建立人際資源網路、發展未來目標導向，協助青少年形成正向的認同發展等為目標外，方案進行方式則以系統性、脈絡性的視野來規劃，因此雖然服務對象是青少年，但要解決的是如何以家庭、學校、社區三方面為基礎的合作策略，以及此計畫如何貼近青少年每天的生活，從他們的日常活動、學習、同伴、活動場域、社區環境等思考，聚焦於青少年的內外在問題成因，從青少年的生活脈絡中建構一個健康的身心成長環境。

內政部 (2007)。《內政部警政署警政治安全球資訊網——警政統計通報》。檢自：
　　http://www.npa.gov.tw/NPAGip/wSite/ct?xItem=35004&ctNode=11393&mp=1。

內政部 (2008)。《青少年政策白皮書》。檢自：http://ey.cbi.gov.tw/internet/text/doc/
　　doc.aspx?uid=348。

王美娟 (2003)。〈青少年中輟相關因素及社會不良適應關聯性之研究〉。《玄奘社會
　　科學學報》，1，279–319。

王愛麗 (2007)。〈青少年自傷行為——復原力觀點〉。《諮商與輔導》，256，10–13。

孔繁鐘（譯）(2007)。《DSM-IV-TR 精神疾病診斷準則手冊》（原作者：American
　　Psychiatric Association）。臺北：合記（原著出版年：2000）。

李文傑、吳齊殷 (2004)。〈棒打出壞子？：青少年暴力行為的連結機制〉。《台灣社
　　會學》，7，1–46。

李信良 (2009)。《青少年與非法藥物》。高雄：復文。

沈慶鴻 (2007–2008)。《建構最需要家庭輔導網絡督導與評估方案》。教育部 96–97
　　年委託方案。

吳芝儀 (2000)。〈國中階段中輟生輟學經驗與危機因素之研究〉。《犯罪學期刊》，5，
　　179–232。

吳芝儀 (2003)。〈累犯暴力犯罪者犯罪生涯及自我觀之發展與演變〉。《犯罪學期刊》，
　　6，127–176。

吳柳蓓 (2007)。〈親職教養、學校功能與青少年偏差行為相關性之研究〉。《家庭教
　　育與諮商學刊》，2，81–115。

周文勇 (2006)。《幫派滲透校園問題之防處》。檢自：http://140.128.170.3/輔導室業
　　務/網頁/輔導組/中輟生/幫派滲透校園問題之防處.htm。

周國雄、施威良 (2006)。《台北縣少年輔導委員會九十五年自行研究報告》。臺北：
　　臺北縣政府警察局少年隊、臺北縣少年輔導委員會。

周逸芬（譯）(2000)。《不是我的錯》。臺北：和英。Leif Dristiansson (1999). *Det var
　　inte mitt fel.*

法務部 (2009)。《97 年少年兒童犯罪概況及其分析》。臺北：法務部。

孫凌、蘇林雁、劉永忠（民 90）。〈長沙市中小學生對立違抗性障礙的現況及對照
　　研究 1〉。《中華精神科雜誌》，34，208–211。

郭生玉 (1992)。〈朝陽方案效益評估研究報告〉。臺北：教育部訓育委員會。

教育部 (2007)。〈教育部針對立委質詢校園安全暴力事件嚴重之澄清〉。檢自：http://epaper.edu.tw/news/961001/961001_01.htm。

教育部 (2006)。〈教育部電子報 200 期〉。檢自：http://epaper.edu.tw/e9617_epaper/foreword.aspx?period_num=200。

教育部 (2004)。〈教育部 92 年青少年輔導計劃執行結果〉。《價輔輔導生命的契機──教育部青少年輔導計劃九十二年度執行成果專輯》。臺北：教育部。

教育部訓委會 (2007)。〈近三年國民中小學學生輟學學生統計表〉。檢自：http://www.edu.tw/EDU_WEB/Web/publicFun/dynamic_default.php#。

教育部訓委會 (2004)。〈教育部中輟統計〉。檢自：http://www.cges.tyc.edu.tw/cgesteacher/guidance/%E6%A0%A1%E5%9C%92%E6%B4%BB%E5%8B%95/active/ 訓輔工作輔導團/東安國中 93/教育部中輟統計.htm。

許春金、馬傳鎮、陳玉書等 (1999)。《少年偏差行為早期預測之研究（第三年研究報告）》。臺北：行政院青年輔導委員會。

許春金、馬傳鎮、謝文彥等 (1999)。《少年偏差行為早期預測之研究（總結報告）》。臺北：行政院青年輔導委員會。

許春金、侯崇文 (1995)。《兒童、少年觸法成因及處遇方式之比較研究》。臺北：行政院青年輔導委員會。

許春金、楊世隆 (1993)。〈社區與少年偏差行為：社區解組犯罪理論之實證分析〉。《警政學報》，23，183–218。

許春金、曾雅芬、陳玉書 (2008)。〈犯罪青少年十年犯罪變化之追蹤研究〉。《犯罪防治學報》，9，69–107。

陳美君、陳美如、陳秀卿、林宜美（譯）(2005)。《變態心理學》（原作者：Carson, R. C., Butcher, J. N, & Mineka, S.）。臺北：五南（原著出版年：2000）。

陳淑惠 (2003)。〈擬像世界中的真實心理問題〉。《學生輔導》，86，16–35。

陳信良 (2007)。〈台灣地區少年犯罪狀況之研究：以 1996 年至 2005 年為例〉。《中央警察大學犯罪防治學報》，8，189–204。

郭靜晃 (2004)。《兒童少年福利與服務》。臺北：揚智文化。

郭靜晃、曾華源、王順明等 (2001)。《中途離校青少年現況分析》。臺北：行政院青年輔導委員會。

楊瑞珠 (1996)。《高危險群青少年文化心態特質與甄別量表編制之研究》。臺北：心理。

廖裕星、林清文 (2007)。〈國中中輟高危險學生中輟意圖及其相關因素模式之研究〉。

《輔導與諮商學報》，1，25–46。

鄭崇趁 (2005)。〈中輟學生教育的理論基礎與具體措施〉。《教師天地》，137，22–27。

劉行五 (2009)。〈青少年街頭搶奪犯罪之研究——以臺南地區為例〉。《犯罪學期刊》，
　　12，41–82。

蔡德輝、楊世隆 (2003)。《少年犯罪理論與實務》。臺北：五南。

魏麗敏 (2003)。〈校園欺凌行為、家庭環境與學校氣氛之關係〉。《臺中師院學報》，
　　17，21–49。

蘇東平 (1982)。〈管束機構內青少年濫用藥物之流行病學研究。第一部：青少年濫
　　用藥物之臨床研究〉。《中華醫誌》，30，195–208。

Anderson, C., Carnagey, N., & Eubanks, J. (2003). Exposure to violent media: The
effects of songs with violent lyrics on aggressive thoughts and feelings. *Journal of
Personality & Social Psychology*, *84*(5), 960–971.

Asher, & Coie (1990). *Peer Rejection in Childhood*. New York: Cambridge University
Press.

Barry, C., Frick, P., DeShazo, T., McCoy, M., Ellis, M., & Loney, B. (2000). The
importance of callous-unemotional traits for extending the concept of psychopathy
to children. *Journal of Abnormal Psychology*, *109*(2), 335–340.

Battin-Pearson, S., Newcomb, M. D., Abbott, R. D., Hill, K. G., Catalano, R. F., &
Hawkins, J. D. (2000). Predictors of early high school dropout: A test of five
theories. *Journal of Educational Psychology*, *92*(3), 568–582.

Beck, A. (1999). *Prisoners of Hate: The Cognitive Basis of Anger, Hostility, and
Violence*. New York, NY, US: HarperCollins Publishers.

Bennacer, H. (2000). How the socioecological characteristics of the classroom affect
academic achievement. *European Journal of Psychology of Education*, *15*(1),
173–189.

Berkowitz, L. (1994). Is something missing? Some observations prompted by the
cognitive-neoassociationist view of anger and emotional aggression. In L. R.
Huesmann (Ed.), *Aggressive Behavior: Current Perspectives*. New York: Plenum
Press.

Berkowitz, L. (1997). On the determinants and regulation of impulsive aggression. In S.
Feshbach, & J. Zagrodzka (Eds.), *Aggression: Biological, Developmental, and
Social Perspectives*. N.Y.: Plenum Press.

Brannigan, A., Gemmell, W., Pevalin, D., & Wade, T. (2002). Self-control and social control in childhood misconduct and aggression: The role of family structure, hyperactivity and hostile parenting. *Canadian Journal of Criminolog, 44*(2), 119–142.

Borum, R. (2000). Assessing violence risk among youth. *Journal of Clinical Psychology, 56*(10), 1263–1288.

Brennan, T., Huizinga, D., & Elliott, D. (1978). *The Social Psychology of Runaways.* Oxford, England: D.C. Heath.

Bronte-Tinkew, J., Moore, K., & Carrano, J. (2006). The father-child relationship, parenting styles, and adolescent risk behaviors in intact families. *Journal of Family Issues, 27*(6), 850–881.

Brooks-Gunn, J., Guo, G., & Furstenberg, Jr., F. (1993). Who drops out of and who continues beyond high school? A 20-year follow-up of black urban youth. *Journal of Research on Adolescence (Lawrence Erlbaum), 3*(3), 271–294.

Bynum, & Thompson (1996). *Juvenile Delinquency.* US: Allyn and Bacon.

Caputo, R. (2004). Parent religiosity, family processes, and adolescent outcomes. *Families in Society, 85*(4), 495–510.

Chang, K., Khanzode, L. A., Kraemer, H., Saxena, K., & Steiner, H. E. (2006). Efficacy profiles of psychopharmacology: Divalproex sodium in conduct disorder. *Child Psychiatry and Human Development, 37*(1), 55–64.

Chen, X., Thrane, L., Whitbeck, L., & Johnson, K. (2006). Mental disorders, comorbidity, and postrunaway arrests among homeless and runaway adolescents. *Journal of Research on Adolescence, 16*(3), 379–402.

Chow, S., Aronson, J., Linquanti, R., & Berliner, B. (1996). Dropping out in ogden city schools: The voice of the students. San Francisco, CA, US: WestEd.

Christian, R., Frick, P., Hill, N., & Tyler, L. (1997). Psychopathy and conduct problems in children: II. Implications for subtyping children with conduct problems. *Journal of the American Academy of Child & Adolescent Psychiatry, 36*(2), 233–241.

Cloward, R., & Ohlin, L. (1960). *Delinquency and Opportunity: A theory of delinquent gangs.* New York, NY, US: Free Press.

Cohen, E., & Rosenbaum, L. (1958). Are jobs the answer to delinquency? *School & Society, 86*, 215–216.

Crick, N., & Dodge, K. (1996). Social information-processing mechanisms on reactive and proactive aggression. *Child Development, 67*(3), 993–1002.

DeRosier, M., Kupersmidt, J., & Patterson, C. (1994). Children's academic and behavioral adjustment as a function of the chronicity and proximity of peer rejection. *Child Development, 65*(6), 1799–1813.

Dorius, C., Bahr, S., Hoffmann, J., & Harmon, E. (2004). Parenting practices as moderators of the relationship between peers and adolescent marijuana use. *Journal of Marriage & Family, 66*(1), 163–178.

DuRant, R. H., & Hergenroeder, A. C. (1994). Promotion of physical activity among adolescents by primary healthcare providers. *Pediatric Exercise Science, 6*, 448–463.

Dyer, J. G., & McGuinness, T. M. (1996). Resiliences analysis of the concept. *Archives of Psychiatric Nursing, 10*(5), 276–282.

Dykeman, C., & Daehlin, W. (1996). Psychological predictors of school-based violence: Implications for school counselors. *School Counselor, 44*(1), 35.

Eslea, M., Menesini, E., Morita, Y., O'Moore, M., Mora-Merchan, J. A., et al. (2003). Friendship and loneliness among bullies and victims: Data from seven countries. *Aggressive Behavior, 30*, 71–83.

Essi, I., Kaisa, V., Helina, H., Taru, M., Pirkko, R. (2006) . Familial risks, conduct disorder and violence: A finnish study of 278 adolescent boys and girls. *European Child & Adolescent Psychiatry, 5*(1), 46–51.

Farrington, D. (1989). Early predictors of adolescent aggression and adult violence. *Violence and Victims, 4*(2), 79–100.

Farrington, D. (1991). Childhood aggression and adult violence: Early precursors and later-life outcomes. *The Development and Treatment of Childhood Aggression.* Questia Media America, Inc., pp. 5–29.

Fortin, L., Marcotte, D., Potvin, P., Royer, É., & Joly, J. (2006). Typology of students at risk of dropping out of school: Description by personal, family and school factors. *European Journal of Psychology of Education—EJPE, 21*(4), 363–383.

Fontaine, R., & Dodge, K. (2006). Real-time decision making and aggressive behavior in youth: A heuristic model of response evaluation and decision (RED). *Aggressive Behavior, 32*(6), 604–624.

Garnier, H., Stein, J., & Jacobs, J. (1997). The process of dropping out of high school: A 19-year perspective. *American Educational Research Journal, 34*(2), 395–419.

Gigm, G. (2006). Social cognition and moral cognition in bullying: What's wrong? *Aggressive Behavior, 32*, 528–539.

Guetzloe, E. (1999). Violence in children and adolescents—A threat to public health and safety: A paradigm of prevention. *Preventing School Failur, 44*, 21–4.

Hall, A., & Parsons, J. (2001). Internet addiction: College student case study using best practices in cognitive behavior therapy. *Journal of Mental Health Counseling, 23*(4), 312.

Hawkins, J., Herrenkohl, T., Farrington, D., Brewer, D., Catalano, R., & Harachi, T. (1998). A review of predictors of youth violence. *Serious & Violent Juvenile Offenders: Risk Factors and Successful Interventions* (pp. 106–146). Thousand Oaks, CA, US: Sage Publications, Inc.

Herrenkohl, T., Maguin, E., Hill, K., Hawkins, J., Abbott, R., & Catalano, R. (2000). Developmental risk factors for youth violence. *Journal of Adolescent Health, 26*(3), 176–186.

Huesmann, L., Moise-Titus, J., Podolski, C., & Eron, L. (2003). Longitudinal relations between children's exposure to TV violence and their aggressive and violent behavior in young adulthood: 1977–1992. *Developmental Psychology, 39*(2), 201.

Hage, S., Van Meijel, B., Fluttert, F., & Berden, G. (2009). Aggressive behavior in adolescent psychiatric settings: What are risk factors, possible interventions and implications for nursing practice? A literature review. *Journal of Psychiatric & Mental Health Nursing, 16*(7), 661–669.

Jenkins, P. (1997). School delinquency and the school social bond. *Journal of Research in Crime & Delinquency, 34*(3), 337–367.

Johnson, J., Cohen, P., Smailes, E., Kasen, S., & Brook, J. (2002). Television viewing and aggressive behavior during adolescence and adulthood. *Science, 295*(5564), 2468.

Kasen, S., Cohen, P., & Brook, J. (1998). Adolescent school experiences and dropout, adolescent pregnancy, and young adult deviant behavior. *Journal of Adolescent Research, 13*(1), 49–72.

Larson, J. (1992). Anger and aggression management techniques through the think first curriculum. *Journal of Offender Rehabilitation, 18*(1), 101–117.

Lindley, B. (2001). Conduct disorder: A biopsychosocial review. *The Canadian Journal of Psychiatry/La Revue Canadienne de Psychiatrie, 46*(7), 609–616.

Loeber, R., & Hay, D. (1997). Key issues in the development of aggression and violence from childhood to early adulthood. *Annual Review Psychology, 48,* 371–410.

Loeber, R., & Stouthamer-Lober, M. (1986). Family factors as correlates and predictors of juvenile conduct problems and delinquency. In M. Tonry, & N. Morris (Eds.), *Crime and Justice, 7,* 29–147. Chicago: University of Chicago Press.

Marcus, R. (2007). *Aggression and Violence in Adolescence.* Cambridge: Cambridge University Press.

McClintock, K., & Phelps, L. (1994). Papa and peers: A biosocial approach to conduct disorder. *Journal of Psychopathology and Behavioral Assessment, 16*(1), 53–67.

McMillen, M., Kaufman, P., Klein, S., MPR Associates B, Office of educational research and improvement (Ed.), W. Dropout Rates in the United States: 1995. July 01, 1997. Available from: ERIC, Ipswich, MA.

Men, H. L., Alyson, J. B., & Wai, S. T. (2009). Contrasting effects of a hot and a cool system in anger regulation on cooperative behavior. *International Journal of Psychology, 44* (5), 333–341.

Mufson, L., Dorta, K. P., Moreau, D., & Weissman, M. M. (2004). *Interpersonal Psychotherapy for Depressed Adolescents.* New York: Gullford.

NYGC (2007). National youth gang survey analysis. Retrieved from the web site: http://www.iir.com/nygc/nygsa/gang_migration.htm

Olweus, D. (1994). Bullying at school: Long-term outcomes for the victims and an effective schoolbased intervention program. In L. R. Huesmann (Ed.), *Aggressive behavior: Current Perspectives.* New York: Wiley, pp. 97–130.

Olweus, D. (2002). *Mobbing I Skolen: Nye Data om Omfang og Forandring Over Tid.* (Bullying at school: New data on prevalence and change over time.) Manuscript. Research Center for Health Promotion, University of Bergen, Bergen, Norway.

Olweus, D. (2003). A profile of bullying at school. *Educational Leadership, 60*(6), 12.

Pershing DiNapoli, P. (2002). Adolescent violent behavior and ego development. *Journal of Adolescent Health, 31*(6), 446–448.

Plass, P., & Hotaling, G. (1995). The intergenerational transmission of running away:

Childhood experiences of the parents of runaways. *Journal of Youth and Adolescence, 24*(3), 335–348.

Pong, S., & Ju, D. (2000). The effects of change in family structure and income on dropping out of middle and high school. *Journal of Family Issues, 21*(2), 147–169.

Rhodes, J., & Fischer, K. (1993). Spanning the gender gap: Gender differences in delinquency among inner-city adolescents. *Adolescence, 28*(112), 879–889.

Rohr, M. (1996). Identifying adolescent runaways: The predictive validity of the personality inventory for children. *Adolescence, 31*(123), 605–623.

Rumberger, R. (1995). Dropping out of middle school: A multilevel analysis of students and schools. *American Educational Research Journal, 32*(3), 583–625.

Schaffner, L. (1998). Searching for connection: A new look at teenaged runaways. *Adolescence, 33*(131), 619–627.

Smith, S., & Boyson, A. (2002). Violence in music videos: Examining the prevalence and context of physical aggression. *Journal of Communication, 52*(1), 61.

Springer, D. (1998). Validation of the adolescent concerns evaluation (ACE): Detecting indicators of runaway behavior in adolescents. *Social Work Research, 22*(4), 241–250.

Stattin, H., & Kerr, M. (2009). Challenges in intervention research on adolescent development. *Journal of Adolescence, 32*, 1437–1442.

Taylor, J., Kemper, T., & Kistner, J. (2007). Predicting institutional maladjustment in severe male juvenile delinquents from criminal history and personality/clinical subtype. *Criminal Justice and Behavior, 34*(6), 769–780.

Vitacco, M., Neumann, C., Robertson, A., & Durrant, S. (2002). Contributions of impulsivity and callousness in the assessment of adjudicated male adolescents: A prospective study. *Journal of Personality Assessment, 78*(1), 87–103.

Waller, M. A. (2001). Resilience in ecosystemic context evolution of the concept. *American Journal of Orthopsychiatry, 71*(3), 290–297.

Wang, Y-C, Lee, C-M, Lew-Ting, C-Y, Hsiao, C-K, Chen, D-R, & Chen, W-J (2005). Survey of substance use among high school students in Taipei: Web-based questionnaire versus paper-and-pencil questionnaire. *Journal of Adolescent Health, 37*, 289–295.

Webster, C., & Jackson, M. (1997). *Impulsivity: Theory, Assessment, and Treatment.*

New York, NY, US: Guilford Press.

Wright, D., & Fitzpatrick, K. (2006). Violence and minority youth: The effects of risk and asset factors on fighting among African American children and adolescents. *Adolescence, 41*(162), 251–262.

原住民青少年社會心理適應

2008 年 7 月 22 日，花蓮地方版報紙以斗大的字報導：撒奇萊雅族木神祭❶，成年禮「授帶」。這個祭拜茄冬樹的祭典據傳是撒奇萊雅族傳統的成年禮。行政院在 2007 年 1 月核定本族恢復族名，成為第 13 個原住民族，其成年禮儀式在中斷了 130 年後重新啟動，一方面再次向臺灣社會正式宣告撒奇萊雅族的存在，同時也透過祭典來強化參加儀式的 40 位國小四年級到高中三年級「青少年」的族群認同。

**名詞解釋**

撒奇萊雅與七腳川二族長期被歸類為阿美族，撒奇萊雅族於 2007 年正名成為第 13 族，七腳川族目前仍屬於阿美族的一個群，但這兩個族在 300 多年前西班牙統治臺灣北部時代，已散布至現今稱為奇萊平原的花蓮地區。

無獨有偶地，花蓮市公所在 3 天後的 7 月 25 日，舉行 8 年一次的阿美族男性成年禮，總計 106 位介於 12 歲至 20 歲的「少年」，參加為期 2 天的儀式。

上述二則事件顯示 2 個意義：一是「青少年」的範疇具有文化的差異性，二是青少年的社會心理發展，相當程度受到他們所處社會的組織與制度的影響。

對於青少年的界定，原住民各族的定義並不相同。以極為重視團隊活動的阿美族傳統社會為例，年輕人在 15 歲以前統稱為「兒童」，阿美語稱為 wawa，即小孩之意；到了 15 歲加入年齡階級組織以後，就開始被稱為「青年」(kapah)，而且一直到大約 50 歲，晉升為「老人組」(matoasay)之前，都屬於青年組；但青年組比較資深的成員，亦即年齡最高的一級，稱為「青年之父」(mama no kapah)，其職責在訓練及督導所有青年組執行被分派的集體工作，如整修會所、清理道路等公共工程❷。

儘管有這樣的文化差異，本章探討的範圍原則上將以 15 至 24 歲為

---

❶ 有關木神祭的說明，請參閱原住民電視臺原住民新聞雜誌節目之報導，轉載於網路 http://www.peopo.org/portal.php?op=viewPost&articleId=21778。

❷ 關於年齡組織的細節，請參閱許木柱 (1987)，《阿美族的社會文化變遷與青少年適應》，頁 35–40，以及其中引用的相關研究文獻。

主，但在必要時，可能將討論的範圍略為擴大。

　　近 10 年來，探討原住民青少年特定問題的論文相當快速地累積，特別是健康、教育、社會適應等現象，這些資料是本章撰述的重要基礎。❸

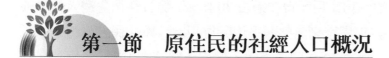

## 第一節　原住民的社經人口概況

　　原住民族群在 2001 年以前分為九族，即泰雅、賽夏、布農、鄒、排灣、魯凱、卑南、阿美及雅美等。2001 年行政院核准邵族從鄒族分出、2002 年又核定噶瑪蘭族恢復族名、2004 年將原屬於泰雅族一支的太魯閣群另列一族、2007 年 1 月核准撒奇萊雅族恢復原有族名，最後在 2009 年 4 月，核准賽德克族從泰雅族分離成為獨立的一族，目前總計 14 個族。

　　依據行政院原住民族委員會網站的統計資料，原住民各族於 2010 年 7 月的人口數總計 50 萬 9,148 人，其中 15–24 歲的青少年占 17.7%。各族中人口最多者為阿美族（186,186 人），接著依序為排灣族（89,401 人）、泰雅族（80,966 人）、布農族（52,112 人）等，人口最少者為住在花蓮的撒奇萊雅族（442 人）。在居住地方面，住在山地鄉的人數占 31.9%，住在平地鄉的人數占 25.9%，而住在都會區的人數占 42.2%；若包括在都市工作但還沒有將戶籍遷入的人數，估計超過一半的原住民已經遷移至都會區，主要的原因為就業及子女教育。

　　原住民各族傳統的經濟型態以山田燒墾及農耕或捕魚為主，從清領時期到日據時期都一直維持這種傳統經濟型態。但從 1960 年代末期，臺灣進入資本主義經濟體系，以出口替代為主的輕型工業（如紡織、製鞋）開始崛起，更隨著 1970 年代十大建設的推動，臺灣展開「現代化」的歷

---

❸　早期比較廣泛探討原住民青少年的研究，在專書方面僅有許木柱 (1987) 的研究直接探討原住民青少年適應；單篇論文方面，則有許木柱、李亦園 (1978)、Hsu (1982)、De Vos & Hsu (1985)、李亦園、許木柱 (1985)、Hsu & Li (1989)、許木柱 (1989, 1991)、紀駿傑 (2005) 等。

史新頁，工廠龐大的勞力需求有如虹吸作用，加速吸引臺灣農村及山地偏遠地區許多年輕人，快速往工業城鎮與都市集中。

工業化的發展對原住民產生重大的社會經濟與文化衝擊。在經濟方面，山地鄉各族的平均家戶所得在過去 30 年來，隨著整個臺灣大社會的經濟發展而增加，但與全臺灣整體平均所得相比，原住民各族的家庭所得仍然相對偏低。過去 10 年間 3 次較大規模的經濟調查顯示，原住民的平均家戶所得大約是全臺灣平均的 50% 左右；而根據原住民族委員會公布的最新資訊，原住民在 2010 年的家戶所得總平均略降為 49.7 萬元，約為臺灣地區全體家庭平均年收入的 46.3%；收入來源以薪資收入（受雇人員報酬及產業主所得）為主，比重占 92.6%，遠高於臺灣全體家庭平均的 70.2%（行政院原住民委員會，2011）。顯示原住民的整體經濟近年來似乎有停滯在每戶 50 萬元左右的趨勢，其原因或許和台灣整體薪資所得的停滯有關。

由於經濟的發展而帶動農村與山地人口大量外流，原住民各族的經濟來源大多依賴薪資所得，傳統農業與打獵的生計類型，日漸喪失原有的重要性。從 1960 年代末期開始，薪資所得占原住民家庭所得的比重快速提升，並且快速超越傳統農業所得：在外工作所賺取的薪資比重從 1968 年的 12.5%，急速上升至 1979 年的 36%；到了 2010 年，更高達 92.6%。這個現象固然顯示青少年勞動人口及早進入市場，對原住民家庭經濟有相當重要的貢獻，但其代價則是青少年提早離開教育體制，導致原住民的平均教育程度偏低。

在社會影響方面，原住民青壯人口外流造成社會規範與組織的鬆動，不僅導致傳統社會組織的改變，而且因為父母外出工作，留在原鄉的人口形成較高比例的祖孫家庭結構與隔代教養，對原住民青少年的教育、行為適應產生深遠的影響。

在社會組織方面，原住民傳統部落大多散布於偏遠孤立的山區，地形的不便使得部落社會得以在自給自足的自然環境中，維繫著傳統的生

活型態。但是，青壯人口的外流卻導致原有的社會組織運作困難，傳統
祭典儀式難以持續，特別是像豐年祭這一類需要大量人力參與的活動，
各部落的儀式規模都有逐漸縮減的趨勢。最明顯的例子是阿美族傳統的
年齡階級組織，在部落人員充沛時，可以順利承接部落集體任務的指派，
以及部落儀式的推動。但青壯人口的大量外流，導致部落事務運作困難，
連原本極具內部凝聚力的年齡組織也快速鬆動，目前只能依賴部落內人
數有限的老弱婦孺，支撐原本以男性為主的部落社會型態。

在社會制度方面，阿美族傳統的母系社會結構，從 1950 年代開始已
逐漸轉變為偏父系的嗣系制度；排灣與魯凱族的貴族制度已不如傳統時
期那麼強有力。各族傳統的年齡階級制度，大多因為人口大量外流而難
以運作。宗教信仰方面，基督教、天主教等西方教派，已取代傳統的泛
靈信仰，成為原住民社會最主要的信仰，少數與漢人毗鄰而居的原住民
則改信漢人的民間信仰道教或佛教。在傳統社會組織瀕臨瓦解的情況下，
西方宗教組織扮演相當重要的信仰與規範功能，但是青少年人口外流也
導致這個重要的社會規範機制快速鬆動。

以上資料扼要說明了原住民族的家庭與社會經濟概況，其特性對青
少年的身心發展與適應具有重要的影響。總而言之，臺灣整體在 1960 年
代開始的現代化發展下，為了因應工商業勞動力的需要，原住民的青壯
人口大量外流，其結果固然使得家庭的薪資收入增加，甚至遠遠超越傳
統農業所得，但另一方面卻影響傳統社會組織與社會規範的運作，使得
留鄉青少年缺乏堅強的傳統社會規範力量的管束，因而產生了當前比較
明顯的行為適應問題。下面章節首先說明原住民少年轉化成為青年的過
程，接著分別探討原住民青少年的身心健康、教育和族群關係的狀況與
影響因素。

# 第二節 從少年到青年的轉化

人類大多數社會都透過特定的方式，將少年訓練成為青年或成人，其中有許多社會透過成年禮儀式達到這種轉化的目的。漢人社會比較明顯的例子是古代士大夫階級的「加冠禮」；現代臺灣最知名的例子是臺南的「做十六歲」儀式。這二個儀式都指出傳統漢人青少年轉變成為「大人」的年齡大約在 15、16 歲。在原住民社會，傳統的成年儀式也大約在 15 歲左右舉行，其中以阿美、卑南、布農等族的成年禮儀式最為知名。

以阿美族的成年禮儀式為例，不同地區的阿美族部落每隔 7 年或 5 年舉行一次成年禮，阿美族稱為「升級儀式」。阿美族的成年禮是架構在年齡階級組織內的一個晉級儀式，通常是在當年舉行豐年祭的最後一天，將預定晉級的青少年集合起來，透過跑步、捕魚等訓練，讓最年輕的少年取得「青年」的身分，正式加入年齡階級組織；其他已加入組織的成員則往上晉升一級，最年長的「青年」則晉升為「老年組」。

其實，阿美族青少年的成年禮儀式只是整個成長經驗的一個階段；在晉級儀式之前，尚未結婚的青少年晚上都必須住在部落的「男人會所」中，接受族中長老及年長青年的訓練，包括傾聽部落歷史、生活規範、謀生技能、膽量與體能訓練等。經過多年的訓練，最後通過成年禮儀式的考驗，才算正式成為青年，才取得談戀愛等屬於成年人的資格。

一個少年經過這樣的程序，並在年齡階級組織內繼續接受訓練，成為執行部落任務的主要力量。等到往上逐級爬升，到了進入「老人」階級，在部落頭目的領導下，成為部落的決策階層。由於青少年階段都必須服從年長者的發號施令，並以整個同齡組為單位，接受頗為嚴格的訓練，阿美族青少年就培育出團隊合作的精神，強調人際關係的和諧。

這種特性展現在一些社會適應行為上。例如筆者在關於阿美族青少年挫折反應的研究中，發現阿美族青少年受到挫折後，與老人家高比例

的「外責」反應有顯著的差異：阿美族青少年有相當高比例的內責與無責反應，亦即省思自己的問題（內責）或不責備任何人（無責）。筆者認為主要的原因是老人家經過嚴格的年齡階級訓練而進入老人階級後，擁有社會威權與控制權，因而會對抗外來的挫折；相對地，習於接受號令的阿美族青少年，被塑模出無責或內責的傾向 (Hsu, 1975)。

除了阿美族之外，其他族群也有青少年的成年禮，例如布農族的射耳祭、卑南族的刺猴祭等，其目的都是在透過特定的祭典儀式，將青少年的地位轉化為成年人，以擔負各族賦予的社會角色。青少年的社會化機制與過程，對於青少年的社會心理適應行為有明顯的影響，特別是下文即將提到的身心健康表現與社會心理適應❹。

## 第三節　原住民的健康現象

對於原住民的一般印象，大多認為他們在運動方面的表現相當亮麗，許多原住民青少年成為亮眼的運動明星，如楊傳廣、古金水，以及棒球選手郭源治、陳義信、陳金鋒、林智勝、陳鏞基等，青少年運動方面，紅葉少棒隊更是提振原住民少棒運動的催化劑。

原住民在體能運動的優異表現具有實證研究資料的支持。陳國源 (2003) 在花蓮地區青少年身體活動的研究中，顯示原住民青少年的運動量顯著高於漢族青少年。洪建智 (2007) 也引述相關的資料指出：臺灣原住民的肌肉比一般人長，因此擁有較好的彈性、耐力與爆發力（李加耀，1998）。但各族群在身材及生理條件有其差異性，例如阿美族天生具有強大爆發力及速度，在田徑種類的天賦是全能項目及短跑；魯凱族的優異體質較適合發展舉重及柔道等❺。

---

❹　關於男性成年禮的型式與功能分析，請參閱許木柱 (1984)。

❺　關於原住民運動的相關研究與資料相當多，請參閱王建臺 (1995)、李加耀 (1998)、洪建智 (2007)、徐元民、龍炳峰 (2009)、王建臺、王秋光 (2009)。

但是原住民體能運動的優異表現，並不等於族群健康或生活品質的代名詞。原住民健康狀況的特徵是：死亡率高、平均餘命低。在死亡率方面，原住民的標準化死亡率一直都將近全臺灣人口的 2 倍。在平均餘命方面，2009 年底的資料顯示：近 10 年來 15–29 歲原住民青少年男性比臺灣同年齡層全體男性的平均餘命大約少 9 年多；女性比較長壽一些，15–24 歲原住民女性比臺灣女性的平均餘命少 7 年。

▼ 表 12–1：2009 年底原住民青少年平均餘命統計

| 年齡別 | 全體國民(1) | | | 原住民人口(2) | | | 差距(3) = (2) − (1) | | |
|---|---|---|---|---|---|---|---|---|---|
| | 兩　性 | 男　性 | 女　性 | 兩　性 | 男　性 | 女　性 | 兩　性 | 男　性 | 女　性 |
| 15–19 | 64.54 | 61.58 | 67.85 | 56.12 | 51.78 | 60.68 | −8.42 | −9.90 | −7.17 |
| 20–24 | 59.66 | 56.72 | 62.93 | 51.31 | 46.99 | 55.84 | −8.35 | −9.73 | −7.09 |

資料來源：100.7.20 內政部網頁 http://www.moi.gov.tw/stat/life.aspx

影響青少年平均餘命的主因當然是死亡率：死亡率（人數）越高，平均餘命越短。根據最近 10 年來的人口統計，原住民的十大死因中，大多數與臺灣全體相同：惡性腫瘤、心臟疾病等，都是排名第一或第二的主要死因；青少年的主要死因也同樣都以事故傷害高居第一。雖然死因排名相同，但是死亡率卻有非常顯著的差異：原住民青少年因為「事故傷害」而死亡的比例大約是臺灣全體青少年比例的 3 倍（見表 12–2）。

▼ 表 12–2：2007 年原住民與非原住民青少年（15–24 歲）四大死因與死亡率比較

| 死因／排名（10 萬人死亡率） | 原住民 (A) | | 臺灣全體 (B) | | 比率差異 (A–B) |
|---|---|---|---|---|---|
| | 順　位 | 死亡率 | 順　位 | 死亡率 | |
| 事故傷害 | 1 | 62.0 | 1 | 22.9 | 39.1 |
| 自　殺 | 2 | 14.3 | 2 | 7.0 | 7.3 |
| 心臟疾病 | 3 | 4.8 | 4 | 1.4 | 3.4 |
| 惡性腫瘤 | 4 | 3.6 | 3 | 4.9 | −1.3 |

資料來源：整理自行政院原住民族委員會 (2008)，原住民族人口及健康統計年報 95 & 96 年，頁 63。民國 97 年死亡統計表，表 34：依 5 歲年齡組及性別分

表 12-2 的資料顯示：事故傷害是原住民青少年最值得關心的健康問題。在所有意外事故中，機動車的死亡率約占一半。影響事故傷害的主要原因包括：道路狀況較差、行車速度較快、未確實戴好安全帽、酒後駕車等。由於青少年頗為嚴重的事故傷害死亡，使得整體原住民族群的身體健康明顯的比整體社會嚴重。

原住民的飲酒問題是另一個值得關心的課題。在日本領有臺灣後，原住民族與大社會的接觸逐漸增加，隨著國民政府解除族群隔離政策，加上「山地平地化」政策的推動與資本主義自由經濟的發展，原住民的飲酒模式產生明顯的改變：原本是透過自己釀酒，並在節慶儀式中集體享用美酒的模式，改變為隨處可以買到公賣局公開販賣的大量酒類。在半個世紀前，精神科醫師林憲教授 (Rin, 1957) 已經注意到花蓮阿美族男性老人的酗酒問題。近 30 年來，飲酒曾經是影響成年原住民的重要因素之一，且有年輕化的趨勢，不過近年來有略為緩和的跡象 (Cheng and Hsu, 1993)。

對原住民青少年飲酒問題最早而有系統的研究，為《阿美族的社會文化變遷與青少年適應》一書（許木柱，1987）。這本專書比較了阿美、泰雅、布農、排灣和雅美五個族青少年的飲酒行為，發現下列具有顯著族群差異的飲酒現象：(1)泰雅族和阿美族男女性青少年的飲酒頻率高於其他三族；(2)阿美族男性的飲酒持續時間高於其他族，女性方面，泰雅和阿美族高於其他族；(3)對於喝酒好處的認知，認為喝酒有好處的比例以泰雅與阿美族男性青少年最高，分別為 42% 和 35%，泰雅族青少年認為最主要的好處為「容易入睡」與「恢復疲勞」，而阿美族男性青少年則認為是「聯絡感情」和「容易入睡」；女性青少年方面，以阿美族的比例最高，最主要的好處為「解除煩惱和緊張」、「聯絡感情」和「容易入睡」。

這些態度反映出阿美族傳統社會中強調人際合作與親屬互動，因而需要透過飲酒來達成「聯絡感情」與「解除煩惱」；泰雅族青少年則因傳統社會所強調的男性獨立自主的能力，因而「恢復疲勞」（使得以繼續工

作）就成為重要的飲酒功能。由此可見青少年的飲酒態度與其社會結構特性，以及個人自主性的文化理念有密切關係。

影響喝酒的因素還包括社會、文化與心理因素。李豪傑 (2004) 對花蓮縣某一個泰雅族（太魯閣群）的量化研究，提出二點值得注意的發現：⑴在 13 歲至 16 歲的學生中，隨著年齡增加，贊成飲酒的主觀態度越顯著；⑵影響該國中原住民青少年學生飲酒意向的主要因素為：壓力因應、正向社交情緒，以及主觀態度等三項。

林怡貞 (2004) 對花蓮地區高職學生飲酒意圖的研究，也提出下列二點發現：⑴非原住民學生的負面認知顯著地高於原住民學生，認為飲酒容易使人行為失控、讓人感覺不舒服、容易影響生活作息；⑵影響該高職原住民青少年學生飲酒意圖的主要因素為：知覺行為控制之強弱、過去飲酒經驗。

喝酒過度除了會導致肝臟疾病問題外，也可能導致其他社會不適應行為。鄒族學者浦忠成 (1996) 指出酗酒問題造成原住民學生在學習與生活及價值觀念上的負面影響。

黃維賢 (2001) 在研究影響高職原住民學生偏差行為的相關因素中，發現原住民學生深夜在外遊蕩時經常會與喝酒、開快車或飆車、到不正當的場所等偏差行為伴隨發生。林慧如 (2002) 在花蓮地區對非行少年的研究，發現無論是原住民或漢族，受保護處分少年的飲酒頻率明顯地比一般少年高，而且與不良行為有顯著的關係。

飲酒行為和家庭因素有密切的關係，而且其影響也可能從青少年時期延續至成人，可見青少年時期的教養方式與學習環境的重大影響。張欣萍 (2000) 在泰雅、賽夏二族的飲酒研究中，發現幼年時被父母要求買酒、飲酒頻率越高者，成年後喜歡喝酒、喝酒頻率與喝酒量也較高；而喜歡喝酒、喝酒頻率與量較高之飲酒者，要求子女買酒、喝酒的頻率也較高。顯示飲酒行為與童年時的家庭互動環境的影響，特別是父母親有飲酒習慣者，其子女也比較容易學習飲酒行為。

　　近年來臺灣青少年面臨的重要問題之一是毒品與幫派入侵校園的問題。雖然東部地區也曾出現青少年（中輟生）參與幫派及使用毒品問題，但相對而言，除了事故傷害和喝酒這二個影響健康的問題外，原住民青少年的身心適應可說相當不錯,但原住民家庭的特殊狀況仍然值得注意。

　　行政院內政部在 2005 年出版的《中華民國臺閩地區兒童及少年生活狀況調查報告》，針對臺閩地區少年的抽樣調查，發現和北中南區相比，東部地區少年在下列現象呈現最高比例：(1)母親為主要照顧者的比例高達 69%；(2)父母分居 (7.5%) 與離婚 (11.8%) 的比例；(3)單親家庭 (14%)。此外，受訪少年的困擾問題，在學校課業 (44.6%)、經濟問題 (13.8%) 與每週平均打工時間 24 小時以上 (36.5%)、曾經離家出走 (8.5%)、曾經喝酒 (8.5%)，以及曾經吃檳榔 (7.9%) 等項目，也都高居四區之冠。

　　這些統計數據顯示東部地區的教育、經濟與社會生活問題，確實比其他地區較為不利，其結果也影響東部青少年的學習和成長經驗。雖然東部地區的數據不必然代表原住民，但從相關的調查資料推測，這些數據應該相當程度反映了原住民當前家庭結構、教育與經濟的特殊性。

　　林慧姿 (2008) 在花蓮縣北部兩個平地鄉村落的研究，發現花蓮地區原住民（包括 18 歲至 24 歲的青少年）的生活品質，比同地區的漢人來得低。呂淑婷、吳齊殷 (2000, 2001) 對原住民青少年心理衛生狀況及成癮行為的研究，發現原住民青少年學生的下列行為比一般學生顯著得多：逃家、蹺課、破壞別人的東西、偷東西、打傷別人、抽菸或喝酒、嚼檳榔；但在發生性行為、勒索別人及使用藥物等三方面，則是一般學生的比例較高。此外，這個研究也發現影響原住民青少年學生憂鬱程度的主要因素為學生生活困擾或壓力，以及學生的不良行為。這個普查結果顯示原住民青少年的生活環境比較單純。

## 第四節　原住民的教育表現

原住民青少年教育表現長期偏低的趨勢，一直是人類學及教育學者長期以來普遍的認知與關注的焦點（李亦園、歐用生，1992；吳天泰等，2002）。在教育程度方面，15 歲以上具高中以上教育程度的原住民占其人口的 53%，雖然已有相當程度的改善，但與臺灣總人口的 66% 相較，仍然存在明顯的差距（原住民族委員會編製，2008）。

在學生的學業表現方面，以 2008 年國中學生基本能力測驗為例，原住民學校的平均分數在 70 分至 80 分左右，相較於平均 260 分、PR 值大約 90% 以上的都會區學校，原住民學校的「教育表現」顯然落後甚多。

2009 年開始，國中基測每科分數由原先的 60 分增加為 80 分，因此從該年開始，學測成績表面上大幅提高，但相對的 PR 值並沒有太多變化。根據統計，花東地區幾個主要高中職學校 98 學年度

> **名詞解釋**
>
> PR 值：簡單來說就是平均每 100 人裡可以贏過的人數。若 PR=87，即表示每 100 人中可以贏過 87 人、輸了 12 人（因自己也算 1 人，故 PR 值最高為 99，最低為 0）。

的最低錄取分數，從 215 (53%) 到 337 (70%)，對照臺灣其他地區高中職的錄取分數，顯示花東地區學校的錄取標準，和西部大都會區的學校差距甚大❻。這個結果並不意指東部的學校必然比西部的學校差，因為這些學校仍然有許多優秀的學生，而且有相當亮麗的表現，例如考取各著名大學或各項競賽的成績（如全國科學競賽），但是最低錄取分數則明顯反映出東西部及城鄉的差距。

東部地區許多原住民學校基測的平均 PR 值都落在 10% 以下。為了改善偏遠地區偏低的教育表現，教育部在 2008 年初，提出「攜手計畫」，補助有 1/4 以上的學生基測 PR 值小於 10% 的國中，聘請編制外的教師

❻　引自高登工作室 http://gordon168.tw/?p=383。

協助參與學生課業輔導，其中東部的花蓮與臺東二縣都有學校參與。

根據原住民國中基測成績推測，他們繼續就讀較高層級學校的機會顯然會受到限制，表 12-3 為 2009 年度有關全國及原住民 15 歲以上人口教育程度的統計資料，顯示原住民 15 歲以上人口進入高等教育的比例，明顯低於全國的平均，無論是就讀專科學校、大學或研究所的比例，都只有全國平均的 25% 至 50%。

▼表 12-3：原住民青少年教育程度分布（民國 91 及 98 年度為基準）

| 年度 | 15-24 歲（性別） | 研究所 | | 大 學 | | 專 科 | | 專科以上合計 | |
|---|---|---|---|---|---|---|---|---|---|
| | | 全 國 | 原住民 | 全 國 | 原住民 | 全 國 | 原住民 | 全 國 | 原住民 |
| 91 年度 | 整 體 | 0.8 | 0.0 | 18.6 | 2.2 | 17.3 | 2.5 | 36.7 | 4.7 |
| | 男 性 | 1.1 | 0.0 | 17.4 | 1.9 | 29.2 | 2.1 | 47.7 | 4.1 |
| | 女 性 | 0.6 | 0.0 | 19.8 | 2.4 | 4.7 | 2.9 | 25.1 | 5.3 |
| 98 年度 | 整 體 | 1.7 | 0.7 | 35.9 | 8.8 | 7.4 | 7.8 | 45.0 | 17.2 |
| | 男 性 | 1.9 | 0.8 | 34.1 | 8.5 | 6.1 | 7.0 | 42.2 | 16.3 |
| | 女 性 | 1.4 | 0.5 | 38.0 | 9.0 | 8.8 | 8.6 | 48.1 | 18.1 |

註：本表係根據行政院主計處及原住民族委員會 99 年 7 月 28 日網頁所載資料計算。（原住民族委員會，民國 98 年底 15 歲以上原住民教育程度統計）

表 12-3 的資料特別值得注意的是專科及大學程度的性別比例：從 2002 年開始，女性都高於男性；2009 年底 15 歲以上的原住民少女中，就讀專科學校的比例 8.6%，略高於原住民男性青少年的 7%；同一年具有大學程度的原住民女性占 9%，略高於男性的 8.5%。整體而言，15 歲以上受大專以上教育的原住民人口中，女性比例 18.1%，略高於男性的 16.3%，這個趨勢與臺灣整體趨勢相似。我們認為最主要的原因是開設原住民女性專科的班級比較多，例如長庚、慈濟等技術學院都設有原住民五專護理科專班；另一個可能性是原住民少女比較注重自我的發展，因而比較能掌握向上提升的機會。在大學程度部分，臺灣整體有類似的趨勢，即受大學教育的女性比例高於男性，但研究所部分則男性的比例仍然略高於女性。

　　黃昭勳 (2008) 在〈原住民學童生涯發展現況之探討〉一文中，認為原住民學童生涯發展的主要困境有下列四點：⑴家庭與環境支持不足；⑵缺乏重要他人的引導；⑶缺乏就業市場競爭力；⑷缺乏繼續教育的意願。這個歸納大致反映出目前已知的原住民青少年教育的問題所在。在此情況下，如何改善原住民青少年學生的教育表現？以下根據一些實證研究結果，說明改善原住民青少年教育表現的可能方式。

## 一、原住民教育的研究

　　早在 20 年前，筆者在花蓮縣一個國中的研究中，發現該校阿美族學生的國文和數學成績，顯著地低於該校的平地學生，其餘成績則沒有顯著差異，阿美族學生的英文平均成績甚至略高於平地學生。對於這個現象，許木柱認為主要肇因於他們使用的南島語和漢語的語法迥然不同（例如動詞在前，主詞在後），以及日常生活中不需使用抽象的數學能力等兩個原因（許木柱，1987）。教育學者對於原住民的教育問題已經提出許多有價值的研究成果，間接指出過去的解釋過度簡化了原住民學生教育表現的根本問題。

　　近 10 年來，教育學者在原住民教育的研究快速增加，並探討原住民學生的學習特性。例如在原住民學生的學習型態方面，譚光鼎 (1998) 提出下列四點特性：⑴著重觀察、模仿與實際操作的學習方式；⑵喜歡在溫暖和非競爭性的情境中學習；⑶不擅長抽象概念與邏輯推理；⑷偏好視覺性學習並運用肢體操作以獲得學習經驗。

　　其他研究指出，原住民家庭社經地位偏低，導致原住民學生學習環境較不理想，例如較少參加學科補習，因而影響原住民國中小學生的教育表現（巫有鎰、黃毅志，2007；巫有鎰，2009；林惠敏、黃毅志，2009）。陳珊華 (2009) 在原住民人口結構與教育政策之探討中，認為原住民的教育政策「應由基礎教育著手，從家庭到學校之間相互配合、尊重族群文化之傳遞、強化族群文化的認同，讓原住民文化因教育之實施而多元開

展。」譚光鼎與曾碩彥 (2009) 在原住民完全中學的分析中，認為原住民教育的未來「有待教育體制的改革，透過原住民族的自決與批判，使學生在其生活情境脈絡中能獲得成功的教育經驗。」

陳珊華、譚光鼎與曾碩彥的觀點其實已經在教學現場的實證研究中被指出。林喜慈 (2005) 在花蓮市一所多元族群國小三年級的研究中，發現：「文化回應統整課程」能有效提昇學生的識讀能力、增進族群關係態度及對自我的觀念；在課程設計方面，多元文化的文本閱讀及互動性的討論式教學，能促進學生對多元文化的認識與提昇國語文表現；多元文化意涵的探究，有助於培養對不同族群的欣賞與尊重的態度。可見在包括小及撒奇萊雅的基礎教育中，融入多元文化及文化回應教學的設計，確實可以改變不同族群的學生的跨文化知識，並增進族群間的瞭解。

在國語文方面，原住民學生在國語文的落差導致許多科目（包括數學）都產生嚴重的學習困擾。實際上，原住民青少年的國語文能力在過去對阿美族國中生的研究就已提出（許木柱，1987），主要原因在於國語文並非原住民熟悉的書寫符號，同時原住民使用的語法和中文的句法結構也差異頗大。

近年來許多教育研究都指出原住民學童在數學的認知能力，或抽象思考能力的表現比較差（紀惠英、劉錫麒，2000；蔡中涵，1996）。其原因除了因為原住民傳統社會沒有需要使用比較抽象層次或複雜的數學運算外，另一個原因是數學教學和考試都是以中文進行，因此原本沒有文字的原住民學童，在數學的表現就受到很大的影響（簡淑貞，1998）。尤其現階段許多數學題目都相當長，原住民青少年學生經常無法讀完整個題目，即使勉強可以讀完題目，也不容易理解其中的題意。在此情況下，就可以理解為什麼他們的數學表現較不理想。

筆者過去十年來曾經帶領慈濟大學的大學生到花蓮縣一個原住民國中進行課業與生活輔導，在一對一課輔時，該校國三學生經過比較口語化的題意說明後，就毫無問題地算出正確答案。由此可見國語文能力是

原住民青少年教育表現極為關鍵的影響因素，有些實證研究已經證明不同策略的閱讀方案，確實可以提升原住民青少年學生的國語文能力，甚至影響自我族群的意象。

## 二、閱讀方案的影響

　　古代文明的發展和文字書寫及數學系統密切關連，因為文字書寫可促進抽象思考的能力（許木柱，1992）。在現代社會生活中，閱讀能力是學習的重要媒介，學生不只憑藉個人的閱讀能力探索豐富多元的知識世界，更需依賴它與外界溝通。國內研究發現透過閱讀的實施，可以擴展國小學生的閱讀深度與廣度（萬瓊月，2002），且能增進學生的識讀能力，包括識字、書寫、正確用詞、創意與閱讀習慣（謝國村，2004）。以文學作品進行的導讀活動，可以促進學生的閱讀理解（陳雅鈴，2003）；此外，利用讀書會的對話討論、語文遊戲、圖文轉意、接寫完成句子等策略來進行閱讀教學，都可以增進學生的語文表達能力（陳米華，2003）。

　　由此可見，閱讀確實是學習的基礎。但是原住民學生因為文化差異及其他因素而導致閱讀能力不佳。國內有關原住民學生的語文能力和閱讀表現的研究多集中在少年學童。林淑敏 (2000) 以南投縣信義鄉五年級學生為對象進行國語文能力分析，結果發現：原住民學童在「注音、國字、字詞義、閱讀、作文與總分」等方面的表現，明顯低於非原住民學童。影響原住民學童國語文能力的最主要因素為「寫字能力」、「理解能力」與「字詞理解能力」。總結而言，原住民學童語文學習表現不佳的根本問題是基本識讀能力不足。

　　針對原住民學生的閱讀理解表現，曾靜瑛 (2002) 以花蓮地區泰雅族四年級與六年級共 43 名學童為對象所進行的研究，發現泰雅族學童的識字能力普遍低落一個年級，而且在「句要理解」、「閱讀題型」與「命題組合」等閱讀能力的表現較弱。不過研究也發現，相較於對漢族故事的閱讀理解，泰雅族學生在閱讀本族的傳說故事時，有比較好的理解。這

樣的發現意味著：原住民學生透過閱讀本族的故事傳說可以提升閱讀理解表現。

在原住民閱讀教學研究方面，張玉梅 (2003) 曾以國語科課文為教材，指導 12 名六年級學生，利用相互教學法進行閱讀理解教學，相較於接受一般教學法的對照組來說，相互教學法對增進原住民學生的閱讀理解有部分成效。此外，學生最喜歡相互教學法實施過程中以「小組練習」方式進行文章的探討。

教育學者 Conrad、Gong、Sipp、Wright (2004) 曾建議在多族群教室中，整合「文本對話」與「文化回應教學」理念進行閱讀教學，以增進學生的口語表達和閱讀理解能力。所謂文本對話是指學生和教學內容可以產生「對話」，也就是讀了某些文章後，在認知或情感上會產生共鳴；文化回應教學也具有類似的功能。主要的原因是目前課本有許多內容和學生的生活脫節太多，例如早期國語文課本中「臥冰求鯉」或「吳鳳捨身感化」的故事，其內容因為缺乏與原住民學童生活的連結，因而很難被理解或感動。如果在國語文的教學內容中，能夠加入原住民學童比較熟悉的人物事跡、神話傳說或民間故事，學習者應該會有比較好的理解基礎，對於國語文閱讀會比較投入，而且學習成效會比較好。

何縕琪等人在花蓮縣的研究顯示文化回應教學對原住民青少年學生確實有明顯的成效（何縕琪，2005；何縕琪、許木柱、江瑞珍，2008；何縕琪、賀儀慶、許木柱，2008）。融合多元文化觀的文化回應教學，對東部多族群班級的學生與教師會產生正向積極的影響，主因在於文化回應教學高度強調建立尊重與包容學生的學習環境，透過文化與學習的連結來發展學生的學習態度，而且能協助學生從社會互動的歷程中習得與應用知識、建立內在動機，並提升識讀能力。此外，教室放置有關族群文化的書籍，學生利用晨間與下課時間閱讀，教師則於課堂進行導讀，培養學生書寫心得，這些也都是增進學生識讀能力的重要策略。

學校教育是重要的社會化機制，具有促進相互了解與尊重的功能。

黃淑英 (2000) 曾針對國中課程中有關臺灣的歷史篇與社會篇教材，以族群關係教育觀點進行內容分析，結果發現目前國內教科書雖然強調族群與本土化，符合世界潮流，但是在結構內涵上仍以漢人為主體，而且缺乏「多元觀點」的呈現。賴淑梅 (2004) 的研究也發現，近年教科書開放民間出版後，國小教科書在性別偏見上普遍獲得改善，但在族群教育方面則仍待努力。

　　學校正式課程很少介紹原住民文化的特色，造成漢族學生很難由學校課程中正確認識原住民的社會文化特色，而原住民也很難從課程中找到自己的文化特色，這種課程內容會造成原住民學生在學習過程中產生自我認同的困難，甚至會造成自卑與不安全感 (蔡文山，2004)。李亦園、歐用生 (1992) 指出，原住民學生進入學校後，他們所面臨的困難要比平地學童多三倍，包括學習新語言、學習異文化的價值觀以及家庭與社會學習環境差異的壓力等。瓦歷斯‧諾幹 (1994) 認為由於家庭與文化背景的差異，在漢人主導的教育體制中，原住民學生學習效果較差是因為課程、教學方式、師資都沒有考慮到文化差異的問題。

　　這些研究顯示：原住民兒童的識讀表現欠佳，並不是因為他們缺乏學習的潛力，而是與他們使用的語言系統及文化差異密切相關。解決這個困境的有效方案之一是以多元文化教育為基礎，進行文化回應教學，結合學校與家庭的力量，使其對閱讀產生興趣，以提升他們的語文表現。

## 三、結語：文化與學習互為一體

　　語文學習與閱讀是一個複雜的過程，不僅需要不同的技巧共同配合，而且也和學習者原有的語言和書寫模式息息相關。針對文化和學習的關係，心理學和人類學提供了極為關鍵的理論基礎。早期的學者如 Wundt、Spencer 等人，雖然認為生活在簡單社會的人（過去稱為原始民族）比較缺乏抽象思考的能力，但他們並未依循生物決定論的觀點，認為是族群生物性因素所造成，而是採取文化相對觀的立場，認為社會文化環境的

差異導致人們的外在表現和實際能力產生落差（許木柱，1992）。

近代學者大多延續這樣的觀點，例如提出近側發展區概念的認知心理學家 Vygotsky (1978)，認為智能的運作蘊藏在社會文化脈絡之中，生長於不同文化脈絡的學生，他們獲取和展現知識的方式與行為模式，往往受到習而不察的文化規範以及社會經驗所影響。Pierre Bourdieu (1990) 的習性概念 (habitus) 強調人類的行為學習（即習性的養成）具有自主性，是個人與周遭環境互動產生的結果。哈佛大學的人類學家 Robert Levine 與 Karin Norman (1992) 也指出，兒童的學習受到他們所處的文化環境顯著的影響。這些觀點提供一個清晰的理論支架，讓我們對多元族群情境的兒童學習有更為寬廣的視野。

## 第五節　原住民的社會適應

原住民青少年的適應除了前述的健康與教育問題之外，他們與漢人的族群關係也值得注意。一般而言，臺灣整體社會對少數族群的刻板印象仍然沒有脫離文化與生活落後的主觀偏見，也反映出族群間的隔閡與族群互動的缺乏。

在晚近的研究中，邱怡薇 (1997) 在臺北縣市原住民青少年社會支持與學習適應的研究中，針對隨父母工作遷移到都市就學的 38 位國二、國三阿美族學生，了解他們的學校適應與一般社會適應，研究結果發現：⑴漂流都市的生活感受：在都市比在家鄉有較多負向感受，對於原住民文化逐漸消失感到憂心，同時也有被歧視與排斥的感覺；⑵在學校學習方面：受訪學生認為努力仍須加強，父母師長適時的關心仍是重要因素；⑶主動尋求社會支持：大多尋求朋友幫助，在同儕朋友中可感受強烈的自尊心與價值感、家中兄弟姐妹是另一項重要的支持管道、親戚與教會提供重要的幫助。

臺灣的實證研究已經指出原住民族青少年的自我評價大多相當正

面。人類學家謝世忠 (1987) 曾訪問過花蓮縣玉山神學院的原住民青少年學生，88% 認為與原住民相處時充滿人情味、比較親切、無心機等；相反的，與漢人相處時會被低估、受輕視、有恐懼感和自卑感、沒有親切感，同時，認為漢人「奸詐」並「暗地裡進行險惡的事」。換句話說，大多數受訪的原住民學生對漢人的刻板印象相當負面，而對原住民本身的自我評價則是正面而肯定。

在討論族群關係的文章中，許木柱 (Hsu, 1991) 曾經指出：族群、刻板印象的相對距離 (即對我群與他群刻板印象之差距)，以及社會心理歧視的強度等三個變項，交織成為一個整體，顯示出少數族群對於多數族群的認知、情感與反應，可能受到複雜的社會、文化因素的影響。到底是哪些社會、文化因素造成臺灣原住民適應社會的困擾，並導致原住民不同族群間相當大的差異？現有的資料顯示，其答案必須從這兩個族群的外在與內在社會、文化因素去尋找，同時也必須考量臺灣原住民與漢人族群接觸的歷史。

在社會環境的影響方面，有些研究指出，學校的生活經驗對少數族群青少年學童的社會心理反應，有極重要的影響。在一項有關美國印第安人的研究中，研究者發現：Apache 印第安年輕人在白人學校接觸到的白人優勢文化的經驗，加深了他們對截然不同的價值觀、人生目標和族群認同的混淆。這個經驗不只導致許多 Apache 青少年延續性的悲觀、沒有希望以及缺乏自尊，而且使得他們不願意與白人來往，對族群間的文化互動產生排斥傾向。基於相似的觀察，另一些研究者認為這種排斥過程減低了 Apache 印第安人的自我適應技巧，並因而隔離了 Apache 兒童和優勢的白人兒童之間的互動。

另一方面，一個多元族群的社會如果充斥著對少數族群負面的刻板印象、偏見或歧視，也會形成少數族群的心理創傷，並對族群關係產生負面的影響。在一篇比較韓裔日本人和臺灣少數族群的社會心理適應的文章中，De Vos 與 Hsu (1985) 具體指出，來自多數族群的社會心理歧視，

對少數族群的成就動機和對自己社會文化的貶低，以及社會角色自我降級的傾向，產生明顯的負面影響。

但是漢人對原住民的刻板印象與文化接納程度並非完全一致，與原住民有過接觸的漢人，通常都會指出若干族群的差異。余光弘 (1979) 在花蓮縣太魯閣族的研究，發現鄰近的漢人對太魯閣人抱持負面的印象。許木柱 (1986) 在他所研究的阿美族及太魯閣族部落中，發現漢人對阿美族人大多保持正面的態度，對太魯閣族人則負面印象多一些。此外，漢人對於給予原住民青少年學生優惠措施的態度，會因接觸程度或居住區域而有差異。傅仰止 (2001) 的研究指出：與原住民接觸較多的漢人，比較不贊成給予原住民太多優惠措施，而居住在都會區的民眾則抱持比較支持的態度。

族群接觸過程與大社會的情境，為族群適應提供歷史與外在的基礎，而少數族群本身的社會文化體系則扮演立即而直接的角色。就族群適應與族群關係而言，社會文化體系的影響主要是透過在它們的運作下塑模而成的人格與自我之特性。以太魯閣族與阿美族人為例，太魯閣族著重個人的獨立與自主，阿美族人則強調群體內人際關係的互助與服從。可以說，泰雅族人具有個人主義傾向，而阿美族人則比較傾向集體主義。

在青少年行為規範與族人的心理健康方面，傳統泰雅族人的共祖群制度和阿美族的年齡階級制度，都是重要的正面因素。然而，泰雅族人的共祖群制度歷經日據時期大量遷村的影響，幾乎已瀕臨解組的境況，加上其他社會控制力量，如教會、學校沒有發揮應有的規範功能，而在泰雅傳統社會中，家庭與親屬群對個人的社會心理支持，本就比阿美族微弱，因此當泰雅人面臨外在文化的衝擊而產生適應的困境時，其偏差行為無法獲得有效約束，有心理困擾時，來自家族與親屬群的支持也相對較弱。

## 第六節　從相對觀到終極關懷

　　根據人類學家普遍接受的文化相對觀，每個文化在特殊的內外在環境與歷史的交錯影響下，會形成各自獨特的文化形貌；因此，文化間並無優劣之分，僅有強弱之勢。文化相對觀不但珍惜自己族群的文化，也能欣賞並尊重其他族群的文化，並在社會正義原則下，對於不同性別、族群、階級或其他弱勢群體的需求，給予特別的考量；運用到個人身上，它肯定每一個人的價值，重視個人行動的自主性。

　　從文化相對的角度，雖然本章列舉了原住民族青少年在社會心理適應的許多問題，但並不表示原住民族只有負面的特質。實際上，原住民族知識分子已經提出相當多正向特質。例如，極受原住民各界尊敬的阿美族人李來旺校長（帝瓦伊・撒耘），在他 2003 年過世後所出版的《阿美族群諺語（第一冊）》(2005)，就列舉了包括阿美族、撒奇萊雅族及七腳川 (Cikaswan) 等族的許多正向特質，包括立志、擔當、慎行、借鑑、堅忍、勤勞、知命等七項特質，預定在後續出版的幾冊中，還將包括知人、知命、知弊、譬喻、大愛等。

　　另一位原住民知識分子米甘幹・理佛克 (2005) 在《原住民族文化欣賞》一書中，列舉出臺灣原住民族的幽默感，以及從各族神話故事所呈現的各具特色的優良民族性，如堅強剛毅、獨立自主、團結和諧、融合自然等。

　　上一節引述的邱怡薇 (1997) 在臺北阿美族青少年社會支持和學習適應的研究，印證了都市生活對阿美族國中生社會適應的重要影響，少數族群與多數族群的接觸越多、時間越長，社會心理適應就越好。Chance (1965)、Chance 與 Rin (1966) 有同樣的發現和結論：在快速變遷的社會中，強烈的自我文化認同加上對現代生活具有足夠的知識，可在心理和文化互動中，提供增進精神健康之道。De Vos 與 Hsu (1985) 的分析也發

現文化相容性 **(cultural compatibility)** 對少數族群適應的重要性。

在後現代主義思潮的影響下，有些人類學家對傳統的文化與倫理相對觀提出反思，認為相對觀如果無限上綱，可能會過度合理化某些制度或行為。柏克萊加州大學著名的醫學人類學家 Scheper-Hughes 和 Sargent (1998)，發現各地區不同的族群出現一些值得注意的現象：忽視幼童的健康狀況而導致營養失調、某些大洋洲文化制度中的性剝削、巴西貧窮母親對子女的無心照顧，以及南非不良青少年在街頭被警察公然鞭打甚至燒死以維護社會健康。她以此為例，認為在全球化的趨勢下，人類學應該立足於新的倫理觀，也就是高度重視生命的存在與個人價值的終極關懷。在這樣的思維之下，我們對原住民青少年的「終極關懷」，應該關心的是如何幫助他們在具有自主性的環境下，形塑原住民社會與文化永續發展的沃土。

從人類學的角度，這種關懷必須涵蓋原住民青少年的個體、家庭、部落（社區）、學校等面向，而且必須思考在教育與經濟制度和健康行為方面，如何深化他們原本具備的優良傳統，以及設法使他們在這些層面有正面的發展。快速促使原住民青少年向上提升，是臺灣整體社會的終極目標。

 參考文獻

王建臺 (1995)。臺灣原住民族運動文化的初探。《國民體育季刊》，24(3)，61-67。

王建臺、王秋光 (2009)。〈臺灣少數族群運動文化之現況與展望〉。《國民體育季刊》，38(3)。檢自：www.sac.gov.tw/resource/annualreport/Quarterly159/p5.asp。

瓦歷斯・諾幹 (1994)。〈體檢台灣「山胞教育」——台灣原住民教育體制的一些觀念問題〉。《原住民文化會議論文集》，191-200。臺北：行政院文化建設委員會。

行政院內政部 (2005)。《中華民國臺閩地區兒童及少年生活狀況調查報告》。臺北：行政院內政部。

行政院主計處 (2003)。《原住民生活及個人收入概況》。臺北：行政院主計處。

行政院原住民族委員會 (2006)。《民國 95 年臺灣原住民經濟狀況調查報告》。臺北：行政院原住民族委員會。

行政院原住民族委員會 (2008)。《原住民族人口及健康統計年報 95 & 96 年》。臺北：行政院原住民族委員會。

行政院原住民族委員會 (2011)。《民國 99 年臺灣原住民經濟狀況調查報告》。臺北：行政院原住民族委員會。

米甘幹・理佛克 (2005)。《原住民族文化欣賞》（二版）。臺北：五南。

全國意向調查顧問公司 (2010)。《98 年原住民就業狀況第四季基本調查》。行政院原住民族委員會委託研究調查報告。

李加耀 (1998)。〈提升原住民運動文化及身體素質的研究風氣〉。《學校體育雙月刊》，8(2)，55-57。

李亦園、許木柱 (1985)。〈臺灣高山族的現代化適應問題：一些初步發現及其理論意涵〉。《科學發展月刊》，13(1)，1413-1425。

李亦園、歐用生 (1992)。〈我國山胞教育之方向定位與課程內容設計研究〉。《山胞教育研究叢書》，4。臺北：教育部教育研究委員會。

李奇憲 (2004)。《提升國小原住民學生國語科學業成就之行動研究》。花蓮師範學院多元文化教育研究所碩士論文。

李豪傑 (2004)。《泰雅族（太魯閣群）青少年飲酒行為意向及其影響因素之研究——以花蓮縣秀林國中為例》。慈濟大學原住民健康研究所碩士論文。

余光弘 (1979)。〈東賽德克泰雅人的兩性關係〉。《中央研究院民族學研究所集刊》，48，31-53。

巫有鎰 (2009)。〈學校與非學校因素對臺東縣原、漢國小學生學業成就的影響〉。《臺灣教育社會學研究》，7(1)，29-67。

巫有鎰、黃毅志 (2007)。〈山地原住民的成績比平地原住民差嗎？可能影響臺東縣原住民族與漢人國小學生學業成績差異的因素機制〉。《臺灣教育社會學研究》，9(1)，41-89。

何縕琪 (2005)。〈文化回應教學：因應文化差異學生的課程設計與教學策略〉。《國立編譯館館刊》，33(4)，30-41。

何縕琪、許木柱、江瑞珍 (2008)。〈原住民文學閱讀教學對學生族群意象發展之效應：以花蓮縣一個國三班級為例〉。《當代教育研究》，16(2)，1-44。

何縕琪、賀儀慶、許木柱 (2008)。〈根與翅膀：一個太魯閣班級的文化回應教學研究〉。《課程與教學改革：理論與實務》，74-94。臺北：高等教育文化事業。

呂淑婷、吳齊殷 (2000)。《原住民青少年心理衛生狀況及成癮行為研究（一）》。行政院衛生署委託研究報告。

呂淑婷、吳齊殷 (2001)。《原住民青少年心理衛生狀況及成癮行為研究（二）》。行政院衛生署委託研究報告。

邱怡薇 (1997)。《都市原住民青少年之社會支持與學習適應：以台北縣市阿美族為例》。臺灣大學社會學系碩士論文。

周德禎 (1999)。《教育人類學導論：文化觀點》。臺北：五南。

吳天泰等 (2002)。《教育人類學》。臺北：五南。

林怡貞 (2004)。《花蓮某高職原住民與非原住民學生飲酒意圖差異之研究》。慈濟大學原住民健康研究所碩士論文。

林美慧 (2003)。《文化回應教學模式之行動研究——以一個泰雅族小學五年級社會科教室為例》。花蓮師範學院多元文化教育研究所碩士論文。

林喜慈 (2005)。《文化回應統整教學：一個多族群班級之行動研究》。慈濟大學教育研究所碩士論文。

林惠敏、黃毅志 (2009)。〈原漢族群、補習教育與學業成績關聯之研究——以臺東地區國中二年級生為例〉。《當代教育研究》，17(3)，41-81。

林淑敏 (2000)。《南投縣信義鄉國小五年級原住民學童國語文能力之研究》。臺中師範學院國民教育研究所碩士論文。

林慧如 (2002)。《原住民與非原住民少年非行行為危險因子之比較——以花蓮地區為例》。慈濟大學社會工作研究所碩士論文。

林慧姿 (2008)。《原住民及漢人腸躁症、慢性疾病及生活品質之相關性探討——以

花蓮某兩村為例》。慈濟大學公共衛生研究所碩士論文。

帝瓦伊・撒耘 (2005)。《阿美族群諺語（第一冊）》。臺北：德英國際。

紀駿傑 (2005)。〈原住民「社會問題」〉。《台灣的社會問題 2005》，276–297。臺北：巨流。

紀惠英、劉錫麒 (2000)。〈泰雅兒童的學習世界〉。《花蓮師院學報》，9，65–100。

洪建智 (2007)。〈從人口變遷談原住民體育政策〉。《淡江體育》，10，145–152。

浦忠成 (1996)。《原住民社區文化與原住民教育改革關係研究》。臺北：行政院教育改革審議委員會。

徐元民、龍炳峰 (2009)。〈運動文化的範疇與特性〉。《國民體育季刊》，38(3)。檢自：www.sac.gov.tw/resource/annualreport/Quarterly159/p5.asp。

黃旭昇 (1998)。《原住民酗酒年齡層降低引發痛風危機》。檢自：http://www.taiwanroot.org/report/country/feel/ass02-03.htm。

黃貝琴 (2009)。《利用病例對照研究探討花蓮縣肺結核家庭群聚現象》。慈濟大學公共衛生研究所碩士論文。

黃昭勳 (2008)。〈原住民學童生涯發展現況之探討〉。《北縣教育》，63，65–68。

黃淑英 (2000)。國中《認識台灣（歷史篇）、（文化篇）》教材內容分析——以族群關係教育觀點為中心。《歷史教育》，7，119–163。

黃德祥 (2000)。《青少年發展與適應》。臺北：五南。

黃維賢 (2001)。《影響高職原住民學生偏差行為相關因素之研究》。彰化師範大學碩士論文。

陳米華 (2003)。《讀書會融入三年級語文學習領域教學之探究》。新竹師範學院台灣語言與語文教育研究所碩士論文。

陳金定 (2007)。《青少年發展與適應問題：理論與實務》。臺北：心理。

陳國源 (2003)。《原漢青少年身體活動相關影響因素之研究》。慈濟大學原住民健康研究所碩士論文。

陳雅鈴 (2003)。《一個班級的統整課程與閱讀教學的探究——以主題「新的開始」為例》。臺東師範學院兒童文學研究所碩士論文。

陳珊華 (2009)。〈台灣原住民族的人口結構變遷及其對教育政策之啟示〉。《教育政策論壇》，12(3)，1–33。

張玉梅 (2003)。《相互教學法對原住民國小六年級學生閱讀理解之教學成效研究》。屏東師範學院教育科技研究所碩士論文。

張欣萍 (2000)。《原住民飲酒行為與家庭相關之研究——以泰雅族、賽夏族為例》。

臺灣大學生物產業傳播暨發展學系碩士論文。

許木柱 (1984)。〈男性成年禮的功能與現代生活：一個人類學的探討〉。《生命禮俗研討會論文集》，1–22。臺北：中華文化復興委員會。

許木柱 (1987)。《阿美族的社會文化變遷與青少年適應》。臺北：中央研究院民族學研究所。

許木柱 (1989)。〈臺灣原住民的族群認同運動：心理文化研究途徑的初步探討〉。《臺灣新興社會運動》，127–156。臺北：巨流。

許木柱 (1991)。〈弱勢族群問題：社會與文化層面的探討〉。《台灣的社會問題》，399–428。臺北：巨流。

許木柱 (1992)。〈認知與文化〉。《文化人類學》（上冊），167–191。國立空中大學。

許木柱 (2008)。〈原住民醫療〉。《台灣醫療四百年》，16–33。臺北：經典雜誌。

許木柱、李壬癸、潘英海等（編著）(1995)。《重修台灣通誌同冑篇》。南投：台灣省文獻委員會。

許木柱、李亦園 (1978)。〈社會文化變遷與高山族青少年問題〉。《中央研究院民族學研究所專刊》，24，281–297。臺北：中央研究院民族學研究所。

許木柱等 (2003)。《花蓮市原住民部落歷史重建》。花蓮：花蓮市公所。

曾靜瑛 (2002)。《泰雅族國小學童閱讀理解能力與閱讀理解策略之研究》。慈濟大學教育研究所碩士論文。

萬瓊月 (2002)。《國小學生兒童讀物之閱讀興趣、閱讀態度及閱讀推動方案之研究——以龍峰國小為例》。臺東師範學院兒童文學研究所碩士論文。

傅仰止 (2001)。〈台灣原住民優惠政策的支持與抗拒：比較原漢立場〉。《台灣社會學刊》，25，55–109。

賴淑梅 (2004)。《國小教科用書中族群、性別偏見評鑑規準建構之研究》。臺北師範學院課程與教學研究所碩士論文。

蔡中涵 (1996)。〈漫談原住民文化與和文化之差異：評論原住民社區文化與原住民教育革新關係之研究〉。《教改通訊》，21，42–43。

蔡文山 (2004)。〈從教育機會均等的觀點省思台灣原住民學生的教育現況與展望〉。《教育與社會研究》，6，109–144。

劉安彥、陳英豪 (2004)。《青年心理學》。臺北：三民。

劉美慧 (2000)。〈建構文化回應教學模式：一個多族群班級的教學實驗〉。《花蓮師院學報》，11，115–142。

劉美慧 (2002)。《多元文化課程轉化——三個不同文化脈絡之個案研究》。91 年度

原住民教育學術研討會。屏東師範學院原住民教育研究中心。

劉美慧 (2003)。《文化回應教學：理論、研究與實踐》。檢自：http://erac.ndhu.edu.tw/wwwierac/information/exper/newmain.htm。

潘英海 (1992)。〈教育人類學〉。《文化人類學》（下冊），295–318。國立空中大學。

謝世忠 (1987)。《認同的污名：台灣原住民的族群變遷》。臺北：自立晚報。

謝國村 (2004)。《國小語文領域平衡閱讀教學實施之行動研究》。臺南師範學院教師在職進修課程與教學碩士班碩士論文。

簡淑貞 (1998)。〈文化與數學學習關係之初探：以蘭嶼雅美族為例〉。《臺東師院學報》，9，283–306。

譚光鼎 (1998)。《原住民教育研究》。臺北：五南。

譚光鼎 (2002)。《台灣原住民教育——從廢墟到重建》。臺北：師大書苑。

譚光鼎、曾碩彥 (2009)。〈原住民社區本位學校的理想與實踐——臺灣原住民完全中學之分析〉。《臺灣教育社會學研究》，9(1)，91–134。

Au, K. (2001). Culturally responsive instruction as a dimension of new literacies. *Reading Online,* 5(1). http://www.readingonline.org/newliteracies/litindex.asp?

Bourdieu, P. (1990). *The Logic of Practice*. Stanford, CA: Stanford University Press.

Chance, N. (1965). Acculturation, self-identification and personality adjustment. *American Anthropologist*, 67(2), 372–393.

Chance, N., & Rin, H. (1966). Modernization, value identification, and mental health: A cross-cultural study. *Anthropologica*, 8(2), 197–220.

Cheng, T. A. & Hsu, M. (1993). Sex differences in minor psychiatric morbidity among three aboriginal groups in Taiwan: The effect of lineage. *Psychological Medicine*, 23, 949–956.

Conrad, N. K., Gong, Y., Sipp, L., & Wright, L. (2004). Using text talk as a gateway to culturally responsive teaching. *Early Childhood Education Journal, 31*(3), 187–192.

De Vos, G. A. & Hsu, Mutsu (1985). Minority status and coping strategies: An illustration from Korean Japanese and Taiwanese aborigines. In *Proceedings of the International Conference on China Border Area Studies*, 1619–1640. Taipei: National Cheng Chi University.

Gay, G. (2000). *Culturally Responsive Teaching: Theory, Research, and Practice*. New York: Teachers College Press.

Gay, G. (2002). Culturally responsive teaching in special education for ethnically diverse students: Setting the stage. *Qualitative Studies in Education*, *15*(6), 613–629.

Hsu, M. (1975). An impunitive culture: Reactions of the Amis to Rosenzweig's Picture-Frustration Test. *Bulletin of the Inst. of Ethnology, Academia Sinica*, *38*, 99–114.

Hsu, M. (1982). Ethnic identity and intercultural relations in Taiwan. In D. Y. H. Wu (Ed.), *Ethnicity and Interpersonal Interaction: A Cross Cultural Study*, 199–211. Singapore: Maruzen Asia.

Hsu, M. (1991). *Culture, Self, and Adaptation: The Psychological Anthropology of Two Malayo-Polynesian Groups in Taiwan*. Taipei: Institute of Ethnology, Academia Sinica.

Hsu, M., & Li, Y. Y. (1989). Paradise in change: The dilemma of Taiwanese aborigines in modernization. In K. C. Li, et al. (Eds.), *Anthropological Studies of the Taiwan Area: Accomplishments and Prospects*, 193–206. Taipei: Dept. of Anthropology, National Taiwan University.

LeVine, R., & Norman, K. (1992). The infant's acquisition of culture: Early attachment reexamined in anthropological perspective. In C. C. Moore, & H. F. Mathews (Eds.), *The Psychology of Cultural Experience*, 83–104. Cambridge, UK: Cambridge University Press.

Scheper-Hughes, N., & Sargent, C. (1998). Introduction: The cultural politics of childhood. In N. Scheper-Hughes, & C. Sargent (Eds.), *Small Wars: The cultural politics of Childhood*, 1–33. Berkeley, CA: University of California Press.

Vygotsky, L. S. (1978). *Mind in Society: The Development of Higher Psychological Processes*. Cambridge, MA: Harvard University Press.

Wlodknowski, R. J., & Ginsberg, M. B. (2000). *Creating Highly Motivating Classrooms for All Students: A Schoolwide Approach to Powerful Teaching with Diverse Learners*. San Francisco: Jossey-Bass.

網路資訊（均於 2010–2011 年間查詢）

http://www.peopo.org/portal.php?op=viewPost&articleId=21778

http://www.tankacom.net

http://gordon168.tw/?p=383（高登工作室）

## 心理學　溫世頌／著

　　本書是為提高讀者對心理學的興趣、增強對心理學的正確了解，並積極應用於生活而撰寫。作者試圖將讀者應了解的心理學知識予以合理地組織，並以系統化的方式與讀者溝通。本書不僅可讀性高，而且容易記憶，除了適合心理相關科系的學生閱讀，也可提供對心理學有興趣的一般讀者個人進修。

## 諮商理論與技術　陳婉真／著

　　本書是寫給剛踏入助人工作行列的同仁伙伴，以及初學諮商理論與技術的學生們。內容包括：心理諮商的定義與本質、主要的諮商理論學派與技術、如何對當事人的問題進行衡鑑與分析、諮商者與當事人之間諮商關係的變化、進行諮商時應該考量的相關倫理議題，以及諮商者如何透過持續地自我探索與省思，成為一名優秀的專業人員。書中穿插許多由臨床案例所改寫的小故事與對談錄，期待讓讀者更清晰地了解諮商工作進行的輪廓與風貌。